차이나 매니지먼트

중국기업의
—— 성공 방정식

Lu Jiangyong 지음

최성진 · 김찬복 옮김

박영사

저자 서문
"쓸모있고 재미있는 공부를 한다는 것"

운영체제와 앱

2018년 본 책의 출판기념회에서 나는 포춘 글로벌 500대 기업(Fourune Global 500 list of 2017) 순위를 언급하면서 132개는 미국 기업이고 115개는 중국 기업이라고 말한 적이 있었다. 여기서 132와 115는 사실 큰 차이는 아니다. 하지만 중국에서 열심히 노력해 앱을 만들 때 미국에서는 운영체제를 지배하고 있다면 문제는 달라지게 된다. 2021년 포춘 글로벌 500대 기업에서는 112개가 미국 기업이고 143개가 중국 기업으로 변화하였다. 표면적인 숫자만 보면 중국의 글로벌 기업 수가 미국을 역전했다는 뜻이다. 그러나 플랫폼을 지배하는 혁신 역량에서는 여전히 중국이 뒤처지고 있음을 부정할 수 없다.

중국 기업과 글로벌 일류 기업 간의 격차를 보여주는 또 다른 수치가 있다. 2001년부터 발표되기 시작한 "Thinkers 50"이라는 명단인데 여기에는 세계적으로 영향력 있는 경영자나 사상가들이 이름을 올린다. 그러나 지금까지 중국인 학자들이 포함되었던 적은 한 번도 없다. 장루이민(张瑞敏)[1]이나 왕스(王石)[2]등 소수의 중국인 기업가만 이름을 올렸을 뿐이다. 즉 경영 사상을 기업의 '운영체제'라 한다면, 중국 기업의 경영이나 비즈니스는 '남이 만든 운영체제에서 앱을 만드는 것'과도 같은 난감한 처지에 놓인 것이다.

물론 "바퀴를 다시 발명할 필요는 없다(Don't reinvent the weel)"는 속담대로 운영 체계라는 플랫폼을 적절하게 활용하면서 돈이 되는 앱을 개발하는 것도

---

1 하이얼그룹 창업자
2 중국 최대 부동산개발업체 완커그룹 회장

나쁜 전략은 아니다. 하지만 시스템을 관통하는 플랫폼에 대한 지식을 가질 때야만 비로서 혁신적인 앱도 만들 수 있으며 그 혁신은 다시 기업과 국가의 역량과 직결될 수 있다.

따라서 중국의 경영 상황은 미증유의 과도기에 있으며 실천에 기반한 "운영 체계"를 확립하는 것이 무엇보다 중요한 단계라고 할 수 있다.

'사유(四有)'의 학문

기업가의 눈에 학자들이란 주로 이론을 공부하는 사람으로 보일 테니 당연히 이론 방면에서 성과를 내야 한다고 생각한다. 하지만 개혁개방 수십 년의 시간 동안 중국에서 형성된 경영학 이론이라는 것은 희박하기가 손가락으로 꼽을 정도여서 경영이론의 체계를 형성하기 어렵다. 그러니 지속적으로 실천을 통해 이론 정립에 필요한 영양분을 공급받고, 끊임없이 실천으로 돌아가 자신의 논리를 검증해야 한다. 학계에서 '중국의 경영학이 정말 존재하기는 하는 것인지, 있어야만 하는 것인지'에 대해 종종 논쟁하는 것은 이론의 형성이 얼마나 어려운지를 의미한다고 볼 수 있다. 따라서 『중국의 경영과학(中国管理学)』이 아니라 『중국에서의 경영과학(管理学在中国)』인 것도 아마 이런 이유에서일 것이다. 그러나 적어도 학문이라고 말하려면 '이론적인 것' 바탕에 근거해야 한다. 본 책에서는 '사유(四有)'의 개념으로 이를 전개해나가려고 한다.

경영학 이론이 무엇인지에 대해서는 이미 1995년 유명 경영 저널인 Administrative science quarterly[3]에서 다루어진 바 있다. 핵심 결론은 1) 문헌, 2) 데이터, 3) 변수, 4) 가설, 5) 모델의 다섯 가지 요소가 단독으로 이론을 구성하지 않는다는 것이다. 즉 이론이란 사례나 증거, 가설, 모델을 병렬적으로 쌓는 것이 아니라 치밀한 논증이 기반이 된 체계적인 논리구조여야 한다.

이런 까닭에 공진화 전략의 '이론적 체계'를 구상하던 초창기부터 체계적이고 동태적인 사고의 흐름을 놓치지 않으려 했다. 기업이 처한 복잡한 환경에서는 기

---

3 줄임말로ASQ, 경영학의 탑저널 중 하나이다

업이 당면하고 있는 불확실성과 불연속성이라는 기본 도전 과제를 도출해 냈고, 전략경영의 대상(사람과 일)과 경계(안과 밖) 두 가지 측면에서는 사용자와 조직, 제품과 시장이라는 네 가지 기본적인 전략요소를 분해해 냈으며, 기업의 생애주기를 따라 각 요소의 공진화 과정을 분석하였다. 몇 년에 걸쳐 발전시키다보니 공진화 전략체계가 구조나 논리 면에서 그럭저럭 앞뒤는 맞추게 되었으나, 하나의 완전한 이론이 되기까지는 아직도 갈 길이 멀다.

그럼에도 첫 번째 발전 목표는 늘 한결같이 공진화 전략체계가 '일리있는(有理)' 말이 되도록 하는 것이다. 종종 어떤 이론을 보고 '무용지대용(无用之大用)', 즉 쓸모없음의 큰 쓸모라고 말할 때가 있다. 이 표현은 역설적으로 이론의 쓸모있음을 강조하는 표현이다. 그러나 여기서의 쓸모있음은 현재의 쓸모있음이 아니라 미래의 큰 쓸모를 말하는 것이다. 그러므로 '쓸모있음(有用)'은 이론을 발전시킬 때 반드시 염두에 두어야 하는 중요한 문제다. 나 스스로도 '공진화 전략' 체계를 발전시키며 변함없이 중시하고 강조했던 것이 도구화였다. 『공진화 전략: 기업의 생명주기를 재정의하다(共演战略 : 重新定义企业生命周期)』를 출판할 때 부록으로 워크북을 첨부했던 것도 그런 이유에서이다. 이어서 『공진화 전략 캔버스(共演战略画布)』를 출판할 때에도 공진화 전략의 이론체계를 도구화하였는데 이 도구들이 화웨이(华为 · Huawei), 알리바바(阿里巴巴 · Alibaba), 텐센트(Tencent · 텅쉰 · 腾讯), 바이두(百度 · Baidu)를 비롯한 많은 기업에 알려지게 되어 전략경영의 다양한 측면에 활용되기도 했다. 이번 개정판에는 해당 챕터 말미에 "도구모음"을 새롭게 추가하였다. 일련의 사고도구와 행동도구, 평가도구를 제공함으로써 개념과 도구 간의 유기적으로 결합을 시도한 노력의 흔적이라 여겨주길 바란다.

경영학자들은 사례를 인용하여 스토리텔링으로 개념 설명하기를 좋아한다. 이 방법에 분명한 장점이 있기 때문인데 일단 이해하기가 쉬워서 독자들이 부담 없이 글을 읽어 내려갈 수 있다. 하지만 지나치게 많은 사례를 드는 것의 단점도 있다. 겉보기에는 '실제 사례'처럼 보이는 것들의 기본 논리는 귀납법, 즉 일부 기업의 단편적인 사례를 통해 특정 개념을 검증하거나 설명하는 것이다. 그러나 귀납법으로는 이론을 도출할 수 없다는 것을 우리는 이미 알고 있다. 다른 기업의 성공 경험을 똑같이 따라하는 게 불가능하다는 것도 알고 있다. 그래서 진정한 의미에서의 '근거가 있으려면(有据)' 과거의 사례만 이야기해서는 안 된다. 오직 이론이 실제에의 적용을 통해 검증되었을 때에만 비로소 '근거가 있다'고 할 수 있다. 물론 이렇게 되기까지의 과정은 결코 쉽지 않다. 시간도 많이 걸리고 사례도 많이 필요하다. 비록 공진화 전략을 적용하는 사례가 일부 있기는 하지만 나 자신이 생각하는 '근거있음'의 기준에는 아직 미치지 못하기 때문에 앞으로 더 많은 실제에의 적용을 통해 검증받을 수 있기를 바란다.

공진화 전략의 암호

사람의 기억에는 규칙이 있다. 문자보다는 숫자가 기억하기 쉽고, 숫자보다는 도형이 기억하기 쉽다는 것이다. 이 책은 수많은 도형을 사용해 독자들의 전략적 사고에 대한 이해를 돕는다. 예를들어 이 도형들을 숫자 "1, 2, 4, 6, 12, 48"로 정리하였는데 숫자들을 4개가 한 묶음이 되도록 양분하여 1246과 1248로 만들면 더 편하게 기억할 수 있을 것이다. 이 몇 개의 숫자들이 바로 공진화 전략 사고체계의 핵심이자 기업 전략을 이해하는 암호이다.

'1'은 환경적 특징, 즉 기업의 경영 환경을 의미한다. 먼저 '복잡함'이라는 용어로 기업의 경영 환경을 설명한 후 이 용어에 대한 해석을 통해 기본적인 기업 전략으로는 어떤 것들이 있는지 설명하고자 한다.

'2'는 전략의 두 가지 차원을 의미한다. '사람과 일' 그리고 '안과 밖'이라는 두 가지 기본 차원에서 기업 전략의 구조를 해체해 보고자 한다.

'4'가 의미하는 것은 세 가지다. 첫 번째 '4'는 기업의 네 가지 전략 요소, 즉 기업의 사용자와 조직, 제품, 시장을 가리키는데 이 네 가지 요소는 기업 전략의 기본 내용을 구성하는 요소들이다. 두 번째 '4'는 기업의 네 가지 발전단계, 즉 [창업단계], [성장단계], [확장단계], [전환단계]를 가리키며 이 네 단계가 합쳐져 기업의 생애주기를 구성한다. 세 번째 '4'는 기업의 네 가지 전략 경로, 즉 사용자 전략과 조직 전략, 제품 전략과 시장 전략을 가리킨다.

'6'은 기업의 여섯 가지 기본 전략 문제를 가리킨다. 즉, '기업은 왜 존재하는가? 기업은 누구로 구성되는가? 기업은 무엇을 제공하는가? 기업의 환경은 어떠한가? 기업에 결정적 변화가 생기는 것은 언제인가? 결정적 변화는 어떻게 생기는가?'로 이루어진다.

'12'는 네 가지 전략 요소를 더 세분화한 것이다. 사용자, 조직, 제품, 시장을 각각 3개씩 다시 나누어 비즈니스 실무에서의 실제적인 전략 요점을 포착하기 위함이다. 그리고 이렇게 만들어진 4×3=12개의 요점들이 기업 전략을 구성하게 된다.

'48'은 12개의 전략 요점들이 4단계의 발전과정에서 진화하는 것을 가리킨다. 기업이 발전함에 따라 이러한 전략 요점들도 끊임없이 진화하여 총 48개의 변화가 기업의 전략적 사고의 파노라마를 구성하게 된다.

그림 0-1 **공진화 전략의 암호**

1	1개의 환경 특징: 복잡한 환경=불확실성×불연속성
2	2개의 전략 차원: 사람과 일, 안과 밖
4	4개의 전략 요소: 사용자, 조직, 제품, 시장
	4개의 전략 단계: 창업, 성장, 확장, 전환
	4개의 전략 경로: 사용자 전략, 조직 전략, 제품 전략, 시장 전략
6	6개의 전략 문제: Why, Who, What, Where, When, How
12	12개의 전략 포인트: 사용자 특징, 사용자 수요, 사용자 선택
	리더, 팀원, 조직관리
	제품 개발, 마케팅 홍보, 비즈니스 모델
	기술 동향, 자본과 자원, 시장 경쟁과 협력
48	48개 전략의 진화: 4개 전략단계에서의 12개 전략 포인트들의 진화

이 책의 목차는 '공진화 전략의 암호'에 따른 것이다. 제1장의 주제는 '1'의 복잡한 환경, 제2장의 주제는 '2'개의 전략적 차원, 제3장의 주제는 '4'개의 전략요소, 제4장의 주제는 '4'개의 전략단계와 '4'개의 전략 경로, 제5장의

주제는 '6개'의 기본 전략 문제 및 '12'개의 전략 요점이며 제6장부터 제9장까지의 주제는 '48'개의 전략 요점 중 [창업단계], [성장단계], [확장단계], [전환단계]에 해당되는 내용들, 제10장은 공진화 전략의 통합 응용 프레임워크에 대한 내용이다.

숫자 '1', '2', '4', '6', '12', '48'를 따라가다 보면 어느덧 공진화 전략의 핵심 암호를 모두 파악할 수 있게 될 것이다. 공진화 전략의 '일리있음', '쓸모있음', '근거있음', '재미있음'을 온전히 느끼게 되기를 바란다.

– 북경대학에서, 루장용(路江涌)

▌역자 서문

　한국 수출 기업의 중국 공급망 의존도가 거의 절반에 가깝다. 또한 신재생 에너지, 신유통, 인공지능, 빅데이터 등 미래 전략 분야에서 중국과의 협력과 경쟁 구도가 더욱 중요해지고 있다. 그러나 여전히 한국의 경영, 경제 학계는 미국 주류 학문이 지배하고 있다. 대학들도 요즘은 중국 유학생들이 없으면 재정적으로 어려움을 겪을 것이 뻔한데도 주로 영어권 학교를 중심으로 교류를 하고 있다. 그러니 "돈은 중국에서 버는데 미국 교과서만 공부하고 있다"는 푸념이 나오는 것은 당연한 일이다. 그러한 점에서 중국 기업을 연구하는 서적이 많이 출간되지 못하고 있는 것은 무척 아쉬운 상황이다. 현재 국내 경영 대학에도 중국과 관련된 많은 강좌가 개설되어 있지만 대부분 서양 학자의 책을 그대로 번역한 것을 교재로 사용하고 있다. 또한 중국의 트랜디한 유행을 전달하고 있는 서적들은 꽤 많지만 중국 학자들이 생각하는 기업의 본질과 중국 특색의 시장을 소개하는 저서들은 거의 없었다.

　이에 역자들은 이 책의 한국 출간을 결정하게 되었다. 본 서적은 본격 학술서를 염두하고 기획되지는 않았다. 그렇다고 완전한 대중서도 아닌 그 중간 정도에 위치해 있다. 그 이유는 본 책을 저술한 루장용 교수가 세계적인 연구자이자 동시에 많은 경영자들과 긴밀한 관계를 가지고 사례를 수집하는 특이한 경력을 가지고 있기 때문이다. 루장용 교수는 경영학자들이 평생 한편 출간하기 어렵다는 American Economic Review (AER), Strategic Management Journal (SMJ), Organization Science (OS), Journal of International Business Studies (JIBS) 등에 많은 논문들을 발표한 경영전략 분야의 핵심적인 학자이다. 또 직접 교내 창업 카페를 설립하고 운영하고 있으며, 중국의 주요 기업들에게 컨설팅을 하고 있는 등 현실 경영에도 깊숙하게 참여하고 있기도 하다. 따라서 이 책에서는 경영 전략에 대한 학술적인 견해는 물론 발로 뛰는 경영자의 생생한 목소리도 들을 수 있다. 무엇보다 그동안 서구 학자의 시야에서 바라보던 한계에서 벗어나 중국 관점의 경영학에 대해서 살펴 볼 수 있다는 점이 이 책의 가장 큰 의미가 될 것이다.

본서는 다음의 특징을 가지고 있다.

첫째, 대부분의 사례는 중국 기업이나 인물들을 위주로 구성하였다. 이로서 경영 전략의 이론이 어떻게 중국 기업 현장에 적용될 수 있는지 알아보고자 하였다. 중국 기업 환경에 대한 배경 지식을 바탕으로 보통의 중국 사람들 또는 중국 리더들의 사고 구조를 이해하는데 도움이 될 수 있을 것으로 기대한다.

둘째, 경영 전략을 중심으로 하되, 기업의 혁신과 종합적인 발전 과정을 이해하기 위해 창업, 마케팅, 인사조직, 국제경영 등 경영학의 세부 분야는 물론 역사학, 사회학 등 인문 사회과학의 기본 개념들도 포괄하였다.

셋째, 중국 경영과 관련된 강좌의 교과서로도 사용될 수 있도록 내용을 구성하였다. 그러나 본서는 전통적인 경영학 교과서와는 다르다. 특히 문화 및 제도 맥락을 이해하는 것이 중요하다고 파악하였고 따라서 관련된 내용을 충실하게 실으려고 노력하였다. 그런 이유로 최대한 원문의 표현과 의도를 살리되 한국 독자들이 쉽게 이해할 수 있도록 풀어서 번역하였다. 다만 원문의 설명이 직관적이지 않은 경우 상세한 각주로서 이를 보완하였다.

넷째, 각 절 후반부에는 도구모음 파트를 넣어 기존의 주요 경영학 이론들을 소개하고 이를 공진화의 관점에서 활용할 수 있도록 하였다. 기업의 각 성장 단계에 맞는 구체적인 분석 및 실천 도구를 제공한다는 점에서 업계에서 실용적으로 사용할 수 있을 것이다.

본 서적을 출간함에 있어서 많은 분들의 도움을 받았다. 특히 최수형, 웅욱만, 최윤형 등이 어려운 용어를 정리하고 번역하는데 도움을 주었다. 또 출간 과정에서 아낌없는 지원을 해주신 박영사 임재무 전무님과 전채린 차장님에게도 이 지면을 빌어 감사 인사를 드린다. 무엇보다 본서의 한글판 역서 출간을 허락해주고 격려해준 루장용 교수에게 깊은 감사드린다. 본서의 역자인 최성진 교수는 루장용 교수의 첫 번째 박사 학생이며, 김찬복 교수 역시 최성진 교수의 첫 번째 박사 졸업생이기도 하다. 따라서 역자들은 본서의 한국어판 출간을 무척 의미 있게 생각한다.

　아무쪼록 중국 진출에 관심이 있는 한국 기업인들과 학술적인 관점에서 중국 중심의 경영학을 공부하는 독자들에게 실용적인 아이디어를 제공할 수 있을 것을 기대한다.

왕십리 한양대 언덕에서 최성진, 김찬복

목차

Chapter

01

복잡한 환경

무엇이 전략인가? 이 문제는 기업가 사이에서도 결론이 나지 않았고 전략경영학계 내에서도 의견이 분분하다. 1998년 경영학자 헨리 민츠버그(Henry Mintzberg)는 『전략 사파리(Strategy Safari)』라는 책에서 전략경영의 학파를 열 개로 나눈 바가 있는데 디자인학파, 기획학파, 포지셔닝학파, 기업인학파, 인지학파, 학습학파, 권력학파, 문화학파, 환경학파, 구조학파가 그것이다. 각각의 학파는 "무엇이 전략인가"하는 문제에 대해 나름의 의견을 제시하지만, 특정 학파의 전략에 대한 정의에 대해서는 여기에서 논하지 않을 것이다. 대신 전략이라는 '글자 자체의 함의'와 기업의 실천이라는 각도에서 과연 무엇이 전략인가에 대해 이야기하고자 한다.

먼저 [전략(戰略)]이라는 두 글자를 분해하여 보자(그림 1-1). [戰(전)]이라는 글자가 최초로 출현한 것은 금문(金文)에서인데 이 글자는 좌우의 구조를 가지고 있다. 왼쪽의 [單(단)]은 새총을 뜻하고, 오른쪽의 [戈(장)]은 창을 뜻하므로 결과적으로 [戰(전)]은 무기를 들고 나가 싸우는 것을 의미한다. [략(略)] 역시 좌우 구조의 글자인데 왼쪽의 [田(전)]은 밭을 뜻하고, 오른쪽의 [各(각)]은 침범을 뜻하므로 결과적으로 [略(략)]은 남의 땅을 공격하여 빼앗는 것을 의미하며 후대에 이르러 책략이라는 의미가 파생되게 된다.

그림 1-1 전략=통찰×시야

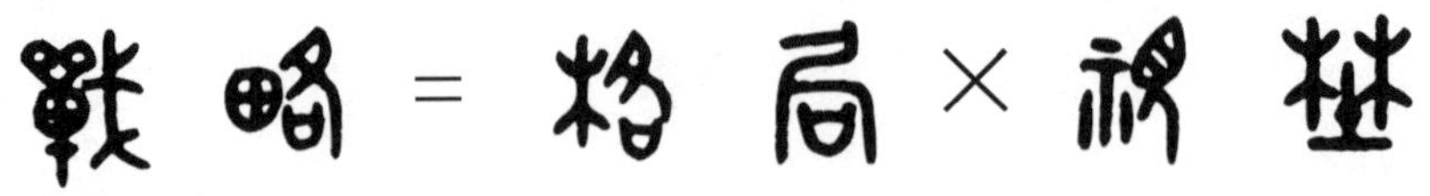

흔히 말하길 기업가는 총체관(overall view), 세계관(global view), 미래관(future view), 다시 말해 "통찰력(insight)"과 "시야(view)"를 지녀야 한다고 한다. 그런 까닭에 전략은 [전략=통찰×시야]라는 공식으로 표현할 수 있는데 먼저 [통찰(格局)]이라는 단어를 분석해보도록 하자. [格(격)]에서 왼쪽에 있는 [木(목)]은 나무 몽둥이를 의미하고 오른쪽에 있는 [各(각)]은 침범을 뜻하므로 이를 합치면 [格(격)]이란 나무 몽둥이로 공격한다는 뜻이 된다. 후에 뜻이 파생되어 경계를 구획한다는 의미가 되었다. [局(국)]은 상하 구조로 되어 있는 글자인데 위에 있는 [尸(시)]는 죽은 사람을 의미하고, 아래에 있는 [句(구)]는 굽은 허리를 의미하므로 이를 합치면 [局(국)]이란 공간이 협소함을 뜻하고 여기에서 뜻이 파생되어 공간을 의미하게 되었다.

이제 [시야(視野)]라는 단어를 분석해보자. [視(시)]의 왼쪽에는 제사를 뜻하는 [示(시)]가 있고, 오른쪽에는 본다는 뜻의 [目(목)]이 있으므로 이를 합치면 [視(시)]란 제사를 지낼 때 징후를 자세히 살펴본다는 의미가 되는데, 후에 미래를 예측한다는 의미가 파생되었다. [野(야)]의 옛글자는 좌중우(左中右)의 구조로 이루어져 있는데, 좌우에 하나씩 [木(목)]이 있고 가운데에 [土(토)]가 있다. 좌우의 [木(목)]은 가까운 곳의 수목과 멀리 있는 숲을, 가운데의 [土(토)]는 광활한 대지를 의미하므로 [野(야)]란 광야를 가리키며 후에 시야라는 의미로 확장되었다.

[통찰(格局)]와 [시야(視野)] 이 네 글자의 각각의 형성 원리와 그 파생된 뜻을 고려하면, [통찰]이란 "공간(space)"을 의미하고 [시야]는 "시간(time)"을 의미함을 알 수 있다. 그러므로 [전략=공간×시야]라는 공식은 과연 전략이란 무엇인가에 대해 통찰과 시야, 혹은 공간과 시간이라는 두 가지 차원에서 생각해 볼 수 있음을 의미한다.

만약 가로축에 [시야], 세로축에 [통찰]이라고 적힌 2×2의 표를 그린 후, 가로축을 다시 [현재와 미래]로, 세로축을 다시 [부분과 전체]로 세분화한다면 [그림 1-2]와 같을 것이다.

[그림 1-2]에서와 같이 전체에 대한 통찰과 미래를 보는 시야의 조합은 [결말을 예측하는 것]이라고 할 수 있다. 소위 결말을 예측한다는 것은 앞으로의 발전에 따른 최종 결과와 전체적인 상황을 내다볼 줄 안다는 것을 뜻한다. 다시

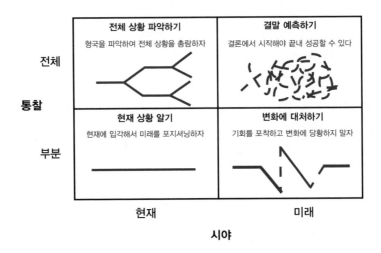

그림 1-2 결말 예측하기, 현재 상황 알기, 전체 상황 파악하기, 변화에 대처하기

말해 마치 젊은 나이에 자신의 나이든 모습을 내다볼 수 있고, 자신의 상황뿐 아니라 자신을 둘러싼 환경과 그 사회의 관계까지 간파할 수 있는 것과도 같다.

예로부터 중국인들은 결말을 강조해왔는데 『대학(大學)』에서 그 이유에 대한 실마리를 찾을 수 있다. 대학의 첫머리에서 말하기를 "대학의 도는 밝은 덕을 밝힘에 있고, 백성을 새롭게 함에 있으며, 지극한 선의 경지에 도달함에 있다(大學之道, 在明明德, 在親民, 在止於至善)"라고 하였다. 여기에서 "지극한 선에 도달함(止於至善)"이란, 천하의 공동의 이익을 궁극적인 목표로 삼는 것이며 이것이 바로 대학의 도(大學之道)의 결말인 것이다.

최근 몇 년 간 기업가들은 "결말 사고(終局思維)"를 몹시 숭상해왔다. 기업이 직면한 경영환경이 점점 복잡해지고 빠르게 변화해왔기 때문이다. 그러나 만약 기업가가 그저 눈앞의 이익과 부분적인 시장만 바라본다면 기업의 발전은 빠른 속도로 난관에 봉착할 것이다. 그러므로 복잡한 환경일수록 기업은 비전을 가져야 하며 이 비전을 결론으로 삼아 눈 앞의 이익이 아닌 비전에서부터 기업의 전략을 수립해야 한다. 즉 결론에서 시작해야 끝내 성공할 수 있는 것이다.

부분에 대한 통찰과 현재를 보는 시야를 조합하면 [현재 상황을 알게] 된다.

현재 상황을 안다는 것은 전략적인 포지셔닝(positioning)을 의미한다. 기업의 현실정과 국지적 환경에 근거하여 자기 발전의 출발점을 설정하고 먼저 자신을 안정시킬 수 있는 방법을 찾는 것이다. 이는 마냥 미래만을 동경한다거나 남의 집 잔디가 더 푸르다고 중얼거리는 것이 아니라 저 하늘의 별을 바라보는 동시에 지금 당장 내가 할 수 있는 일을 착실히 수행해내는 것과 같다. 기업에게 있어 현재 상황을 안다는 것은 자신의 자원과 능력을 감안하여 전략적으로 포지셔닝한 후 최종 목표를 향해 전진하는 것을 의미한다.

전체에 대한 통찰과 구조와 현재를 보는 시야를 조합하면 [전체 상황을 파악]하게 된다. 이는 마윈(马云)이 이야기했던 총체관과 세계관과 몹시 비슷한 개념인데, 기업의 전략을 고려할 때에는 큰 그림을 봐야 하고 부분적인 이익에 집착하느라 이 판에 들어와 있는 다른 참여자를 소홀히 해서는 안 된다는 뜻이다. 대학생에 비유하자면 같은 반 학생과의 경쟁에 자신의 시선을 가둘 것이 아니라 지금 나의 경쟁 상대는 나라 전체, 나아가서는 글로벌 경쟁임을 직시해야 한다. 동시에 경쟁은 학습의 차원에만 국한되는 것이 아니라 앞으로 사회 진출에 필요한 다양하고 종합적인 능력을 함양하기 위한 차원이다.

기업인들이 이야기하는 "크로스오버 사고"가 바로 전체 상황을 파악하는 것의 구체적인 표현이다. 복잡하고 변화가 많은 비즈니스 세계에서 기업의 경쟁 상대는 종종 지금의 동종업계가 아닌 다른 업계와의 크로스오버 경쟁에서 나타날 가능성이 높다. 예를 들어 디지털 카메라 기업을 곤경에 빠뜨린 것은 다른 카메라 기업이 아니라 휴대전화 기업이었고, 라면 판매량을 떨어뜨린 것은 다른 간식이 아니라 배달업계였으며, 불법 사설 택시의 자취를 없애버린 것은 택시가 아니라 공유 자전거와 온라인 차량 공유 서비스였다.

부분에 대한 통찰과 미래를 보는 시야를 조합하면 [변화에 대처]할 수 있게 된다. 세계화 시대와 온라인 시대 속에서 경영 환경은 눈 깜짝할 사이 변화하지만 유일하게 변하지 않는 것이 있으니 바로 변화 그 자체이다. 그러므로 기업은 외부 환경과 자신의 상황 변화에 더욱 기민하게 적응해야 하고, 부분적인 변화에 적응해야 하며 나아가 전반적인 변화에도 대응할 수 있어야 한다. 기업은 변화에 맞춰 끊임없이 조정해야만 시대의 거대한 조류 속에서 기회를 포착할 수 있고, 변화무쌍한 상황에 당황하지 않을 수 있는 것이다.

통찰과 시야라는 두 가지 방면에서 전략을 생각해 본 결과, 우리는 전략이란 "결말을 예측하고, 현재 상황을 알고, 전체 상황을 파악하고, 변화에 대처하는 것"이라는 결론을 도출해냈다. 그러나 현실에서 전략의 수립과 실행은 이렇게 간단한 것이 아니다. 서로 다른 구조와 시야의 조합에서 전략의 명료함 역시 달라지기 때문이다.

[그림 1-2]가 보여주듯 통찰의 범위는 지나치게 넓고, 시간의 범위는 지나치게 길기 때문에 전체에 대한 통찰과 미래를 보는 시야 속에서 기업가들이 발견하게 되는 "결말"이란 마치 헝클어진 삼처럼 모호하기 일쑤다. 그러나 기업인이라면 자신이 발견한 결론을 믿고 이를 향해 과감히 전진해야 하며 이 과정에서 끊임없는 전략 조정을 해야 한다.

기업가에게 있어 지금 당장의 "전체 상황"은 미래에 있을 "결말"보다 훨씬 선명하지만 불확실성 또한 가득하다. [그림 1-2]에서 볼 수 있듯 전체 상황이란 선택의 다양성을 의미하며, 각 선택이 이끄는 방향 또한 무척 다양하여 마치 곁가지가 잔뜩 뻗어 나간 나뭇가지나 복잡한 갈림길과도 같다. 갈림길에 선 기업가는 이 갈림길의 종착지가 어디인지 판단하는 능력을 갖춰야만 기업이 어느 길로 나아갈지, 또는 어느 길들로 나아갈지 판단할 수 있다.

천만 갈래의 길 중 지금 가고 있는 이 길은 기업가에게 연속적인 직선과도 같아서 가장 높은 정도의 확실성과 가장 좋은 정도의 연속성을 가진다. 그러므로 기업은 지금의 발전 기회를 손에 꼭 쥐고 자원과 능력을 축적하여 언제 맞닥뜨릴지 모르는 변화된 상황에 대비해야 한다.

기업이 결말을 예측하고, 현재 상황을 알고, 전체 상황을 파악하는 것의 목적은 변화에 대처하기 위해서이다. 변화된 국면에 직면한 기업은 평탄한 도로를 달리던 차가 갑자기 산골짜기와 산봉우리에 막혔을 때처럼 새로운 길을 모색해야만 한다. 닥쳐올 변화를 준비하던 기업만이 변화가 발생했을 때 바로 그 낌새를 알아차릴 수 있으며 침착하게 대처할 수 있다.

『대학(大學)』은 "지극한 선에 도달함(止於至善)"을 이야기한 후, 이어서 말하기를 "도달함을 안 후에야 정함이 있으니, 정함이 있은 후에 안정이 있고, 안정이 있은 후에 평안이 있으며, 평안이 있은 후에 생각이 있고, 생각이 있은 후에 얻음이 있다(知止而後有定, 定而後能靜, 靜而後能安, 安而後能慮, 慮而後能得)"라고 하였다. 기업 전략의 관점에서 말하자면 [선에 도달(至善)]하는 것은 결말이고, [도달함을 아는 것(知止)]은 결말을 예측하는 것이며, [정함이 있는 것(有定)]은 현재 상황을 아는 것이다. 그리고 현재 상황을 아는 안정된 마음이 있어야, 비로소 전체 상황을 [안정되게(靜)] 파악하고, [평안하게(安)] 발전하며, 변화를 [생각하고(慮)], 끝내 자신의 최종 목표를 [얻을(得)] 수 있다.

알리바바(阿里巴巴)의 최고전략책임자를 지낸 정밍(曾鳴) 교수는 알리바바가 수립한 전략의 네 단계를 결말, 어레인지먼트(arrangement), 포지셔닝(positioning), 전술(tactic)로 정리하였다. 첫째, 알리바바는 '결말 사고(终局思维)'를 제창하였는데, 결말 사고를 하려면 결말을 예측할 줄 아는 것이 선행되어야만 한다. 결말을 예측할 때에는 믿음이 굉장히 중요한데 마윈은 "믿기 때문에 보인다"라고 수시로 강조하였다. 자신의 전략적 판단을 믿어야만 결말을 예측할 수 있고, 그래야만 방향도 정할 수 있는 것이다.

둘째, 결말은 어디까지나 미래에 관한 모호한 영상이기 때문에 결말을 예측하고 나서는 이를 현재의 전체적인 상황과 대조해 보아야 한다. 전체 상황은 기업의 전략 지도와도 같아서 전체 상황을 둘러보아야만 병력 배치를 제대로 할 수 있다. 셋째, 기업의 전략이란 전체 상황뿐 아니라 자신의 실제 상황을 중점적으로 고려하여 최적의 전략적 위치에 포지셔닝 해야 하는데, 정확한 위치 파악은 현재 상황을 알아야만 가능하다. 마지막으로 기업은 전체적인 전략하에 구체적인 전술(tactic)을 세워야 하는데, 구체적인 전술의 목적은 변화에 대응하는 것이다. 이상의 네 단계로 이루어진 알리바바의 전략 수립 절차는 "결말을 예측하고, 현재 상황을 알고, 전체 상황을 파악하고, 변화에 대처하는" 전략적 사고방식과 무척 흡사함을 어렵지 않게 알 수 있다.

중국 건설업계 디지털화의 선두에 있는 광롄다(广联达)의 창업자 시지중(刁志中)은 "기업의 변혁과 전환이 캄캄한 어둠 속을 헤매며 나아가는 것이어서는 안 된다. 구체적인 실천을 위한 코칭과 나아갈 길의 개척을 위하여 주도면밀한 전략적 경로 계획이 필요하다"고 주장하였다. 광롄다는 [결말을 보고, 경로를 탐색한 후, 당면한 일을 안배한다]는 성숙한 사고방식과 방법을 만들어냈다. [결말을 본다]는 것은 마치 "높은 곳에서 멀리 내다보는 것"과 같다. 만일 각 업계가 디지털과 결합하게 된다면 향후 그 발전의 궁극적인 목표와 모습이 어떤 것인지 생각해보고 대외적인 상황을 가늠하며 자신의 역량을 헤아려 사회와 업계, 산업, 기업의 각 층위에 대한 종합적인 고려를 해야 한다는 의미이다. [결말을 본다]는 것이 이상에 불꽃을 일게 하는 일이라면, [경로를 탐색]한다는 것은 계책을 세우는 일이다. 시지중은 "반드시 실마리를 찾아내야 하는데, 이는 결말을 보는 것보다도 어려운 일이다"라고 하였다. 결말을 보고 경로를 탐색한 이후에는 전략이 탄생하게 되는데 이것이 바로 [당면한 일을 안배]하는 것이다. 광렌다에게 산업인터넷으로의 전환에 있어 "당면한 일"이란 데이터를 기반으로 고객과의 순방향 상호작용을 실현시키고 "밸류체인"을 조성하는 것을 의미한다. 광렌다가 [결말을 보고, 경로를 탐색하고, 당면한 일을 안배하는 것]과 앞서 살펴본 [결말을 예측하고, 현재 상황을 알고, 전체 상황을 파악하고, 변화에 대처하는 것]의 전략 논리는 이곡동공(異曲同工), 즉 방법은 다르나 그 결과는 다르지 않은 것임을 알 수 있다.

『융중대』의 전략 기획

『융중대(隆中策)』[1]는 전략의 거대한 통찰과 거대한 시야를 설명할 때 자주 인용되는 사례이다. 제갈량이 시대적 대세를 분석할 때 다음과 같은 말을 했다. "동탁 이래로 호걸들이 들고 일어났습니다…. 조조는 원소에 비해 그 명성이 미약하고 병력도 적었으나 끝내 원소를 꺾었습니다…. 손권이 강동을 점한 것은 이미 삼대에 걸친 것입니다…. 형주는 북으로는 한수와 면수가 있어 그 이익이 남해까지 이릅니다…. 익주는 험준한 요새이자 비옥한 땅이 천리나 됩니다…. 유장은 어리석고 유약하며 북쪽에는 장로까지 있습니다…. 장군께서는 황실의 후예이시며 신의를 중히 여기는 것으로 천하에 알려져 있습니다…. 천하에 변고가 생긴다면 실로 이렇게 하신다면 가히 패업을 달성하여 한 황실도 다시 일어날 것입니다."

---

1 후한 말인 서기 207년(건안 12년) 제갈량이 유비에게 제안한 계획안이다. 정치, 군사, 경제, 외교에 대한 국가의 계획이 포함되어 있다. 천하삼분지계, 즉 중국을 삼등분하여 현재의 형세를 단단하게 하며 나아가 촉을 중심으로 통일하고자 하는 목표를 제시한다.

그림 1-3 『융중대』 당시의 세력 분포도

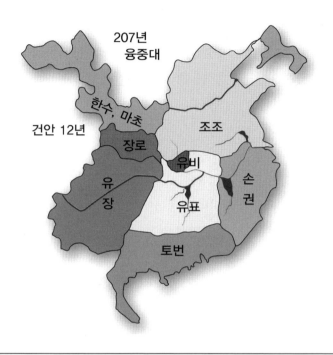

207년
융중대

건안 12년

한수, 마초

조조

장로

유비

유장

손권

유표

토번

　　『융중대』 이야기의 논리 구조는 [통찰×시야]라는 전략적 사고의 틀을 잘 보여준다. [결말을 예측]하는 것이 전체 전략의 목표인데, 여기에서 전략의 목표란 '패업을 달성하여 한 황실을 다시 일으키는 것'이다. [전체 상황을 파악]한다는 것은 전략 계획 중 환경 분석에 해당하는데, 여기에서는 동탁과 조조, 손권 등의 군웅들이 병기한 시대적 배경을 짚고 있다. [현재 상황을 안다]는 것은 전략 분석가가 처해 있는 곳의 지정학적 특징에 초점을 맞추는 것인데, 당시 유비의 지리적 위치에 대해 살펴보자면 북쪽으로는 조조가, 동쪽과 남쪽으로는 유표(형주)가, 서쪽으로는 유장이, 서북쪽으로는 장로가 있어 사방이 적으로 둘러싸인 형국이었다. [변화에 대처]한다는 것은 다음의 말을 보면 된다. "천하에 변고가 생긴다면, 한 명의 상장군에게 형주의 군대를 이끌고 완현을 거쳐 낙양으로 향하게 하시고, 장군께서는 친히 익주의 군사를 통솔하여 진천으로 나아가신다면, 백성 중 그 누가 감히 대나무 소쿠리 밥과 물병으로 장군을 환영하지 않으오리까?" 이 말에서 알 수 있듯 전략 계획 기간 중에 발생하는 변화에 주목하여 전략적 행동 방안을 제시하고 있다.

전략 세울 때의 중요한 전제는 전경을 보여주는 파노라마 지도를 보유하는 것이다. 옛 사람들은 인공위성도 없고 비행기도 없었기 때문에 하늘에서 땅을 내려다볼 수 없었고 그저 두 발에 의지하여 땅을 측량해야 했다. 그들이 지도를 그릴 때 사용했던 설비를 '기리고차(記里鼓車)'라고 하는데 수레를 위아래 2층으로 나누고 수레에 북과 나침반을 설치하여 수레가 1리(里)를 갈 때마다 목각인형이 북을 치게 만든 장치이다. 예를 들어 산맥을 그리고자 한다면 산 주변을 따라 수레를 끌고 가면서 모퉁이와 몇 리인지를 기록하면 산의 대략적인 윤곽을 그려낼 수 있는 식이다. 기록한 데이터를 종이에 그려내는 방법을 가리켜 '계리화방(計里畫方)'이라고 하는데, 먼저 도면에 같은 면적의 사각형을 가득 그리고 각각의 사각형마다 비례척을 설정한 후 기록한 데이터를 도면에 표시하는 것이다.

지도 제작자가 가장 먼저 알아야 할 것은 자신의 현 위치이며 그 다음으로는 자신이 최종적으로 어디로 가야 하는지 알아야 한다. 또한 지도를 그려 영토의 경계를 파악해야 하고, 각종 산천과 하류같은 장애물에도 대처할 수 있어야 한다. 우리는 [그림 1-5]를 통해 지도 그리는 과정을 이해할 수 있다. 자신이 어디에 있는지 아는 것은 [현재 상황을 아는 것]이고, 영역의 경계를 탐색하는 것은 [전체 상황을 파악하는 것]이며, 자신이 궁극적으로 어디를 가고 있는

그림 1-4 기리고차

그림 1-5

전략 파노라마 지도 제작하기

	현재	미래
전체	전체 상황 파악하기 A, B, C	결말 예측하기 X, Y, Z
부분	현재 상황 알기 a, b, c	변화에 대처하기 a, b, c→X, Y, Z

통찰 (세로축)

시야 (가로축)

지 아는 것은 [결말을 예측하는 것], 길 위에 여러 장애물에 대처하는 것은 [변화에 대처하는 것]에 해당한다.

[그림 1-5]에서 보이듯 [현재 상황을 알기] 위해서는 전략 기획자가 자신의 현재 상황(a, b, c)을 명확하게 파악하고 있어야 한다. 예를 들어 제갈량은 당시 유비가 많은 군웅들에게 사방이 둘러싸여 불리한 위치에 있다는 점을 분명히 지적하며 유비가 직면하고 있는 병력의 미약함을 분석하였다. 스스로의 처한 상황을 분명히 인지하고 있을 때 우리는 더 긴장할 수 있고 시대의 기회를 손에 쥘 수 있다.

[전체 상황을 파악하기] 위해서는 전략 기획자가 지도 전체 범위의 전반적인 상황을 명확히 이해하고 있어야 한다(A, B, C). 제갈량은 융중대의 전략 계획을 제시할 때 유비의 세력권과 직접 맞닿아 있는 유표와 조조뿐 아니라 지척에 있는 장로와 유장과 손권, 요동에 있는 공손강, 서북쪽에 있는 한수와 마초, 저 멀리 남방의 소수민족까지 모든 것을 고려해야만 했다. 그럼에도 융중대의 파노라마에는 당시 중원인(中原人)들의 인지 밖에 있는 영역은 포함되지 않았으며, 이 영역으로 인해 장차 새로운 불확실성이 초래될 수도 있다.

[결말을 예측하기] 위해서는 전략 기획자가 상황의 향후 발전 추이를 예견

할 수 있어야 하고, 몇 년 후의 전체 상황도 예측할 수 있어야 한다(X, Y, Z). 제갈량의 심중에서 미래의 추세란 '나뉜 지 오래면 반드시 합쳐진다는 것'이었고, 그가 기대했던 결말은 '패업을 달성하여 한 황실을 다시 일으키는 것'이었으며, 이 결말에서 승리를 거머쥐는 것은 당연히 유비일 것이라 믿었다. 제갈량의 앞으로의 추세에 대한 판단은 옳았다. 그러나 패업을 달성한 것은 유비가 아니었다.

[변화에 대처하기] 위해서는 전략 기획자가 자신의 상황을 전반적인 주변 환경과 결합하고 이루고자 하는 결말을 목표로 삼아 급변하는 상황에 대응할 수 있어야 한다(a, b, c→X, Y, Z). 제갈량이 변화에 대처하기 위해 세운 책략이 바로 "천하에 변고가 생긴다면 한 명의 상장군에게 형주의 군대를 이끌고 완현을 거쳐 낙양으로 향하게 하시고, 장군께서는 친히 익주의 군사를 통솔하여 진천으로 나아가십시오"였다. 그러나 이 변화된 국면 속에는 또다시 변화된 국면이 존재한다. 즉 촉나라 군대가 진천을 향해 떠나기도 전에 이미 형주를 잃고 만 것이다. 양쪽에서 협공하려던 계획은 고군분투로 끝나버렸으며 결국 제갈량의 전략 계획은 실패로 돌아갔다.

통찰 시야 SWOT 분석

시간의 가속과 공간의 중첩을 특징으로 하는 복잡한 환경 속에서 기업은 [결말을 예측하고, 현재 상황을 알고, 전체 상황을 파악하고, 변화에 대처하는] 전략적인 사고뿐만 아니라 이 전략을 구체화할 수 있는 실행 도구도 필요하다. SWOT 분석은 독자들에게 가장 친숙한 전략 분석 도구 중 하나인데, 통찰과 시야를 결합하여 전략적 시야로 발전시킨 SWOT 도구를 통해 기업 전략에 대한 보다 체계적이고 동적인 분석을 할 수 있다. [그림 1-6]은 전통적인 SWOT 매트릭스를 통찰과 시야 두 가지 차원에 대입시킨 것으로 기업의 현재 부분에 대한 SWOT, 현재 전체에 대한 SWOT, 미래 일부에 대한 SWOT, 그리고 미래 전체에 대한 SWOT을 분석하는 데에 도움을 준다.

그림 1-6 **통찰 시야 SWOT 분석도구**

	현재		미래	
전체 (평생학습)	**S** 전자제품에 탑재된 지식은 광범위한 전파와 통합적인 운용에 유리하다.	**O** 교양교육, 통섭적 지식, 직업학습, 온·오프라인 모두 개통	**S** 선점우위와 브랜드 축적은 우수한 컨텐츠 제공자와 프리미엄 사용자를 유치하는 데 유리하다.	**O** 국민의 평생학습 시스템의 중요한 형식이 된다.
	W 오디오와 휴대전화 화면은 깊이있는 사고를 제한한다.	**T** 오프라인 기구와 기술형 온라인 기구는 지방 중소도시 및 농촌까지 광범위하게 퍼져 나가며 고객 확보에 능하다	**W** 창업자 개인 브랜드를 없애고 플랫폼으로 전환시키는 것이 쉽지 않다.	**T** 단기 유료상품의 충성도가 낮고 사용자도 참여하고 있다는 느낌을 잘 못 받는다.
부분 (온라인 오디오 상품)	**S** 지식 유료화 산업의 창구가 이미 열렸고 사용자도 확대되고 있다.	**O** 지식 유료화 서비스의 선두 브랜드이며사용자들의 유료화 의지가 강하다.	**S** 첫 번째 단계에서 업계 선두에 있었기 때문에 두 번째 단계에서 사용할 수 있는 자원이 많다.	**O** 내부 커뮤니티를 개설해서 작가와 사용자 간의 상호작용을 강화시킨다.
	W 품질관리로 인하여 강의 상품의 개발주기가 길다.	**T** 동종 경쟁품이 점점 증가하고 있어 기존 사용자들의 멤버십 리뉴얼에 대한 스트레스가 증가하고 있다.	**W** 내용과 형태가 기본적으로 비슷하고 제품의 종류도 적기 때문에 다변화된 수요를 만족시키는 것이 어렵다.	**T** 대규모 플랫폼과 AI기술로 전문 경쟁상품이 개성화 요구를 충족시키게 된다.

통찰 / 시야

더다오(得到) 앱을 예로 들자[2] 이 앱의 출시 시점을 2019년 초라고 한다면 출시된 지 채 3년이 되지 않았음에도 이미 지식 유료화 분야의 선두 브랜드로 자리매김하였고 열성 유저들이 모여들면서 유저들의 유료화에 대한 수용성 역시 꽤 높은 편이다(장점). 그러나 상대적으로 폐쇄적인 제품 개발 패턴과 업계 내 가장 엄격한 품질 관리로 인하여 상품 개발 주기가 긴 편이고, 이로 인해 사용자가 선택할 수 있는 제품의 수가 적다는 문제(단점)가 있다. 업계의 기회 측면에서 봤을 때 지식 유료화 산업의 수요는 끊임없이 확대되고 있다(기회). 그러나 지식 유료화 서비스 업계의 동종 경쟁품이 급속히 증가하고 있어 기존 사용자의 재구매 의사가 떨어진다는 점은 위험 요소라 할 수 있다.

---

2 중국 최대의 지식 콘텐츠 플랫폼으로 중국에서만 1,000만명이 넘는 회원을 확보하였다.

우리는 전체 상황에 대한 기업의 SWOT도 분석할 수 있다. 좁은 의미의 지식 유료화 산업의 발전은 온라인 오디오 수업에서 시작되었지만, 지식 유료화가 적용되는 범위는 휴대전화의 유료 오디오에만 국한되는 것이 아니라 모든 학습 현장을 커버할 수 있다. iGET 어플리케이션은 휴대전화 단말기의 오디오 상품으로 시장에 진출하였는데, 휴대전화와 모바일 결제 시스템이 잘 보급되어 있기 때문에 오디오 상품을 배포하기 좋았기 때문이다. 이같은 현상은 모든 학습 현장에 영향을 미칠 것이다. 그러나 휴대전화에는 작은 화면과 시간의 파편화라는 한계가 있기 때문에 휴대전화를 매개로 한 학습의 현장에서는 깊이 있는 학습에 어려움을 겪는 것이 보편적이다. 전체 상황을 볼 때 지식 유료화의 기회는 더다오 앱이 초창기에 깊이 파고들었던 상업이나 사회, 심리, 과학 등 개별 학문 분야뿐 아니라, 각 학문 분야 간의 크로스오버 통합에도 존재한다. 그러나 동시에 더다오 앱의 폐쇄적인 플랫폼 시스템 역시 더 크고 더 개방적인 플랫폼(예를 들어 喜马拉雅·히말라야, 今日头条·진르토우탸오)[3]의 위협에 직면하고 있다.

미래의 전반적인 상황에서 봤을 때 지식에 비용을 지불하는 것은 당연한 일이므로 평생 학습자를 위한 서비스는 굉장히 큰 산업으로 발전할 것이다. 그러나 평생 학습은 말 그대로 '평생'에 중점을 둬야 하는데 만약 평생 학습 상품이 사용자의 충성도를 높이지 못한다면 지속가능한 성장에 큰 위협이 될 것이다. 더다오 앱의 경우 업계의 선발주자라는 이점을 통해 양질의 컨텐츠를 지속적으로 축적할 수 있었다. 지식 유료화 서비스의 초창기 사용자들 역시 보다 충성도 높은 열성 사용자가 될 수 있다. 하지만 더다오 앱이 향후 플랫폼으로 거듭나려면 상품 경쟁력이 약화되는 것과, 유료 상품과 사용자의 시간이 상충하지 않게 할 지에 대한 문제를 해결해야 한다.

---

3 喜马拉雅·히말라야는 누구나 쉽게 만들고 공유할 수 있는 개인 방송국을 지향하고 있는 중국판 팟캐스트 서비스이다. 今日头条·진르토우탸오는 뉴스 및 정보 큐레이션 서비스로 현재는 영상, 음악 컨텐츠까지 진출하여 있다.

마지막으로 부분적인 미래 추세로 볼 때, 더다오 앱의 선발주자로서의 이점은 당분간 지속될 것으로 보인다. 초창기 축적된 양질의 사용자 우위와 저자의 브랜드 우위 또한 지속적으로 그 역할을 발휘할 것이다. 그러나 기존 제품 간의 차이가 크지 않고 상품의 수가 비교적 적기 때문의 사용자의 맞춤 요구를 충족시키기가 어렵다. 기회의 관점에서 볼 때, 더다오 앱은 기존 제품 간의 연결을 구축하고 커뮤니티 등의 방식을 통해 사용자가 보다 적극적으로 상호작용에 참여하게 함으로써 사용자의 충성도와 상품 가치를 높일 수 있다. 위험 요소를 보자면 히말라야와 헤드라인 등의 대형 플랫폼이 AI 등의 신기술을 활용한 사용자 신규 유치와 유지 및 운영 능력이 더 강할 수도 있다는 점이다.

　　위의 예시에서는 더다오 앱의 현재 부분적인 상황, 현재의 전체적인 상황, 미래의 전체적인 상황, 미래의 부분적인 상황에 대한 SWOT을 분석하였다. 나아가 통찰과 시야 프레임을 활용하여 전체 상황과 부분 상황 사이에서, 그리고 현재와 미래 사이에서 기업이 어떻게 위기에서 기회로, 열세에서 우세로 나아가는지 분석할 수 있다(그림 1-7).

　　더다오 앱은 현재의 부분적인 열세를 전반적인 우세로 전환시킬 수 있다. 예를 들어 엄격한 품질 관리로 우수한 품질의 컨텐츠를 만든 다음, 온오프라인의 전 라인 제품(예를 들어 오프라인 강의 개설)으로 확대할 수도 있다. 현재의 전반적인 열세도 부분적인 우세로 전환시킬 수 있는데, 예를 들어 최신 지식상품(예를 들어 각종 전자책이나 강의 원고) 간의 통합 검색을 통해 사용자가 인지적 차원을 발달시키는 데에 도움을 주는 것이다. 현재의 국부적인 위협은 전반적인 기회로 전환시킬 수 있다. 예를 들어 선발주자 이점을 활용하여 지식 통합 분야에서 내공을 쌓은 후 후속 세대들과 지식 상품의 새로운 품목을 만들 수 있다. 현재의 전반적인 위험은 부분적인 기회로 전환시킬 수 있는데, 예를 들어 온라인 사용자를 오프라인으로 이동시키고 오프라인 강의를 다수 개설함으로써 수입도 높이고 사용자의 충성도도 높일 수 있다.

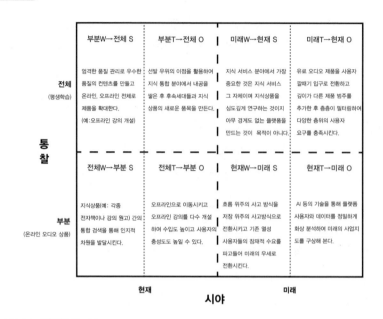

그림 1-7 통찰시야 SWOT 동태 전화 분석 도구

부분W→전체 S	**부분T→전체 O**	**미래W→현재 S**	**미래T→현재 O**
엄격한 품질 관리로 우수한 품질의 컨텐츠를 만들고 온라인, 오프라인 전체로 제품을 확대한다. (예:오프라인 강의 개설)	선발 우위의 이점을 활용하여 지식 통합 분야에서 내공을 쌓은 후 후속세대들과 지식 상품의 새로운 품목을 만든다.	지식 서비스 분야에서 가장 중요한 것은 지식 서비스 그 자체이며 지식상품을 심도깊게 연구하는 것이지 아무 경계도 없는 플랫폼을 만드는 것이 목적이 아니다.	유료 오디오 제품을 사용자 깔때기 입구로 전환하고 깊이가 다른 제품 범주를 추가한 후 층층이 필터링하여 다양한 층위의 사용자 요구를 충족시킨다.

전체
(평생학습)

통찰

전체W→부분 S	**전체T→부분 O**	**현재W→미래 S**	**현재T→미래 O**
지식상품(예: 각종 전자책이나 강의 원고) 간의 통합 검색을 통해 인지적 차원을 발달시킨다.	오프라인으로 이동시키고 오프라인 강의를 다수 개설 하여 수입도 높이고 사용자의 충성도도 높일 수 있다.	흐름 위주의 사고 방식을 저장 위주의 사고방식으로 전환시키고 기존 열성 사용자들의 잠재적 수요를 파고들어 미래의 우세로 전환시킨다.	AI 등의 기술을 통해 플랫폼 사용자와 데이터를 정밀하게 화상 분석하여 미래의 사업지 도를 구상해 본다.

부분
(온라인 오디오 상품)

현재   미래

시야

비슷한 맥락에서 더다오 앱은 현재의 열세를 미래의 우세로 바꿀 수 있는데 예를 들어 흐름(flow) 위주의 유량적 사고방식(流量思維)을 저장(stock) 위주의 존치형 사고방식(存量思維)으로 전환시키고 기존의 열성 사용자들의 잠재적 수요를 파고들면 장기적으로 우세하게 될 것이다. 예를 들어 지식 서비스의 가장 핵심 분야, 즉 지식 서비스 자체에 집중하고 지식 제품을 심도깊게 연구하는 것이 필요하다. 아무런 경계가 없는 지향성이 낮은 플랫폼으로 만들어서는 곤란하다. 현재의 위험은 미래의 기회로 전환시킬 수도 있다. 이를테면 AI 등의 기술을 통해 플랫폼 사용자와 데이터를 정밀하게 분석하여 미래의 사업지도를 구상해보는 것이다. 또한 미래의 위험 역시 현재의 기회로 탈바꿈할 수도 있는데 유료 오디오 상품을 퍼널[4] 입구(깔때기 funnel)로 전환시켜 깊이 있는 상품의 카테고리를 늘려 층층이 여과하여 다른 사용자 요구를 충족시키는 것이다.

---

4 일반적으로는 깔때기를 뜻하는 말이지만 경영학에서 말하는 퍼널 분석(Funnel Analysis)은 고객 분석을 위한 마케팅 전략을 의미한다. 즉 고객이 유입되고 전환에 이르기까지 주요 단계를 수치로 확인하는 분석 방법으로 마케팅에서 많이 사용된다.

전략=공간×시간

　지금까지 통찰과 시야의 두 가지 차원에서 전략을 살펴보았다. 이 통찰과 시야는 공간과 시간으로 표현할 수도 있다. [그림 1-8]의 정육면체는 전략의 개념을 이해하는 데 도움을 준다. 정육면체에는 세 개의 차원이 있다. 두 개의 차원은 2차원의 평면을 이루고, 세 번째 차원과 함께 3차원의 정육면체를 이루는 것이다. 만약 기업을 이 정육면체에 비유해본다면 첫 번째 차원은 '규모', 두 번째 차원은 '범위', 세 번째 차원은 '시간'으로 표현할 수 있다. 기업의 발전 영역이란 기존 사업의 규모를 확대하거나 범위를 확장하는 두 가지 측면을 포함하기 때문에 규모와 범위 역시 기업의 '공간' 차원에 통합시킬 수 있다.

그림 1-8 　전략=공간×시간

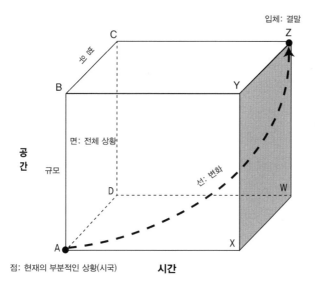

[그림 1-8]의 정육면체의 좌측 하단에서 바라볼 때, 점 A는 기업의 현재 부분적인 상황(시국)을 의미하며 'ABCD' 네 개의 점으로 구성된 면은 기업의 현재 전반적인 상황을 의미한다. 시간이 지날수록 면 ABCD는 조금씩 이동하여 면WXYZ 위치에 다다르는데, 면 WXYZ는 점 A에서 시작한 기업의 결말이며, 점 Z는 이 기업이 도달하고자 하는 목표일 것이다. 점 A에서 점 Z까지 가는 길은 다양하다. 결국 어떤 길을 선택할 것인가가 변화된 상황에 대처하는 방식인 것이다.

[그림 1-8]처럼 잘 짜인 정육면체를 기업의 전략에 비유하게 되면 자칫 전략이란 그저 사전에 계획한 대로 실행하는 것이라는 인상을 주게 될 수도 있다. 그러나 대부분의 현실은 그렇지 않다. 기업 전략의 수립과 실행은 복잡한 문제이다. 세계화되고 네트워크화된 비즈니스 환경에서 기업이 발전하는 시간과 공간은 예전과 다른 두 가지 중요한 변화를 보이는데 '시간 가속'과 '공간중첩 (space overlap)'이 바로 그것이다.

우선 환경의 변화 속도가 빨라지고 기업의 생애주기가 짧아지는 것을 통해 시간의 가속이 의미하는 바를 이해할 수 있다. 당신은 최근 몇 년에 걸쳐 지대한 영향을 미친 경제위기나 금융위기의 발생 간격이 이전보다 짧아지고 일부 업계 거물들이 쇠락하는 속도가 빨라지고 있음을 눈치챘을 것이다. 우리는 몇몇 기업들이 급성장하고 있는 것을 보는 동시에 더 많은 스타트업들이 자라나기도 전에 죽고, 더 많은 유니콘 기업들이 꽃을 피우기도 전에 바스러져 버리는 것을 목격한다. 이제 우리 주변에는 루이싱(瑞幸)이나 러스(乐视)처럼[5] 기업의 생애주기가 급속도로 진행되어 빠르게 성장하고 빠르게 쇠퇴하는 기업이 점점 많아지고 있다. 이들 기업에게 시간은 예전보다 빠르게 흐르는 것처럼 보인다.

다음으로 우리는 글로벌 통합과 기업의 영역 확장의 관점에서 공간중첩이 무엇인지 이해할 수 있다. 최근 몇 년 사이 미국 정부를 중심으로 역세계화의 흐름이 감지되고는 있지만 기업과 경제 차원에서 보자면 세계화는 더 이상 돌

---

5 루이싱커피(Luckin coffee)는 중국의 커피 체인으로 한 때 2,000여 개의 점포를 거느리면서 스타벅스를 위협하였다. 그러나 2020년 회계부정 사건으로 증시에서 거래 중지 상태이다. 러스(乐视)는 중국의 동영상 서비스 플랫폼으로 무분별한 사업 확장으로 어려움에 처하였으며 증시에서 퇴출되었다.

그림 1-9

미래=시간의 가속×공간의 중첩

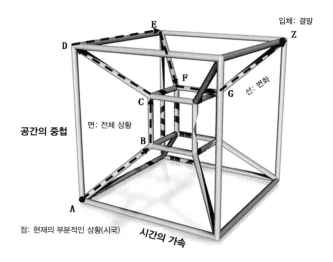

이킬 수 없을 만큼 진행되었다. 수년에 걸친 세계화 과정에서 형성된 전통적인 글로벌 가치사슬의 체계가 깨지면서 개발도상국 출신 일부 기업들이 가치사슬의 상위로 올라갔고 제조, 판매, 브랜드, 연구개발 등의 다양한 차원에서 전통적인 선진국 기업들과 경쟁하고 있다.

시간의 가속과 공간의 중첩 원인을 간단히 설명하자면 이렇다. "세상은 점점 빨라지는데 기업의 수명은 점점 짧아지며, 세상은 점점 가까워지는데 기업은 점점 멀어진다." 시간의 가속과 공간의 중첩[6]은 전통적인 의미에서의 기업 간 경쟁 구도와 기업 발전의 법칙을 바꿔놓았다. [그림 1-9]의 불규칙한 정육면체를 통해 오늘날 복잡한 환경 속에서 기업이 발전하는 시간과 공간을 이해할 수 있을 것이다. [그림 1-8]과 비교하여 [그림 1-9]의 가장 달라진 점은 기

---

6 공간의 중첩은 최신 물리학의 양자 중첩 이론과 비교할 수 있다. 양자중첩이란 다양한 상태가 확률적으로 하나의 양자에 동시에 존재하는 것을 의미한다. 인간이 측정하기 전까지는 양자의 상태를 정확히 파악할 수 없으며 확률적으로 동시에 존재한다.

업 발전의 결말이 훨씬 모호해졌고 기업 환경의 전반적인 상황 역시 훨씬 복잡해졌으며 기업이 직면하고 있는 변화는 더욱 불확실해졌고 기업의 현재 상황 또한 요동치고 있다는 것이다. 이제 기업이 점 A에서 점 Z로 나아가려면 점 A에서 점 Z로 직행하는 것이 아니라 ABCDEFG→Z처럼 더 복잡한 길을 가게 될 수도 있다.

"모든 것에는 근본과 말단이 있고, 모든 일에는 처음과 끝이 있으니, 먼저 할 일과 나중에 할 일을 가릴 줄 알면, 즉 도에 가까워지는 것이다(物有本末, 事有終始, 知所先後, 則近道矣)." 『대학(大學)』의 이 구절이 의미하는 것은 모든 일에는 근본이 되는 것과 말단이 되는 것, 마지막에 할 것과 처음에 할 것이 있으니 이 우선순위만 잘 깨닫는다면 사물의 참뜻을 파악할 수 있다는 것이다.

기업 역시 근본과 말단이 있다. 기업의 근본은 현재의 위치를 파악하는 것이며 기업의 말단은 미래의 청사진을 그리는 것이다. 전략 또한 끝과 처음이 있다. 전략의 끝은 미래에 있을 결말이며, 전략의 시작은 현재의 상황이다. 그러므로 기업이 전략적 사고를 할 때에는 통찰과 시야의 두 가지 차원에서 [전략=통찰×시야]의 공식과 [결말을 예측하고, 현재 상황을 알고, 전체 상황을 파악하고, 변화에 대처하는] 논리적 흐름을 이해해야 한다.

어떻게 하면 기업을 키울 수 있을까

크고 강해지는 것은 모든 기업의 꿈이다. 과연 어떻게 해야 크게 키우고 강해질 수 있는가는 공간과 시간의 관점 모두에서 생각해봐야 한다. 먼저 공간의 관점에서 보자면 이는 다시 규모와 범위의 차원으로 나누어진다. 기업이 창업하면서부터 끊임없이 성장 기회와 빠른 성장 방향을 모색하여 주력 상품과 서비스를 개발한다면 점차 사업의 규모가 커지면서 "크게 키우는 것"의 첫 단추를 꿰게 될 것이다. [그림 1-9]에서 한자 大(대)의 세 획 중 하나는 기업이 [성장단계]에서 대규모 단계로 발전하는 과정을 이미지로 보여준다.

그림 1-10 **大=규모×범위×시간**

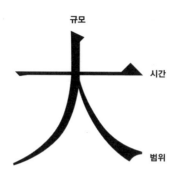

주요 제품이나 서비스의 규모가 커진 기업은 그 후 경영 범위를 확장하곤 한다. 이는 주요 사업 분야에서 획득한 노하우를 단순 복제하는 것을 의미하지 않는다. 경영 범위의 확장은 기업이 한 단계 더 성장할 수 있는 교두보를 얻기 위한 것이다. [그림 1-10] 한자 大(대)의 세 획 중 하나처럼 경영 범위의 확장과 전환은 기업이 불연속성을 극복하기 위해 반드시 내딛어야 하는 발걸음이다. 이 불연속성은 기업 경영의 두 가지 차원 중 공간이 아닌 '시간'에서 비롯되는 문제이다.

시간은 [그림 1-10]의 한자 大(대)의 가로획과 같다. 이를 화살표라 가정한다면 화살표가 나아가는 방향은 끝없는 미래를 의미한다. 기업이 대마불사(大馬不死, 대마는 쉽게 죽지 않는다는 의미)하려면 규모와 범위 내에서 균형을 이루고 흐르는 시간 속에서 시련을 이겨내야 한다. 제너럴 일렉트릭과 애플이 겪은 부침은 대기업이 규모와 범위 사이에서 균형을 잃지 않고 오랜 시간 버티기가 얼마나 어려운지를 보여준다.

우리는 기업을 "크게" 키운다는 것의 의미가 규모, 범위, 시간의 세 가지 요소의 집합체임을 어렵지 않게 이해할 수 있다. 규모는 기업이 [성장단계]에서 주력사업을 어떻게 운용할 것인가를 강조하고, 범위는 기업이 성숙단계에서 어떻게 사업 범위를 확장할 것인가를 강조하며, 시간은 기업이 [전환단계]에서 어떻게 새로운 업무와 이전의 업무 간의 순조로운 전환을 이룩할 것인지 그리고 어떻게 시간의 불연속성을 극복할 것인지를 강조한다.

"大(대)"라는 글자를 곡예사가 공중에서 줄타기하는 것에 비유한다면 기업은 곧 곡예사나 마찬가지이다. 기업의 규모는 곡예사의 몸집인 셈이니 규모가 지나치게 클 리 없고(그래서도 안 된다), 기업의 범위는 곡예사의 보폭인 셈이니 범위가 지나치게 넓을 리 없으며(그래서도 안 된다), 기업의 시간은 곡예사가 균형을 맞추는 장대인 셈이니 시간이 지나치게 길 리 없다(그래서도 안 된다). 여기에서 말하는 시간이란 줄 위에서 한 걸음 한 걸음 내딛는 데 걸리는 시간을 가리킨다. 줄타기를 하는 곡예사가 올라서 있는 출렁이는 줄은 기업이 직면하고 있는 환경과 같다. 환경이 요동칠수록 기업의 컨트롤 속도도 재빨라야 한다. 즉 기업은 환경의 변화에 따라 규모와 범위 그리고 서로 다른 업무들 사이에서 적절한 전환과 컨트롤을 해내야만 "대마불사"할 수 있는 것이다.

'제품 혁신'에서 '생태 혁신'까지

개혁개방 40여 년간 중국 기업들은 서양 국가들이 수백 년에 걸쳐 이룩한 발전을 따라잡았고 수많은 세계 일류 대기업들이 탄생하였다. 2021년 포춘 500대 기업(Fortune Global 500 of 2021)에 이름을 올린 중국(홍콩, 마카오, 대만 포함) 기업은 143개에 달한다. 포춘 500은 주로 기업의 영업수익을 바탕으로 선정되기 때문에 이 리스트의 의미는 포춘이 선정한 500대의 강한 기업보다는 "포춘이 선정한 500대의 큰 기업(財富500大)"에 가깝다. 그런데 중국 기업은 어떻게 40여 년 만에 급성장할 수 있었던 것일까? 또한 어떻게 해야 다가올 미래에 "대마불사"할 수 있으며, 나아가 "세계 일류"가 될 수 있을까?

이 문제 역시 "大(대)"라는 글자에 주목해야 한다. "大(대)"를 이루는 3획 중 하나는 기업의 주력사업 규모의 확대를 의미하고, 다른 한 획은 사업 범위의 확장을 의미하며, 나머지 한 획은 기업이 겪는 시간의 시련을 의미한다. 만약 이 "大(대)"자를 기업 진화의 평면도에 그려 넣으면 [그림 1-11]과 같다.

그림 1-11

'제품 혁신'에서 '플랫폼 혁신'과 '생태계 혁신'에 이르기까지

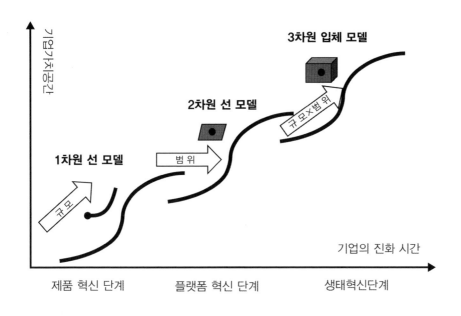

[그림 1-11]은 기업의 발전을 세로축의 가치 공간 측면과 가로축의 진화 시간 측면으로 표현하였는데 기업의 진화는 또다시 "제품 혁신단계", "플랫폼 혁신단계", 그리고 "생태계 혁신단계"로 세분화된다. 종종 기업은 제품 혁신단계에서 돌파의 순간을 경험하는데 연이어 이런 순간이 복제되면서 빠르게 성장하는 곡선을 형성하고, 규모를 이룩하게 된다. 그러므로 제품 혁신단계의 기업 성장 모델을 가리켜 "1차원 선 모델"이라 할 수 있다. 시간이 지나면서 제품 혁신을 기반으로 하는 기업가치 공간은 천장에 부딪히게 되는데 이는 모든 제품에는 생애주기가 있기 때문이다. 기업 주요 제품의 생애주기가 끝물에 이르게 되면 기업은 성장 절벽에 빠지며 결국 "대마여서 죽고 마는" 현상이 벌어진다.

지속 가능한 성장을 위해 통상적으로 기업들은 주요 사업 외의 영역에서 새로운 발전 방향을 모색하고 새로운 상품을 만들어낸다. 그러나 만약 기업이 그저 제품 혁신 모델만을 고집하여 1차원 선 모델을 벗어나지 못한다면 결국은 기업의 혁신 능력 또한 한계에 부딪힐 것이다. 그러므로 어느 정도의 발전을 이룩한 기업은 성장 방식을 바꾸어 플랫폼 혁신을 꾀한다.

플랫폼 혁신이란 기업의 경계를 허물고 기업의 자원을 개방함으로써 1차원의 선 모델에서 2차원의 평면 모델로 변모하는 것이다. 이것이 바로 우리가 흔히 말하는 "플랫폼 전략"이다. 2차원의 평면 모델은 기업이 경영 범위를 넓히는데 유리하며 기업의 제한된 자원을 마치 지렛대처럼 사용하여 더 많은 사회적 자원을 운용할 수 있게 해준다. 또한 이쪽의 기업과 저쪽의 사용자를 연결함으로써 양면시장(Two-sided market)이 형성되도록 한다.

타오바오(淘宝)와 징동(京东) 등의 기업[7]이 2차원 평면 모델의 전형적인 예라고 할 수 있다. 2차원 평면 모델은 플랫폼의 개방 정도에 따라 다시 개방형 플랫폼과 반개방형 플랫폼으로 나뉘는데 타오바오는 전형적인 개방형 플랫폼에 속한다. 타오바오 플랫폼에서 알리바바가 직접 수행하는 업무는 그다지 많지 않으며, 주로 거래 중개 역할을 할 뿐이다. 반면 징동은 전형적인 반개방형 플랫폼으로 플랫폼 자원을 개방하여 특정 브랜드 업체가 직영점을 운영할 수 있도록 서비스하는 것을 제외하면, 징동의 직접 운영이 비교적 큰 비중을 차지한다.

중요한 것은 기업의 2차원 평면 모델이 구체적으로 어떤 형식을 취하든, 이는 모두 규모와 범위 사이의 균형을 찾은 결과이며 기업 발전의 경로와도 밀접한 관련이 있다는 점이다. 타오바오는 창사 이래 줄곧 2차원 평면 모델만을 고집하였는데 가장 우선적으로 추구한 것은 범위이며, 규모는 그 다음이었다. 반면 징동은 창업 초창기부터 특정 품목들에 주력하였는데 그렇다면 그들이 우선적으로 추구한 것은 규모요, 범위는 그 다음임을 알 수 있다.

---

7 타오바오는 알리바바가 운영하고 있는 중국 최대의 온라인 쇼핑몰이다. 징동은 360buy에서 운영하고 있는 온라인 쇼핑몰로서 타오바오가 주로 C2C(소비자 대 소비자) 방식으로 운영하고 있는 반면, 징동은 B2C(기업 대 소비자) 방식이나 직매를 통한 유통에 집중하고 있다.

1차원적 선 모델에서 2차원적 평면 모델에 이르기까지 기업은 규모를 추구하는 것에서 시작해 범위를 추구하는 것으로 나아가지만 결국에는 규모와 범위 사이 최적의 균형을 잡는 것이 힘들어지는 순간에 직면하게 된다. 전자상거래 플랫폼을 예로 들자면 특정 품목의 규모를 지나치게 확대시킬 경우 이 여파가 다른 품목의 규모에 미칠 것이며, 전체 플랫폼 품목의 수량이나 플랫폼 경영의 범위에도 영향이 갈 수 있다. 반대로 자원을 균등하게 분배하여 플랫폼 경영의 범위를 확장시키면 이번에는 주요 품목의 규모에 영향이 갈 것이다.

규모와 범위 간의 갈등은 그들의 경제 원리가 서로 다르기 때문이다. 규모에 영향을 미치는 주된 동력은 혁신이다. 오직 혁신적인 제품(예: 아이폰)만이 충분한 힘과 매력을 가질 수 있고 후속 프로세스의 최적화를 통해 원가를 절감할 수 있으며 그 결과 큰 규모를 형성할 수 있다. 반면 범위에 영향을 미치는 주된 동력은 원가이다. 원가가 낮아야(예: 타오바오) 충분한 흐름을 만들어낼 수 있으며 많은 수의 품목을 플랫폼에 입성시킬 수 있다.

결국 규모와 범위가 균형을 이루기 위해서는 2차원 평면 모델만으로는 부족함이 있기 때문에 3차원 입체 모델, 즉 생태계 모델로 업그레이드되어야 한다. 3차원의 입체란 2차원의 평면과 1차원의 선의 조합이라고 할 수 있다. 만약 직육면체의 '길이와 너비'로 구성된 밑면을 '범위'에 비유한다면 직육면체의 '높이'는 '규모'가 될 것이다.

생태계 혁신은 제품 혁신과 플랫폼 혁신의 유기적 결합이다. 제품 혁신은 주로 규모의 문제를 해결하고 플랫폼 혁신은 주로 범위의 문제를 해결한다. 제품 혁신에서 플랫폼 혁신, 나아가 생태계 혁신에 이르기까지의 과정은 마치 자연의 진화와도 같다. 중국의 개혁개방 40여 년의 여정을 통해 우리는 일부 기업이 제품 혁신에서 플랫폼 혁신, 그리고 생태계 혁신의 과정을 온전히 수행하고 마침내 세계 일류 기업의 대열에 합류하는 모습을 지켜보았다. 이제 하이얼(海尔)의 사례를 통해 대기업이 어떻게 생태계 혁신을 통하여 크게 성장하고 세계 일류까지 될 수 있는 것인지 살펴보자.

하이얼, '바다'에서 '불'까지

하이얼[8]의 최근 40년의 발전 과정을 보면 그들이 1) 전통 공업 시대와 2) 인터넷 시대, 3) 사물 인터넷 시대라는 무려 세 가지 시대를 경험해왔음을 알 수 있다. 한창 중국 경제가 급속히 성장하면서 중국 기업은 그들만의 독특한 역사적 기회를 거머쥐게 되었는데 장루이민(张瑞敏)으로 대표되는 몇몇 기업가들은 시대가 가져다준 전략의 고도화와 사고의 심화를 바탕으로 이름없는 변방에서 세계 일류 수준으로까지 오르게 되었다.

장루이민은 1984년 12월 냉장고 공장이었던 칭다오 일용전기공장(青岛日用电器厂)의 공장장으로 부임하였다. 당시 이 공장은 직원 고작 600명에 버는 것보다 빚이 더 많은 길가의 작은 공장이었는데 이미 누적된 적자만 147만 위안이었으며 임금을 지급하지 못해 파산 위기에 놓여있었다. 장루이민은 이곳 공장장으로 온 후 일단 두 가지 일부터 처리했다. 하나는 근처 농촌에 가서 돈을 빌린 후 직원들에게 임금을 주는 것이었고, 다른 하나는 [관리 13조(管理13条)]를 제정하여 근로 기강을 잡은 것이었다. 13개 조항 중 가장 유명한 것은 "작업 현장에서 대소변을 보지 말라"는 것이다.

선진 기술의 도입과 "냉장고 부시기" 사건 등을 통해 하이얼은 제품 혁신 단계에서 품질상의 큰 진전을 이루어 냈는데 1988년에는 동종업계 전국품질 평가에서 금메달을 수상하며 중국 냉장고 시장의 선두 자리에 올라서게 된다. 1984년부터 1994년까지 하이얼은 비약적인 발전을 거듭하여 1984년 겨우 0.03억 위안에 불과하던 매출액은 10년 만인 1994년 25.6억 위안으로 껑충 오르게 된다. 전통적인 냉장고 공장에서 생산과 경영 규모를 갖춘 현대화된 기업으로의 전환을 이룩한 것이다.

하이얼이 급속히 성장하는 과정에서 회의적인 목소리도 나왔다. 일각에서는 하이얼이 너무 빨리 성장했고 장루이민은 지나치게 무모했다고 말했다. 이

---

8 하이얼은 중국 최대의 종합가전회사 중 하나이다. 냉장고 및 세탁기 시장에서는 세계 1위 점유율을 차지하고 있다.

러한 문제 제기에 대하여 1994년 2월 10일 『하이얼인(海尔人)』[9]은 장루이민의 서명이 담긴 「하이얼은 바다다(海尔是海)」라는 글을 게재한다. 이 글에서 장루이민은 이렇게 말했다. [하이얼은 바다와 같아야 한다. 오직 바다만이 넓은 마음으로 모든 강을 품을 수 있으며, 작은 물길이라 하여 내치지 않는다. 더러운 것조차 받아들여 푸른 물로 정화시킬 수 있다. … 하이얼은 바다와 같아야 한다. 바다처럼 웅대한 목표를 세웠으므로 바다와 같은 마음을 지녀야 한다. 천하의 인재를 널리 품을 뿐 아니라 바다와 같은 자정능력을 가져야 하며 이런 분위기 속에서 모든 이의 소양이 고양되고 승화될 것이다. … 하이얼은 바다와 같아서 사회를 위해 그리고 인류를 위해 마땅히 공헌해야 한다."

이 글은 하이얼의 제품 혁신 단계 및 플랫폼 혁신 단계로 나아가기까지에 해당하는 초창기 발전 논리를 반영한다. 시간이 흘러 그로부터 20년 후인 2014년 11월 27일 『하이얼인(海尔人)』은 장루이민의 서명이 담긴 「티끌을 깨면 대천경권[10]이 나오리니: 창객(创客, IT 창업자)에게 보내는 편지(破一微尘出大千经卷 : 致创客的一封信)」를 게재하였다. 이 20년 간 하이얼의 연간 매출액은 1994년 25.6억 원에서 2014년 2,007억 위안으로 77배 증가했다.

그러나 고속 성장은 거대한 도전을 수반하기 마련이다. 2015년 하이얼은 35년 역사상 가장 심한 매출액 하락을 경험하였다. 2014년 2,007억 위안이었던 매출액이 2015년 전년 대비 6% 감소한 1,887억 위안을 기록한 것이다.

분명한 것은 장루이민이 이미 2014년 말에 2015년에 마주하게 될 도전을 예견했다는 점이다. 그는 위 글에서 이렇게 말했다. "30년의 혁신과 발전을 거치는 동안 하이얼은 예부터 받들어온 경전의 본보기들을 모두 따라잡았다. 이는 곧 하이얼에겐 더 이상 거울로 삼을 만한 본보기가 남아있지 않다는 의미이기도 하다. 새로운 도전을 마주하고 있는 우리에게 시대에 버려지지 않고 남아있는 유일한 무기는 영원한 두 개의 창조 정신(两创精神)이니 바로 영원히 창업하고, 영원히 혁신하는 것이다."

---

9 하이얼의 사보
10 화엄경에 나오는 말로 대천은 엄청나게 큰 세계를 의미하며 경권은 경전(책)을 의미한다.

그렇다면 어떻게 해야 창업하고 혁신할 수 있는 것일까? 장루이민이 제시한 답안은 "티끌을 깨면 대천경권[11]이 나온다"는 것이다. 이 말은 원래『화엄경』에 나오는 말로 장루이민이 이 격언을 빌려 말하고자 했던 것은 끝없는 망망대해 같은 우주 속에서 개개인은 마치 하나의 티끌처럼 보잘 것 없으나, 실천의 과정에서 보면 하이얼의 한 사람 한 사람이 모두 유일무이한 존재이며 무한한 잠재력을 가지고 있다는 점이다. 문제는 어떻게 모두의 잠재력을 발굴해 낼 수 있을 것인가였다.

인터넷이 가져온 도전 과제에 직면하였을 때 기존의 계층적 조직구조 속에서 진행되는 소규모의 개혁만으로는 부족하다. 하이얼은 "한 사람 한 사람이 창객(創客, IT 창업자)이 되어 폭발하고 발돋움하자(人人創客, 引爆引领)"는 슬로건을 내걸어 조직의 플랫폼화를 실현시켰으며 직원들의 자발적인 창업을 독려하였다. 2005년 하이얼이 제시한 "인단합일 원원모델(人单合一双赢模式)"의 핵심은 다음의 두 가지이다. 첫째, 그룹 차원에서 조직을 투자 플랫폼으로 전환시킨 후 세 가지의 권한, 즉 정책 결정권과 분배권과 인사권을 철저히 양도하였다. 둘째, 직원은 자기 자신을 넘어서야 한다. 즉 "티끌을 깨어 대천경권이 나오게" 해야 한다. 장루이민이 2014년 말에 쓴 「티끌을 깨면 대천경권이 나오리니: 창객에게 보내는 편지」는 후에 줄여서 「하이얼은 구름이다(海尔是云)」로 불리게 된다.

2014년 말 장루이민의 글이 발표되면서 하이얼은 바야흐로 창객(創客)의 시대를 열었다. 2005년 9월 20일 하이얼이 처음으로 인단합일 원원모델(人单合一双赢模式)을 제시하고 10년이 지난 2015년 9월 20일, 하이얼은 인단합일 공동이익모델(人单合一共赢模式)을 제시한다.

인단합일 원원모델과 달린 인단합일 공동이익모델은 이해관계자(stakeholder)의 범주를 확장시켰고 사물인터넷 시대 생태계 혁신의 모델이 되어 전략, 조직, 임금 세 가지 측면에서 변화를 꾀했다. 먼저 전략의 경우, 폐쇄형 기업이 개방형 창업 플랫폼으로 바뀌었으며 조직의 경우, 수직적 계층 조직에서 네트워크화된 조직으로 바뀌었다. 임금의 경우, 기업이 지급하던 임금에서

---

11 대천(大千)은 광대한 세상을 의미하며 경권(經卷)은 경전이다. 즉 무수한 책을 의미한다

사용자가 지급하는 임금으로 바뀌어서 창객이 소비자에게 얼마만큼의 가치를 창출해 주었는지에 따라 창객은 그에 상응하는 보상을 받게 되었다. 이렇게 하여 하이얼은 "인단합일 공동이익의 생태계"가 되었으며 기업은 제품을 만들어내던 것에서 창객을 만들어내는 것으로 변신하였고 소비자의 평생 가치 실현을 목표로 삼게 되었다.

2018년 1월 1일 『하이얼인(海尔人)』에 장루이민의 새로운 글이 실린다. 「새해란 그저 숫자일 뿐, 새로운 나만이 새로운 태양을 맞이할 수 있다!(新年只是一个数字, 新我才能迎接新的太阳!)」라는 제목의 이 글은 훗날 「하이얼은 불이다(海尔是火)」로 불리게 된다. 이 글에서 장루이민은 하이얼의 그간의 발전 과정을 회고하기보다는 미래에 주목하였다. 그는 '하늘과 땅과 사람'의 끊임없는 순환에는 시작도 없고 끝도 없는 것처럼, 하이얼의 발전 과정에서 전략과 조직과 사람 역시 함께 진화하고 있으며 물장즉로(物壯則老, 만물은 장성하면 쇠약해지기 마련이다)한 법이니 반드시 혁신해야 함을 주장하였다. 하이얼은 수직적 위계질서를 없애 조직이 오래 존속될 수 있도록 하였고 사물인터넷 시대를 전폭적으로 수용한 생태계를 조성하였다. 하이얼의 인단합일 실천에서 영원히 불변하는 것은 "사람이 최고의 가치"라는 것과 "자신의 잘못을 스스로 깨달아야 한다는 것"뿐이다.

장루이민은 하이얼의 지난 35년 발전사를 딱 두 문장으로 정리하였다. "전통시대에 나는 「하이얼은 바다다」라는 글을 썼고, 수용한 만큼 커졌다! 인터넷 시대에 나는 창객에게 「하이얼은 구름이다」라는 편지를 띄웠고, 모든 것들을 연결시켰다!" 미래를 전망하여 장루이민은 하이얼에게 이 같은 소망을 전했다. "사물인터넷 시대의 하이얼은 불(fire)이었으면 좋겠다. 모든 사용자의 생활과 모든 창객의 삶에 융화되어 비록 장작은 다 타버려도 그 불꽃만은 여전히 남아 전해지는 불이었으면 좋겠다."

바다에서 구름에서 다시 불로 하이얼은 35년 간 쉬지 않고 세 개의 불연속 곡선(그림 1-12)을 극복하였다. 1984년부터 2005년까지 21년에 걸친 하이얼의 제품 혁신 단계는 하이얼의 브랜드 발전 전략 단계, 다원화 발전 전략 단계, 그리고 국제화 발전 전략 단계를 통과했다. 이 시기에 하이얼은 브랜딩을 하고 쇼

그림 1-12 **하이얼이 '바다'에서 '구름', 다시 '불'에 이르기까지**

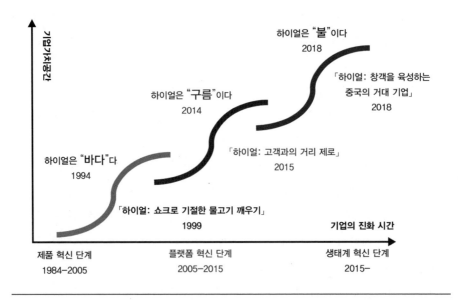

크로 기절한 물고기를 살리는 방식[12]으로 해외에 공장을 설립하는 등 문 닫기 일
보직전의 작은 공장에서 가전제품 업계의 세계적인 거물로 성장하였다. 1998년
하버드 대학 비즈니스 스쿨은 「하이얼: 쇼크로 기절한 물고기 깨우기」 사례를
제시하였다. 제품 혁신 단계에서 하이얼은 바다처럼 다른 것을 수용하고 받아
들이며 커졌다.

2005년부터 2015년까지 10년에 걸친 하이얼의 플랫폼 혁신 단계는 하이얼
의 글로벌 브랜드 발전 전략과 네트워크화 발전 단계에 해당한다. 이 시기 하이
얼은 대륙간 발전 전략과 인단합일 원원모델을 통해 온라인 시대 소비자의 요
구를 만족시키는 맞춤형 모델을 모색하였다. 2015년 하버드 비즈니스 스쿨은
「하이얼: 고객과의 거리 제로(Haier: Zero Distance to the Customer)」 사례를 발표하

---

12 하이얼은 우량 기업이지만 단기 수익성이 부족한 회사를 쇼크 물고기로 본다. 즉 어부들은 종종
전기 충격으로 물고기를 잡는데 일시적으로 쇼크를 받아 기절한 물고기란 뜻으로 잘못된 기업
문화와 전략을 수정하면 얼마든지 회사를 살려낼 수 있다는 비유이다.

였다. 플랫폼 혁신 단계에서 하이얼은 구름처럼 경계를 넘나들며 오픈 이노베이션(Open innovation)을 추구하였다.

10년 간의 탐색 끝에 하이얼은 마침내 사물인터넷 시대의 도래를 맞이하게 되었고, 사물인터넷 시대에 적합한 대규모 커스터마이징을 통해서만이 사용자의 개인화 요구를 충족시킬 수 있음을 분명히 인식하였다. 2015년부터 하이얼은 사물인터넷 생태계 혁신을 적극 모색하였고 2018년에는 '3생 시스템을 통해 세계적인 사물인터넷 모델을 창출해내자(以三生体系引爆世界级物联网模式)"는 슬로건을 공표하였다. 2018년 하버드대학 비즈니스 스쿨은 「하이얼: 창객을 육성하는 중국의 거대 기업(Haier: Incubating Entrepreneurs in a Chinese Giant)」이라는 사례를 발표한다. 생태계 혁신 단계에서 하이얼은 마치 불처럼 꺼지지 않고 계속 타오르고 있다.

제3절 | 전략=불확실성×불연속성

VUCA의 재해석

기업의 실천적 측면에서 볼 때 전략이란, 자원의 유한함이라는 제한된 조건 속에서 미래를 향한 수많은 불확실한 방향 중 점차 확실한 방향을 찾아내고, 목표에 도달하기 위한 불연속적인 길에서 점차 연속적인 길을 찾아내는 의사결정과 수행 과정이라 할 수 있다.

이 전략의 개념은 크게 세 가지 키워드로 정리할 수 있는데 1) 자원의 유한성, 2) 방향의 불확실성, 3) 경로의 불연속성이 바로 그것이다. 현실적으로 기업은 무한한 자원을 가질 수도, 무한한 방향을 시도해 볼 수도, 발전의 장애물을 극복하기 위해 무한한 자원을 쏟아부을 수도 없다. 전략은 기업이 자원의 유한함이라는 제약 아래 여러 가지 가능한 방향 중 '가장 적합한' 방향을 선택하고, 이렇게 선택한 방향으로 통하는 여러 가능한 경로 중 '가장 적합한' 경로를 선택하도록 돕는 역할을 한다.

중국어로 현실 세계나 경영 환경을 설명하고자 할 때 흔히 [복잡(複雜)]이라는 표현을 사용하곤 하는데 VUCA는 바로 이 [복잡(複雜)]을 뜻하는 단어이다. VUCA라는 이 말은 1987년 미국 육군참모대학교(United States Army War College, USAWC)가 냉전 후기의 복잡하게 얽힌 국제정세를 다루면서 고안한 말로, 변동성(Volatility), 불확실성(Uncertainty), 복잡성(Complexity), 모호성(Ambiguity)의 약자이다.

2021년 4월 검색엔진에서 VUCA를 검색한 결과 바이두(百度)에서 425만 건, 구글에서 665만 건의 검색결과가 나왔다. 하지만 검색 결과들을 자세히 살펴보니 뉴스, 강연, 보고서, 심지어는 학술논문에 이르기까지 모두들 VUCA를 인용하고는 있으나 그저 시대적 배경으로 언급하거나 입버릇처럼 VUCA를 이야기할 뿐 진지한 VUCA의 의미나 VUCA와 사용자 간의 논의에 대한 연관성은 제대로 다루지 않고 있었다. VUCA가 자주 사용되는 단어이니만큼 VUCA의 의미와 비즈니스적인 분석에서의 활용에 대해 다시 한번 살펴볼 필요가 있다.

VUCA나 [복잡(複雜)]의 의미를 정확히 이해하기 위해 먼저 [복잡(複雜)]의 어원을 살펴보도록 하자. 갑골문에서 [復(복)]을 찾아보면 상하구조로 이루어져 있는데 윗부분은 양쪽 끝에 출입구가 있는 마을의 모습을 하고 있고 아랫부분은 '가다'의 뜻을 담고 있다. 이를 합치면 두 문 사이를 왔다갔다함을 의미한다. 후에 이 글자는 [複(복)]으로도 파생되어 여러 겹의 옷감으로 만들어진 옷을 의미하게 되었다. [雜(잡)]의 최초 자형은 木(목)과 九(구)로 구성되어 있는데 九(구)는 많음을 뜻한다. 그러므로 [雜(잡)]이란 숲에 여러 종류의 나무가 섞여 있음을 가리킨다. 정리하자면 복잡이란 다양한 사물이 겹겹이 뒤섞여 있다는 의미이다.

복잡성 과학자인 멜라니 미첼(Melanie Mitchell)은 자신의 저서 Complexity에서 복잡성 시스템은 수많은 요소들로 이루어진 네트워크로서 중앙 통제가 존재하지 않으며 간단한 작동 규칙을 통해 복잡한 집단 행위와 복잡한 정보 처리가 수행되고 학습과 진화를 통해 적응력이 형성된다고 정의하였다. 중국어의 [복잡(複雜)]이라는 말이 가진 원래의 의미처럼 현실세계는 다양한 요소가 한데 뒤섞여 체계적이고도 동적인 시스템을 형성하고 있기 때문에 복잡할 수밖에 없다.

현실을 [복잡(複雜)]의 시각에서 바라보면 이 세계가 두 가지 특징을 가지고 있음을 알 수 있는데 하나는 체계적이라는 것이며, 다른 하나는 역동적이라는 것이다. 체계성은 세계가 수많은 수많은 요소로 이루어진 네트워크라는 기본적인 사실에서 비롯되고, 역동성은 세계를 구성하는 각 요소가 끊임없는 학습과 진화를 통해 환경에 적응한다는 보편적인 법칙에서 비롯된다. 세계를 구성하는 수많은 요소 사이에는 '불확실한' 상호관계가 존재한다. 다시 말해 각 구성 요소가 뒤섞이면 어떤 결과가 발생할지 미리 단언할 수 없는 경우가 많다는 것이다. 또한 각 구성 요소와 환경 간의 적응 및 진화 과정 역시 '불연속적'이어서 구성 요소들이 진화 과정에서 돌변할 수도 있다.

따라서 우리는 현실 세계의 복잡성을 [불확실성]과 [불연속성]이라는 두 가지 측면에서 생각해 볼 수 있다. 즉 [복잡성=불확실성×불연속성]이라는 공식을 통해 미래 발전 과정의 복잡성, 다시 말해 미래 발전 방향의 불확실성과 미래 발전 경로의 불연속성 두 가지 차원에서 복잡한 세계를 이해할 수 있다는 것이다(그림 1-13).

그림 1-13 　복잡성=불확실성×불연속성

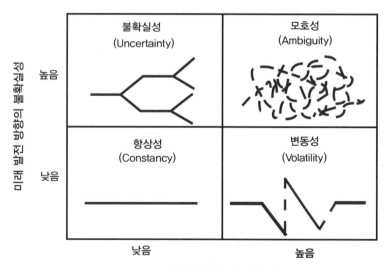

미래 발전 경로의 불연속성

[미래 발전 방향의 불확실성]과 [미래 발전 경로의 불연속성]의 수준은 모두 [낮음]이나 [높음]으로 표현할 수 있다. [그림 1-13]의 우측 상단에 있는 미로와 같은 도형은 불확실성과 불연속성이 모두 높은 경우를 의미한다. 불확실성이 높은 동시에 불연속성도 높다는 것은 미래가 어떤 방향으로 나아가고 있는지, 목적지에 도달할 수 있기는 한 것인지 불분명함을 뜻한다. 마치 초미세먼지 속을 걷는 사람처럼 자신이 어디를 향해 가고 있는지 알 수 없고, 이렇게 가다가는 무언가에 부딪힐지도 모르는 상황을 가리켜 모호성(Ambiguity)이라고 한다.

　　[그림 1-13]의 우측 하단에 있는 꺾은선은 불확실성은 낮으나 불연속성이 높은 경우를 가리킨다. 불확실성이 낮다는 것은 앞으로 나아갈 방향이 비교적 확실하다는 뜻이지만 불연속성이 높다는 것은 전진하기 위해서 많은 장애물을 극복해야 한다는 뜻이다. 각종 챌린지에 참가하는 사람처럼 결승점의 방향은 이미 정해져 있으나 스스로 방법을 찾아 극복해야만 결승점에 도달할 수 있는 것과 같은 상황을 가리켜 변동성(Volatility)이라고 한다.

　　[그림 1-13]의 좌측 하단에 그려진 직선은 불확실성과 불연속성이 모두 낮은 경우를 의미한다. 불확실성이 낮다는 것은 나아갈 방향이 정해져 있다는 것이고, 불연속성이 낮다는 것은 나아갈 길이 평탄하다는 것이다. 고속도로에서 차를 몰고 갈 때 엔진만 좋으면 속력을 낮추지 않고도 목적지에 도착할 수 있는 것과도 같은 이러한 상황을 가리켜 항상성(Constancy)이라고 한다.

　　[그림 1-13]의 좌측 상단에 있는 나무 모양 도형은 불확실성은 높지만 불연속성은 낮은 경우를 의미한다. 불확실성이 높다는 것은 앞으로 나아가는 방향에 여러 가지 가능성이 존재한다는 것을 뜻하고, 불연속성이 낮다는 것은 어떤 것을 선택하느냐에 따라 서로 다른 방향으로 향하게 되겠지만 각 선택 모두 비교적 타당한 것을 의미한다. 마치 차를 몰고 갈림길을 운전하는 것과도 비슷한데 모든 갈림길은 어디론가는 통하지만 그 종착점이 다르기 때문이다. 이러한 상황을 불확실성(Uncertainty)이라고 부른다.

　　[그림 1-13]에서 볼 수 있는 새로운 버전의 VUCA는 변동성(Volatility), 불확실성(Uncertainty), 항상성(Constancy), 모호성(Ambiguity)을 포함한다. 여기에서 주의해야 할 것은 항상성 역시 이 복잡한 세계를 구성하는 상황 중 하나라는 사실

이다. 게다가 비교적 보편적으로 존재하는 상황일 수도 있다. 복잡성에 대해 생각할 때 무조건 혼란과 무질서만 떠올릴 것이 아니라, 항상성 또한 복잡한 세계의 기본 형태 중 하나라는 것을 기억해야 한다.

[그림 1-13]의 [복잡성=불확실성×불연속성]이라는 방정식은 다음의 보편적인 의미를 가진다. 첫째, 어떤 개념을 마주할 때(예를 들면 '복잡'과 같은 단어) 우리는 [A=B×C]의 형식으로 개념 A를 이해하는데, 여기에서 B와 C는 A의 두 가지 기본 차원을 의미한다. 그러므로 B와 C라는 두 가지 기본 차원을 분석함으로써 개념 A를 더욱 체계적으로 이해할 수 있다. 물론 같은 방식으로 B와 C를 분해하여 A를 보다 분명히 이해하는 것 또한 가능하다. 이런 식의 방법은 "도는 하나를 낳고, 하나는 둘을 낳고, 둘은 셋을 낳고, 셋은 만물을 낳는다(道生一, 一生二, 二生三, 三生萬物)"는 원리[13]에 부합한다.

둘째, 방정식은 그림 1-12의 2×2 매트릭스로 도식화할 수 있다. 2×2 매트릭스는 "상호배제, 전체포괄(Mutually Exclusive Collectively Exhaustive, MECE)"의 특징을 갖기 때문에 우리가 대상을 체계적으로 포괄적으로 이해하는 데에 도움을 준다. [복잡성=불확실성×불연속성]이라는 방정식을 통해 기업이 생애주기의 각 단계마다 다양한 환경을 마주하게 되며, 각 생애주기별로 그에 맞는 기업전략을 실행해야 함을 알 수 있다.

기업의 생애주기별 전략 유형

사람들은 자신들이 직면하고 있는 세계를 VUCA로 표현하길 좋아하는데 이는 복잡한 세계 속에서 사물이 발전하는 법칙을 찾아냄으로써 다양한 도전에 보다 쉽고 자유롭게 대처할 수 있기를 바라기 때문이다. '복잡성'을 불확실성과 불연속성이라는 두 가지 차원에서 이해하고, 복잡한 세계를 변동성(Volatility)과 불확실성(Uncertainty), 항상성(Constancy)과 모호성(Ambiguity)이라는 네 가지 상황으로 분류해본다면 기업 생명주기에서 [창업, 성장, 확장, 전환]의 각 주기별 발전 규칙을 이해할 수 있을 것이다.

---

13 노자 도덕경 42장

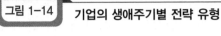

그림 1-14 기업의 생애주기별 전략 유형

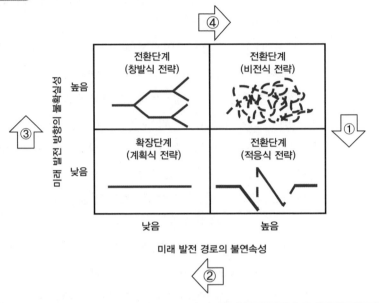

먼저 [창업단계]에서 기업은 앞으로의 발전 방향에 대한 높은 불확실성과 앞으로의 발전 경로의 높은 불연속성이라는 이중 과제에 직면하게 된다. 발전 방향이 불확실하다는 것은 창업기업이 미래에 어느 방향으로 나아갈지 아직 정하지 못했다는 것을 의미하며, 발전 경로가 불연속적이라는 것은 앞에 놓인 길에 장애물이 많이 있다는 것을 의미한다. 높은 불확실성과 불연속성에 직면한 창업기업은 전체적이고도 장기적인 전략없이 그저 상황이 변하는 것에 맞춰가는 상황 대응식 적응 전략(适应式战略, adaptive strategy)을 채택한다. 창업자의 평계는 '수박 껍질을 발로 밟았을 때 어디로 미끄러질지는 일단 미끄러져 봐야 안다'는 식이다(그림 1-14의 ①).

둘째, [창업단계]의 발전을 거쳐 [성장단계]에 진입한 기업은 시장의 수요와 기업의 제품 간의 맞아떨어지는 지점을 찾아내게 되는데, 그러자 기업이 직면하고 있던 발전 방향의 불확실성이 낮아졌고 업계의 미래 발전 추세에 대한 장악력은 점차 커지게 된다. [성장단계]에 들어선 기업에게는 쉽게 길을 틀어버리는 것은 치명적인 선택이 될 수 있다. [창업단계]에서 스스로 모색했던 방향을 향해 마음을 굳게 먹고 흔들림없이 나아가야 한다. 이처럼 [성장단계] 기업에게 발전 방향에 대한 확실성은 비교적 높은 편이나 발전 경로의 연속성은 여전히 낮다. [성장단계]의 기업은 흔히 비전식 전략(愿景式战略, visionary strategy)을 수용하여 비전을 향해 나아간다. 기업가의 표현을 그대로 빌리자면 "믿기 때문에 보인다." 그러나 사실 비전이 실현될 지의 여부는 기업이 [성장단계]에서 겪는 불연속성을 극복하느냐에 달린 것이다(그림 1-14의 ②).

셋째, [성장단계]의 발전을 거친 기업은 일정한 자원과 능력을 축적하면서 성숙과 확장의 단계에 진입하기 시작한다. 성숙과 [확장단계]에 접어든 기업은 발전 경로의 불연속성을 극복할 수 있는 능력이 실제로 향상된 동시에 기업의 발전 모델 또한 비교적 성숙하였기 때문에 앞으로 예견할 수 있는 시간 내에는 기업의 발전 방향 역시 비교적 확정적이다. 그래서 성숙단계의 기업은 보통 계획식 전략(计划式战略, planning strategy), 즉 이미 정해진 방향에 따라 전략을 수립하는 방식을 취하게 되며 이 전략을 착실히 수행하게 된다(그림 1-14의 ③).

일정 기간 안정적인 성장을 누린 뒤 기업은 결국 복잡한 환경 속에서 새로운 변화를 맞이하게 된다. 이 단계에서 기업은 자원과 능력의 축적이 더욱 활발히 이루어지고 발전의 연속성 역시 나쁘지 않다. 이 단계의 기업이 직면하고 있는 가장 큰 도전과제는 앞으로의 발전 방향에 대한 불확실성의 상승에서 비롯된 것이다. 기업은 자원과 능력의 한계로 인하여 눈 앞에 놓인 갈림길 중 단 하나만을 선택할 수 있으며 어떤 길을 선택하였는지에 따라 그 결과는 무척 달라지게 된다. 잘못된 선택을 하는 기업은 다시 높은 불확실성을 마주할 수 있다. [전환단계]의 기업들은 창발식 전략(涌现式战略, emergent strategy)[14]을 취하게 된다. 즉 기업의 발전 방향이 위에서 아래로 결정되는 것이 아니라 아래에서 위로 불시에 출현하게 되는 것이다(그림 1-14의 ④).

---

14 창발이란 복잡계 과학에서 주로 연구되고 있는 개념으로 구성 요소에는 없는 특성이나 행동이 돌연히 떠오르는 것을 의미한다. 즉 미시적인 부분의 분석으로는 설명할 수 없는 전체로서 나타나는 특징을 가지고 있다.

화웨이의 기업 생애주기에 따른 전략의 진화

생애주기는 기업 발전의 기본 법칙이다. 모든 기업의 생애주기와 생애주 기별 전략은 기업이 직면한 불확실성과 불연속성의 차원에서 이해할 수 있다. 이제 화웨이(华为)의 성장 과정을 통해 기업의 생애주기별 전략 진화 법칙(그림 1-15)을 살펴보자.

화웨이는 1987년 창립되었다. 기술력도 없고 자금도 부족했던 화웨이는 1987년에서 1995년까지 그저 다른 제품을 판매하는 대리상에 불과하였다. 성장 기회를 포착하기 위해 화웨이는 곧 소형 구내교환기를 자체 개발하게 되었고, 후에는 통신국용 SPC교환기의 개발을 시작했다.

[창업단계]에서의 화웨이는 발전 방향의 불확실성과 발전 경로의 불연속성 모두 높은 상태였다. 통신국용 SPC 교환기 분야에 진입한 후 화웨이는 "외부의

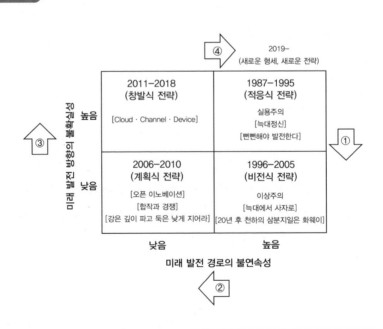

그림 1-15 화웨이의 기업 생애주기별 발전 전략

강한 적, 내부의 추격병"과도 같은 상황에 직면하게 되는데 이로 인해 세계적인 거물들과 국내 동종업계의 포위망을 타개할 만한 활로를 모색해야 했다. 화웨이는 '실용주의'를 내세우며 더 많은 협력 기회를 얻기 위한 '늑대정신(狼狈精神)'을 외쳤고, 눈 깜짝하면 날아가 버리는 시장에서의 기회를 잡기 위해 '뻔뻔해야 발전한다'고 외쳤다. 화웨이는 [창업단계]에서 적응식 전략을 구사했다고 말할 수 있다.

1996년은 화웨이의 전략이 전환되는 해였다. 한편으로는 만문(万门) 디지털 교환기[15]가 출시되면서 회사의 발전 방향이 점점 명확해져갔지만, 다른 한편으로는 1995년 800명이던 직원이 1996년 2,500명으로 빠르게 늘어난 탓에 내부 관리에 차질이 생겼기 때문이다. 1996년 화웨이는 문제를 해결하기 위해 마케팅부서의 대량 해고를 단행하고 화웨이 기본법 제정팀을 꾸렸다. 마케팅부의 대거 해고 사건은 화웨이의 인재 시스템을 재정비하는 데 일조했고, 화웨이 기본법은 향후 10년 간 발전 경로의 불연속성을 극복하는 데 일조하였다.

1996년부터 2005년까지의 10년은 화웨이의 [성장단계]라고 할 수 있다. 직원 수는 800명에서 30,000여 명으로 늘었으며, 1996년 러시아 진출 이래 처음으로 2005년, 세계 시장으로의 수출이 국내 시장 매출을 앞질렀다. 세계화 초기 화웨이는 "20년 후 천하의 삼분지일은 화웨이(20年后, 三分天下华为有其一)"라는 비전을 제시하면서 "늑대에서 사자로"라는 슬로건을 내걸었다. 이 비전처럼 화웨이는 불과 10년 만에 세계적인 통신업계들의 장비 분야 주요 공급업체로 급부상할 수 있었고, 발전 경로상의 불연속성을 극복하였다.

2006년, 화웨이의 전체 수입 중 65%는 해외 시장에서 벌어들인 것이었다. 그러나 세계화가 진행됨에 따라 운영상의 리스크 역시 나타나기 시작했는데, 2007년 화웨이는 세계화 리스크에 대응하기 위한 재무 체계의 개편을 추진한다. 이는 재무와 사업부문 간 소통 문제를 해결하고 사업 구역에 대한 회사의 통제력을 높이기 위함이었다. 기업이 성장하면서 화웨이와 글로벌 고객사 간의 관계는 서로 돕고 의지하는 전략적 파트너십으로 전환되었다. 2009년 런정페이

---

15 HJD04, 일명 04기라고 부른다.

(任正非)는 "강은 깊이 파고, 둑은 낮게 지어라(深淘灘, 低作堰)"를 내세우며 내부의 잠재력을 발굴하여 핵심 경쟁력을 강화시킬 것을 강조하였고 동시에 단기적인 목표 때문에 장기 목표를 희생하지 말 것을 주문하였다.

2006년에서 2010년 사이의 화웨이는 성숙과 [확장단계]라고 볼 수 있다. 이 단계에서 화웨이의 직원 수는 11만여 명이 되었고 명실상부한 대기업으로 거듭났다. 화웨이는 기업 규모의 성장과 글로벌 요구에 부응하기 위해 계획적인 전략 조치를 채택하였으며 글로벌 사업에 대한 컨트롤을 강화했으며 그룹 차원에서 합작 파트너사와의 경쟁과 오픈 이노베이션을 강조하였다.

2008년의 금융위기는 화웨이를 포함한 통신 인프라 공급 업체에 큰 영향을 미치게 되는데, 인프라 투자는 시차성의 특징이 있기 때문에 이 영향은 2010년 전후로 드러나기 시작했다. 2011년 초 중대한 변화가 필요하다는 것을 인지한 화웨이는 [Cloud-Channel-Device(云-管-端)]이라는 수정된 전략을 발표하며 기업과 소비자 분야로 사업을 확장하기 시작하였다. 화웨이의 주요 사업은 3대 사업, 즉 통신 사업, 기업 대상 네트워크 사업, 소비자 대상 전자제품 사업으로 나누어졌으나 2017년 클라우드 사업부를 1급 부서로 승격시키면서 4대 사업이 되었다.

2011년부터 2018년까지는 화웨이의 [전환단계]였다고 볼 수 있다. 이 시기의 특징이라고 하자면 하향식 전략 수정과 상향식 사업의 결합이다. 2011년 있었던 조직구조 개편에서 [Cloud-Channel-Device(云-管-端)]의 3대 핵심 사업은 굉장히 큰 자율권을 부여받았다. 이후 소비자 대상 전자제품 사업과 기업 대상 네트워크 사업이 빠르게 성장하였고 소비자 대상 전자제품 사업의 발전은 세계적인 브랜드인 화웨이 휴대전화의 탄생으로 이어진다. 그러나 각 사업의 급속한 성장은 자원의 낭비를 초래하게 되었다. 또한 제품 중복 개발 문제도 심화되면서 2014년, 화웨이는 다시 조직 개편에 나섰고 각 사업의 자율권을 축소시킨다.

2011년 이후의 화웨이의 조직 개편은 아래로부터의 샘솟음을 강조하여 직원의 프로정신과 혁신정신, 분투정신을 장려했다. 이는 금융위기와 업계 변화에 따른 발전 방향의 불확실성에 대응하기 위해서였다. 화웨이가 불확실성과 직면하기 위해 선택한 것은 조직구조를 분산시키고 직원들의 창업 혁신 능력을 고취시켜 창발식 전략을 실현시키는 것이었으며 이는 곧 기업의 미래 발전 방향이 아래에서 위로 불시에 출현하게끔 하는 것이었다.

그러나 복잡한 현실 세계에서 기업이 직면한 불확실성과 불연속성의 변화는 여전히 계속되었으니, 2019년 화웨이는 미중 무역갈등의 이슈로 떠오르게 된다. 미국 정부가 화웨이를 "수출통제 기업 리스트(Entity list)"에 올렸기 때문이다. 이로 인해 화웨이는 미국 정부의 승인없이는 미국 기업으로부터 부품과 기술을 제공받을 수 없게 되었고 화웨이의 미래에는 새로운 불연속성이 출현하게 되었다. 복잡한 환경에서 새롭게 등장하는 불연속성에 대응하기 위해 화웨이는 오랜 기간 자체 개발해온 칩 설계와 운영체제 등 "스페어 타이어" 전략[16]을 가동시킨다. 그로부터 몇 년이 지난 지금, 화웨이의 2019년도 이후의 행보를 되돌아보면 우리는 글로벌 대기업이 고도의 불확실성과 불연속성을 극복하고 2차 창업에 성공하는 사례를 얻을 수 있다.

발전 과정에서의 불확실성과 불연속성 극복하기

화웨이의 각 발전 단계별 전략 변화를 통해 우리는 기업이 발전 과정 내내 복잡한 세계에서 비롯된 끊임없는 변화의 불확실성과 불연속성에 직면하고 있으며, 이로 인해 상황별로 다른 발전 전략을 취해야 함을 알 수 있다(그림 1-15).

[창업단계]에서 기업이 처한 발전 방향의 불확실성과 발전 경로의 불연속성의 정도는 아주 높음 수준을 보인다. 이러한 모호성(Ambiguity)에 대응하기 위해 기업은 종종 상황 적응식 전략을 채택하여 자신의 발전 방향을 신속하게 조정하고 발전상의 장애물을 적극적으로 극복함으로써 [창업단계] 과정의 불확실성과 불연속성을 해결하곤 한다.

---

16 스페어 타이어는 자동차 운행 중 긴급 상황이 발생하면 교체할 수 있는 예비 타이어로 공급망을 내재화하는 등 미국의 제재 압박을 이겨내기 위한 화웨이의 전략을 의미한다.

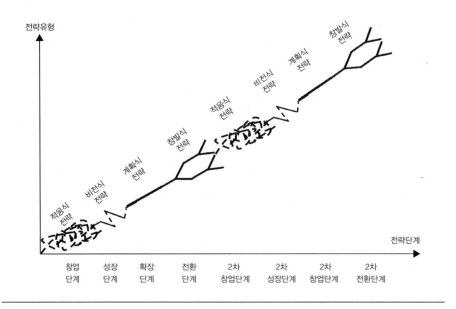

그림 1-16 발전 과정에서의 불확실성과 불연속성

[성장단계]에 접어들면서 기업이 직면한 발전 방향의 불확실성은 떨어지지만 발전 경로의 불연속성은 여전히 높다. 불연속성에 따른 변동성(Volatility)에 대처하기 위해 기업은 종종 비전식 전략을 채택하여 비전을 통해 기업의 발전 방향을 확정하고 비전을 통해 기업이 발전 경로의 불연속성을 극복하고자 한다.

성숙과 [확장단계]에 접어들면서 기업이 직면한 발전 방향의 불확실성과 발전 경로의 불연속성은 모두 소강 상태에 접어들게 된다. 일종의 항상성(Constancy)이 유지되는 것이다. 이러한 상황에서 기업들은 계획식 전략을 채택하고 하향식의 전략 수립과 실행을 통해 덩치 큰 기업을 관리하며 기업이 확장할 수 있는 기회의 창구를 활용하여 급속한 발전을 실현시킨다.

창업과 성장, 그리고 [확장단계]를 거친 기업은 다시 성장 방향의 불확실성이 상승하는 불확실성(Uncertainty)의 단계에 직면한다. 이 시기의 기업은 많은 자원과 높은 수준의 능력을 보유하고 있지만 업계의 패러다임 변화는 여전히 기업으로 하여금 어떤 미래 발전 방향을 선택해야 할지 고민하게 만든다. 이런 상황에서 성숙한 기업은 종종 창발식 전략을 구사한다. 포탄 소리가 들리는 전쟁터의 일선에 선 직원들을 지휘에 참여시켜 사용자의 수요 변화를 중심으로 새로운 진로를 선택하는 것이다.

"기업장청(푸른 소나무처럼 오래 가는 기업, 基业长青)"을 꿈꾸는 기업에게 발전이란 결코 선형적인 과정이 아니며 유한한 게임도 아니다. 창업과 성장, 확장과 전환을 겪은 기업은 2차 창업과 2차 성장, 2차 확장과 2차 전환도 겪게 될 것이다. 2차 창업이 도래할 때 기업은 다시 한번 미래 발전 방향의 높은 불확실성과 미래 발전 경로의 높은 불연속성에 직면하게 될 것이며, 다시 한번 모호성(Ambiguity)에서 변동성(Volatility)으로 항상성(Constancy)에서 불확실성(Uncertainty)으로 복잡한 환경 변화를 경험하게 될 것이다. VUCA의 환경에 맞서 기업 역시 VUCA 전략을 수립하여 적응식 전략에서 비전식 전략으로, 또 계획식 전략으로, 나아가 창발식 전략으로의 전환이 필요한 것이다.

불확실성과 불연속성 분석

제갈량은 『융중대』에서 유비를 대신하여 체계적이고도 전략적인 비전을 설계했지만 전략적인 비전을 실현시키는 과정에서의 맞닥뜨릴 불확실성과 불연속성은 강조하지 않았다. 이를테면 제갈량은 "천하에 변고가 생긴다면(天下有变)"까지는 말했지만 변고가 발생하는 시간과 내용은 말하지 않았다. 상장군에게 명하여 형주의 군을 이끌고 완현으로 가게 하는 것이 가능한지도 확실하지 않으며, 장군이 친히 익주의 군을 통솔하여 진천으로 가는 게 가능할지 역시 확실하지 않다. 관우가 이미 형주를 잃은 후이기 때문에 "형주의 군을 이끌고 완현으로 간다"는 전략적 경로는 불연속적인 것이 되어버렸다.

우리는 전략의 수립이 직면하고 있는 불확실성과 불연속성의 정도에 따라 전략 수립을 [전략 기획, 전략 상황 기획, 전략 비전]의 세 가지로 나눌 수 있다. [그림 1-17]에서처럼 전략 기획이 직면하는 불확실성과 불연속성의 정도는 일반적으로 낮은 편이다. 또한 단시간 작은 범위 내에서의 전략만을 기획하며 목표 역시 확실하고 계획의 경로도 연속적인 경향이 있다. 전략이 직면한 불확실

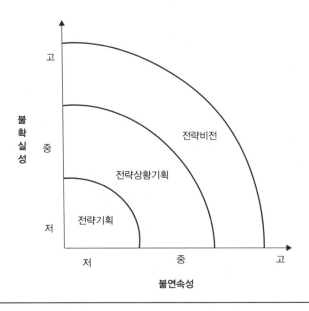

그림 1-17 불확실성과 불연속성에 따른 전략 유형

성과 불연속성의 정도가 몹시 높아지면 기획은 비전으로 바뀐다. 이때는 보통 상당 기간이 지난 후를 생각하므로 목표 역시 상당 기간 진행되는 목표를 수립 하게 되는데 비전의 실현이란 불확실성과 불연속성이 높기 마련이다. 전략 기 획자들에게 대다수의 상황은 미래 발전 방향의 불확실성과 미래 발전 경로의 불연속성이 모두 적당 수준에 있다. 즉 도저히 판단할 수 없을 정도로 불확실성 과 불연속성이 무척 높지도, 전혀 신중하게 생각할 필요가 없을 정도로 낮지도 않다는 것이다.

[그림 1-18]에서 보듯 불확실성과 불연속성의 조합이 어떻게 이루어지느냐 에 따라 전략 방향과 전략 경로의 형상도 달라진다. 불확실성과 불연속성이 모 두 낮을 때의 전략 수립이란 종이 위에 일직선을 그리는 것처럼 방향이 일정하 고 경로가 연속적이다. 발전 방향의 불확실성이 높아지면 이 직선이 갈라지기 시작하고, 일정 시간이 지나면 아예 선이 분화되어 다른 방향으로 발전해간다. 발전 방향에 따라 불확실성은 계속 높아진다. 기업의 전략 수립이 가능한 방향

이 갈수록 많아는 것이다. 하지만 발전 방향의 불확실성이 높아지는 동시에 발전 경로에도 불연속성이 발현되기 시작하면 발전경로는 더 이상 끊김없는 직선이 아니라 이따금씩 끊어지는 점선이 되고만다. 전략 수립이 직면한 방향 불확실성과 경로 불연속성이 높아질수록 변수 역시 많아진다. 전략 기획자는 가능성있는 변수를 미리 예견하고 이에 맞춰 자원 배분 방안을 수정해야 한다.

이와 같은 논리에 근거하여 기업은 앞으로 나아갈 방향의 가능성과 장애의 가능성 두 가지 측면에서 현재 사업을 분석할 수 있다. 또한 방향의 불확실성과 경로의 불연속성 두 가지 측면에서 분석의 결정 트리를 구축할 수 있고, 사업 발전의 지속 가능성, 사업 발전의 불연속성, 미래 새로운 방향의 가능성 등을 포함하는 결정 테이블을 만들어 기업의 사업가치와 미래 도전 및 가능한 기회에 대해 분석할 수 있다.

그림 1-18   불확실성과 연속성에 따른 전략 경로

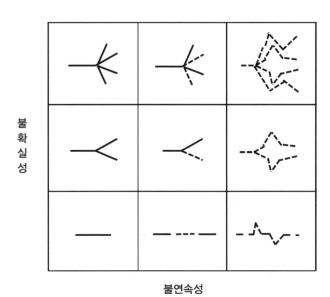

전략의 두 가지 방면

제일원리(First principle)

제일원리

　최근 몇 년 사이 창업자와 기업인들 사이에서 '제일원리(First principle)'라는 말이 이슈다. 제일원리가 핫해진 이유는 테슬라(Tesla)의 창업자인 일론 머스크(Elon Musk)가 제일원리로 생각하는 것을 좋아한다고 여러 차례 말했기 때문이다. 그는 이렇게 말했다. "어려운 문제에 부딪힐 때 보통 제일원리로 생각한다. 즉 사물의 표상을 벗겨내 내면의 본질을 본 다음, 본질에서 위로 한층한층 올라가보는 것이다."

　머스크는 2002년 스페이스X(SpaceX)를 세웠으나 곧 난관에 봉착한다. 로켓을 구매하는 비용이 6,500만 달러에 달했기 때문이다. 이는 머스크의 예상을 훨씬 뛰어넘는 가격이었고 그는 이 문제에 대해 다시 한번 생각해 보게 된다. 후에 머스크는 다음과 같이 회상한다. "나는 제일원리로 돌아가 생각해보았다. 먼저 로켓이 무엇으로 만들어지나 봤더니 주로 항공급 알루미늄 합금에 티타늄과 구리, 탄소섬유가 더해진 것이었다. 그리고 나는 이 재료들이 시장에서 얼마짜리인지 알아보았다. 그 결과는 원자재의 원가는 로켓 가격의 약 2%밖에 되지 않는다는 사실이다!"

　머스크는 이미 만들어진 로켓을 수천만 달러를 들여 사느니, 값싼 원자재를 사서 직접 로켓을 만드는 게 낫다고 판단했다. 스페이스X는 불과 몇 년 만에 로켓 발사 비용을 10분의 1 수준으로 줄였다. 머스크는 복잡한 상황을 가장 근본적인 문제로 분해하는 제일원리 사고법을 통해 더 나은 해결책을 얻은 것이다.

　또한 테슬라가 전기차를 개발해냈던 초창기에도 배터리의 높은 원가라는 난관에 봉착했었다. 당시 배터리의 가격은 1kWh당 600달러였는데 그렇다면 856kWh 배터리의 가격은 무려 50,000달러를 넘기게 될 것이다. 머스크는 꼼꼼한 분석 끝에 런던금속거래소(LME)에서 배터리를 만드는 데 필요한 탄소, 니켈, 알루미늄 등의 폴리머를 사들여 이를 배터리로 조합한다면 1kWh당 80달러면 된다는 결론을 얻었다. 엄청난 가격 차이를 발견한 그는 2013년 자체 배터리 공장을 설립했고, 공장 가동 이후 배터리 가격이 점점 떨어지면서 테슬라 전기차의 경쟁력은 점점 높아졌다.

이미 2000여 년 전 아리스토텔레스는 제일원리에 대해 이렇게 말했다. "모든 체계에 대한 탐구에는 제일원리, 즉 체계의 가장 근본적인 명제와 가설이 존재한다. 이 명제와 가설은 생략되거나 삭제될 수 없고 위반될 수도 없다."

제일원리는 과학의 발전에 매우 중요한 역할을 했다. 예를 들어 유클리드 기하학의 경우 다음의 5개의 공준(共准)에서 도출된 것이다. 첫째, 임의의 두 점은 한 개의 직선으로 연결할 수 있다. 둘째, 임의의 선분은 양끝으로 무한히 연장할 수 있다. 셋째, 임의의 점을 중심으로 하고 임의의 길이를 반지름으로 하는 원을 그릴 수 있다. 넷째, 직각은 서로 같다. 다섯째, 두 직선이 한 직선과 만날 때 같은 쪽에 있는 내각의 합이 180도보다 작으면, 이 두 직선은 두 내각의 합이 180도보다 작은 쪽에서 교차한다.

제일원리가 중요한 이유는 이 세상이 불확실성과 불연속성으로 가득 차 있기 때문이다. 그러나 모든 사물은 유일하고도 확실한 기원을 가지고 있기 때문에 이 확실한 기원을 찾을 수만 있다면 우리는 복잡한 것을 인식할 수 있는 기초와 불확실성에 대처할 수 있는 방법을 얻게 될 것이다. 또한 이 확실한 기원에서 차근차근 한 걸음씩 올라가다보면 연속적인 경로도 찾게 될 것이다. 제일원리의 본질이 확실성과 연속성을 찾기 위한 것임을 깨달아야만 일론 머스크가 제일원리를 중요시하는 까닭을 이해할 수 있다.

5 Why

제일원리 사고법의 중요한 역할 중 하나는 평범한 사고의 범주를 뛰어넘을 수 있도록 도와준다는 것이다. 사고의 한계를 뛰어넘기 위해서는 사물의 본질에서 출발해야 할 뿐 아니라, 사물의 근본을 탐구하여야 한다. 5 Why는 문제의 근본적인 원인을 탐구하기 위해 토요타(TOYOTA)가 창안한 방법이다. 토요타가 초창기 생산한 브레이크 패드의 품질이 좋지 않자 "왜 브레이크 패드 품질이 좋지 않을까"라는 질문을 하기 시작했고 그 결과 호스가 샜기 때문이라는 것을 깨닫게 되었다. 그래서 이번엔 왜 호스가 새는 것인지 질문하기 시작했고 스위치가 제대로 작동하지 않았기 때문이라는 것을 알게 되었다. 그렇다면 스위치는 왜 제대로 작동하지 않았던 것인지 알아보기 시작했는데 그 이유는 메뉴얼이 제대로 작성되지 않았기 때문이었고, 이제 이 문제를 해결하기 위해서는 어떻게 해야 할 것인가를 고민한 결과 스위치에 '딸깍' 소리가 나게 하면 된다는 것을 발견하게 된다. 이렇게 한 걸음 한 걸음 토요타는 모든 과정에 진심어린 자세로 임하였다.

5 Why의 간단한 사용법은 사용자가 신속하게 문제를 해결하는 데 도움을 주기 때문에 이미 각종 카이젠(Kaizen, 改善) 방식이라든가 린 생산방식(Lean production) 등에 광범위하게 응용되고 있다. 그 예로 어떤 신사화 공장이 소비자의 잠재적 수요를 발굴하여 틈새시장 창출에 성공했다는 실화를 다루고 있는 브로드웨이의 고전 뮤지컬인 킹키부츠를 잠깐 살펴보자. 영국에 오래된 신사화 공장이 있었다. 이 공장은 수제로 신발을 만들다보니 생산 원가가 너무 높았던 탓에 파산 직전까지 간 상태였다. 그러던 어느 날, 공장에 여성 부츠를 수선해 달라는 남자 손님이 찾아온다. 여느 공장이라면 부츠 수선만 하고 끝났겠지만 이 공장의 사장은 이유가 너무 궁금했다. 그래서 남자 손님에게 질문을 다섯 개나 한다. 첫째, "왜 남자인 손님께서 여자 부츠를 수선하려 하십니까?" 남자 손님은 아내나 여자친구를 위해서가 아니라 자기 자신을 위해 신발을 수선하는 것이라 대답했다. 둘째, "왜 남자인 손님께서 여자 신발을 신으려 하시는 겁니까?" 남자 손님은 자신이 크로스드레서(cross-dresser)이고 여자 구두를 좋아한다고 대답했다. 셋째, "부츠는 왜 망가졌습니까?" 남자 손님은 자신은 덩치가 큰데 여자 부츠는 굽이 너무 가늘기 때문에 구두가 자신의 체중을 견디지 못한다고 대답했다. 넷째, "그렇다면 튼튼하고 사이즈도 큰 여자 구두를 신으시면 안 되나요?" 남자 손님은 그런 구두는 화려하지도 않고 섹시하지도 않다고 대답했다. 다섯째, "체구가 큰 사람에게도 잘 맞으면서 동시에 디자인도 화려한 구두는 왜 안 파는 걸까요?" 남자 손님은 보통의 구두 공장이라면 여자를 위해 굳이 힐을 튼튼하게 할 필요가 없을 것이고 남자를 위해 굳이 화려한 가죽 부츠를 만

들 필요가 없을 것이기 때문이라고 대답했다. 사장은 이것이 어쩌면 블루오션을 개척할 수 있는 기회가 될 수도 있겠다는 것을 깨달았다. 왜냐하면 시장에는 이러한 요구를 만족시킬 수 있는 제품이 없었기 때문이다. 사회가 다원화됨에 따라 이 남자 손님의 요구는 새로운 틈새시장의 탄생을 의미하게 되었다.

아마존(Amazon)도 경영상의 본질적인 문제점이 무엇인지 찾아내기 위해 5 Why 기법을 도입하였다. 한번은 아마존 물류센터를 방문한 제프 베이조스(Jeff Bezos)와 경영진에게 안전사고가 발생했다는 소식이 들려온다. 한 직원이 컨베이어 벨트에 손가락을 다쳤다는 것이다. 베이조스는 화이트보드 앞으로 가더니 사고의 근본 원인을 찾아내기 위해 다섯 개의 질문을 하였다.

- 질문1: 왜 그 직원은 손가락을 다쳤나요?
  대답: 엄지 손가락이 컨베이어에 걸렸기 때문입니다.

- 질문2: 왜 엄지 손가락이 컨베이어에 걸렸나요?
  대답: 컨베이어 위에 올려져 있는 자기 가방에 손을 뻗었기 때문입니다.

- 질문3: 왜 가방이 컨베이어 위에 있었나요? 또한 왜 그 가방에 손을 뻗은 겁니까?
  대답: 가방을 컨베이어 위에 올려놨었는데 컨베이어가 갑자기 작동을 했기 때문입니다.

- 질문4: 왜 그 직원은 가방을 컨베이어 위에 올려놓은 것입니까?
  대답: 그 직원은 컨베이어를 가방 놓는 테이블로 생각했습니다.

- 질문5: 왜 컨베이어를 가방 놓는 테이블로 생각한 것일까요?
  대답: 작업 공간 근처에 가방이나 다른 개인 물품을 올려놓을 만한 테이블이 없기 때문입니다.

다섯 개의 why를 모두 묻고 나자 사고의 근본 원인을 찾아낼 수 있었다. 그 직원은 가방을 둘 만한 곳을 찾아야 했으나 그가 일하는 곳에는 가방을 놓을 만한 테이블이 없었기 때문에 컨베이어 벨트에 올려놓았던 것이다. 그리고 다시는 이러한 안전사고가 재발하지 않도록 적당한 장소에 이동 가능한 테이블을 설치하게 되었다.

　5 Why는 기업의 단기적 전략 목표와 장기적 비전을 분석하고 양자 간의 연결고리 및 논리적 점층관계를 파악하는 데 사용될 수 있다. 예를 들어 알리바바(阿里巴巴)는 일찌감치 사업 분야를 확장시키고 업무 규모 역시 대규모로 키워내겠다는 전략 목표를 세웠다. 우리는 5 Why를 통해 이 전략 목표가 회사의 비전과 일치하는지 여부를 살펴볼 수 있다.

● 첫 번째 why: 왜 사업 분야가 다양하고 업무 규모가 커야 할까?
　대답: 　다원화된 서비스를 제공하고 비용을 낮추기 위해

● 두 번째 why: 왜 다원화된 서비스를 제공하고 비용을 낮춰야 할까?
　대답: 　사업의 상호보완성과 규모의 경제를 실현하기 위해

● 세 번째 why: 왜 사업의 상호보완성과 규모의 경제를 실현시켜야 할까?
　대답: 　더 많은 소비자와 판매자를 유치하기 위해

● 네 번째 why: 왜 더 많은 소비자와 판매자를 유치하여야 할까?
　대답: 　네트워크 효과를 충분히 발휘시키기 위해

● 다섯 번째 why: 왜 네트워크 효과를 충분히 발휘해야 할까?
　대답: 　소비자와 판매자의 매칭 효율성을 높이기 위해

● N번째 why: 왜 소비자와 판매자의 매칭 효율성을 높여야 할까?
　대답: 　천하에 해내지 못할 장사란 없게 하려고

　전략 목표부터 비전에 이르기까지 5 Why 기법을 사용해 분석해보았다. 이런 방식으로 5 How 기법의 분석도 해볼 수 있다. 다시 한번 위 예시를 살펴보도록 하자. 이번에는 기업의 비전에서부터 시작하여 과연 구체적인 전략 목표와 기업의 비전이 일치하는지 여부를 분석할 것이다.

- 첫 번째 how: 어떻게 하면 천하에 해내지 못할 장사가 없을 수 있을까?

  대답: 소비자와 판매자의 매칭 효율성을 높여야 한다.

- 두 번째 how: 어떻게 해야 소비자와 판매자의 매칭 효율성을 높일 수 있을까?

  대답: 네트워크 효과가 충분히 발휘되어야 한다.

- 세 번째 how: 어떻게 해야 네트워크 효과가 충분히 발휘될까?

  대답: 더 많은 소비자와 판매자를 유치해야 한다.

- 네 번째 how: 어떻게 해야 더 많은 소비자와 판매자를 유치할 수 있을까?

  대답: 사업의 상호보완성과 규모의 경제를 실현시켜야 한다.

- 다섯 번째 how: 어떻게 해야 사업의 상호보완성과 규모의 경제를 실현시킬 수 있을까?

  대답: 다원화된 서비스를 제공하고 비용을 낮춰야 한다.

- N번째 how: 어떻게 해야 다원화된 서비스를 제공하고 비용을 낮출 수 있을까?

  대답: 사업 분야를 다양화하고 업무 규모도 키워야 한다.

제2절 선인후사(先人后事)[1]와 유외이내(由外而内)[2]

경영의 대상과 경계

기업의 제일원리를 생각하라는 것은 기업의 본질을 생각하라는 것과 같다. 만약 기업가에게 경영의 본질적 문제가 무엇인지 물어본다면, 많은 경우 경영

---

1 사람이 먼저고 일은 그 다음이다.
2 밖에서 안으로

의 대상과 경계라고 답할 것이다. 하나의 객관적 존재로서의 기업은 반드시 어떤 요소들로 구성된 것이며 본질적으로 "사람과 일"이라는 두 가지 측면을 벗어나지 않는다. 또한 객관적 존재로서의 기업은 반드시 경계가 있으며 세계를 기업의 "안과 밖"으로 나눈다.

먼저 기업은 객관적 존재로서 반드시 구성요소가 있다. 경영의 대상에 대해 말하자면 당연히 사람과 일 두 종류다. 경영이란 사람과 일의 관계를 잘 정리하고 바로잡는 것이라 할 수 있다. 경영과 관련하여 "管人理事(관인이사)"라는 표현이 있는데 사람은 잘 관리하고 일은 잘 처리하는 의미이다. 경영과 관련하여 "管事理人(관사이인)"이라는 말도 있다. 일을 잘 관리하고 사람을 잘 처리하라는 의미이다. 이 두 가지 견해는 모두 일리가 있지만 편향된 경향도 있다. 실제로 사람과 일 모두 경영을 구성하는 요소이다. 경영의 목표란 사람과 일이라는 두 가지 큰 카테고리에 그치는 것이 아니라 그들 내부와 그들 사이의 관계, 즉 사람과 사람 간의 관계, 일과 일 사이의 관계, 사람과 일 사이의 관계 모두를 아우르는 것이다.

[관리(管理)]는 [관(管)]과 [리(理)]로 구성된 단어다. [관(管)]은 원래 고대의 관악기를 가리킨다. 이 악기는 처음에는 옥으로 만들었으나 나중에는 대나무로 만들었다고 하며 여섯 개의 구멍이 있고 길이는 한 척 남짓이다. 관악기의 원리는 특정한 형태로 기류를 유도하여 서로 다른 소리를 내게끔 하는 것이다. [관(管)]이 가진 원래의 의미 중 또 다른 하나는 관악기를 통한 연주와 인체기관의 각종 기능 간의 조화이다. 그래서 관은 사물(기류)를 소통시킨다는 뜻도 있고, 사람 간의 협동이라는 뜻도 있다.

[리(理)]는 원래 물질 자체의 무늬나 차원, 순서, 규칙을 의미한다. 그래서 물질의 운동법칙과 기본 구조를 연구하는 학문을 가리켜 물리학이라 하고, 생명의 운동법칙과 기본 구조를 연구하는 학문을 가리켜 생리학이라고 한다. [리(理)]는 또한 고대의 외교 담당 관직명이기도 하였는데, 국서를 전달하는 등의 외교 업무를 맡았다고 한다. 그래서 [리(理)]는 사물 자체의 법칙을 탐구한다는 뜻도 있고 사람 간의 관계를 유지한다는 뜻도 있다.

레노버(联想)³ 그룹의 창업자 류촨즈(柳传志)는 일찍이 그 유명한 레노버의 경영 3대 요소를 주장한 바 있다. [팀 꾸리기(搭班子), 전략 세우기(定战略), 통솔하기(带队伍)]가 바로 그것이다. '팀 꾸리기'는 경영의 핵심이 되는 팀을 꾸린다는 것인데 팀을 구성할 사람에 대해서도 고민하지만 사람 간의 관계에 대해서도 고민해야 한다. '전략 세우기'는 기업 발전의 방향을 결정한다는 것인데, 주로 전략 수립에 대해 고민하지만 기업의 구성원들이 이 일을 해낼 수 있을지도 고려한다. '통솔하기'는 전략의 수행을 의미하는데 주로 정해진 일을 어떻게 해낼 것인가에 대해 고민하지만 팀 간의 관계에 대해서도 고민한다.

기업은 객관적인 존재로서 반드시 그 경계가 있다. 전략 경영은 기업의 내부뿐 아니라 기업의 외부까지도 고려해야 한다. 다시 [관리(管理)]라는 두 글자의 원래 의미로 돌아가보자. [관(管)]은 내부 구조와 외부 환경으로 이루어진 악기이다. 관악기에서 소리가 나는 것은 내부와 외부의 기류가 상호작용을 했기 때문이며 사람이 관악기를 불어 소리가 나게 할 수 있었던 것도 인체의 내부와 외부의 기류가 상호작용을 했기 때문이다. [리(理)]는 하나의 법칙을 의미하는 것으로 사물 자체의 구조뿐 아니라 사물 간의 작용 법칙에 대한 것을 다룬다.

물리학을 예로 들어보자. 오늘날의 발전이 있기까지 물리학 이론에는 질량, 에너지, 힘, 그리고 그들의 뒤에 가려진 소립자라는 네 가지 기본 요소가 있었다. 아인슈타인이 발견한 에너지–질량 등가원리($E = mc^2$: E는 에너지, m은 질량, c는 광속)가 위대한 이유는 이 공식이 질량과 에너지 사이의 관계를 합치시키고 있기 때문이다. 아인슈타인은 에너지와 질량은 서로 떨어져 있는 것이 아니라 연결된 것이라고 주장하였다. 물체의 질량이 변하면 에너지가 변하고 물체의 에너지가 변하면 질량이 변한다는 것이다.

복잡계의 정의를 보면 단순 법칙이라는 중요한 개념이 나온다. 복잡한 세계라 할지라도 그 이면에는 단순한 법칙들이 있다는 것이다. 예를 들어 물리학자들은 물리학의 최종 목표가 "대통일 이론(Grand Unified Theories, GUT)"을 찾아내

---

3 중국에 본사를 두고 있는 컴퓨터 회사로 전세계 PC 점유율 1위를 차지하고 있다. 2004년 IBM의 PC사업부를 인수하였다.

는 것이라 생각한다. 무엇을 통일시키겠다는 것일까? 귀납적으로 따지면 세 가지로 정리할 수 있는데 첫째, 물리 법칙의 통일, 둘째, 물질 근본의 통일, 셋째, 상호작용의 통일이 그것이다. 여기에서 말하는 상호작용이란 소립자 사이에 존재하는 물리학의 네 가지 종류의 상호작용, 즉 중력상호작용, 전자기적 상호작용, 강한 상호작용, 약한 상호작용을 가리킨다. 이론적으로는 우주의 모든 현상을 이 네 가지 상호작용력으로 설명하는 것이 가능하다. 과학자들은 네 가지 종류의 상호작용력 간의 관계와 합치점을 연구하고 네 가지 상호작용력을 통일적으로 설명할 수 있는 이론, 즉 대통일 이론을 찾고 싶어한다.

우주는 굉장히 거대한 복잡계이기 때문에 서로 다른 차원에서의 법칙을 하나의 통일된 이론으로 설명한다는 것은 어려운 일이다. 그럼에도 우주가 질량, 에너지, 힘 그리고 입자의 기본 요소로 이루어져 있다는 것을 이해하는 것은 무척 중요하다. 우주의 구성 요소를 먼저 이해해야만 이들 요소 간의 관계를 반영하는 보편적인 법칙을 발견할 수 있기 때문이다. 만약 오늘날의 과학자들이 고대 그리스 철학자처럼 우주가 물로 이루어져 있다고 생각한다면 우주의 기본적인 힘을 설명하는 대통일 이론의 발견이란 그저 잠꼬대같은 소리에 불과한 일이 될 것이다.

우주를 이해하는 것과 마찬가지로 전략의 기본 요소를 논의하는 것의 목적은 먼저 전략이라는 복잡계의 구성요소를 이해하고, 그 후 각 요소 간의 관계를 이해하기 위함이다. 과학계가 어떤 이론을 평가할 때 가장 으뜸으로 여기는 기준은 단순미이다. 그 유명한 오컴의 면도날(Ockham's Razor)은 "필요없는 것은 잘라버릴" 것을 강조한다. 이 책의 목적은 기업이 창업부터 위대한 기업에 이르기까지의 '단순한 이론'을 탐색하는 것이다.

나날이 정보화와 네트워크화, 지능화가 진행되는 오늘날, 기업의 내부와 외부의 경계와 사람과 일의 경계가 서로 모호할 때가 많다. 하지만 '사람과 일', '내부와 외부'의 두 가지 각도에서 전략의 대상을 네 가지 요소로 나누어본다면 경영자가 전략적 사고를 단순화하여 핵심을 포착하는 데 도움이 될 것이다. [기업경영=사람×일×외부×내부]라는 공식을 통해 기업의 본질을 생각해보자. 이 중 '사람과 일', '내부와 외부'는 기업 경영의 기본이다. 전략이란 불확실성 속에서 확실함을 찾고 불연속성 중에서 연속성을 찾아내려는 것이다. 사람과 일, 내부와 외부라는 기본 요소를 통해서라면, 기업이 직면한 각종 불확실성을 이해하는 데 도움이 될 수 있는 확실한 기반을 마련할 수 있게 될 것이다. 또한 이를 토대로 기업 발전의 불연속성에서의 연속적인 경로 또한 찾아낼 수 있을 것이다.

[기업경영=사람×일×외부×내부]라는 공식을 2×2 매트릭스로 표현하면 공진화[4] 전략의 4요소를 도출해 낼 수 있다. [그림 2-1]은 '사람과 일', '내부와 외부'라는 두 가지 차원으로 이루어져 있으며 각각의 사분면은 외부의 사람, 내부의 사람, 내부의 일, 외부의 일을 의미한다.

그림 2-1 경영의 경계와 대상

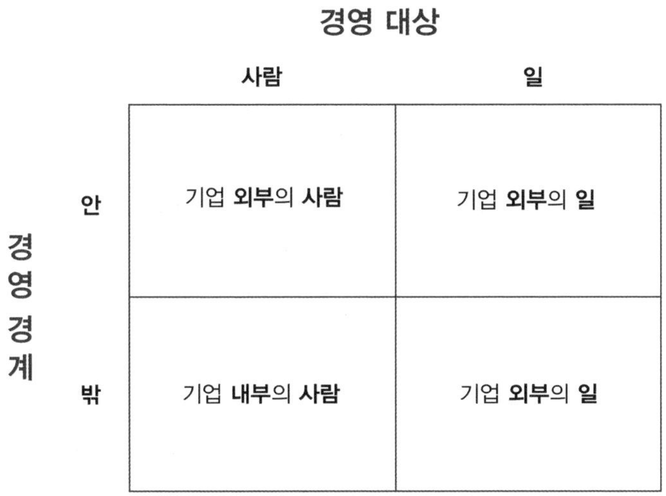

경영 대상

	사람	일
안	기업 **외부**의 **사람**	기업 **외부**의 **일**
밖	기업 **내부**의 **사람**	기업 **외부**의 **일**

경영 경계

---

4 공진화(coevolution)란 한 종이 발전하면 다른 종도 동시에 영향을 주고받으며 변화하는 현상을 의미한다. 루이스 캐럴의 "거울 나라의 앨리스"라는 소설에서는 뛰지 않으면 뒤로 처지게 된다면서 상대적인 경쟁에 대한 은유(Red Queen Perspective)를 남겼다. 공진화 개념은 협력과 동시에 경쟁이 중요한 플랫폼 비즈니스의 원리를 설명하는 데 사용되고 있다.

여러 전략 학파들이 설명하는 '사람과 일'

저명한 경영학자 헨리 민츠버그(Henry Mintzberg)는 전략 사파리(Strategy Safari)라는 책에서 전략경영을 10대 학파로 분류하였다. 전략이 조직구조 설계와 밀접한 관련이 있다고 본 디자인학파, 전략을 확정, 환경조사, 전략 평가, 전략의 실행 단계로 나눌 수 있다고 본 플래닝학파, 전략을 시장에서의 포지션으로 간주한 포지셔닝학파, 전략을 기업가가 구축하고 실현시키는 비전이라고 간주한 기업가학파, 전략을 기업가의 인지적 측면에서 바라본 인지학파, 전략을 끊임없이 새로운 정보를 얻어내고 되돌아보며 반성하는 것이라 본 학습학파, 전략을 사회 권력체계가 기업에 투영된 것이라고 본 권력학파, 전략을 기업문화의 형성과 실행으로 간주한 문화학파, 전략을 기업 구조 변화의 과정으로 본 구성학파, 전략을 기업이 외부 환경에 대응하여 변화하는 것이라 생각한 환경학파가 그것이다(표 2-1).

표 2-1 민츠버그가 분류한 전략경영 10대 학파

학파 명칭	전략은 OO과정이다	상징 동물	강조점
디자인학파	양육(nurturing)	거미	일
플래닝학파	공식화(formal)	다람쥐	일
포지셔닝학파	분석적(analytical)	물소	일
구성학파	변혁(transformation)	카멜레온	일
환경학파	반응적(reactive)	타조	일
기업가학파	비전(visionary)	늑대	사람
인지학파	인지(mental)	올빼미	사람
학습학파	자생적(emergent)	원숭이	사람
권력학파	협상(negotiation)	사자	사람
문화학파	집합적(collective)	공작	사람

이상의 10대 학파들은 '일을 강조'하는 전략과 '사람을 강조'하는 전략으로 나눌 수 있다. 일을 강조하는 전략에는 디자인학파, 플래닝학파, 포지셔닝학파, 구성학파, 환경학파 등이 있다. 이 중 디자인학파와 플래닝학파는 조직의 설계와 계획을 통해 조직의 임무를 어떻게 수행할 것인지를 강조하고 포지셔닝학파, 구성학파, 환경학파는 조직이 시장과 환경에서 어떻게 유리한 위치를 획득하는지를 강조한다.

사람을 강조하는 전략은 기업가학파, 권력학파, 인지학파, 학습학파, 문화학파 등이다. 이 중 기업가학파와 권력학파는 강조하는 것은 기업가의 역량 발휘와 조직 내 권력의 합리적 배치를 통한 조직 임무의 수행이다. 인지학파와 학습학파, 문화학파는 인지능력이 업그레이드된 조직과 학습형 조직, 문화 조직을 구축함으로써 조직의 전략 목표를 실현시키는 것을 강조한다.

선인후사(사람이 먼저고 일은 그 다음이다, 先人后事)

경영학의 거목 알프레드 챈들러(Alfred Chandler)는 미국 4대 대기업의 1880년대부터 1930년대까지의 발전사를 연구한 결과 기업의 조직구조가 경영 전략의 변화에 따라 달라지는 것을 발견하였다. 챈들러는 "조직구조는 경영 전략을 따른다", 즉 기업의 경영 전략에 따라 기업의 조직구조 모델의 설계와 선택이 결정되고, 반대로 기업 경영 전략의 수행 과정과 효과는 앞서 채택한 조직구조 모델의 제약을 받는다는 명제를 제시하였다. 그러나 많은 기업가와 학자들은 이를 단편적으로 생각해서 '일이 먼저이고 사람은 나중에'로 이해하고 있다. 즉 우수한 회사를 설립하는 첫걸음은 회사를 위한 새로운 사명과 비전과 전략을 수립하는 것이며 그런 후에야 적합한 사람을 찾아 나서는 것이라고 보는 것이다.

그러나 이것은 오해이다. 짐 콜린스(Jim Collins)는 『좋은 기업을 넘어 위대한 기업으로(Good to Great)』에서 선인후사(先人后事)를 가리켜 "적합한 사람을 차에 태워 각자 자기 자리에 앉히고 부적합한 사람을 차에서 내리게 한 뒤에야 비로소 차를 어디로 몰고 갈지 결정하는 것"이라고 말했다. 콜린스는 다음의 세 가지를 강조했다. 첫째, 기업가가 회사를 차릴 때 인재선발이 아니라 일부터 시작하면 이 변화무쌍한 세상에 적응하기 힘들 것이다. 둘째, 만약 차에 적합한 사람이 타고 있는 상태라면, 그들을 격려하고 관리하는 것은 전혀 문제가 되지 않는다. 셋째, 차에 탄 사람이 적합한 사람이라면 차가 처음 출발했을 때의 방향이 옳든 그르든 길을 가는 과정에서 올바른 방향으로 조정될 것이다(그림 2-2).

첫 번째 강조점인 "회사를 운영할 때 일이 아니라 인재 선발에서부터 시작해라"의 대표적인 사례가 알리바바다. 알리바바의 최고전략책임자인 정밍(曾鳴) 교수는 알리바바의 창업 초기 "사람"과 "일"의 동태적 협동을 강조하면서 창업 초기 돈이 없었지만 그렇다고 해서 최고의 인재 찾기를 포기한 적은 없었다고 말했다. '첫째 돈이 없고, 둘째 믿을 만한 일도 없는' 상황 속에서 마윈은 알리바바의 장기 비전을 앞세워 차이숭신(蔡崇信), 펑레이(彭蕾), 진젠항(金建杭) 등의 핵심인재들을 끌어들였고 이들과 함께 창업한다. 만약 현재 알리바바의 여러 중책을 맡고 있는 창업자들이 초기에 합류하지 않았더라면 알리바바는 전자상거래 업계의 경쟁의 파도 속에서 이미 침몰했을 것이다.

마윈이 이상과 비전만으로 창업 초기 우수 인재를 모을 수 있었던 중요한 이유 중 하나는 그가 스타형 리더가 아니라 코치형 리더이기 때문이다. 짐 콜린스는 리더를 훌륭한 리더(레벨4 기업인)와 뛰어난 리더(레벨5 기업인)로 나누었다. 레벨4 기업인은 '한 명의 스타와 1,000명의 조수' 모델을 차용하지만 레벨5 기업인은 '한 명의 코치와 훌륭한 팀' 모델을 차용한다. 또한 레벨4 기업인은 먼저 자신이 기업의 발전 목표와 로드맵을 결정하고, 그 후 능력있는 조수를 고용하여 자신이 목표를 달성할 수 있도록 돕게 만드는 선사후인(先事后人) 모델을 채택한다. 반면 레벨5 기업인은 먼저 적합한 사람을 차에 태우고, 훌륭한 팀을 꾸리며, 적합한 인재선발이 이루어지면, 훌륭해지기 위한 여정을 시작하는 선인후사(先人后事) 모델을 채택한다.

그림 2-2 선인후사(先人后事)와 선사후인(先事后人)

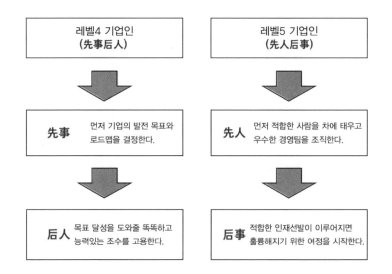

두 번째 강조점은 "차에 적합한 사람이 타고 있는 상태라면, 그들을 격려하고 관리하는 것은 전혀 문제가 되지 않는다"는 것이다. 뤄지스웨이(罗辑思维)[5]는 적합한 인재라면 자기 스스로 동기부여를 할 것이라고 했다. 한 번은 슈오부화가 위챗 모멘트에 뤄지수웨이에는 17명의 부총재가 있다는 글을 올린 적이 있다. 그러자 누군가가 어떻게 150명도 안 되는 회사에서 17명의 부총재[6]를 둘 수 있는 것인지, 어떻게 관리하는 것인지 궁금해했다. 슈오부화의 답변은 이러했다. "부총재란 경영 대상에서 면제된다는 뜻임." 『구글은 어떻게 일하는가(How Google Works)』에 의하면 구글 창업자가 밝힌 핵심 관점은 다음과 같다. "미래에 기업이 성공할 수 있는 길은 똑똑하고 창의적인 엘리트(smart creative)들을 모아 적절한 분위기와 지원 환경을 조성해주는 것이다. 그들이 마음껏 창의력을

---

5 인기 온라인 지식토크쇼 Logic Mind의 CEO이다. 본명은 李天田이다. 슈오부화(脱不花)는 그의 닉네임이다.
6 부회장

발휘하여 고객의 니즈를 빠르게 파악하고 그에 맞는 제품이나 서비스를 신나게 만들어낼 것이다. 쉽게 말해 이런 사람들에게는 관리가 필요없고, 그저 적당한 분위기만 조성되면 된다."

세 번째 강조점인 "차에 탄 사람이 적합한 사람이라면 차가 처음 출발했을 때의 방향이 옳든 그르든 길을 가는 과정에서 올바른 방향으로 조정될 것"이라는 생각에 대해 벤처캐피탈 업계도 크게 공감하고 있다. 가령 힐하우스캐피탈 (Hillhouse Capital · 高瓴资本)[7]의 파트너 장레이(张磊) 같은 경우, 진정으로 훌륭한 회사는 그 수가 많지 않고, 큰 그림을 볼 줄 알고 포부가 있으며 실행력도 좋은 창업자 역시 그 수가 많지 않기 때문에 회사에 투자한다는 것은 곧 사람에 투자하는 것이라고 말했다. 장레이가 징동(京东)에 투자를 결심했던 결정적 이유 중 하나가 바로 류창동(刘强东)[8]에 대한 투자라고 생각했기 때문이다. 그는 류창동을 "진실하다"고 여겼다. 이와 비슷한 맥락에서 레노버의 창업자 류촨즈의 명언인 [팀 꾸리기(搭班子), 전략 세우기(定战略), 통솔하기(带队伍)] 역시 먼저 적임자를 찾고 그 후에 적절한 전략을 결정해야 한다는 논리가 기저에 깔려있다. 우선 팀을 만들어 적합한 동료를 찾고, 전략을 세우고, 기업의 발전 방향을 정한 후, 팀을 이끌어, 한마음 한뜻으로 전략 목표를 향해 나아가야 하는 것이다.

짐 콜린스는 『좋은 기업을 넘어 위대한 기업으로』에서 기업 내부의 선인후사, 즉 적임자가 있은 후에 적합한 일을 찾아볼 것을 주장한다. 선인후사의 원칙은 기업 외부에도 마찬가지로 적용된다. 창업 초기 창업자들은 자금도 부족하고 투자자를 찾기도 어려우며 기술도 없고 비즈니스 파트너 구하기도 쉽지 않다. 창업자들이 이런 어려움을 겪는 주된 원인은 소비자가 없고, 소비자의 수요를 충족시키지도 못했기 때문이다. 이러한 난제를 해결하기 위해서는 린 스타트업의 사고방식을 가져야 한다. 먼저 소비자의 수요를 파악하고, 수요를 충족시킬 수 있는 최소기능제품(Minimun Viable Product, MVP)을 개발하며, 비즈니스 가설을 끊임없이 테스트하고, 데이터를 통해 비즈니스 모델을 검증하고 유

---

7 베이징에서 시작한 자산관리 회사로 헤지펀드, 사모펀드, 벤처캐피탈투자에 주력하고 있다. 창업자는 장레이(张磊)이다.
8 중국 양대 전자상거래 플랫폼 중 하나인 징동(京东) 그룹의 창업자이다.

지하며, 궁극적으로는 검증된 비즈니스 모델로 자원과 기술 및 비즈니스 파트너를 유치하는 것이다.

발전 과정에서 전통적인 기업은 수요의 증가가 사업의 발전 요구를 쫓아가지 못하는 상황에 직면한다. 사용자 성장이 빠르지 못하고 사용자 수요의 발굴도 깊이 이루어지지 않았기 때문에 전통적인 기업은 대량의 자원을 투입하여 마케팅과 홍보를 하지만 효과는 좋지 못하다. 인터넷 기업을 대표하는 '신경제' 기업이 이 문제를 해결하는 방법은 선인후사이다. 팬덤(Fandom) 경제 원리를 이용해 먼저 소비자들을 매료 시킨 다음에 수요를 파고드는 것이다. 팬덤 경제의 대표적 예가 샤오미(小米)이다. 샤오미는 선인후사의 사고방식에 따라 소위 입덕시키고, 제품을 만들고, 팬 커뮤니티를 만들고, 알파 테스트를 하고, 대대적으로 알리고, 빠르게 만들어내고, 수요를 발굴하고, 생태계를 조성하는 등의 과정을 거쳐왔다. 그 결과 몇 년 만에 무에서 유를 창조해냈다. 무엇보다 먼저 휴대폰 사용자를 주력 고객으로 하고 그 다음 상품을 개발하는 생태계가 조성된 것이다.

[그림 2-3]에서 볼 수 있듯 샤오미는 먼저 '젊은이의 휴대폰'이라는 컨셉으로 팬덤을 확보하였으며 팬덤의 수요를 발굴하고 그들이 설계에도 참여하도록 유도함으로써 샤오미 제품의 기본 특징과 컨셉을 만들어갔다. 샤오미는 팬덤 규모를 끊임없이 키웠으며 열성 팬에서 공유하기를 좋아하는 젊은 층에 이르기까지 폭넓은 고객층을 확보하여 안정적인 커뮤니티를 조성하였다. 이 커뮤니티 안에서 휴대전화의 새로운 기능에 대한 알파 테스트[9]도 이루어지고 있다. 주력 커뮤니티와 제품의 주력 기능이 안정화되자 샤오미는 커뮤니티와 뉴미디어를 통한 광범위한 홍보를 시작하여 일반 대중의 샤오미 브랜드에 대한 인지도를 제고시키는 동시에 빠른 속도로 제품을 만들어내기 시작했다. 샤오미는 휴대폰 시리즈가 완성된 후 휴대폰 사용자들의 다양한 니즈를 발굴하기 시작했고 휴대전화, 휴대전화 주변, 스마트 기기, 생활 소모품 등의 제품군과 관련 기업이 포함된 생태계를 형성했다.

---

9 신제품을 개발한 회사가 자사 직원을 대상으로 실시하는 내부 검사

그림 2-3 **샤오미 생태계의 선인후사**

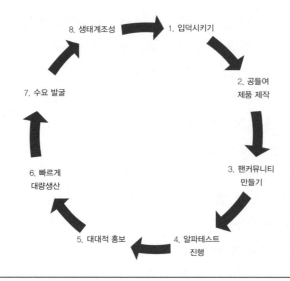

전환기에도 기업에게는 선인후사의 사고방식이 필요하다. 클레이튼 크리스텐슨(Clayton Christensen)[10]은 왜 대기업이 신생기업에 의해 추월을 허용하는 것인지에 대해 설명하면서 기업의 기술 수준이나 관리 능력이 아닌 고객의 수요를 강조하였다. 대기업의 발전 방향은 기존 고객에 의해 결정되기 때문에 미래 발전 방향의 불확실성에 직면했을 때 방향 조정을 하기 쉽지 않다. 또한 대기업은 기존의 익숙한 기술과 모델에 의존하여 대규모 수입을 올려야 하기 때문에 새로운 기술과 새로운 모델을 채택하여 발전 경로의 불연속성에 대응하는 것도 어려운 일이다. 바꾸어 말하자면 파괴적 혁신을 주도하지 못한 대기업은 변화하는 고객의 수요를 빠르게 파악하지 못할 가능성이 있으며 그 결과 시장과 자원에서의 우위를 잃게 될 수 있다. 파괴적 혁신에 대처할 수 있는 방안으로 크리스텐슨이 제시한 것은 '고객의 당면 과제를 파악하라(Know your customers' "Jobs to be done")'는 것이다. 이는 선인후사, 즉 고객의 수요를 파악하여 고객이 제품을 활용할 수 있게끔 하는 것을 말한다. 크리스텐슨은 이렇게 말한다. "제

---

10 하버드 비즈니스스쿨의 석좌교수였으며 파괴적 혁신 이론의 주창자이다.

품을 산다는 것은 본질적으로 고객이 어떤 문제를 해결하기 위해 그 제품을 '고용'하는 것이다. 제품이 문제를 잘 해결해줬다면 다음 번에 같은 문제가 발생했을 때 이 제품을 또다시 고용하고 싶어할 것이다. 반대로 문제를 잘 해결해주지 못했다면 고객은 이 제품을 '해고'하고 다른 대체품을 찾아나설 것이다."

정리하자면 '선인후사'가 강조하는 것은 사람이 일보다 중요하다는 것이 아니라 사람과 일 사이의 논리적 순서가 선인후사여야 한다는 것이다. 즉 먼저 사람을 찾고, 그 다음에 일을 찾으면서 끊임없이 사람과 일의 동태적 조화를 추구해야 한다. 기업의 주체적 사고방식은 기업 밖에서 고객의 수요를 고려한 다음 시장 환경을 고려하여 최종적으로 고객의 수요와 시장 환경 간의 합치점에 도달해야 한다. 기업 범위 내에서는 먼저 조직과 직원을 생각하고 그 후 제품과 모델을 고려하여 최종적으로는 직원과 제품 조직과 직원과 제품 모델 간의 합치점에 도달해야 한다.

아웃사이드 인(Outside-in)

전략경영 사상의 발전사는 '아웃사이드 인(Outside-in)'에서 '인사이드 아웃(Inside-out)'으로, 다시 '인사이드 아웃'에서 '아웃사이드 인'으로 몇 번의 변화 과정을 거쳤다.[11] 제2차 세계대전 이후 전략적 경영 사상이 촉발시킨 외부 환경이란 세계 경제의 빠른 회복이었다. 이 단계에서 기업이 직면한 것은 비교적 확실한 발전 방향과 연속적인 발전 경로이다. 이때의 전략경영 사상들은 기업 내부의 요소들을 강조했다. 하지만 1970년대 말의 오일 쇼크는 기업의 발전 방향을 불확실하게 만들었다. 마이클 포터(Michael Porter)로 대표되는 포지셔닝 학파가 태동하였는데 이들은 산업구조 등 기업 실적에 영향을 미치는 '다섯 가지 요소(5 Forces)'를 강조했다. 1990년대에는 글로벌 M&A 바람이 불었는데 이는 M&A를 통해 자원과 역량을 빠르게 축적함으로써 기업 발전 경로의 불연속성

---

11 이를 전략경영에서는 외부 환경에 대한 기업의 대응을 강조하는 포지셔닝 학파, 그리고 내부 역량을 강조하는 케이퍼빌리티 학파로 달리 부르기도 한다.

에 대응하기 위해서였다. 21세기 초부터는 소비자의 새로운 수요들이 끊임없이 생겨나기 시작했고 이에 대응하는 스타트업들이 급속 성장하였다. 스타트업은 발전 방향의 불확실성과 발전 경로의 불연속성이 모두 높다. 그들은 자원과 능력은 부족하지만 소비자와 시장에 대한 반응 속도는 빠르다. 그러자 소비자와 시장에 주목하는 아웃사이드 인 방식의 전략적 사고방식이 다시 유행하게 되었다.

인사이드 아웃 전략과 아웃사이드 인의 전략은 사고의 관점이 다르다. 위 글에서 전략의 네 가지 요소로 소비자, 시장, 조직, 제품을 언급한 바 있다. 인사이드 아웃 전략은 이 중 조직과 제품에 주목하고 아웃사이드 인 전략은 소비자와 시장에 주목한다.

인사이드 아웃 전략이 특히나 관심을 갖는 문제는 조직이 잘하는 게 무엇인지, 어떻게 하면 기존의 능력을 더욱 잘 발휘할 수 있을 것인지, 어떻게 조직의 효율을 높일 것인지, 조직의 혁신을 이룰 수 있을 것인지, 기업의 제품이 무엇인지, 더 많은 판매고를 올리려면 어떻게 해야 하는지, 시장점유율을 높이려면 어떻게 해야 하는지 등에 관한 것들이다.

아웃사이드 인 전략이 관심을 갖는 문제는 고객이 우리가 무엇을 해내길 원하는지, 고객을 위해 새로운 가치를 만들어 내려면 어떻게 해야 하는지, 어떻게 해야 고객의 자산을 더 잘 이용할 수 있을 것인지, 어떤 고객 가치 혁신이 이루어져야 하는지, 시장이 우리에게 요구하는 게 무엇인지, 자원과 자본이 왜 우리를 주목하는 것인지, 어떻게 동료 기업들과 경쟁하고 협력할 것인지, 어떤 시장 가치 혁신을 이루어낼 것인지에 대한 것들이다.

피터 드러커(Peter Drucker)의 "기업의 단 한 가지 목적은 바로 고객을 창조하는 것이다"라는 말처럼 아웃사이드 인 전략은 사용자의 수요를 전략 수립의 출발점으로 삼는다. 반면 인사이드 아웃 전략은 자원과 능력을 전략 수립의 출발점으로 삼는다. 아웃사이드 인 전략은 이윤이 고객 가치를 창출하는 데서 나온다고 생각하기 때문에 고객을 중요한 자산으로 생각하고 고객의 구매를 니즈의 충족으로 여겼다. 또한 가장 좋은 아이디어는 고객으로부터 나오며, 양질이 의미하는 바는 '고객만족'이고, 고객의 충성도가 곧 이윤의 키포인트라 생각하였다. 반대로 인사이드 아웃 전략은 기업의 이윤은 비용 절감과 효율 상승에 달

표 2-2 **'아웃사이드 인'과 '인사이드 아웃' 전략의 사고방식 차이**

아웃사이드 인 전략	인사이드 아웃 전략
사용자의 수요가 모든 전략 결정의 출발점	자원과 능력이 모든 전략 결정의 출발점
이윤은 사용자 가치 창출에서 비롯	이윤은 비용 절감과 효율 상승에서 비롯
고객은 중요한 자산	고객은 관리의 대상
고객이 구입한 것은 니즈의 충족	고객이 구입한 것은 제품의 성능
양질이란 "고객만족"	양질은 품질기준에 부합하는 것
가장 좋은 아이디어는 고객으로부터 나온다	고객은 자신이 뭘 원하는지 잘 모른다
이윤의 키포인트는 사용자 충성도	이윤의 키포인트는 제품 업그레이드

려있다고 보았다. 또한 고객을 관리의 대상으로 간주하였는데 그들이 구입하는 것은 제품의 성능이며 고객은 그들 자신이 무엇을 원하는지 잘 알지 못한다고 생각한다. 양질의 제품이란 품질 기준에 부합하는 것을 의미하는 것이고, 제품을 더 업그레이드하는 것이 장기적인 이윤 창출의 키포인트라 여겼다.

창업 이래 알리바바(阿里巴巴)는 줄곧 '고객이 1순위, 직원이 2순위, 주주가 3순위'의 원칙을 강조하였다. 고객의 니즈가 충족되고 직원이 즐거워야만 혁신이 가능하며 고객이 만족하고 직원이 만족하면 주주 역시 만족할 수밖에 없다는 것이다. 바로 이것이 아웃사이드 인 전략의 사고방식이다. 고객은 기업 밖에 있는 사람이고 직원과 주주는 기업 안에 있는 사람이다. 알리바바가 하는 것은 플랫폼 사업인데 이 사업이 더 성장하려면 더 많은 판매자와 소비자를 끌어들여 자신들의 플랫폼에서 거래하게끔 해야 한다. 플랫폼에서의 판매자와 소비자가 바로 알리바바의 고객인 것이다. 더 많은 고객을 유치하기 위해 알리바바는 첫째, "천하에 하기 어려운 장사가 없게 하라"를 사명으로 삼았고, 둘째, "고객제일"을 기업 경영의 원칙으로 삼았다. 고객제일은 직원의 노력이 있어야만 가능하다. 직원의 노력은 고객의 니즈를 충족시키기 위한 방향으로 행해져야 한다. 또한 주주는 지속적인 자금을 제공하는 자원 제공자로서 기업의 고객 가치 창출이라는 사명과 이를 위한 직원의 노력을 인정해야 한다. 그렇지 않으면 자본시장에서 자본가가 고액의 자본 수익을 얻기 위해 기업의 발전 방향을 비도덕적으로 조종하는 '야만적인 현상'이 빈발하게 될 것이다.

명심할 것은 아웃사이드 인은 기업의 밖이 기업의 안보다 중요함을 뜻하는 게 아니라는 점이다. 아웃사이드 인은 밖과 안의 논리적 순서가 '밖에 있는 고객의 니즈와 시장 파악이 먼저이고, 조직과 제품의 조정 및 포지셔닝은 그 후에'로 배치되어야 함을 의미할 뿐이다.

전략의 네 가지 요소

제1절 전략의 공간관과 전략의 네 가지 요소

　　기업은 공간을 기준으로 나누자면 기업 내부와 기업 외부 두 부분으로 나눌 수 있고 요소를 기준으로 나누자면 사람과 일 두 부분으로 나눌 수 있다. 여기에서 내부와 외부는 경영 경계를 의미하고 사람과 일은 경영 대상을 의미한다. 기업의 [내부, 외부, 사람, 일]을 통해 [그림 3-1]과 같이 기업의 공간에 대한 2×2 매트릭스를 도출할 수 있다. 각각의 사분면은 [기업 외부의 사람], [기업 내부의 사람], [기업 내부의 일], [기업 외부의 일]을 나타낸다.

　　[기업 외부의 사람]이란 주로 기업 밖에 있는 다양한 이해관계자, 예를 들면 고객이나 공급자, 판매업자 등을 가리키는데 다양한 이해관계자 중에서도 가장 중요한 것은 사용자 혹은 고객이다. 사용자는 기업의 존립 기반이고, 사용자를 위한 가치 창출은 기업이라는 존재의 가치 기반이기 때문이다. 알리바바(阿里巴

그림 3-1 공간관과 전략의 네 가지 요소

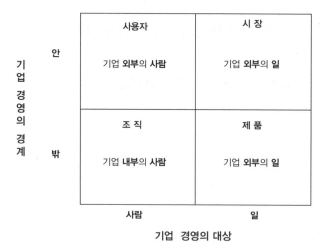

巴)의 新육맥신검(六脉神劍) 가치관[1]을 보면 [고객제일(客户第一)]이 선명하게 적혀 있다. 이는 알리바바가 고객을 위해 가치를 창출하겠다는 의지를 드러내는 것이다. 아울러 알리바바의 비전에도 '2036년까지 20억 소비자에게 서비스를 제공하고, 1억 개의 일자리를 창출해, 1,000만 개 중소기업을 돕겠다'라고 명시하였다. 소비자, 일자리, 중소기업은 모두 알리바바의 고객이자 파트너이며, 중소기업의 이익을 도모하는 것은 기업고객을 위한 가치 창출이라는 철학이 반영된 것이다.

[기업 내부의 사람]은 주로 기업 내부의 다양한 이해관계자, 예를 들면 창업자나 직원, 주주를 가리킨다. 기업 내부의 각종 이해관계자는 '조직'이라는 말로 요약할 수 있는데 조직에는 조직을 만든 사람(창업자)과 조직에 가입한 사람(직원), 그리고 조직에 투자한 사람(주주)이 포함된다. 알리바바의 '신육맥신검' 중 [직원은 2순위, 주주는 3순위(员工第二, 股东第三)]에는 주주에 알리바바의 창업자와 파트너가 포함되어 있음에도 불구하고 직원을 주주보다 먼저 생각하겠다는 알리바바의 이념이 담겨있다. '신육맥신검'의 나머지 다섯 개 가치관인 [신뢰는 모든 것을 간단하게 만든다], [변화만이 변함없다], [오늘의 최고 성과는 내일의 최소 요구], [지금 아니면 언제? 내가 아니면 누가?], [열심히 살고 즐겁게 일하자]는 모두 조직과 관련된 말이다.

[기업 내부의 일]은 주로 각종 경제적인 업무, 예를 들면 제품 개발, 마케팅 홍보와 비즈니스 모델 등을 가리킨다. 그러므로 [기업 내부의 일]은 '제품' 혹은 '사업'이라는 말로 요약할 수 있다. 제품과 사업은 비즈니스의 기반이다. 알리바바의 사업은 주로 C2C, B2C, B2B 플랫폼 사업, 2B2C 인프라 사업으로 나눌 수 있다. 이 중 C2C, B2C플랫폼 사업에는 중국 최대의 모바일 사업 플랫폼인 타오바오(淘宝)와 브랜드 업체와 소매상을 대상으로 하는 제3자 온라인 플랫

---

1 육맥신검(六脉神劍)은 김용의 무협지 『천룡팔부』에 나오는 무공 이름이다. 손가락에서 마치 검을 휘두르거나 총을 쏜 것처럼 에너지가 발사되는 무공이다. 여기서 육맥은 손가락 6개를 의미하는 데 손가락 6개로 기를 쏘았을 때 육맥신검이 되는 것이다. 마윈이 알리바바의 새로운 사명과 비전을 발표하면서 여섯 가지 가치관에 신육맥신검이라는 타이틀을 붙인 이유는 '새로운 여섯 개의 필살기' 정도의 의미를 담기 위해서는 이 여섯 개 중 하나만 잘해서는 안 되고 여섯 개 모두를 잘 수행해야만 육맥신공 무공을 사용할 수 있다는 것을 의미한다.

폼 티몰(Tmall·天猫·티엔마오), 전 세계 소비자를 위한 거래 시장 알리 익스프레스 (Aliexpress)가 포함된다. B2B 플랫폼 사업에는 주로 대외무역을 위한 온라인 도매 플랫폼인 Aliba.com과 중국 내수용 도매 거래 시장 1688, 디지털 마케팅 플랫폼인 알리마마(阿里妈妈)가 포함된다. 2B2C 인프라 사업은 클라우드 서비스 제공업체인 알리 클라우드(阿里云), 물류 데이터 운영 플랫폼인 차이냐오(菜鸟), 금융 서비스 회사인 앤트파이낸셜(Ant Financial·蚂蚁金服·마이진푸)를 포함한다.

[기업 외부의 일]은 사회의 거대한 흐름이라든가 자본, 자원, 시장 경쟁 등 주로 기업의 외부 환경을 가리킨다. 그러므로 [기업 외부의 일]은 '시장'이라는 말로 요약할 수 있다. 시장은 기업이 존재하는 환경적 기반이다. 1999년부터 2019년까지 알리바바가 세계적인 기업으로 빠르게 성장할 수 있었던 중요한 이유는 그들이 사회, 경제, 기술 발전의 거대한 흐름과 기회를 포착했기 때문이다. 사회적 추세로 볼 때 20세기 말의 국유기업 개혁은 많은 실직자들을 만들었다. 타오바오는 이런 실직자들에게 낮은 진입장벽의 일자리를 제공했다. 경제적으로 보자면 중국의 발전과 전세계 밸류체인과의 연결은 알리바바에게 큰 발전 기회를 제공했다. 기술적 동향을 보자면 인터넷과 모바일, 클라우드, 핀테크의 폭발적인 발전은 알리바바에게 전자상거래, 물류, 클라우드, 금융 서비스 등의 사업 전개에 있어 큰 도움을 주었다.

[그림 3-1]의 매트릭스는 기업 경영의 네 가지 기본 요소, 즉 [사용자, 조직, 제품, 시장]을 정의한다. [사용자]는 [기업 외부의 사람]을 대표하고 [조직]은 [기업 내부의 사람]을 대표하며 [제품]은 [기업 내부의 일]을 대표하고 [시장]은 [기업 외부의 일]을 대표한다. 이 네 가지 요소는 기업 전략의 네 가지 기본 모듈을 구성하는데 전략적 레버리지 모델을 통해 위 네 가지 요소가 실제 기업 전략에서 어떻게 운용되고 있는지 분석할 수 있다.

전략적 레버리지 모델에는 네 가지 주요 포인트가 있다. 작용점(목표)과 받침점, 지레와 힘점이 그것이다. 먼저 작용점이란 지레의 힘이 작용하는 곳이고, 받침점은 지레를 받치고 있는 곳이며, 힘점은 힘이 들어가는 곳, 힘팔은 받침점에서 힘점까지의 거리를 의미한다. [그림 3-1]의 공진화 전략의 공간 매트릭스를 결합하면 [그림 3-2]와 같은 전략적 레버리지 모델을 얻을 수 있다.

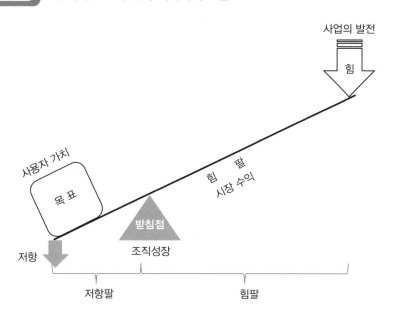

| 그림 3-2 | 네 가지 요소와 전략 레버리지 모델 |

[그림 3-2]에서 알 수 있듯 [사용자]는 기업 전략의 작용점(목표)이고 [조직]은 기업 전략의 받침점이며 [시장]은 기업의 전략적 힘팔이고 [사업]은 기업 전략의 힘이다. 사용자, 조직, 제품, 시장이라는 전략의 네 가지 기본 요소는 기업의 전략적 레버리지를 구성하여 기업이 더 큰 전략적 목표를 향해 움직이게끔 한다.

우선 기업의 전략적 목표는 기업의 미션에서 나오는 경우가 많다. 알리바바는 "천하에 하기 어려운 장사가 없게 하라"는 미션을 통해 알리바바의 전략의 작용점(목표)은 광범위하고 장기적인 고객 가치를 창출해내는 것이라 설명한다. 둘째, 기업 전략의 작용점(목표)이 거대해질수록 전략 목표를 실현하는 데 필요한 힘 역시 거대해진다. "천하에 하기 어려운 장사가 없게 하라"는 목표를 실현하기 위해서는 알리바바의 전략의 받침점, 즉 조직의 지속적 성장이 필수적이다. 이를 위해 알리바바는 '新육맥신검'이라는 가치관을 제시하여 조직의 성장을 촉진하였다.

셋째, 사용자 가치를 창출하기 위해서는 기업이 충분한 시장 공간이나 시장의 이익을 찾아내 전략적 레버리지의 힘팔로 삼아야 한다. 더 큰 사용자 가치를 창출하려면 전략적 레버리지의 힘팔이 충분히 굵고 길어야 한다. 다시 말해 이윤히 충분히 크고 오래 지속할 수 있을 정도가 되어야 한다는 의미이다. 알리바바는 앞에서 말한 사회와 경제, 기술 방면에서 세 마리 토끼를 모두 잡았기 때문에 빠르고 지속적인 성장을 할 수 있었다.

마지막으로 기업이 시장의 이익을 잡기 위해서는 반드시 힘점을 잘 찾아내어 충분한 구동력을 발휘해야 한다. 알리바바가 발전하는 전과정에서 사업의 힘점은 시장의 변화에 따라 끊임없이 변화하였다. 초창기에 국제 무역을 위한 상품 정보를 제공한 것에서부터 후에 전자상거래에 신용 담보를 제공한 것까지, 나아가 현재의 전체 알리바바 비즈니스 생태계에 이르기까지 알리바바는 시장 환경의 변화에 따라 힘점을 조정하였고 심지어는 힘의 종류도 여러 가지였다. 이는 더 큰 사용자 가치를 창출하고 더 큰 전략적 목표를 달성하기 위해서였다.

제2절 사용자, 조직, 제품, 시장

사용자: 기업의 존재 이유

불확실성과 불연속성을 특징으로 하는 거시적 환경에서 기업의 전략적 목표는 무엇이 되어야 할까? 알리바바의 마윈은 "오래 사는 것"이라고 대답했고, 화웨이의 런정페이는 "살아남는 것"이라고 대답했다.

2000년 4월 『화웨이인(华为人)』은 런정페이(任正非)의 「살아남는 것은 기업의 굳은 도리」라는 제목의 글을 실었다. 이렇게 말했다. "사람은 아무리 무능해도 60살은 살 수 있지만, 기업은 무능하면 6일도 못 살 수 있다. 기업의 발전이 자연의 법칙과 사회의 법칙에 순응할 수만 있다면 그 생명은 600살, 아니 그보다 더 오래 유지될 수도 있다. 화웨이가 장기적으로 강구해야 할 것은 어떻게 살아남을 것인지이다. 우리가 살아야 할 이유와 살아갈 가치를 찾아야 한다."

기업이 살아가는 이유와 그 가치는 무엇인지에 대해 피터 드러커는 "경영의 유일한 목적은 고객을 만드는 것"이라고 답했다.

초창기 화웨이는 작은 무역회사였다. 그들은 독자적인 제품도 없었고 자본도 부족했다. 살아남기 위해서는 외국계 기업의 철벽 포위망을 뚫어야 했다. 당시 화웨이에서 가장 많이 퍼져있던 슬로건은 '이기거든 축배를 들어 서로를 축하하고, 지거든 죽을 힘을 다해 서로를 구해라'였다. 이 시기 화웨이에게는 살아남는 것 자체가 승리였다. 화웨이가 불확실한 미래와 불연속적인 경로의 혼란에서 벗어난 시점은 1994년이다. 그해 6월 발표한 '승리축배사'에서 런정페이는 이렇게 말했다. "좋은 제품과 나쁜 제품이 마구 섞여있는 지금의 상황에서 우리는 비교적 큰 가격 압력을 받았지만 고객을 위해 진심으로 봉사하는 마음은 필히 하늘을 감동시킬 것이다. 이 물건이 가치가 있다는 것을 하늘에 반드시 알리고 한 걸음씩 우리의 어려움을 해결해보자. 우리는 분명 살아남을 수 있다."

기업의 발전에 대해 런정페이와 화웨이는 사용자의 중요성을 수차례 강조하였다." 기업이 살아남아야 한다는 근본적인 관점에서 보자면 기업에게는 이윤이 있어야 하지만 그 이윤은 고객으로부터 올 수밖에 없다. 화웨이의 생존은 고객의 수요를 충족시키고 고객이 필요로 하는 제품이나 서비스를 제공함으로써 합리적인 보상을 받는 것으로 지탱된다. (화웨이는) 직원에게 월급을 주고 주주에게는 보답을 주어야 한다. 하늘 아래 화웨이에게 돈을 주는 것은 오로지 고객뿐이다. 우리가 고객이 아니라면 누구를 위해 봉사할 것인가? 고객은 우리가 살아야 하는 유일한 이유다."

따라서 사용자 창출은 기업 생존의 유일한 목적이고 사용자 가치 창출은 기업 생존의 유일한 이유이다. 다시 말해 사용자는 기업 생존의 첫 번째 이유이며 공진화 전략의 첫 번째 요소인 것이다.

조직: 기업 역량의 근원

기업이 어떤 사람들로 구성되어 있고 어떻게 조직되어 있는지에 대한 문제는 일견 간단해 보이지만 사실은 '살아남는 것'의 관건이다. 간단해 보이는 이유는 기업이 당연히 기업가(창업가), 팀, 직원으로 구성되기 때문이며 관건인 이유는 런정페이가 말한 것처럼 기업의 수명은 개인의 수명보다 훨씬 더 길 수 있는데 그렇지 못한 경우가 대부분이기 때문이다. 이러한 결과를 초래한 원인은 적합한 방식으로 적합한 사람을 조직으로 만들 수 있느냐 없느냐에 달려있다.

마윈이 자신이 겪은 일화를 이야기한 적이 있다. 그가 일본에서 작은 가게 앞을 지나가게 됐는데 가게 입구에 '본점 152주년을 축하합니다'라는 팻말이 걸려 있었다고 한다. 마윈은 이 가게가 정말 152년이 되었을지 궁금하여 가게에 들어가 보았다. 가게는 20평방미터를 넘지 않을 것 같았다. 가게 안에서는 할아버지와 할머니 한 분이 떡을 만들고 있었다. 마윈이 "어르신들 가게가 152년이나 됐군요!"라고 말하자 주인이 대답했다. "152년 됐지. 우리 집 떡은 일본 황궁에 들어갔었다네." "가게를 좀 더 키우지 그러셨어요." "지금이 좋아. 이 자리는 몇 대째 내려오는 자리야. 아주 즐겁게 일하고 있지." "자녀분은요?" "걔는 지금 도쿄대학에 다니고 있는데 졸업하면 여기로 와서 가게를 물려받을 거라네." 마윈의 일화 속 작은 가게는 가족기업이다. 몇몇 가족기업들이 수백 년을 굳건히 버틸 수 있었던 것은 가장 자연스러운 방식(혈연)으로 사람을 조직함으로써 기업의 수명과 가족의 수명을 연결지었기 때문이다.

기업이 '살아가는 것'이라는 목표를 달성하고 사용자를 위한 가치 창출의 사명을 완수하려면 반드시 적합한 방식으로 적합한 사람을 조직하여 적합한 일을 해내야 한다.

마윈의 비전은 알리바바를 102년 역사의 기업으로 만드는 것이다.[2] 이를 위해서는 알리바바에게 원대한 미션이 있어야 하고 오랜 시간에 걸쳐 실현시켜

---

2 100년의 오타가 아니라 102년이 맞다. 마윈은 원래 숫자 102를 좋아한다고 한다. 알리바바가 1999년 창립되었으니 102년 역사의 기업이 되면 20세기, 21세기, 22세기의 3세기에 걸쳐 유지된 기업이 된다는 상징적인 의미를 가지고 있다.

야 한다. 이에 알리바바는 '천하에 하기 어려운 장사가 없게 하라'는 것이 알리바바의 미션이 되었다. 알리바바가 이 세상 모든 장사를 하는 사람들과 장사를 하고 싶어하는 사람들을 위해 장사의 어려움을 덜어줄 것이며 이를 통해 사용자 가치를 창출하겠다는 의미이다. 이 미션을 실현시키기 위해 알리바바는 [고객이 1순위, 직원이 2순위, 주주가 3순위(客户第一, 员工第二, 股东第三)]의 원칙을 제시하였고 [고객제일, 팀워크, 변화 포용, 신뢰, 열정, 책임감]을 상징하는 '육맥신검(六脉神剑)' 가치관을 제시하였다. 여기에서 알 수 있듯 알리바바의 원칙 중 [직원이 2순위]라는 것은 사용자에게 가장 먼저 서비스를 하겠다는 의미이다. 알리바바의 가치관 중 팀워크를 비롯한 다섯 가지 조항 모두 역시 고객을 1순위로 두는 것이다. 매년 2월이 되면 약 2주에 걸쳐 알리바바의 각 부서 책임자가 마윈에게 한 해 동안 무엇을 했는지, 내년에는 어떻게 할 것인지에 대해 보고한다. 마윈은 지금껏 "당신들은 얼마를 벌어왔나"라고 물어본 적이 없다. 그가 물어본 것은 다음의 세 가지다. "누가 당신의 고객인가?", "당신은 고객에게 어떤 가치를 가져다주었는가?", "왜 다른 사람은 그 고객에게 같은 가치를 주지 못하는 것인가?"

따라서 '조직'이란 공진화 전략의 두 번째 요소이며 기업의 사용자(첫 번째 요소) 가치 창출이라는 목표를 달성하기 위한 인원과 조직을 완성하는 것이라 할 수 있다.

제품: 기업 가치의 기반

사용자 가치 창출이 기업의 존재 목표이고 적절한 인원과 조직의 형태가 기업의 존재 형식이라면 제품이나 서비스는 기업이 사용자 가치 창출을 실현시키고 창출한 가치 중 일부를 획득할 수 있는 수단이자 매개체라 할 수 있다.

비즈니스 모델은 기업 이해관계자의 거래 구조를 반영한다. 기업이 제공하는 제품이나 서비스는 거래 구조의 핵심이자 거래 대상이고 자원과 능력의 운용 결과이다. 또한 기업의 수익모델을 반영하고 기업의 현금 흐름 구조를 보장하며 궁극적으로는 기업 가치를 구현한다. 제품 거래를 핵심으로 하는 비즈니스 모델은 가치 창출과 가치 획득의 두 가지 기본 과정으로 이루어져 있다.

전통적인 가치사슬 기반의 비즈니스 모델에서 조직과 사용자 간의 관계는 시장 메커니즘을 통한 조직과 사용자 간의 제품 거래에서 이루어진다. [가치 창출 과정]은 다음과 같다. 먼저 제품 생산을 조직하고 생산 가치를 창출한다. 그 후 제품을 시장에 내놓고 유통 가치를 창출한다. 마지막으로 사용자가 시장에서 제품을 구매하여 거래 가치를 창출한다. [가치 획득 과정]은 다음과 같다. 먼저 시장이 사용자로부터 거래 가치를 얻는다. 그 후에 시장은 유통 가치를 제한 나머지를 조직에 전달한다. 마지막으로 조직은 생산 가치를 제한 나머지를 상류(upstream)로 전달한다. 가치사슬 기반의 비즈니스 모델에서 조직과 사용자는 직접적으로 연결되지 않으며(혹은 거의 연결되지 않으며) 가치 창출과 가치 전달 과정은 제품이 생산된 후 시장을 거쳐 발생한다.

우리는 공진화 전략 체계에서의 가치 체계를 가리켜 가치망(Value Network) 기반의 가치 체계라고 부른다. 이 체계에서 전략의 각 요소 간의 관계는 더욱 직접적이고 긴밀하다. [그림 3-3]에서처럼, 조직과 사용자는 제품이 생산되기 전에 연결된다. 조직은 사용자의 수요를 더욱 면밀히 이해함으로써 사용자를 위한 더 높은 가치를 창출하고 사용자와 함께 가치를 공유한다. 전통적인 가치 창출과 가치 획득 과정도 직선형에서 U자형으로 바뀌었다. 가치 창출과 가치 획득 과정에서의 순서관계뿐 아니라 공진화 전략의 네 가지 요소 간에도 직접적인 연관성이 더 많아졌다. 사용자와 조직 사이에는 가치 공동창출(Value co-creation)과 가치 공유 관계가 존재하게 되는데 이런 관계는 가치사슬 기반의 가치 체계에서는 존재하지 않거나 존재감이 약했던 것들이다.

샤오미 생태계 회사인 로보락(Roborock·石头科技)을 예로 들어보자. 로보락의 상품은 로봇청소기이며 가정과 사무실의 바닥 청소라는 니즈를 만족시킨다. 이들은 iRobot으로 대표되는 제품으로 스마트 로봇청소기 시장에 진출한 상태이며 조직의 구성원은 창업자인 창징(昌敬), 장즈춘(张志淳), 우전(吴震) 등이다. 로보락의 가치 창출 과정은 로보락이 가정과 사무실에 미지아(米家) 로봇 청소기를 공급함으로써 효율적이고 에너지 절약적이며 스마트한 바닥 청소 솔루션을 제공하는 것이라 할 수 있다. 성능에 대해 말하자면 미지아의 로봇청소기는

그림 3-3 「공진화의 길」 전략 요소 사이클

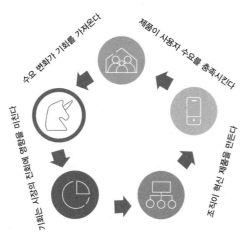

시장 환경이 조직을 만들어 낸다

5,200mA의 리튬배터리를 사용하여 연속 사용 시간이 2.5시간에 달하며, 한 번 충전으로 200㎡의 면적을 청소할 수 있다. 에너지 절약 측면에서 말하자면 미지아 로봇청소기에 드는 전기 에너지를 위해서라면 매년 20위안(약 4,000원)만 투자하면 된다. 인공지능 성능에 대해 말하자면 미지아 로봇청소기에는 12개의 센서와 3개의 독립 프로세서가 장착되어 있기 때문에 로봇이 어떤 환경에 있는지, 구체적으로 어디에 있는지 파악할 수 있다. 가치 창출 과정에서의 핵심은 우수한 품질의 제품임이 확실해 보인다.

기업이 생존하기 위해서는 가치를 창출할 뿐 아니라 가치를 획득하기도 해야 한다. 로보락의 가치 획득 과정은 가정과 사무실의 사용자가 바닥 청소라는 니즈를 충족시키기 위해 여러 솔루션을 비교한 후 1,699위안의 가격을 지불하여 미지아 공식 판매점 혹은 기타 경로를 통해 미지아 로봇청소기를 구입했다는 것이다. 이 1,699위안이라는 제품의 가격은 수수료를 제한 후 로보락으로 유입된다. 로보락은 각종 비용을 제외한 후의 가치를 획득하게 되는 것이다. 이를 통해 기업 전략 실현의 핵심은 제품이라는 사실을 알 수 있다.

시장: 기업이 앞으로 가야 할 길

미지아 로봇청소기조차 청소 임무를 완수하기 위해서는 '여기가 어디인지', '내가 어디에 있는 것인지'를 알아야 하는데 기업에게 있어 시장 환경이 얼마나 중요한 것인지는 굳이 말할 필요가 없을 것이다. 시장 환경은 기업 발전에 영향을 주는 중요한 요소이며 대부분 기업의 발전사란 시장 환경에서의 기회 포착과 변화 적응의 역사였다.

하이얼을 예로 들어보자면 장루이민에게는 '세 개의 눈(三只眼)'이라는 유명한 이론이 있다. 기업은 반드시 세 개의 눈이 있어야 하는데 첫 번째 눈은 내부 관리를 주시하고 있어야 하고, 두 번째 눈은 시장 변화를 주시하고 있어야 하며, 세 번째 눈은 국가의 거시적인 조절 정책을 주시해야 한다는 것이다. 즉 시장 변화와 거시적인 조절 정책을 주시하는 눈 두 개가 하이얼의 각 발전 단계마다 발전에 필요한 자금과 자원, 기술과 시장을 가져다주었다고 할 수 있다.

하이얼(海尔)의 전신은 1980년 몇몇 집단 소유제 공장이 합병하여 세운 칭다오 냉장고 본공장(青岛电冰箱总厂)이다. 1984년 10월, 칭다오 냉장고 본공장과 독일 리페르(Liebherr)는 당시로서는 아시아 최초로 4성급 냉장고 생산 라인을 도입하기로 계약했고, 같은 해 12월 장루이민(张瑞敏)이 칭다오 냉장고 총공장의 공장장으로 부임하게 되었다. 당시 하이얼이 직면한 시장의 상황은 자금도 부족하고 기술도 부족했으며 경쟁으로 혼란스러운 상태였다. 장루이민과 양미엔미엔(杨绵绵) 등의 임원진은 현지 농촌마을에서 빌린 돈으로 겨우겨우 직원들에게 임금을 지급했고, 생산라인 도입에 필요한 1,100만 위안의 "거액"은 "뇌물"을 써서 해결했다. 하이얼은 독일 리페르에 기술팀을 파견하여 냉장고 생산 기술을 배워왔고 이것으로 기술의 부족한 면을 메웠다. 또한 장루이민은 당시 냉장고 시장이 품목도 다양하고 경쟁도 치열하다는 사실을 분석하여 [시작은 늦었지만, 출발은 높은 곳에서 하자(起步晚起点高)]는 원칙을 세웠고 하이얼의 발전을 위한 [명품 전략]을 수립하였다.

1992년 2월 덩샤오핑(邓小平)의 남순강화(南巡讲话)가 있었다. 이제 막 세워진 하이얼은 그 기회를 놓치지 않고 칭다오(青岛) 동부의 하이테크 개발구(高科技开发区)에 16만평 넓이의 하이얼공업원(海尔工业园)을 설립하였다. 같은 해 하이얼은 중국 국내 가전업계 최초로 ISO9001 국제 표준 품질경영시스템의 인증을 취득했다. 1992년부터 1998년까지 하이얼은 자체 기술력과 경영 우위를 바탕으로 칭다오의 홍성전기(红星电器)와 광동순덕 세탁기(广东顺德洗衣机), 라이양(莱阳)의 다리미 공장, 허페이(合肥)의 황산 텔레비전 공장(黄山电视机厂) 등 18개 기업을 원가 확장 방식으로 인수하는 등 초보적이나마 [다변화 전략]을 시행하였다.

1999년 4~5월에 하이얼은 미국 사우스캐롤라이나에 생산 공장을 설립했고 유럽과 중동에 판매망을 구축하는 등 [국제화 전략] 단계의 포문을 열었다. 1999년부터 2005년 사이 하이얼은 경쟁업체와의 협력을 통해 에릭슨(Ericsson) 및 청바오그룹(声宝集团)과 연이어 협력 관계를 맺었으며, 시장에서의 경쟁과 협력을 통해 개발에 필요한 기술과 자금 및 자원을 확보하였다. 이 기간에 하이얼은 '나가고 들어가고 올라서자(走出去 走进去 走上去)'는 3스텝 국제화 전략을 분명히 했다.[3] 국제화 전략의 초보적인 성과를 바탕으로 하이얼은 2006년부터 [글로벌 전략]을 추진하기 시작했다. 글로벌 전략을 실시하는 과정에서 하이얼은 현지화와 개방 플랫폼 구축에 많은 공을 들였다. 하이얼은 글로벌 연구개발 자원 통합 플랫폼을 구축함으로써 10만 명이 넘는 전 세계 유명 대학, 유명 과학 연구기관의 전문가들을 한데 모을 수 있게 되었다. '세계가 협력하여 연구개발부(世界就是你的研发部)'가 되는 오픈 이노베이션 시스템을 갖추게 된 것이다. 하이얼은 경쟁과 협력 관계를 재정립함으로써 전 세계 자원과 자본, 기술의 통합을 실현하게 되었다.

2012년 12월 26일, 장루이민은 하이얼이 [네트워크화 전략] 단계에 들어갔다고 발표했다. 하이얼의 이번 전략 수정의 배경에는 사용자, 정보, 기술, 자원의 네트워크화가 있다. 하이얼은 '기업에는 경계가 없고, 관리에는 책임자가 없으며, 공급망에는 표준이 없다'는 3無(무) 원칙을 내세웠다. 기업에 경계가 없다는 것은 고객과 조직 간의 경계가 모호해진다는 것을 의미하고, 경영에 책임자가 없다는 것은 조직 내부의 계층적 관리 구조가 허물어지는 것을 의미하며, 공

---

3 즉 세계로 나가고, 현지 국가에 진입하여, 현지화 수준에 오르자는 의미이다.

급망에 표준이 없다는 것은 제품의 생산 및 공급 과정이 보다 유연하고 탄력적으로 변하는 것을 의미한다.

하이얼의 발전사를 통해 우리는 시장환경 요소가 나머지 세 가지 요소, 사용자와 조직과 제품에 미치는 영향이 지대함을 알 수 있었다. 시장 환경 요소는 사용자와 조직, 제품의 세 가지 요소와 함께 공진화 전략의 네 가지 요소를 이룬다.

MEMO

네 가지 전략 단계와 네 가지 전략 경로

전략의 네 단계

전략의 공간관에서 도출된 [사용자, 조직, 제품, 시장]이라는 전략의 네 가지 기본 요소는 기업이 세워질 때부터 기업의 기본 구성 요소로 자리잡으며, 기업이 발전함에 따라 끊임없이 개발되고 변화된다. 기업을 생명체에 비유한다면 시간의 흐름에 따라 태동기, 성장기, 성숙기, 노쇠기로 나눌 수 있을 것이다. 생명체는 생애주기의 단계마다 서로 다른 전략 목표를 갖는다. 태동기의 목표는 살아남는 것이고 성장기의 목표는 자라나는 것이며 성숙기의 목표는 물려주는 것이고 노쇠기의 목표는 살아가는 것이다.

이와 유사하게 기업의 생애주기도 [창업단계], [성장단계], [확장단계], [쇠퇴/전환단계]를 거친다. [창업단계]에서 기업의 목표는 '만들어지는 것'이고 [성장단계]에서 기업의 목표는 '키우는 것'이며 [확장단계]에서 기업의 목표는 '강해지는 것', [쇠퇴단계]에서 기업의 목표는 '연장하는 것'이다. 모든 기업에게 [쇠퇴단계]로의 진입은 피하기 어려운 일이지만 탁월한 기업의 경우 성공적인 변신을 거쳐 '다시 태어나기'도 한다.

[그림 4-1]은 가로축에 기업의 생애주기를, 세로축에 기업의 가치 공간을 대입한 그래프이다. 기업은 [창업단계]의 초기에 성장이 느린 경우가 많다. 한동안의 모색을 거쳐 성장의 갭을 뛰어넘는 데 성공한 기업은 가속도를 내며 급속 발전하는 [성장단계]에 접어든다. 일정 시간이 지나면 기업의 성장 속도는 자연히 둔화되고 [성숙단계]에 들어가 다른 분야로의 확장 기회를 모색하게 된다. 시간이 지날수록 기업 발전의 첫 번째 곡선은 정점에 도달하게 되며 기업의 기존 비즈니스의 가치 공간은 점점 좁아진다. 기존 비즈니스가 [쇠퇴단계]에 들어선 것이다. 많은 기업들이 [쇠퇴단계]에 들어서기 전 새로운 성장 포인트를 찾거나 두 번째 곡선을 찾아 나선다. 하지만 새로운 성장 포인트를 찾는 과정은 불확실성으로 가득 차 있기 때문에 두 번째 곡선을 찾는 데 성공하여 다시 성장

그림 4-1 **시간관과 전략의 네 단계**

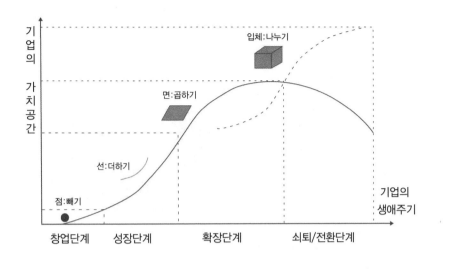

하는 기업이 있기는 하지만, 그보다 더 많은 기업들이 두 번째 곡선을 찾지 못한 채 첫 번째 곡선을 따라 점점 더 아래로 미끄러지게 된다.

많은 성공한 기업들이 생애주기를 극복하고 두 번째 곡선으로 다시 시작할수 있었던 것은 기업의 [성장단계]별 핵심 포인트를 파악하고 정확한 시기에 정확한 전략 결정을 내렸기 때문이다. 조금 더 정확히 말하자면 이러한 기업들은 전략에 대하여 시공간적인 개념을 가지고 있었기 때문에 기업이 성장하는 시기에 맞는 적당한 전략 요소를 중점적으로 발전시킬 수 있었고 그 결과 각 전략 요소가 각 전략 단계에서 공진화에 성공 할 수 있었던 것이다. 이제 [창업, 성장, 확장, 전환]이라는 공진화 전략의 네 단계에서 전략의 네 가지 요소인 [사용자, 조직, 제품, 성장]을 분석해 보자.

전략의 시간관에 따르면 기업의 생애주기는 보통 [창업단계], [성장단계], [확장단계], [전환단계]의 네 단계를 거친다. 전략의 공간관에 따르면 기업의 발전에는 전략의 네 가지 기본 요소인 [사용자, 조직, 제품, 시장]이 포함된다. 기업의 실제 발전 과정에서 전략의 시간관과 전략의 공간관을 잘 융화시켜야 한

그림 4-2 **공진화 전략 네 단계의 핵심 알고리즘**

전략의 4단계
창업 → 성장 → 확장 → 전환
전략의 4요소
사용자 → 제품 → 시장 → 조직
전략의 4대 준칙
린 → 집중 → 증대 → 업그레이드
전략의 4개 공간차원
정밀 → 심도 → 범위 → 차원
전략 모델의 4레벨
점 → 선 → 면 → 입체
전략의 4개 셈법
뺄셈 → 덧셈 → 곱셈 → 나눗셈

집중 성장
【제품】
『심도』
{선}

증익 확장
【시장】
『범위』
{면}

③ 확장 단계

② 성장 단계

④ 전환 단계

+ ×
− ÷

① 창업 단계

린 스타트업
【사용자】
『정밀』
{점}

업그레이드 전환
【조직】
『차원』
{입체}

다. 그래야 적합한 시기에 적합한 전략 요소를 중점적으로 발전시킴으로써 공진화 전략 네 단계의 '핵심 알고리즘(그림 4-2)'을 구성할 수 있기 때문이다.

[창업단계]를 조금 더 엄밀하게 표현하자면 [린 스타트업 단계]라고 할 수 있다. 린 스타트업은 지난 십여 년 동안 창업 분야에서 가장 널리 알려진 창업 이념이다. 여기서 '린(lean)'이 의미하는 것은 사용자 수요를 빠르고 기민하게 연구하여 페인 포인트(pain point)를 파악하는 것을 의미한다. 즉 경쟁 제품과 다른 차이를 만들어 내어야 한다. 창업자 사이에서 흔히들 하는 말로 '1cm의 너비, 1km의 깊이'라는 표현이 있다. 여기에서 1cm의 너비는 사용자의 페인 포인트로 인해 촉발된 수요를 정확히 파고들어야 한다는 의미이다.

[성장단계]를 한층 엄밀히 표현하자면 [집중 성장단계]라고 할 수 있다. 여기에서 말하는 '집중'은 제품의 연구 개발에 집중하고, 제품을 개선하며, 비즈니스 모델을 전문적으로 연구하여, 최종적으로는 제품의 성장에 몰두하는 것을 말한다. 창업자들 사이에서 유행하는 '1km의 깊이'라는 말은 [성장단계]의 기업이 착실하게 일에 몰두하고 좋은 제품을 만들어서 집중적으로 성장해야 함을

의미한다.

[확장단계]는 [증익 확장단계]라고 할 수 있다. 기업이 [확장단계]에 진입한 것은 핵심 제품 사업의 성장이 한계에 부딪혀 더 이상 성장을 지속할 수 없기 때문이다. 진일보한 발전을 이루기 위해 기업은 시장에서 새로운 발전 기회를 찾아야 한다. 그리고 새로운 발전 기회는 기업의 주력사업를 둘러싼 관련성 확장에서 나온다. '증익 확장'에서 [증(增)]이란 누적 사용자의 다양한 수요를 중심으로 기업이 상호보완적인 수요를 충족시켜 효율적인 시장 확장을 이루어내는 것을 의미한다.

[전환단계]는 [업그레이드 전환단계]라고 할 수 있다. 기업의 전환은 종종 기업의 쇠퇴와 함께 이루어진다. 전환의 가장 큰 장애물은 기업 자체의 조직 능력과 조직구조에서 비롯된다. 전환에 성공하기 위해 기업이 가장 먼저 해야 할 일은 기업 조직구조를 업그레이드하는 것, 즉 기존의 전통적인 위계적 매트릭스 구조에서 조직의 엔트로피 감소를 실현시킬 수 있는 분산 구조로 업그레이드하고, 조직 간 경계를 허물어 개체 하나하나를 활성화시킴으로써 조직에 활력을 불어넣는 것이다. '업그레이드 전환'에서 업그레이드가 의미하는 것이 바로 조직구조의 업그레이드이다.

[창업단계]에서 [성장단계], [성장단계]에서 [확장단계], 그리고 [확장단계]에서 [전환단계]에 이르기까지 기업은 '린(lean)한 것'에서 '집중하는 것'으로, '집중하는 것'에서 '증가하는 것'으로, '증가하는 것'에서 '업그레이드하는 것'으로의 변화 과정을 거친다. 이것은 '정밀도'에서 '심도'로, '심도'에서 '범위'로, '범위'에서 '차원'으로의 이동이다. 만약 정밀도를 '점'으로 보고 심도를 '선'으로 보고 범위를 '면'으로 보고 차원을 '입체'로 본다면 기업이 [창업, 성장, 확장, 전환]의 네 단계에서 겪는 과정은 비즈니스 모델이 점에서 선으로, 선에서 면으로, 면에서 입체로 진화하는 과정이라고 할 수 있다.

마찬가지로 기업이 [창업, 성장, 확장, 전환]의 네 단계에서 사용하는 '계산법' 역시 다르다. [창업단계]에서 기업이 해야 할 일은 뺄셈이다. 각종 창업 아이디어와 기회 중 하나의 포인트를 선택하여 돌파할 때에는 오직 뺄셈만이 창업자의 한정된 자원의 효용을 극대화시킬 수 있다. [창업단계]에서 중소 무역업체 간 정보와 신뢰 부재라는 페인포인트를 찾아낸 알리바바는 무역에서의 정보와 거래, 신뢰 문제를 해결할 수 있는 제품을 출시하였고 결국 B2B 무역 플랫폼이라는 성과를 일구어냈다.

[성장단계]에서 기업이 해야 할 일은 덧셈이다. [창업단계]에서 검증된 제품과 비즈니스 모델을 바탕으로 계속 덧셈을 하여 기업이 성장하면서 얻은 자원을 단일 제품에 끊임없이 투입하고 마침내 제품과 사업의 급속한 성장을 실현시키는 것이다. [성장단계]에서 알리바바는 자본시장에서의 자금 조달과 경영에서 얻은 이윤을 전자상거래에서의 정보와 신뢰 문제를 해결할 수 있는 사업에 계속 투입하였고 결국 타오바오와 알리페이(Alipay·즈푸바오·支付宝)[1] 등 일련의 인기 제품을 탄생시켰다.

[확장단계]에서 기업이 해야 할 일은 곱셈이다. [성장단계]를 거치며 발전한 사업과 축적된 사용자를 중심으로 관련 제품의 제조와 다원화된 수요를 발굴하고, 소비자에게 더 많은 관련 제품을 제공하여 사용자의 상호보완적인 수요를 충족시키며, 플라이휠 비즈니스 모델을 실현시키는 것이다. [확장단계]의 알리바바는 누적 사용자의 다원화된 수요 발굴을 중시하였다. 또한 차이냐오 네트워크(菜鸟网络)[2]나 위어바오(余额宝)[3]와 같은 제품의 개발을 통해 소비자의 상호보완적인 수요를 만족시켜 초보적인 알리바바 생태계를 형성하였고 생태계 내 기업 간 연계 마케팅을 통하여 범위의 경제를 통한 우위를 획득하였다.

[전환단계]에서 기업이 해야 할 일은 나눗셈이다. 사회 발전의 추세에 발맞춰 기존의 가치망에서 벗어나고, 미래 발전에 부합되지 않거나 기업 전환에 방해가 되는 요소는 제거하며, 인지적 장애를 극복하여 업그레이드 전환을 실현시키는 것이다. [전환단계]의 알리바바는 사용자의 잠재적 수요를 '재인식'하였다. 즉 투자와 합병 등으로 인터넷에서 모바일로의 전환을 성공적으로 실현

---

1 알리바바가 만든 모바일 및 온라인 지급 플랫폼으로 세계 최대의 규모로 성장하였다.
2 알리바바가 만든 물류 플랫폼이다.
3 알리바바의 알리페이가 만든 머니마켓펀드(MMF)이다. 처음엔 알리바바에서 쇼핑하고 남은 금액을 투자하는 개념으로 시작하였지만 고객들이 초소액도 자유롭게 투자할 수 있는 플랫폼으로 발전하였다. 세계 최대 규모의 MMF이다.

시킴으로써 소비자의 업그레이드된 수요를 충족시켰다. 이 과정에서 알리바바의 사업 발전의 초점 역시 물리적 거래에 대한 관심에서 거래 인프라에 대한 관심으로 전환되었으며, 이것이 바로 오늘날의 알리바바 비즈니스 제국을 탄생시켰다.

기업은 어떻게 '오래' 갈 수 있는가

기업가라면 누구나 기업이 오래 흥하고 쇠퇴하지 않은 채 '살아가기를' 바란다. 기업은 '크고 강해야' 할 뿐 아니라 '오래' 가야 한다. 기업이 오래 가기 위해서는 다른 생명체와 마찬가지로 기업 역시 생애주기가 있어서 성장할 뿐 아니라 언젠가는 쇠퇴하게 된다는 사실을 깨달아야 한다. 기업이 어느 정도 성장하고 나면 자꾸만 천장에 머리를 부딪히게 된다. 이때 변화를 모색해야 하고, 심지어는 자기 전복까지도 해야 하는 것이다. 그러나 현실의 기업가들은 대부분 기업의 성장만 바라볼 뿐 쇠퇴의 필연성은 의식하지 못한다.

기업 성장 과정에서의 쇠퇴의 필연성을 이해하려면 먼저 [장(長)]이라는 글자의 구조를 살펴봐야 한다. [그림 4-3]에서 [장(長)]의 필획은 가로 획 하나, 세로 갈고리 하나, 오른쪽 삐침 하나, 왼쪽 삐침 하나 등 총 네 획으로 이루어져 있다. 가로 획 하나는 시간을 의미하고 세로 갈고리 하나는 공간을 의미하며, 오른쪽 삐침은 시간의 흐를수록 위로 갈 가능성을, 왼쪽 삐침은 시간의 흐를수록 아래로 갈 가능성을 의미한다.

시간을 대표하는 가로 획은 '공간'을 위와 아래로 나눈다. 가로 획의 위는 사물이 관찰되거나 주목받기 쉬운 부분, 즉 사물의 성장을 의미하고 가로 획의 아래는 사물이 쉽게 관찰되지도 주목받지도 못하는 부분, 즉 사물의 쇠락을 의미한다. 시간이 지남에 따라 기업을 쇠락에 빠뜨리는 관찰하기 쉽지 않은 몇몇 요소가 있다는 것을 기업가가 깨달을 때 비로소 기업이 '오래' 유지되게 된다.

그림 4-3 [장(长)]자의 경영학적 함의

공간　성장

시간

쇠락

다른 각도에서 보면 [장(长)]자의 구조는 마치 '빙산'과도 같다. 흔히 수면 위에 있는 빙산만 볼 수 있을 뿐 수면 아래 부분을 관측하기란 쉽지 않다. 장루이민은 하이얼을 '빙산의 뿔'에 비유하면서 전략과 조직, 사용자에 대한 세 가지 견해를 밝혔다. 첫째, 하이얼의 전략은 개방식 전략이다. 마치 빙산 주위에 수자원이 무한하듯 하이얼은 '세계는 나의 인적자원부서이자 나의 연구개발부서다'라는 이념을 계승한다. 둘째, 하이얼의 조직은 무경계 조직이다. 빙산이 자연의 조화이지 인공물이 아닌 것처럼 하이얼의 샤오웨이(小微)들은 스스로 조직된 것이다.[4] 셋째, 하이얼에게 가장 중요한 사람은 고객이다. 빙산의 형성과 소멸이 온도에 달려있듯 하이얼은 '인단합일(人单合一)' 모델[5]을 통해 고객에게 다가서며 그 목적은 고객에게 최대의 가치와 최상의 경험을 제공하기 위함이다.

　1984년부터 37년 간의 성장을 거친 하이얼은 개혁개방 이후 설립된 기업 중 몇 안 되는 수명이 긴 기업이다. 장루이민의 '빙산의 뿔' 비유는 기업의 오랜 지

4　샤오웨이는 영어로는 micro-enterprise, 줄여서 ME라고 번역될 수 있다. 아주 작은 기업도 샤오웨이이라고 부르지만 여기에서 말하는 샤오웨이는 하이얼 특유의 독특한 조직구조 단위를 말한다. 즉 직원 개개인이 창업자가 되자는 취지에서 시작된 조직 개편으로 하이얼 안에 있는 작은 스타트업을 의미한다.

5　직원과 고객 간의 거리를 없애는 것을 의미한다. 하이얼은 이를 실현하기 위하여 조직은 초소형 기업, 즉 ME의 집합체로 상정하고 직원, 사용자, 외부 파트너들이 상호작용하는 생태계를 구축하였다.

속과 성장에는 고객과 조직과 전략이 중요한 요소로 작용했음을 강조하고 있다.

기업이 생애주기를 갖는 이유는 사용자와 조직, 전략 등 기업을 구성하는 중요한 요소에 생애주기가 있고, 시간의 흐름과 기업의 발전이 맞물려 있기 때문이다. 기업이 일정한 단계에 도달하면 기존 사용자와 조직과 전략은 기업의 지속적인 성장을 촉진하기 어렵게 되며, 따라서 사용자 전환과 조직의 변혁, 전략의 발전을 도모해야만 한다. 새로운 발전 단계에서 사용자와 조직, 전략의 발전은 [그림 4-4]에서 보듯 S형으로 나타난다.

1984년부터 지금까지 하이얼의 발전은 전통 공업 시대, 인터넷 시대와 사물인터넷 시대를 거쳐왔고 명품전략단계(1984-1991년)와 다원화전략단계(1991-1998년), 국제화전략단계(1998-2005년), 글로벌브랜드전략단계(2005-2012년), 네트워크화전략 단계(2012-2019년) 등 다섯 개의 전략 단계를 경험하였으며 현재는 생태브랜드전략 단계(2020-현재)에 와 있다. 창업 이래로 하이얼은 자기 전복적이고 지속적인 교체를 탐색하는 과정을 거쳐왔으며 새로운 전략 단계에 진입할 때마다 시대 발전과 업그레이드된 고객 수요에 맞춰 사용자 교체, 전략 진화, 조직 변혁을 실시하였다.

하이얼의 사용자 교체

하이얼은 '사람에 대한 가치가 1순위'라는 기업 취지를 견지하며 고객중심의 자세로 고객 가치 창출에 힘썼다. 제품의 품질을 중요시하든, 고객의 니즈에 대한 신속한 대응을 중요시하든, 하이얼이 각 전략 단계에서 핵심으로 삼았던 것은 줄곧 고객제일주의였다.

[명품전략단계]에서 하이얼의 사용자들이 제품에 요구했던 것은 비교적 단순했다. 고객들은 기능성을 갖춘 고품질의 냉장고, 세탁기와 같은 가전제품을 원했다. 이 단계에서 하이얼은 고품질 제품을 만들기 위해 노력했고 사용자에게 단일화되고 표준화된 제품을 공급하였다. [그림 4-4]의 검은 점은 사용자를 나타내고 화살표는 제품을 나타낸다. [명품전략단계]에서는 사용자를 가리키는 화살표가 하나밖에 없다. 이는 사용자의 수요가 단일화되고 표준화된 제품임을 의미한다.

그러던 1985년의 어느 날, 한 사용자가 냉장고 품질에 문제가 있다고 호소하는 편지를 보냈다. 장루이민은 직원을 조직하여 창고 안 400여 대의 냉장고를 모두 열어 검사하였고 그 중 76대의 냉장고에서 여러 결함이 발견되었다. 장루이민은 76대의 냉장고를 모두 부수기로 한다. 이때 장루이민이 부순 것은 직원들의 '품질에 대한 무관심과 고객에 대한 소홀함'이었다. 이 사건으로 하이얼은 고품질 제품이라는 기치를 다질 수 있었다.

[다변화전략단계]와 [국제화전략단계]에서 하이얼의 고객 수요는 끊임없이 업그레이드되었으며 그들은 계열화된 고품질 제품을 필요로 하게 되었다. 하이얼은 개혁 개방이 가속화되던 당시의 시대적 기회를 놓치지 않고 인수합병을 통한 자신들의 경영 품질과 문화적 우위를 이용하여 쇼크 상태에 빠진 물고기를 깨웠으며 제품군을 빠르게 확대하여 국제 무대에 뛰어든다. [국제화전략단계]에 접어든 하이얼은 중국의 WTO 가입이라는 시대적 기회를 발판으로 세계 여러 나라에 공장을 설립함으로써 현지 사용자의 현지화 요구를 만족시켰다.

그림 4-4　하이얼의 각 발전단계별 사용자 변화

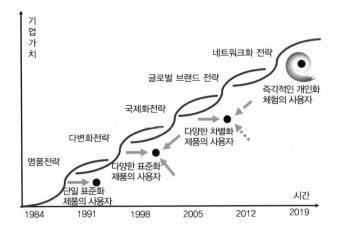

[다변화전략단계]와 [국제화전략단계]에서 하이얼이 제공할 수 있는 제품의 종류는 더욱 많아지고 풍부해졌다. 하지만 아직까지 차별화가 이루어진 수준은 아니었다. [그림 4-4]를 보면 [다변화전략단계] [국제화전략단계]에서 다변화된 제품을 뜻하는 여러 개의 화살표가 사용자를 가리키고 있다. 이는 당시 하이얼의 고객 수요가 다양한 종류의 표준화 제품이었음을 의미한다.

[글로벌브랜드전략단계]에서 인터넷 시대의 영향을 받아 하이얼의 고객 수요는 단일 제품에서 토탈 생활 솔루션으로 바뀌기 시작했다. 또한 세계 각지의 고객 수요도 차별화되었기 때문에 하이얼의 고객은 다양하고 차별화된 제품을 필요로 하는 개인 맞춤형 사용자로 교체되었다. 하이얼은 해외에 공장을 설립하고 인수합병하는 방식으로 현지 사용자의 차별화 수요를 만족시킨다. [그림 4-4]를 보면 [글로벌브랜드전략단계]에서 다양하고 차별화된 제품을 뜻하는 화살표는 물론 해외로부의 새로운 수요를 의미하는 점선의 화살표도 사용자를 가리키고 있다. 이것은 당시의 사용자 수요가 다양하며 글로벌하게 차별화된 제품이었음을 의미한다.

[네트워크화전략단계]에서는 사물인터넷 시대의 영향을 받아 사용자의 개인화 수요가 폭발하였고, 이로 인해 사용자 특성의 데이터화, 사용자 요구의 개인화 및 사용자 서비스 체험화의 현상이 나타났다. 하이얼은 여전히 '사람에 대한 가치가 1순위'라는 기업 취지를 고수하는 동시에 사물인터넷 시대의 기회를 놓치지 않았다. 그들은 '업무에서 결재 단계 제로, 고객과의 거리 제로, 고객 지연 제로라는 3제로 체계(3零体系)를 통해 사물인터넷 시대의 사용자 맞춤형 수요를 만족시키는 비즈니스 생태계를 조성하였다. [그림 4-4]를 보면 네트워크화 전략 단계에서 하이얼의 제품과 서비스는 물결이 퍼져나가듯 사용주 수요를 중심으로 하여 밖으로 뻗어나가고 있으며 끊임없는 교체와 혁신을 통해 사용자의 맞춤형 수요를 충족시키고 있다.

하이얼의 전략 변화

하이얼은 지난 40여년 간의 발전 과정에서 총 6개의 전략 단계, 즉 [명품브랜드전략, 다변화전략, 국제화전략, 글로벌브랜드전략, 인터넷화전략, 브랜드 생태계전략] 등을 거쳐왔다. 하이얼의 전략 발전은 품질지향적인 '점'모양 전략부터 규모지향적인 '선'모양 전략, 플랫폼지향적인 '면'모양 전략, 그리고 생태 지향적인 '입체'모양 전략을 온전히 겪어낸 것이다 (그림 4-5).

하이얼의 [명품전략단계] 당시 중국은 아직 개혁개방 초창기였기 때문에 사용자들이 필요로 했던 것은 단일화된 표준화 제품이었다. 1985년에 장루이민은 하이얼의 발전을 위한 [명품전략]을 세웠다. 1988년에 하이얼은 동종업계의 전국 품질 평가에서 금메달을 땄고 이때부터 하이얼은 중국 냉장고 업계의 선두를 달리게 되었다. 1990년 하이얼은 다시 국가 품질 관리 금상을 받는다. 이 단계에서 하이얼의 전략 방향은 품질 지향적이었으며 제품을 핵심으로 삼아 품질이라는 단일 지점을 돌파[6]해내기 위해 애쓰는 '점' 전략이었다고 말할 수 있다.

그림 4-5 **하이얼의 각 발전단계별 전략 변화**

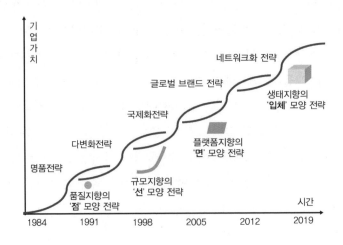

---

6 본 서에서 자주 등장하는 단일 지점 돌파라는 뜻은 기업이 특정 사안에 집중하여 그 문제를 해결한다는 의미이다.

하이얼의 [다변화전략단계]와 [국제화전략단계]에서 사용자의 수요가 다변화되자 하이얼의 전략은 품질지향에서 다각화 전략과 국제시장 지향으로 발전해 나갔다. 1997년 9월, 컬러 텔레비전 사업 진출을 시작으로 하이얼은 흑색 가전과 정보 가전 생산 분야에 진출한다. 1999년과 2001년 하이얼은 미국 사우스캐롤라이나와 파키스탄에 생산 기지를 구축해 글로벌 시장에서의 브랜드 현지화를 지속적으로 모색하였고 현지 설계, 현지 유통 채널 진입, 현지 사용자를 위한 서비스 제공을 통해 현지 브랜드로 자리잡게 되었다. [다변화전략]과 [국제화전략]의 핵심은 모두 규모지향적이라는 점이다. [명품전략단계]의 '점'을 '선'으로 연결함으로써 '점'모양 전략에서 '선'모양 전략이 되었다고 말할 수 있다.

[글로벌브랜드전략단계]에서 인터넷 사용자의 수요는 개인화되는 경향을 보이며 세계의 다양한 국가의 사용자 요구 역시 차별화된다. 하이얼은 글로벌 영향력을 가진 브랜드로 성장하는 동시에 대륙 간 차별화 전략을 수립하여 국가별, 지역별 사용자들에게 그들의 현지화 수요에 부합하는 제품을 공급하기로 한다. 이 단계에서 하이얼은 이미 세계 유수의 백색가전 제조업체가 되어 있었으며, 엄청난 브랜드 파워를 가지게 되었다. 개방식 혁신과 경계없는 조직을 통해 세계 각지의 자원을 끌어들임으로써 플랫폼의 특성을 지닌 '면' 모양의 전략을 수립한 것이다.

[네트워크화전략단계]에서 사용자의 즉각적인 개인화 요구는 하이얼 전략의 생태화를 촉발하였다. 생태화된 전략을 실시하여 기업을 담장이 있는 정원이 아닌 열대우림식 생태계로 만들어야만 사용자의 개인화 수요를 충족시키고 사물인터넷 시대의 변화에 적응할 수 있다. 하이얼은 사용자의 즉각적인 개인화 수요를 충족시키기 위해 '생태계권, 생태계 수익, 생태계 브랜드'의 3(3生) 체계를 핵심으로 하는 생태계 '입체'모양 전략을 제시하였다.

하이얼의 조직 변혁

1984년 이래로 하이얼은 여러 차례의 조직 개편을 거쳤다. 1984년부터 1991년까지 하이얼은 전통적인 피라미드 조직구조를 채택하였다. 1991년부터 1998년까지는 매트릭스식 조직구조를 채택했는데 여기에는 사업부문(1991-1998)과 전략사업단위(SBU, 1998-2005)가 포함된다. 2005년부터 2012년까지는 하이얼의 조직구조가 역삼각형 구조로 바뀌었다. 2012년 이후 하이얼의 조직구조는 이익공동체(2012-2013)와 샤오웨이(小微, 2013-2018), 그리고 생태체인 샤오웨이췬(小微群, 2019년 1월 이후)[7]의 변화를 거쳤으며 이 단계의 조직구조는 중력장 구조로 요약할 수 있다(그림4-6).

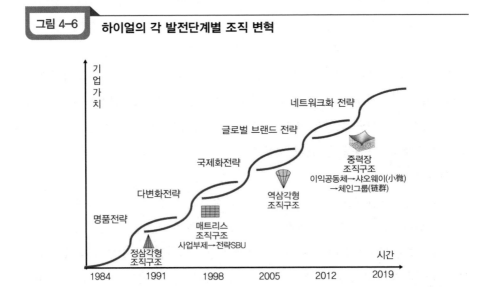

그림 4-6 **하이얼의 각 발전단계별 조직 변혁**

---

7 직원 모두가 CEO가 되는 샤오웨이를 생태계로 통합한 것이다. 예를 들어 징둥몰에서 소개된 라이진 게이밍북은 20대 3인이 구성된 샤오웨이에서 개발한 제품이다. 라이진게이밍북 지분은 창업자 3인이 25%를 가지며 나머지는 하이얼이 소유한다.

[명품전략단계]에서 하이얼의 조직구조는 전통적인 피라미드 구조이며 지도자는 피라미드의 제일 위, 일반 직원은 피라미드의 제일 아래에 있다. 피라미드 내부에는 여러 등급이 있고 각 등급은 자신보다 높은 등급에게 관리를 받는다. 그러나 하이얼은 명품전략을 시행하고 제품의 질을 향상시키며 직원의 주관적 능동성을 고양시키고 생산성을 높이기 위해 조직 내에서 지속적인 혁신을 꾀하고 있었다. 예를 들어 1990년 전후부터 전 직원 혁신을 제창하며 도입된 '직원명명(命名)혁신' 제도를 통해 직원 개개인의 혁신 의식[8]을 고취시켰고, '자율경영팀' 제도를 통해 '팀'의 혁신 의식도 고취시켰다.

[다변화전략단계]와 [국제화전략단계]에서 하이얼의 조직구조는 매트릭스식으로 구성되었다. 즉, 기업의 사업 단위와 경영 지역에 따라 인원을 조직하였으며 피라미드 조직구조를 깨부수고 (편평화) 직원이 상급자가 아닌 시장을 따르는 것으로 전환되었다. 1996년 하이얼은 사업부제를 시작한다. 또한 [다변화전략]에 적합하도록 사업부제를 기반으로 '세포 분열' 방식을 채택함으로써 전략사업부문(SBU)을 조직하고 조직이 경직되는 것을 막았다. 뿐만 아니라 하이얼은 '편평화', '정보화' 등의 조직 변혁을 통해 내부 소통 효율을 대폭 상승시켰다. 또한 [전방위적으로(Overall) 모든 사람이(Everyone) 매사(Everything)에 매일(Everyday) 깨끗하게(Control) 일을 마무리하고 발전해(Control) 나가자]는 OEC관리법은 하이얼로 하여금 [다원화전략단계]와 [국제화전략단계]에서 규모와 효율 간의 균형을 잃지 않도록 하였다.[9]

[글로벌브랜드전략단계]에서 하이얼의 조직구조는 역삼각형의 3단계 구조로 조직되어 있는데 직원을 조직구조의 제일 꼭대기에 두고 관리자를 조직구조의 제일 밑에 두어 관리자가 자원 제공 플랫폼이 되게끔 하였다. 2005년 9월 20일 장루이민은 처음으로 '인단합일 윈윈모델'을 제안하였는데, 이것의 목적은 일선 직원들이 자신만의 시장과 사용자를 찾아내어 자주적인 기업체를 형성하고 경영을 스스로 책임지며 초과 이익은 나눌 수 있도록 하

---

8 새로 개발된 물건이나 아이디어에 이것을 처음 개발한 직원의 이름을 붙여주는 것
9 중국어로는 日事日毕 日清日高, 즉 그 날의 일은 그 날 끝내고, 깨끗하게 마무리하여 날마다 발전하자는 의미이다.

기 위함이다. 직능부서는 일선 경영체에 기능과 자원을 부여하는 경영 지원을 담당한다. 기존 경영진들도 전략적 경영체로 전환하여 일선 경영체와 2티어 경영체에게 각종 지원을 제공한다. 조직구조의 전환 외에 하이얼의 조직 경계 역시 오픈되었다. '세계가 나의 연구개발부이자 인적자원부'라고 주장하며 인터넷 시대의 하이얼이 전 세계 일류 자원을 장애물없이 연결할 수 있도록 한 것이다.

[네트워크화전략단계]에서 하이얼의 조직구조는 중력장 구조이다. 하이얼은 자신의 조직 인력을 중심으로 수많은 창객(创客)[10]과 이해관계자 조직을 자신의 플랫폼 생태계로 끌어들인다. 하이얼은 지속적으로 조직 변혁을 진행하여 일선의 업무 단위와 후방의 지원 단위(예를 들어 연구개발, 물류, 공급사슬 등)를 이익 공동체로 병합하였다. 이후 이 이익 공동체는 샤오웨이(小微)로 등록되었고 모든 초소형 스타트업 회사들은 '3권(权)', 즉 의사결정권과 인사권, 그리고 급여권을 갖게 되었다. 2019년 초 샤오웨이들의 연합 조직이 더욱 역동적인 생태체인 초소형 스타트업 그룹(줄여서 체인그룹, 链群)으로 진화한다. 체인 그룹은 평생 고객의 창출을 목표로 하고 사용자 경험의 반복을 통로로 삼으며, 사용자 경험의 현장을 연결고리로 하여 '3제로(고객과의 거리 제로, 업무 과정에서의 결재 단계 제로, 고객 지연 제로)'를 만족시키는 비선형적 자가 발전식 조직구조이다.

---

10 창객, 즉 혁신창업가은 신기술을 이용하여 아이디어를 현실화하는 사람들을 가리킨다.

표 4-1   기업 발전단계 평가표

도구모음

기업/사업 발전단계 자가진단

아래 12가지 질문에 모두 응답하고 나면 당신은 기업 전체 또는 어떤 사업이 처한 전략 발전 단계에 대해 더 많은 이해를 할 수 있을 것이다.

1. 다음의 설명 중 본 기업/사업의 사용자 특성과 가장 부합하는 것은 무엇입니까?

a. 사용자 수가 적은 편이며, 현재 사용자와 심도 있게 소통하고 사용자 특성을 알아가는 단계에 있다.

b. 사용자 수의 증가 속도가 매우 빠르며, 이러한 상황은 이미 일정 기간 지속되어 왔고, 앞으로도 일정 기간 지속될 것이다.

c. 사용자 수가 안정기에 접어들어 증가의 속도는 더뎌졌지만 그 수는 비교적 많다.

d. 사용자 수가 일정 기간 크게 증가하지 않았고 사용자 그룹이 분화되기 시작하였으며 일부 사용자 집단에서는 이탈 현상이 발견된다.

2. 다음의 설명 중 본 기업/사업의 사용자 수요 충족과 가장 부합하는 것은 무엇입니까?

a. 현재 사용자의 페인포인트를 해결할 수는 있지만 수요의 강도와 빈도가 모두 높지 않다.

b. 사용자의 비교적 보편적인 수요를 충족시키는 데 중점을 두고 있으며, 일정 정도의 비탄력적 수요가 있다.

c. 현재 사용자의 비교적 보편적인 비탄력적 수요를 충족시킬 수 있을 뿐만 이와 관련된 수요도 충족시킬 수 있다.

d. 충족시킬 수 있는 사용자의 수요가 이미 한계에 도달하였기 때문에 기존의 수요 차원에서는 더 이상의 확장이 어렵다. 다음 목표는 사용자의 잠재적 니즈를 심층적으로 발굴하는 것이다.

3. 다음의 설명 중 본 기업/사업의 사용자 유치 방식과 가장 부합하는 것은 무엇입니까?

a. 주로 제품과 서비스를 경쟁사와 차별화함으로써 사용자를 유치한다.

b. 사용자층의 확대가 직면한 가장 큰 도전과제는 최초 사용자와는 다른 사용자들의 주의를 끌 수 있는지이다.

c. 제품과 서비스가 사용자를 사로잡을 수 있는 이유는 제품과 서비스 사이에 상호 보완성이 강하기 때문이다.

d. 제품과 서비스가 사용자를 사로잡을 수 있는지 여부는 서로 다른 수요를 가진 사용자의 심층에 있는 수요를 충족시킬 수 있는지에 달려있다.

4. 다음의 설명 중 본 기업/사업의 리더와 가장 부합하는 것은 무엇입니까?

a. 본 기업/사업이 막 시작되었기 때문에 리더는 비전에 대해 기대로 가득 차 있다.

b. 리더가 일정 기간 책임을 맡고 있으며, 이 기간에는 개인의 성장이 사업의 성장에 미치는 영향을 중시한다.

c. 리더의 경영이 안정되고 성숙하였으며, 사람과 일, 그리고 안과 밖의 각종 관계에서 비교적 균형을 잘 맞추고 있다.

d. 리더는 각 부서가 직면한 대기업병 등의 문제를 인식하였고, 창업 정신의 회복과 2차 창업을 강조하기 시작했다.

5. 다음 설명 중 본 기업/사업의 팀원과 가장 부합하는 것은 무엇입니까?

a. 팀이 구성된 지 얼마 되지 않아 사업 방향을 모색하고 있다.

b. 이미 일정 기간 성장해왔고 핵심 팀의 구성원들은 각자의 업무에 적응할 수 있게 되었으며 이 과정에서 모든 팀원들이 뚜렷하게 성장하였다.

c. 초창기 팀원 중 일부는 이미 떠났고 그들의 자리는 신입 사원으로 채워졌다.

d. 팀에 오랜만에 혁신적인 창업 분위기가 돌기 시작했으며 창객 문화를 선도하기 위한 제도를 마련하여 대기업병의 발병과 유행을 막아야 한다.

6. 다음의 설명 중 본 기업/사업 부서의 조직 관리와 가장 부합하는 것은 무엇입니까?

a. 조직구조는 플랫한 형태이며, 리더와 일반 직원 간 사이가 가깝다.

b. 조직구조는 점점 피라미드 형태를 띠고 있으며, 사업규모 확대에 따라 각 계층의 거리가 점점 멀어지고 있다.

c. 조직구조는 전형적인 매트릭스 구조를 띠고 있으며, 각 업무 라인과 업무 부서가 서로 교차한다.

d. 기존 조직 내직의 내부 업무와 부서 간 각종 장벽을 허물고, 분산 조직구조를 형성하여 조직에 활력을 불어넣기 위해 조직구조 개편을 시작하였다.

7. 다음의 설명 중 본 기업/사업의 제품 개발과 가장 부합하는 것은 무엇입니까?

a. 애자일 방식을 채택하였으며 주력제품을 뚜렷하게 결정하지는 않았으나 신속하게 교체 개발하는 중이다.

b. 적어도 하나 이상의 히트 상품이 개발되었으며 판매량이 폭발적으로 증가하고 있다.

c. 주력제품과 관련된 제품의 개발 단계에 돌입하였고, 주력제품과 관련 제품 사이에는 긴밀한 연관 관계가 있다.

d. 기존의 제품은 이미 성숙 단계에 진입하였으며 제품 종류의 혁신을 도모하고, 시장에 새로운 제품을 내놓기 위해 노력 중이다. 어쩌면 사람들의 특정 업계에 대한 인식까지 뒤바꿀 수도 있다.

8. 다음의 설명 중 본 기업/업무의 마케팅 홍보와 가장 부합하는 것은 무엇입니까?

a. 주요 마케팅 홍보 방식은 입소문 마케팅이며 사용자 간의 입소문을 통해 인지도를 높인다.

b. 주요 마케팅 홍보 방식은 광고 마케팅이며 일부 주류 매체와 인터넷 매체의 광고를 통해 사용자에게 확실히 전달된다.

c. 주요 마케팅 홍보 방식은 제품 간의 상호연관성이다. 사용자는 우리의 제품 일부를 사용한 후, 자발적으로 우리 회사의 다른 제품을 찾아다니며 구매한다.

d. 주요 마케팅 홍보 방식은 사용자의 마음을 사로잡는 것이며 어떤 제품이 사용자 사이에서 선도적인 위치를 점할 수 있도록 하는 것이다.

9. 다음의 설명 중 본 기업/사업의 비즈니스 모델과 가장 부합하는 것은 무엇입니까?

a. 비즈니스 모델의 핵심은 집중력을 발휘할 제품 방향을 모색하고, 단일 지점 돌파를 모색하는 것이다.

b. 비즈니스 모델의 핵심은 이미 시장에서 초보적인 인정을 받은 제품을 중심으로 이 제품에서 규모의 경제를 실현시키기 위해 집중적인 노력을 기울이는 것이다.

c. 비즈니스 모델의 핵심은 이미 시장에서 괜찮은 사용자 기반을 얻은 제품을 중심으로 상호관련성이 있는 제품을 개발하고, 이 제품들을 둘러싼 범위의 경제를 실현시키기 위해 노력하는 것이다.

d. 비즈니스 모델의 핵심은 회사의 기존 기술이나 사용자 기반으로 인프라를 형성하고, 중간 플랫폼을 구축하여 협력 파트너와 윈윈하는 생태계 모델을 실현하는 것이다.

10. 다음의 설명 중 본 기업/사업의 주요 기술 동향과 가장 부합하는 것은 무엇입니까?

a. 사용 중인 주요 기술은 업계에서 막 탄생한 기술로 기술 성숙도가 아직 높지 않지만 업계에서 이 기술에 거는 기대가 크다.

b. 사용 중인 주요 기술은 업계 내에서 이미 초보적인 검증을 받았으며 나날이 기술이 성숙해가고 있고 기술 안정성과 경제성이 나타나기 시작했다.

c. 사용 중인 주요 기술은 업계에서 충분히 검증되었으며 기술 안정성이 높고 경제성이 좋아 업계의 주도적인 기술 표준이라 할 수 있다.

d. 혁신적인 기술을 연구하고 있는데 이런 기술은 업계 내의 기존 기술 표준에 대해 전복적인 특징을 가진다. 만약 성공한다면 업계 기술의 패러다임을 바꿀 수도 있다.

11. 다음의 설명 중 본 기업/업무의 자본자원과 가장 부합하는 것은 무엇입니까?

a. 자본은 주로 창업자의 초기 투자에서 나오며 창업팀의 자체 투자도 포함된다.

b. 자본 구조의 변화가 비교적 빠르고 일정 기간 새로운 자본이 투입되기를 희망하고 있다. 일부 자본은 회사 외부의 투자 기구(벤처 투자기구 포함)에서 나온다.

c. 자본 구조는 비교적 안정되어 있고 자본 운용에 사용할 수 있는 자금이 비교적 풍부한 상태여서 비교적 성숙한 기업이나 사업에 대한 합병을 전개하였다.

d. 회사에 전략 투자 부서를 설립하여 스타트업에 투자하는 것에 대해 고려했거나 고려하고 있다. 이는 재무 수익을 얻기 위함에 국한된 것이 아니라 전략 목표의 확장이기도 하다.

12. 다음의 설명 중 본 기업/사업의 시장 경쟁과 가장 부합하는 것은 무엇입니까?

a. 시장 환경에 비교적 큰 불확실성이 존재하고 미래 발전 경로에 비교적 높은 불연속성이 존재하여 시장은 일종의 '혼돈'상태에 있다.

b. 미래의 발전 방향이 매우 명확하거나 비교적 명확하여 모두가 뜻을 모아 길 위의 모든 난관을 극복하고 발전 목표를 실현시키기 위하여 노력 중이다.

c. 발전 방향이 매우 명확하다. 지난 몇 년과 앞으로의 일정 기간 동안 큰 방향 조정

은 없을 것이다. 또한 향후 몇 년 간 전략 기획과 전략 목표를 실현시킬 수 있는 실력도 소유하고 있다.

d. 과거의 발전 과정에서 비교적 풍부한 경험과 자원을 쌓았지만 미래의 발전 방향에 어느 정도 불확실성이 발생하기 시작했고 발전 방향에 대한 전략적 선택의 순간에 직면하게 되었다.

이상 공진화 전략에 대한 12개의 질문에 응답을 마치면, 자신의 점수를 계산할 수 있다. 보기 a~d는 각각 1~4점이다. 설문지가 실제 상황을 더 잘 반영할 수 있도록 만들어진 평가 문제에 근거하여 평가 설문지를 수정할 수 있다. 또 필요에 따라서는 보기의 순서를 뒤바꾸고, 팀 내 여러 파트너에게 설문을 실시할 수도 있다. 설문의 결과는 기업/사업의 발전 단계, 서로 다른 요소 간의 단계적 차이, 그리고 동일 문제에 대한 서로 간의 다른 이해 등을 반영할 수 있다.

제2절 전략의 네 가지 요소의 발전 경로

공진화 전략은 사용자, 조직, 제품과 시장 등 네 가지 요소로 구성되기 때문에 기업 발전의 생애주기에 대한 이해 역시 공진화 전략의 네 가지 요소별 생애주기 분석에서부터 시작해야 한다. 공진화 전략의 네 가지 요소별 생애주기 내의 가치 변동 추이는 공진화 전략 4요소의 가치 곡선, 즉 사용자 요소 가치 곡선, 제품 요소 가치 곡선, 조직 요소 가치 곡선, 시장 요소 가치 곡선으로 표현할 수 있다.

사용자 요소 가치 곡선

　　사용자 수요에는 생애주기가 있으며 제품의 성능과 사용자의 구매력이 사용자의 실수요 수준을 결정한다. 기술 혁신을 통해 제품 성능이 향상되면 잠재적 니즈가 실제 니즈로 전환되고, 가격 하락이나 소득 상승으로 인해 사용자의 구매력이 향상되면 실제 니즈는 실제 디멘드(소비자의 실제 수요)로 전환된다.

　　[수요 생애주기 곡선]은 시장이 포화상태에 이르기 전까지 유형별 사용자가 시장에 진입하는 순서와 수요의 발전 단계를 반영한다. 사용자가 시장에 진입하는 순서를 보면 [혁신가(innovators), 초기 수용자(early adopters), 초기 다수 수용자(early majority), 후기 다수 수용자(late majority), 지각 수용자(laggards)] 등의 다섯 단계로 나눌 수 있다. 그 중에서 [혁신가]와 [초기 수용자]는 수요 발전의 태동기에 시장에 진입하고 [초기 대다수]는 수요 발전의 성장기에 시장에 진입하며 [후기 다수 수용자]와 [지각 수용자]는 수요 발전의 성숙기에 시장에 진입한다. [지각 수용자]까지 모두 시장에 진입하면 시장의 수요는 포화 상태에 이른다.

　　유형별 사용자의 특성이 그들의 시장 진입 순서와 비율을 결정한다. [혁신자]들은 일반적으로 테크놀로지 팬 혹은 얼리어답터들이다. 그들은 새로운 제품을 첫 경험하는 것에서 즐거움을 얻는다. 비록 이때 제품이 완벽하지 않고 가격이 비싸더라도 [혁신가]들은 시도하기를 원한다. [초기 수용자]는 두 번째로 시장에 진출한 사용자들이다. 그들은 일반적으로 유행을 좇았거나, 이 제품의 앞으로의 응용 가치를 본 사람들이다. 통계에 따르면 혁신가의 비율은 2% 정도이고 초기 사용자의 비율은 13%, 양자의 합은 15% 정도 된다.

　　아마존의 창업자인 제프 베이조스가 바로 이런 [혁신가]이다. 베이조스는 1994년 인터넷을 활용한 도서 판매의 가능성을 보았다. 사용자로서의 그는 인터넷을 통한 자신의 수요를 충족시키는 데 다른 사람보다 훨씬 더 열중했고, 창업자로서의 그는 인터넷 업계에 뛰어드는 위험을 감당해냈다. 중국 인터넷 업계의 초기 사용자는 교육 수준이 비교적 높고 과학 기술 관련 업계에 종사하는 화이트칼라와 대학생들이었다. 그렇기 때문에 중국 초기의 인터넷 소셜네트워크서비스(SNS)는 대학교나 화이트칼라 집단에서부터 시작되었다.

　　[혁신가]와 [초기 수용자]의 뒤를 이어 시장에 진출한 것은 [초기 다수 수용

자]이다. 그들은 시장에서 트렌드를 이끄는 사람들을 대표하며, 그들의 진입은 수요 [성장단계]의 시작을 알리는 것이다. [초기 다수 수용자]는 신기술과 제품에 대해 호기심은 있지만 동시에 실용주의자이기도 하다. 신기술과 신제품을 사용할 때의 이익과 비용을 평가하고 제품이 그들에게 비용 이상의 이익을 가져다줄 수 있을 때에만 사용을 고려한다. [초기 다수 수용자]의 수는 비교적 많은 편이어서 아마도 시장이 포화되고 나면 이들이 전체 사용자의 35%를 차지할 것으로 추정된다. 예를 들어 중국 인터넷 업계의 [초기 다수 수용자]는 보통 1선, 2선, 3선 도시[11]의 젊은이들이었다. 비록 신기술이나 신제품 관련 정보를 과학기술인들만큼 쉽게 획득하는 것은 아니지만, 그들은 상당한 정도의 실용주의자이며 신제품의 가성비에도 매우 민감하다. 샤오미 등의 인터넷 브랜드 휴대전화가 업계의 선두를 차지하게 된 것은 인터넷을 통해 '젊은 층의 생애 첫 스마트폰 구매 기회'를 잡았기 때문이다.

[초기 다수 수용자]에 의해 신제품이 그들의 수요를 충족시킬 수 있다는 것이 입증된 후에야 대량의 [후기 다수 수용자]가 시장에 진입한다. 이러한 사용자들은 통상 전통적인 경로로 정보를 얻고, 정보를 얻는 시점도 느리며, 새로운 것에 대한 수용도도 낮은 편이다. 그들은 보통 나이가 많거나 4선 혹은 5선 도시에서 생활한다. 그러나 [후기 다수 수용자] 역시 [초기 다수 수용자]와 마찬가지로 전체 사용자의 35% 정도에 달하기 때문에 몹시 중요한 계층이다. 최근 몇 년 간 OPPO와 VIVO 등의 휴대전화 브랜드[12]가 급부상할 수 있었던 것은 오프라인 채널을 통해 [후기 다수 수용자]의 스마트폰 수요를 잡았기 때문이다.

[지각 수용자]는 시장에 마지막으로 진출한 사용자 집단으로 전체 사용자의

---

11 1~5선 도시는 도시의 발전 수준에 따라 구분한다. 그러나 1~3선 도시가 공식적으로 엄격하게 구분되지 않는다. 흔히 베이징, 상하이, 광저우, 선전 등이 1선 도시로 구분된다. 최근에는 텐진까지 포함하는 경우가 많다. 2선 도시에는 항저우, 난징, 지난, 충칭, 칭다오, 다롄, 닝보, 샤먼 등이 들어간다. 3선 도시는 우루무치, 구이양, 하이커우 등 200여 개 정도이다. 2선 도시와 3선 도시 사이를 2선 중급 도시 등으로 부르는 경우도 있는데 청두, 우한, 하얼빈, 선양, 시안 등이 거론된다.

12 OPPO와 VIVO는 광둥성에 본사를 둔 BBK 그룹의 자회사이다. OPPO는 감각적이고 여성스러운 디자인을 강조하고, VIVO는 메탈 느낌의 각지고 남성 고객에 소구하는 디자인으로 차별화를 하고 있다. 중국 시장에서 애플, 삼성, 샤오미와 함께 가장 많이 팔리는 휴대폰 브랜드이다.

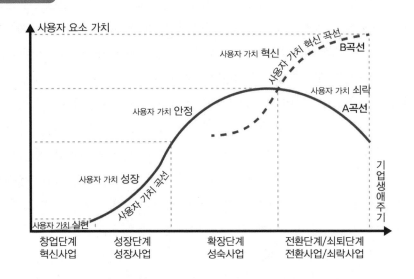

| 그림 4-7 | 사용자 요소 가치 혁신 곡선 |

약 15%를 차지한다. 그들은 대체로 보수적인 편이어서 새로운 것을 좋아하지 않는다. 예를 들어 중국에는 아직도 위챗을 사용하지 않거나, 가입한지 얼마되지 않았다고 말하는 사람들이 종종 있다. 이런 사람들은 너무 바쁘기 때문에 위챗에 방해를 받고 싶어하지 않거나 혹은 좁은 교우관계를 가지고 있어서 위챗이 주는 사회적 편의가 필요하지 않은 경우이다.

전통적인 사용자 생애주기 이론과 공진화 전략의 단계적 구조를 결합하면 창업가와 기업가는 기업 발전의 각 단계에서 사용자 요소가 하는 역할을 더욱 잘 이해할 수 있게 된다. [그림 4-7]이 보여주듯, 공진화 전략 과정은 [창업단계], [성장단계], [확장단계], 전환/쇠퇴 단계]로 나누어진다. 전통적인 사용자 생애주기 곡선과 달리 공진화 전략 구조를 바탕으로 하는 사용자 요소 가치 곡선은 A 곡선과 B 곡선의 두 가지 형태로 분화된다.

A곡선은 전통적인 사용자 생애주기 곡선과 유사한 형태로 [사용자 가치 실현기], [사용자 가치 성장기], [사용자 가치 안정기], [사용자 가치 쇠퇴기] 등의 네 단계를 포함한다. [사용자 가치 실현기]에 창업자는 창업 기회를 발견하고 사용자의 수요를 만족시킬 수 있는 제품을 제공하여 사용자 가치를 실현시

킨다. [사용자 가치 성장기]에 창업기업은 빠르게 성장하는 사용자군에게 서비스를 제공하고, 사용자 가치를 창출해낸다. [사용자 가치 안정기]에 접어들면 서비스 사용자 수 증가세가 완화되고 사용자 가치 또한 안정된다. [사용자 가치 쇠퇴기]에는 서비스 사용자 수가 감소하는 추세를 보이고 사용자의 만족도도 떨어질 수 있다. 두 가지 추세를 종합해보자면 기업이 제공하는 사용자 가치가 하락하게 된 것이다.

B곡선이 전통적인 사용자 생애주기 곡선(A곡선)과 다른 점은 [사용자 가치 안정기] 이후 기업이 사용자 가치의 쇠퇴를 피했다는 것이다. 즉 사용자 가치 혁신을 통해 또 다른 사용자 가치 곡선으로의 도약을 이루어냈다는 점을 주목해야 한다. 기업이 B곡선으로 도약할 수 있었던 것은 기존 사용자 가치 곡선이 안정기에 접어들 무렵부터 새로운 사용자 가치 곡선 탐색에 나섰기 때문이다.

샤오미를 예로 들어보자. 샤오미는 [창업단계]에서 모바일 기술 마니아들의 수요에 맞춰 그들의 개인화된 수요를 더 잘 충족시킬 수 있는 MIUI 시스템[13]을 개발했다. [성장단계]에서 샤오미는 스마트폰의 최초 사용자들이 가격 대비 성능에 민감하다는 사실에 주목하여 핸드폰의 외관(예를 들면 색깔, 액정 화면 크기)과 특수한 성능(예를 들면 게임이 원활하게 돌아갈 수 있는지), 그리고 심리적인 면(예를 들면 긱벤치 점수를 인정하지 않는다던지)에 대한 수요를 충족시켰고 사용자 수의 급속한 증가와 사용자 가치의 성장을 실현시켰다. [확장단계]에서 샤오미는 기존 휴대전화 사용자들의 스마트 라이프에 대한 수요에 주목하였고 휴대전화와 텔레비전, 공유기 등 3개의 미디어 통로를 둘러싼 스마트 생활 공간 창출에 노력하여 초보적인 형태의 샤오미 스마트 라이프 생태체인을 만들어냈다. [전환/쇠퇴단계]에서 샤오미는 중저가 휴대전화 사용자들의 샤오미 휴대전화에 대한 수요 감소라는 도전에 직면하게 되었고 2015-2016년 샤오미 휴대전화의 출하량이 크게 줄었다.

만약 젊은 층의 중저가 휴대전화 및 주변기기 수요에 한정된 포지셔닝을 계

---

13 안드로이드를 기반으로 샤오미에서 개발한 커스텀 펌웨어이다. 소비자들이 펌웨어 업그레이드 과정에 적극적으로 참여할 수 있게 하여 화제를 모았다.

속 유지했다면 샤오미의 휴대전화와 스마트 하드웨어 산업 체인은 쇠락을 면치 못했을 것이다. 젊은 층의 수요가 이미 변했고 중저가 휴대전화에 대한 수요도 위축되었기 때문이다. 그러나 샤오미는 젊은 층의 수요 변화 추이에 대응하기 위해 2015-2016년 더 넓은 범위의 사용자를 대상으로 샤오미 Note와 샤오미 Mix 등의 제품을 개발하기 시작했다. 그 결과 주 사용자층은 기존 17~35세에서 17~45세로 확대되었다. 특히나 샤오미 Mix는 '풀스크린'과 '풀세라믹 바디' 등 '있어 보이는' 디자인을 적용하여 아이폰 사용자들이 샤오미 휴대전화로 넘어오는 현상까지 벌어졌다. 샤오미가 더 성숙한 사용자를 위한 모델을 출시한 것은 신규 사용자의 가치 곡선을 위한 포석이었던 것이다. 샤오미는 스마트 하드웨어와 소프트웨어, 금융 분야에 대한 중고소득층의 파생 수요를 노리고 있다. 중고가 휴대전화로의 확장을 통해 샤오미가 하드웨어 위주에서 소프트웨어 서비스와 금융 서비스를 통해 사용자 가치를 창출하는 기업으로 전환하는 출발점으로 삼은 것이다.

제품 요소 가치 곡선

수요 생애주기는 본질적으로 사용자의 제품 수요에 대한 변화이며 [제품 생애주기(Product Life Cycle, PLC)]와 밀접한 관계를 가진다. [제품 생애주기 이론]은 미국 하버드 대학 레이먼드 버논(Raymond Vernon) 교수가 제안한 것으로, 그는 제품도 생명체와 마찬가지로 [개발, 도입, 성장, 성숙, 쇠퇴]의 단계를 거친다고 말했다. [제품의 개발단계와 시장도입단계]는 제품의 반복적인 [연구개발단계]로 통합할 수 있으며 제품의 [성장단계]와 [성숙단계], [쇠퇴단계]는 각각 공진화 전략의 [성장단계], [확장단계], [전환/쇠퇴단계]에 상응한다.

[제품개발과 도입단계]의 제품은 양산은 어렵고 원가는 높다는 특징이 있다. 이 단계에서 사용자는 제품에 대해 아직 잘 알지 못한다. 제품에 관심을 갖는 것은 주로 극소수의 [혁신가]와 소수의 [초기 수용자]들이다. 기업은 종종 대량의 홍보 비용을 투입하여 제품을 홍보하고 알려야 한다. [성장단계]에서는 [초기 다수 수용자]에게 제품이 받아들여졌기 때문에 제품의 판매량이 올라가

고 원가는 떨어지며 가격 역시 하락한다. [성숙단계]에서는 제품의 대량 생산과 안정적인 시장 진입으로 인해 [후기 다수 수용자]의 수가 늘어나 시장이 포화 상태에 이르렀으며, 제품이 점점 표준화된다. 또한 원가는 하락하고 생산은 증가하여 제품 가격 하락의 압박과 가격 하락의 가능성이 증가한다. [제품 쇠퇴기]의 주요 특징은 과학기술의 발전과 사용자의 소비 습관의 변화 등으로 인해 이 제품으로는 더 이상 시장 수요를 충족시킬 수 없게 되었다는 점이다. 시장에는 이미 더 좋은 성능과 더 낮은 가격의 신제품이 출시되어 사용자의 요구를 충족시키고 있을 수도 있으며 이 경우 기존 제품의 판매량과 보유량은 점점 떨어지게 된다.

2007년 1월 9일 1세대 아이폰이 발표된 후로 아이폰은 [도입과 성장]의 과정을 거쳤으며 이제 [성숙기]와 [전환기]에 접어들었다. 아이폰의 각 세대별 제품을 각 과정별로 구분해보자면, 아이폰 1세대와 3G, 3GS 등 세 개 제품이 [도입기]로 분류되고, 아이폰 4와 4S, 5 등의 세 제품이 [성장기]로 분류된다. 아이폰 5S/5C, 6, 6S, 7은 [성숙기]로 분류되며 그 이후의 후속 제품들은 [전환기]로 분류된다.

진정한 의미의 세계 최초 스마트폰인 아이폰 1세대 제품은 새로운 형태의 터치스크린을 통해 음악을 재생하고 인터넷을 하고 사진을 찍을 수 있었다. 당시 이 휴대전화가 가져온 충격파는 엄청난 것이었으며 '휴대전화를 새롭게 정의했다'고 말해도 결코 과하지 않다.

그러나 애플 같은 회사나 아이폰 같은 제품도 어느 정도의 시장 [도입기]는 거쳐야 한다. 아이폰의 진정한 성장은 스마트폰 업계 전체가 폭발하면서 도래했다. 2010년 6월 7일 미국 캘리포니아주 샌프란시스코에서 애플의 최고경영자 스티브 잡스가 1년에 한 번 열리는 애플 글로벌 개발자 컨퍼런스에서 아이폰4를 발표한다. 당시 잡스는 병에 걸린 상태였기 때문에 그가 무대에 서서 차세대 아이폰을 소개하는 것은 이번이 마지막이었다. 차세대 아이폰4는 아이폰3GS에 비교하여 질적인 변화를 이뤄냈다. 아이폰4의 두께는 9.2 mm에 불과했는데 이는 아이폰3GS에 비해 24% 얇아진 것이다. 아이폰4에는 레티나 디스플레이 기술이 적용되었으며, 960x640 해상도의 디스플레이를 사용했다. 메모리도 512M

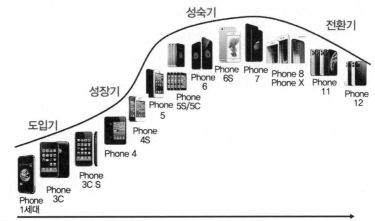

그림 4-8 | iPhone제품 생애주기 곡선

발표 연도	2007년	2008년	2009년	2010년	2011년	2012년	2013년	2014년	2015년	2016년	2017년	2018년	2019년	2020년
당해판매량 (100만 대)	1.36	11.63	20.73	39.99	70.29	125.05	150.26	169.22	231.22	215.4	223.0	208.8	191.0	206.0

까지 끌어올려 작동의 원활함이 한층 강화되었다고 할 수 있다. 2010년 아이폰 4가 출시된 이후 애플의 아이폰 판매량은 2010년 3,999만 대에서 2011년 7,029만 대로 상승했고 2012년에는 1억 2,505만 대로 껑충 뛰었다.

아이폰5S/5C를 시작으로 애플의 휴대전화 제품은 대체로 [성숙기]에 접어들었다. 2013년 아이폰의 전체 모델 판매량은 1억 5,026만 대로 전년도에 비해 소폭 상승했다. 애플이 아이폰5S와 아이폰5C 두 제품을 동시에 내놓은 것은 아이폰의 프리미엄 사용자 성장이 한계에 봉착했음을 보여준다. 이후 2014-2015년 사이 아이폰은 각각 1억 6,922만 대, 2억 3,211만 대가 팔렸다. 그러나 2016년에는 판매량이 소폭 감소한다(2억 1,540만 대). 2017년 9월, 애플은 아이폰8과 풀스크린 휴대전화 아이폰X를 동시에 발표하는데 여러 최첨단 테크놀로지를 집약시킨 덕에 아이폰 판매량을 반등시키는 데 성공한다(2억 2,300만 대). 2018년 이후 글로벌 휴대전화 업계 경쟁이 치열해지면서 화웨이, 오포, 비보, 샤오미 등으로 대표되는 중국 휴대전화 업체들이 애플의 프리미엄 휴대전화 시장을 잠식하였고 아이폰 판매량은 2018-2020년 내내 2억 대 안팎을 맴돌게 된다.

아이폰을 세대별로 살펴보면 어떤 제품이 시장에 진입해서 퇴출되기까지의 전과정이 불과 몇 년 안에 이루어지고 있음을 알 수 있다. 애플은 사람들이 장시간 애플 제품을 교체하지 않고 계속 쓰는 습관을 바꾸기 위해 홈페이지에 '제품 사용 연한'이라는 개념을 제시하고 정기적으로 제품 업데이트할 것을 권고하는 글을 게시하였다. 글에 의하면 제품의 첫 번째 소유자를 기준으로 OS X와 TV OS 제품의 사용 기간은 일반적으로 4년이고, iOS와 watchOS 제품 사용 기간은 3년이라고 한다. 이는 사용자가 3~4년 전 출시된 애플 제품을 가지고 있다면 새로운 애플 제품으로 업그레이드해야 하며, 애플은 낮은 버전의 소프트웨어와 하드웨어에 대한 지속적인 유지 보수 서비스를 제공하지 않을 것임을 의미한다. 이는 곧 애플 제품의 생애주기가 3~4년이라는 뜻이기도 하다.

제품의 생애주기 곡선과 공진화 전략 구조를 결합하면 [그림 4-9]의 공진화 전략 제품 요소 가치 곡선을 얻을 수 있다. 사용자 요소 가치 곡선과 마찬가지로 제품 요소 역시 공진화 전략 발전 단계에서 [제품 가치 실현], [제품 가치 성장], [제품 가치 안정] 등의 단계를 거친다. 그 후 제품 가치는 그림의 A 곡선을 따라 [쇠퇴]할 수도 있고 그림의 B 곡선(신제품 가치 곡선)을 따라 계속 [상승]할 수도 있다.

그림 4-9 **제품 요소 가치 혁신 곡선**

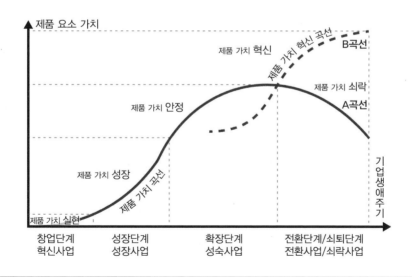

회사는 [창업단계]에서 보통 소량의 제품을 주력제품으로 삼는데 이때는 '단일 지점 돌파'를 슬로건으로 내세우기도 한다. 그들은 제품과 수요, 조직과 시장의 접점을 찾아 제품 가치를 실현시킨다. [성장단계]에서는 주력제품을 둘러싼 시장을 개발하고, 수요를 발굴하며 '1cm의 넓이, 1km의 깊이'를 통해 제품 가치를 성장시키기 위해 노력한다. [확장단계]에서 주력제품의 수요 증가가 둔화될 때 기업이 해야 할 일은 주력제품의 수요를 안정시키고 새로운 제품의 가치 곡선에서 탐색을 시도하는 것이다. [전환단계]에서 기업은 새로운 제품 가치 곡선(B곡선)에서 제품을 혁신함으로써 기업 전체의 제품 가치 하락(A곡선)을 피해야 한다.

조직 요소 가치 곡선

[제품 생애주기]와 [수요 생애주기]가 밀접하게 연결되어 있는 것처럼 [조직 생애주기]도 [제품 생애주기]와 밀접한 관련이 있다. 기업의 초창기에는 아직 완전한 비즈니스 모델이 형성되지 않았기 때문에 사업의 규모가 매우 작다. 기업 조직의 발전은 주로 창업자를 핵심으로 하는 창업팀을 중심으로 전개되다가 비즈니스 모델이 분명해지고 사업 규모가 확대됨에 따라 해당 조직 기능을 추가하거나 조정하는 식으로 이루어진다.

[급속한 발전기]에 기업의 주력사업은 이미 어느 정도의 기본은 정해졌고 발전도 빠르게 진행된다. 그러나 사업이 빠르게 성장할 수 있는 이유가 반드시 조직의 능력에서 비롯된 것만은 아니다. 시장 환경과 사용자의 수요가 좋은 기회를 가져다주었을 수도 있다. 이런 상황에서 기업의 조직 능력은 사업의 발전과 조직 규모의 증대를 따라가지 못할 가능성이 크기 때문에 기업의 지속적 성장이 가로 막힐 수도 있다. [급속한 발전단계]에서 기업 조직 구축의 핵심 임무는 창업가와 임원진, 직원의 발전을 포함한 조직의 능력 발전을 촉진시키는 것이고, 조직구조를 적절하게 개편하는 것이며, 사업의 발전에 따라 규범이 되는 경영체계를 구축하는 것이다.

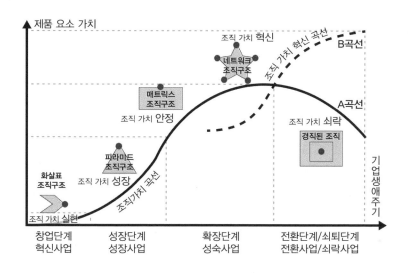

그림 4-10 조직 요소 가치 혁신 곡선

제품 요소 가치

조직 가치 혁신

조직 가치 혁신 곡선

B곡선

네트워크
조직구조

매트릭스
조직구조

조직 가치 안정

A곡선

조직 가치 쇠락

경직된 조직

피라미드
조직구조

조직 가치 성장

조직가치 곡선

화살표
조직구조

조직 가치 실현

기업생애주기

창업단계	성장단계	확장단계	전환단계/쇠퇴단계
혁신사업	성장사업	성숙사업	전환사업/쇠락사업

[안정적인 발전기]에 기업의 사업 구조는 상대적으로 안정되며 사업 발전 속도와 업계의 평균 속도 간 차이가 크지 않을 것이다. 이때 상대적으로 안정적인 사업이 기업 조직구조의 안정성을 결정한다. 이 시기에 기업 조직구조의 핵심은 구조 조정이 아니다. 안정적인 발전기에는 구조조정을 할 것이 아니라 조직의 효율성을 높이는 것이 핵심 명제이다.

[변혁의 돌파기]에 접어들면 기존 사업의 성장 속도가 둔화되기 시작하므로 이제는 새로운 비즈니스 모델을 찾아야 할 때이다. 하지만 이 단계에서는 새로운 비즈니스 모델을 찾는 것도 문제이지만, 기존 조직의 관성이 더 큰 문제다. 기업의 기존 사업 논리와 조직의 관성은 강한 타성을 가져오는데, 이러한 타성은 일반 직원과 임원진만 갖고 있는 것이 아니다. 창업가의 한계야말로 기업의 혁신을 가로막는 가장 큰 장애물이 될 것이다. 이 시기 조직 혁신의 전제조건은 임직원의 기존 이익에 대한 재인식, 창업가의 인식 경계에 대한 재탐색 등 사고의 패러다임을 바꾸는 것이다.

만약 기업이 조직 관성의 굴레에서 벗어나지 못한다면 기업은 조직 방면에서 [쇠퇴기]에 들어갈 것이다. 어떤 경우에는 사업은 여전히 지속적으로 발전하고 있는데 여기에 필요한 조직의 활력과 능력은 이미 사라지고 난 후일 때도 있다. 기술, 수요, 시장 등의 우위를 앞세워 한동안 존속할 수도 있겠지만 결국엔 덩치만 큰 고목나무처럼 갑작스러운 폭풍우 속에서 소멸될 것이다.

공진화 전략의 시각에서 우리는 네 단계로 조직 요소의 발전을 이야기했다. 우선 [창업단계]에서 기업의 조직구조는 화살표에 비유할 수 있다. 창업자는 화살표의 뾰족한 끝이고 그 팀과 초창기 직원들은 화살표 양측의 날이다. [창업단계]에서 창업자는 사업의 최전선에서 초창기 직원들과 함께 창업의 벽을 뚫고 나간다. 이 시기에는 기업의 조직 가치를 실현시키기 위해 모든 사람이 함께 노력하며, 창업자와 직원 간 가장 직접적이고 효과적인 소통이 이루어진다.

[성장단계]에서 기업의 조직구조는 피라미드에 비유할 수 있다. 기업의 리더는 피라미드의 꼭대기에서 원대한 안목을 가지고 기업 발전 방향을 인도한다. 임원진은 피라미드의 중간에서 기업의 성장 전략을 수행하고 리더에게 전략 실행 효과에 대한 피드백을 제공한다. 이 단계에서 사업 구조는 여전히 단일하지만 성장 속도는 빠르다. 피라미드 구조는 기업으로 하여금 사업 규모를 크게 키우는 동시에 조직구조의 안정성은 잃지 않게 해준다. 또한 일정한 효율을 보장하여 기업이 사업과 조직 가치를 모두 성장시킬 수 있게 돕는다.

[확장단계]에서는 다각화 과정에서 사업부가 계속 늘어나기 때문에 관리의 효율성을 위해 기업의 조직구조가 단순 피라미드 구조에서 매트릭스 구조로 전환되는 것이 일반적이다. 사업부문(LOB, line-of business)에 따라 각각의 사업부를 조직하게 되는데 사업부 내부는 사업부 총담당자를 꼭대기로 하는 피라미드 구조로 되어 있고, 각 사업부가 병렬되어 매트릭스 구조를 이룬다. 기업의 리더는 이 매트릭스 구조의 상단 중심에 위치한다. 매트릭스 구조는 [확장단계]의 기업이 비교적 높은 효율로 보다 넓은 영역의 사업 부문을 관리할 수 있도록 도와준다. 이러한 사업 부문은 사업부의 형태로 조직되고 업계와 지역의 두 가지 차원에서 서로 교차점을 형성하며, 안정적인 조직구조로 기업의 안정적인 발전을 뒷받침하게 된다.

그러나 사업이 끊임없이 확장됨에 따라 각 사업부와 각 부서의 교차 지원이 복잡하게 얽히면서 관료화 경향이 갈수록 심해지고, 조직의 효율성은 계속 하락하여 결국 기업은 조직 가치 [쇠퇴기]에 진입하게 된다. 이때 기업 조직구조의 제일 위에서 아래를 내려다보면 마치 '고리모양'처럼 생겼다는 것을 알 수 있다. 기업의 리더를 중심으로 부사장, 사업부 매니저, 부서 매니저, 지역 매니저, 일반 직원 등이 겹겹이 밖으로 펼쳐져 있는 것이다. 회사에서 자주 하는 말 중에 '위에서 보면 웃는 얼굴이고 아래에서 보면 엉덩이, 옆에서 보면 째려보는 눈'이라는 말이 있는데[14]이 기업 구조가 여기에 그대로 들어맞는다.

조직 가치의 [쇠퇴기]에 진입한 기업들과 달리, 일부 기업들은 일찌감치 조직 가치 혁신을 진행하고 조직 가치의 쇠퇴에 들어가기 전에 새로운 조직 가치 곡선을 구축하며 다방면의 조정을 통해 조직 가치를 혁신한다. 이런 기업들은 종종 과거와는 다른 조직구조를 시도하고 기업의 특성에 따라 역삼각형 조직구조, 네트워크화 조직구조 또는 '경계없는 조직' 구조 등을 채택한다. 이들 기업 조직구조는 오각형으로 단순화할 수 있다. 이러한 혁신적인 조직구조에서 기업의 리더는 기업 조직의 '핵심'과 '탑의 꼭대기'에만 머물러 있는 것이 아니라 스타트업처럼 다시 기업 바깥으로 눈을 돌리고 사용자와 시장을 바라보며 전략과 업무의 최전선에 위치한다.

[그림 4-11]의 조직 요소 가치 곡선을 보면 기업의 조직구조란 [창업단계]의 화살표 구조부터 [성장단계]의 피라미드 구조, [확장단계]의 매트릭스 구조, [전환단계]의 오각형 구조에 이르기까지 끊임없이 복잡해지는 것을 알 수 있다. 동시에 기업이 복잡할수록 오히려 조직 요소의 간결함과 효율성을 지켜야 함을 알 수 있다.

샤오미의 조직 요소 변화를 예로 들어보자. [창업단계]에서 레이쥔과 몇 명의 공동 창업자는 40여 명의 초창기 직원들과 함께 화살표 모양의 조직구조를 채택하였고 수평적 경영 모델을 실행하였다. [성장단계]에서는 창업자, 사업 담당자, 직원의 3층 조직구조를 채택하였으며 간단한 3층 피라미드 조직구조를 통해 샤오미 휴대전화 핵심 사업 라인의 빠른 성장을 지탱해 왔다.

---

14 중국어 원문 从上向下看, 都是笑脸; 从下向上看, 都是屁股; 向左右看, 都是耳目

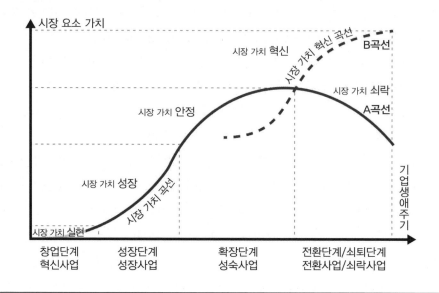

그림 4-11 시장 요소 가치 혁신 곡선

시장 요소 가치

시장 가치 혁신

시장 가치 혁신 곡선

B곡선

시장 가치 쇠락

A곡선

시장 가치 안정

시장 가치 성장

시장 가치 곡선

시장 가치 실현

기업생애주기

| 창업단계 | 성장단계 | 확장단계 | 전환단계/쇠퇴단계 |
| 혁신사업 | 성장사업 | 성숙사업 | 전환사업/쇠락사업 |

[확장단계]에서 샤오미는 매트릭스 조직구조와 네트워크형 조직구조 형태를 결합시켰다. 사업부 구조로 존재하는 하는 것은 리완창(黎万强)이 담당하는 전자상거래사업부, 저우광핑(周光平)이 담당하는 하드웨어 및 BSP사업부, 황장지(黄江吉)가 담당하는 라우터 및 클라우드 서비스 사업부, 홍펑(洪峰)이 담당하는 MIUI 사업부, 왕추안(王川)이 담당하는 샤오미 박스 및 TV 사업부다. 그 밖에 사업 부서로는 왕샹(王翔)이 담당하는 국제, 지적재산권, 법무담당 부서, 치옌(祁燕)이 담당하는 내부 관리 및 외부 공공 사무 부서, 저우쇼우즈(周受资)가 담당하는 재무 관리와 투자 부서가 있다. 네트워크형 조직구조로 존재하는 것은 주로 리우더(刘德)가 맡은 샤오미 생태체인 사업과 상진(尚进)이 맡은 샤오미 인터넷 엔터테인먼트 사업이다. 샤오미 생태체인 기업은 모두 개별적으로 독립해 있으며 형제 관계를 맺은 샤오미를 중심으로 '매트릭스 인큐베이팅' 네트워크 구조를 형성한다.

레이쥔은 창업 초기부터 '적합한 일을 하기' 전에 '적합한 사람을 찾았고' 6명의 공동창업자를 영입하였다. 기업이 성장함에 따라 여러 명의 임원들이 샤오미 그룹에 대거 합류해 집단지성으로 회사를 발전시키고 있다. 하지만 회사 구성원이 1만 명을 넘어서고 사업 범위가 확대되며 산업 체인이 끊임없이 확장되자 샤오미 역시 조직이 점점 뚱뚱해지고 복잡해지는 대기업병 증상을 보이기 시작했다. 이때 마침 급격한 성장으로 인한 관리 소홀 문제와 공급망 문제가 샤오미의 진일보한 발전을 막아선다. 이에 레이쥔은 2016년 샤오미 공급망을 직접 장악하여 공급 적체 현상을 해결했다. 또한 샤오미는 기구 간소화, 효율 향상, KPI(Key Performance Indicator) 도입 등 새로운 시도를 시작했다. 샤오미는 이러한 조직 요소 조정을 통해 조직가치가 쇠퇴하는 것을 막고 새로운 조직 가치 곡선을 만들려는 것으로 보인다. 조직 가치의 끊임없는 혁신도 샤오미의 지속적인 성장을 뒷받침했다.

시장 요소 가치 곡선

시장 요소는 기업 발전의 중요한 외부 환경 요소이며 기술 동향, 자원 자본과 시장 경쟁은 시장 요소의 세 가지 중요한 구성 요소이다. 시장 요소의 가치는 다음의 세 가지 측면에서 분석할 수 있다. 첫째, 비즈니스에 적용되는 기술은 그 발생과 발전의 자체 법칙이 있는데 보통 [태동기, 발전기, 성숙기와 쇠퇴기] 등 네 단계를 겪는다. 기업이 기술 발전의 서로 다른 단계에서 시장에 진출하는 것은 기업의 후속 발전에 중요한 영향을 미친다. 일반적으로 기술의 태동기, 즉 새로운 기술을 이용해 시장에 진입한 기업은 사용자의 마음 속에 기술 선두주자로서의 이미지로 남게 되겠지만, 기술 자체가 아직 성숙하지 않았기 때문에 최신 기술을 사용하는 기업이 반드시 최고의 성과를 거둘 수 있는 것은 아니다.

둘째, 발전단계별로 시장에서 서로 경쟁하는 기업과 잠재적 파트너의 수와 지위가 다르기 때문에 시장 경쟁 차원에서도 사업 발전을 [태동기], [발전기], [성숙기], [쇠퇴기]의 네 단계로 나눌 수 있다. [태동기]일 때 시장에 있는 기업의 수는 비교적 적고 그들 사이의 경쟁과 협력의 정도도 제한적이다. [발전기]에서는 시장에 있는 기업의 수가 많아지고 기업의 경쟁자와 파트너가 빠르게 증가하며 경쟁의 정도도 치열해진다. [성숙기]에는 기업이 성장할 수 있는 공간이 작아지고, 기업 간 경쟁은 더욱 격렬해지며 협력의 가능성은 감소한다. [쇠퇴기]에는 업계에 남아있는 기업의 수가 감소하였기 때문에 기업 간 담합할 기회가 많아지고 기업 간 경쟁은 둔화되며 협력은 물론 합병까지 이어질 가능성이 높아진다.

셋째, [태동기] 때에는 기업이 이용할 수 있는 자원이 부족했고 산업에서 요구하는 전문 기술을 갖춘 인력도 적었으며 산업 발전에 필수적인 공급망도 아직 형성되지 않은 상태였다. 동시에 투자자들은 산업의 발전 전망에 대해 그다지 낙관적이지 않았기 때문에 기업은 자금과 자본을 확보하기 어려웠다. [발전기]에 이르러 업계에서 요구하는 전문 기술을 갖춘 인력이 모이기 시작했고 업계의 수요를 중심으로 만들어진 공급망과 공급업체 클러스트들도 형성되기 시작했다. 업계의 발전 가능성도 낙관적이었기 때문에 다른 분야에서 이쪽 분야로 자금과 자본이 유입되었다. [성숙기]에 이르면 업계 내 기업의 발전과 축적으로 인해 자원은 최고치에 도달하게 되고 많은 전문 인재와 완벽한 공급망을 보유하게 된다. 이전에 이 업계로 유입된 자본들은 마침내 흑자를 올리게 되었다. [쇠퇴기]가 되면 발전의 여지가 점점 축소되기 때문에 업계가 축적해왔던 많은 자원들의 사용 효율이 떨어져 곧 다른 업계로 흘러가기 시작한다. 이 단계에서 새로운 자본은 쇠퇴하는 업계로 더 이상 유입되지 않을 뿐 아니라, 쇠퇴하는 업계에 속한 기업이 축적해왔던 자본마저도 다른 곳으로 빠져나가는 것이다.

업계의 [출현]과 [발전], [성숙] 및 [쇠퇴]의 과정에 기술 동향, 시장 경쟁과 협력, 자원 자본과 같은 세 가지 역량이 작용하는 시점과 빈도가 완전히 일치하는 것은 아니지만 세 가지 역량이 결합되어 업계와 시장의 생애주기를 결정한다.

IT산업의 생애주기를 예로 들어보자. IT산업은 주로 통신, 하드웨어, 소프트웨어의 3개 분야로 나뉜다. 통신업계가 가장 먼저 생겼는데 1876년 알

렉산더 벨이 전화기를 발명했고 이듬해 벨 전화회사가 설립되었다. 이후 기술 특허가 실효되며 미국에서만 10년 만에 6,000개 이상의 전화회사가 생겨났고 유선통신은 비약적인 발전의 시기를 맞이한다. 이후 유선통신은 최대 70년의 성숙기를 거치다가 무선통신과 인터넷이라는 연타를 맞고 쇠퇴기에 접어들었다.

1928년, 갤빈(Galvin) 형제가 모토로라의 전신인 갤빈 제조회사를 설립하면서 무선통신 업계는 [태동기]에 접어든다. 장기간의 완만한 [발전기]를 거친 끝에 1990년대 미국 연방통신위원회는 전기 통신법을 대대적으로 개정하여 시내 전화와 장거리 전화, 이동 전화 및 유선 간의 인위적인 구분을 없애고 시장을 완전히 개방하였다. 무선 통신 산업이 급속한 발전과 성숙의 시기를 맞이하게 된 것이다. 하지만 최근 몇 년 간 모바일 인터넷 시대가 도래함에 따라 왓츠앱(WhatsApp)과 위챗(微信) 등의 인스턴트 메시징 스프트웨어의 영향으로 인한 무선 통신 업계의 쇠락이 시작될 것이다.

IT 산업에서 하드웨어와 산업과 소프트웨어 산업은 거의 함께 탄생한다. 제2차 세계대전 이후, 원래 군사 목적 서비스를 제공하던 일부 회사들이 민간 분야에서의 발전을 모색하기 시작했다. IT 하드웨어 업계의 첫 번째 혁신은 메인프레임[15] 영역에서 이루어졌다. 1952년 주니어 왓슨은 IBM의 새로운 사장이 되어 존 폰 노이만(John von Neumann)을 고문으로 초빙하였고 IBM은 전자 기술 혁명을 주도하기 시작한다. 메인프레임에서 IBM의 적수란 없던 바로 그때, 하드웨어의 발전에 힘입어 개인용 컴퓨터(PC)의 성능이 정보 처리의 요구를 서서히 충족할 수 있게 되자, 개인용 컴퓨터가 메인프레임 시장 지위를 빼앗기 시작했다. PC산업은 1990년대 이전에 급속한 [발전기]를 거쳤으나 이후 애플의 뉴턴 PDA를 비롯한 휴대용 네트워크 장비의 영향으로 점차 [성숙기]와 [쇠퇴기]에 접어들었다. 비록 뉴턴 PDA가 애플에 엄청난 실적을 가져다준 것은 아니지만, 몇 년 후부터 속속 출시되기 시작한 아이팟과 아이폰, 아이패드 등 휴대용 네트워크 장치와 점점 더 대중화되는 웨어러블 기기는 IT 하드웨어의 제3의 물결을

---

15 컴퓨터 발전 초기 정부와 대기업의 중요 계산을 담당하는 대형 컴퓨터를 이르는 용어

구성하고 있다.

　IT 하드웨어 업계의 탄생과 발전은 IT 소프트웨어 산업의 필연적인 탄생을 초래하였으며 하드웨어 업계와 함께 발전하였다. IT 소프트웨어 업계가 가장 먼저 발전한 영역은 메인프레임 기반의 기업 솔루션이었으며, 그 후 PC기반의 개인용 컴퓨터 소프트웨어를 거쳐 최근에는 모바일 네트워크 기기를 기반으로 하는 앱 영역에서 발전 중이다.

　IT 업계의 생애주기에 영향을 주는 요소는 매우 많지만 기술 동향, 자원 자본 그리고 시장 경쟁과 협력 등 등의 요인이 IT 업계의 [탄생과 발전, 성숙과 쇠퇴] 과정을 결정한다. 업계의 생애주기 곡선과 공진화 전략 구조를 결합하면 공진화 전략 시장 요소 가치 곡선을 얻어낼 수 있다. 공진화 전략의 시장 요소 가치 곡선은 기업이 [시장 가치의 실현], [성장], [안정] 및 [혁신]을 실현하기 위해 각 개발 단계에서 시장 요소(기술 동향, 자원자본, 시장 경쟁 및 협력)를 어떻게 활용하는지를 보여준다(그림 4–11).

　[창업단계]에서 창업가는 새로운 기술이 탄생하는 동향을 포착하고 자신이 가용할 수 있는 자원과 자본을 통해 경쟁자가 없는 시장 공간을 활용함으로써 시장 가치를 실현시킨다. [성장단계]에서 기업은 기술의 급속한 발전과 적용의 보편적 추세를 따르고 시장의 트렌드가 무엇인지 파악해야 하며, 필요한 자원과 자본을 신속하게 확보함으로써 시장의 경쟁이 치열해지기 전에 발전의 기회를 잡으려고 한다. [확장단계]에서 기업가는 성숙하고 안정적이며 선도적인 계획을 설계하고 그동안의 발전을 통해 축적된 자원과 자본을 통해 시장 경쟁과 협력 간의 전략적 균형을 이루어 기업이 얻을 수 있는 시장 가치를 극대화한다. 전략적 비전을 갖춘 기업가는 [전환/쇠퇴단계]에서의 회사의 시장 가치 하락을 피하기 위해 사전에 미리 대비하고 새로운 기술 동향을 파악하며 새로운 시장 기회와 자원을 충분히 활용하여 기업의 시장 가치 혁신 곡선을 만들어낸다. 그리고 기존의 시장 가치 곡선이 하강하기 시작하면 기업의 자원을 새로운 시장 가치 곡선으로 더 많이 이전시켜서 기업 시장 가치의 지속적인 향상을 이룩한다.

　샤오미의 시장 요소 곡선을 예로 살펴보자. [창업기]에 레이쥔과 다른 공동 창업자들은 안드로이드 스마트폰의 폭발적인 기술과 시장의 공백을 포착하고

자신들의 자본에 벤처캐피탈의 투자를 더해 모험에 도전했다. 샤오미가 시장의
트렌드를 장악했기 당시 시장에는 경쟁자가 그리 많지 않았다. 또한 중국은 전
세계 휴대전화의 주요 생산국이고 휴대전화 제조 산업 사슬이 성숙했기 때문에
샤오미는 비교적 낮은 비용으로 괜찮은 품질의 휴대전화를 생산할 수 있었다.
덕분에 투자자들은 샤오미를 좋게 볼 수밖에 없었고 샤오미는 빠른 속도로 대
량의 융자를 얻게 되었다. 휴대전화 시장의 경쟁이 갈수록 치열해지면서 업계
에는 더 많은 자원과 자본이 투입되었으며 시장에는 수많은 경쟁자가 등장하였
다. 이 단계의 샤오미는 휴대전화 등 주력제품을 중심으로 스마트 홈 생태계를
구축하기 시작했고, 이를 통해 경쟁 업체와 어느 정도 차별화를 이룬다. 또한
휴대전화 업계 이외의 제조업체들과도 협력하게 되어 다음 단계의 시장 가치
혁신을 위한 기반을 다졌다. 그러나 스마트폰, 스마트TV 등 업계의 경쟁이 날
로 치열해지면서 인터넷 판매 모델로 운영되는 샤오미는 공급망이 파괴될지도
모르는 위험 상황에 직면하게 되었다. 마치 보릿고개 같은 위기를 맞게 되면서
샤오미의 시장 평가는 급격히 하락하였고 자본, 공급망, 기술적 난관 등의 여러
압력에 짓눌린다. 회사가 처한 어려움을 극복하기 위해 2016-2017년 샤오미는
속도를 늦추고 조정하겠다는 전략을 제시한다. 2017년 초에는 '블랙 테크놀로
지,[16] 신유통(新零售), 국제화, 인공지능, 인터넷 금융'의 다섯 가지 핵심 전략을
제안하였는데 이 다섯 가지의 핵심 전략이 샤오미의 새로운 시장 가치 혁신 곡
선을 구성한다.

2018년 7월, 샤오미는 홍콩 증시에 상장되었으며 이 기업공개(Initial Public
Offering, IPO)를 통해 새로운 발전의 시동을 걸었다. 2019년 5월에는 처음으로
포브스 500에 선정되었다. 최근의 발전은 샤오미가 새로운 시장 가치 혁신 곡
선으로 성공적으로 이동했으며, 경쟁업체가 오프라인 소매 채널과 핵심 기술로
샤오미의 인터넷 휴대전화 모델을 전복시키려 했던 것에 대해 성공적으로 대처
했음을 보여준다.

---

16 Full Metal Panic!이라는 일본 만화에 나오는 ブラック・テクノロジ・의 번역으로 아직 현실화
    되지 않은 미래의 기술

기업 가치 창조의 공식

피터 드러커는 "기업의 유일한 목적은 고객(사용자 가치)을 창출하는 것"이라고 말했지만, 공진화 전략의 각 단계마다 기업이 사용자 가치를 창출해내는 매커니즘이 달라진다. [그림 4-12]에서 나는 네 가지 공식을 사용하여 기업이 사용자 가치를 창출하는 방식을 네 단계로 정의하였다.

[린 스타트업 단계]에서 기업의 가치란 기업이 창출한 사용자 가치와 같으며 [사용자 가치=수요∩조직∩제품∩시장]로 표현할 수 있다. 여기서 [∩]는 교차, 즉 교집합을 의미한다. 기업이 공진화 전략의 네 가지 요소인 [수요, 조직, 제품, 시장] 사이에서 교차점과 적합점과 일치점을 찾는 것을 의미한다. 다시 말하자면 [린 스타트업 단계]의 기업은 [사용자 가치]를 실현하고 시장에서 받아들여질 수 있는 제품을 개발하기 위해 [사용자의 수요, 조직의 능력, 제품의 속성과 시장의 자원] 사이 교집합을 찾아내야 한다.

[집중 성장단계]에서는 [기업 가치=사용자 가치×사용자 수]라는 공식이 나온다. 여기에서의 [사용자 가치]는 [린 스타트업 단계]에서 만든 [사용자 가치]이다. [집중 성장단계]에서 기업의 주된 임무는 [린 스타트업 단계]에서의 [사용자 수]보다 더 많은 사용자에게 가치를 제공하는 것이다.

[증익 확장단계]에서 기업이 서비스를 제공하는 [사용자의 수]는 완만히 증가하며 기업은 이들에게 다양한 사용자 가치를 제공할 수 있기 때문에 기업 가치의 공식은 [기업 가치=(사용자 가치1+사용자 가치2)×사용자 수]라고 할 수 있다.

[업그레이드 전환단계]에서 기업은 기존의 [사용자 가치] 외에 [새로운 사용자 가치]를 제공한다. 하지만 이보다 더 중요한 것은 기업이 [기존의 사용자] 외에 [새로운 사용자]에게도 서비스를 제공한다는 점이다. 그러므로 기업 가치의 공식은 [기업 가치=(기존 사용자 가치+새로운 사용자 가치)×(기존 사용자 수+신규 사용자 수)]로 바뀐다.

그림 4-12   **공진화 전략 네 단계의 기업 가치 창출 공식**

- **린 스타트업 단계**
  - 기업 가치 = 사용자 가치 = 수요∩조직∩제품∩시장

- **집중 성장단계**
  - 기업 가치 = 사용자 가치 × 사용자 수

- **증익 확장단계**
  - 기업 가치 = (사용자 가치1 + 사용자 가치2) × 사용자 수

- **업그레이드 전환단계**
  - 기업 가치 = (기존 사용자 가치 + 신규 사용자 가치) × (기존 사용자 수 + 신규 사용자 수)
    = 기존 사용자 가치 × 기존 사용자 수 + 신규 사용자 가치 × 기존 사용자 수
    + 기존 사용자 가치 × 신규 사용자 수 + 신규 사용자 가치 × 신규 사용자 수

사용자 가치 창출 공식을 통하여 우리는 기업이 각 발전단계마다 어떻게 사용자 가치를 창조했는지, 왜 어떤 기업은 사용자 가치를 창출하는 돌파구를 끊임없이 마련해 낼 수 있었던 것인지 이해할 수 있다. 텐센트를 예로 들어보자. [그림 4-13]은 텐센트의 공진화 전략 네 단계를 묘사한 것이다. 1998~2000년 사이 [린 스타트업 기간] 동안 텐센트의 주요 성과는 ICQ를 모방하고 OICQ[17]에 작은 혁신을 일으켰다. 그 후 금융 위기 전에 MIH의 거액의 투자를 받아 손익균형을 맞췄으며 [수요∩조직∩제품∩시장]의 기업 가치를 실현하였다.

1998년 11월 11일에 창립된 텐센트는 '인스턴트 메시징'의 꿈을 가지고 있었고 이를 위해 사업자등록을 할 때마다 회사의 모든 이름에 [迅(빠를 신)] 자를 포함시켰다. 1999년 2월 10일, OICQ가 출시되면서 텐센트의 인스턴트 메시징 제품이 출시되었다. 그러나 텐센트의 창업자들은 당시 이 제품의 잠재력이 어느 정도일지 전혀 예상하지 못했다. 그저 첫해에는 1,000명, 첫 3년 동안에는

---

17   ICQ는 1996년 이스라엘 기업인 Mirabilis가 개발한 세계 최초의 인터넷 메신저 서비스이다. 1999년 중국의 텐센트가 ICQ를 모방하여 OICQ(Open ICQ)를 만들었고, 이후 이름을 큐큐(QQ)로 변경했다.

10,000명의 사용자를 모으는 게 목표였다. 그러나 OICQ의 원조 상품을 바탕으로 장즈둥(張志東)[18]이 이끄는 제품팀은 사용자 경험을 '발판' 삼아 곧 기하급수적인 성장 곡선을 만들어내는 데 성공한다. 텐센트 전체가 '끊임없이 띠띠거리고 우는 이 작은 펭귄을 먹이느라' 정신없이 바빠진 것이다.[19]

몇 년 내내 텐센트는 QQ를 주력제품으로 삼았는데 QQ사용자에게서 돈을 벌 방법은 찾아내지 못하고 있었다. 2003년 초, 쉬량(許良)이 이끄는 '아바타팀'은 'QQ쇼(QQ秀)'를 런칭하여 QQ 사용자에게 옷, 액세서리, 배경화면 등을 제공하고 그들이 자신의 가상 이미지를 디자인할 수 잇도록 했다. 인스턴트 메시징을 중심으로 발굴된 가상화 제품에 대한 사용자의 수요는 출시되자마자 걷잡을 수 없을 정도로 퍼져나갔다. 지금까지도 가상 비디오는 텐센트의 다양한 제품 라인의 주요 수입원이다(예를 들어 『왕자영요(王者荣耀)』 게임의 영웅 캐릭터).[20]

2001-2004년 사이 [집중 성장단계]에 있던 텐센트의 주요 성과는 [창업단계]에서 주수입과 이윤이 모바일 부가 가치 서비스에만 집중되어 있던 상황에서 벗어나 QQ쇼의 가상화 캐릭터 과금모델과 QQ.com의 광고수익모델을 추구하였고, QQ 사용자 수를 빠르게 증가시켰다. 그 결과 홍콩 증시에 상장하여 [기업가치=사용자 가치×사용자 수]라는 기업 가치 공식을 실현하였다.

2005-2010년까지의 [증익 확장기간] 동안 텐센트는 QQ의 인스턴트 메시징 서비스(MSN 벤치마킹)를 비롯해 QZone(QQ空间)[21]의 소셜네트워크서비스(페이스북 벤치마킹), QQ게임의 엔터테인먼트 서비스, QQ.com의 포털, 이메일, 광고 서비스 등 QQ로 둘러싸인 '온라인 라이프 스타일'을 구축했다. 텐센트는 사실

---

18 마화텅의 선전(深圳)대학 컴퓨터학과 동기로 텐센트 창업 멤버이다.
19 QQ메신저 마스코트가 작은 펭귄이고 메신저 알람 소리는 '띠띠'로 들린다. 즉 펭귄이 쉬지 않고 띠띠 운다는 쉬지 않고 메신저 알람이 울린다는 의미이고 그만큼 사용자가 많아져 회사 직원들이 몹시 바빴다는 의미이기도 하다.
20 Tencent의 계열사인 Timi(天美)에서 2015년 발표한 모바일 게임이다. 리그 오브 레전드와 비슷한 평가를 받는다. 일일 실사용자가 5천만명 가량이고 전세계 유저가 2억 명에 달하는 메가 히트 게임이다.
21 위치기반의 개인맞춤형 멀티미디어 제공 서비스이다.

상 두 가지의 핵심능력(즉 자본과 트래픽)을 사용한다. 그들은 자본의 확보와 활용을 통해 사용자에게 새로운 가치를 제공하고, QQ를 통해 새로운 사업에 대량의 트래픽을 제공함으로써 [증익 확장기간] 동안 [기업 가치=(사용자 가치1+사용자 가치2)×사용자 수]의 공식을 실현하였다.

2010년까지 텐센트와 QQ는 순풍에 돛단 듯 나아갔다. 2010년 3월 5일 저녁, QQ 동시 접속자는 1억 명을 기록한다. 그러나 번영의 뒤에는 위기가 도사리고 있다. 업계가 꼽은 텐센트의 세 가지 죄는 '모방만 하고 혁신은 하지 않은 것', '자신은 자신의 길을 가면서, 다른 사람 갈 길은 없애버리는 것', '플랫폼을 독점하고 개방을 거부한 것'이다. 2010년 9월부터 11월까지 텐센트와 360 사이에 벌어진 '3Q대전'[22]은 이런 불만이 폭발한 것으로 전통적인 인터넷 기반 인스턴트 메시징 소프트웨어 산업 쇠락의 예고편이었다.

2011년 이후 텐센트는 [전환단계]에 들어서게 된다. 3Q대전의 발발로 텐센트는 과거의 폐쇄적 발전 방식을 다시 생각해보게 되었으며, QQ 플랫폼을 기반으로 텐센트 생태계를 조성하는 개방형 전략을 채택하였다. 동시에 텐센트는 웨이보(微博)와 위챗(WeChat·微信·웨이신)이라는 두 개의 새로운 플랫폼을 개발하였다. 비록 장샤오룽(张小龙)이 이끄는 위챗이 레이쥔의 미랴오(米聊)[23]보다 한 달 늦게 개발에 착수했으나, 텐센트의 거대한 사용자 수를 기반으로 단숨에 시장을 평정할 수 있었다. 이것은 텐센트가 모바일 인터넷으로의 전면적인 전환을 이루어냈음을 의미한다.

QQ 이후 위챗은 더욱 가파른 성장곡선을 그리며 겨우 433일 만에 동시 접속자 1억 명을 달성하였다(QQ는 10년, 페이스북은 5년 반, 트위터는 4년 소요됨). 위챗이 텐센트의 두 번째 시장 가치 혁신 곡선이 되었다. 위챗이 텐센트의 기업 가

---

22 3Q대전은 중국 거대 IT 업체인 치후奇虎360과 텐센트의 QQ 사이에 발생한 법적 분쟁을 의미한다. 360과 QQ의 약자를 따서 3Q대전이라고 한다. 2010년 텐센트가 백신프로그램을 개발하면서 360의 보안프로그램이 설치된 컴퓨터에서 자사 QQ메신저 사용을 중단하면서 치후360과 갈등을 빚었다. 그 후 치후360이 텐센트를 반독점법 위반으로 소송을 걸었다.

23 샤오미가 만든 메시징 서비스

그림 4-13 **텐센트 공진화 전략의 네 단계**

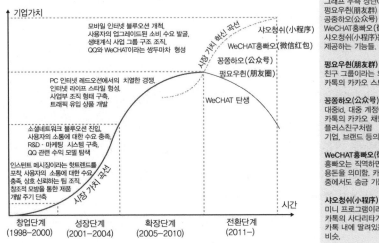

기업가치

모바일 인터넷 블루오션 개척,
사용자의 업그레이드된 소비 수요 발굴,
생태계식 사업 그룹 구조 조직,
QQ와 WeCHAT이라는 쌍두마차 형성

샤오청쉬(小程序)
WeCHAT홍빠오(微信红包)
꽁쭝하오(公众号)
펑요우췬(朋友圈)

PC 인터넷 레드오션에서의 치열한 경쟁,
인터넷 라이프 스타일 형성,
사업부 조직 형태 구축,
트래픽 유입 상품 개발

WeCHAT 탄생

소셜네트워크 블루오션 진입,
사용자의 소통에 대한 수요 충족,
R&D·마케팅 시스템 구축,
QQ 관련 수익 모델 탐색

인스턴트 메시징이라는 핫트렌드를
포착, 사용자의 소통에 대한 수요
충족, 상호 신뢰하는 팀 조직,
창조적 모방을 통한 제품
개발 주기 단축

시장 가치 혁신 곡선

시장 가치 곡선

시간

창업단계
(1998~2000)

성장단계
(2001~2004)

확장단계
(2005~2010)

전환단계
(2011~)

그래프 우측 상단에 기재된
펑요우췬(朋友群)
꽁쭝하오(公众号)
WeCHAT홍빠오(微信红包)
샤오청쉬(小程序)는 모두 위챗 앱에서
제공하는 기능들.

펑요우췬(朋友群)
친구 그룹이라는 의미.
카톡의 카카오 스토리와 비슷.

꽁쭝하오(公众号)
대중id, 대중 계정이라는 의미.
카톡의 카카오 채널이나
플러스친구처럼
기업, 브랜드 등의 공식 계정과 비슷.

WeCHAT홍빠오(微信红包)
홍빠오는 직역하면 빨간 봉투이지만,
용돈을 의미함. 카톡의 카카오페이, 그
중에서도 송금 기능과 비슷.

샤오청쉬(小程序)
미니 프로그램이라는 의미.
카톡의 사다리타기나 설문, 투표 등
카톡 내에 딸려있는 소소한 기능들과
비슷.

치 곡선을 새로운 차원으로 끌어올렸다는 말은 결코 과언이 아니다. 텐센트 기업 가치의 향상은 기존 사용자(QQ사용자, 젊은 층 위주)와 새로운 사용자(위챗 사용자, 전 연령대)에게 기존 사용자 가치(통신, 소셜네트워크, 게임 등)와 새로운 사용자 가치(개인 미디어, 마케팅, 결제 수단, 쇼핑 등)를 모두 제공한 데서 비롯되었다. 텐센트의 전환은 [업그레이드 전환단계]의 [기업 가치=(기존 사용자 가치+새로운 사용자 가치)×(기존 사용자 수+신규 사용자 수)]라는 기업 가치의 공식을 증명해 보인다.

MEMO

Chapter

05

여섯 개의 전략 문제와
열두 개의 전략 포인트

여섯 개의 핵심 전략 문제

골든서클 이론과 여섯 개의 핵심 전략 문제

사이먼 사이넥(Simon Sinek)이 이야기한 [골든서클 이론(Golden Circle Theory)]의 주요 논리는 이렇다. 자신이 무엇을 하고 있는지는 모두가 알고 있다 (what). 자신이 어떻게 해야 하는지는 일부가 알고 있다 (how). 그러나 자신이 왜 해야 하는지는 극소수만 알고 있는데 (why) 진정한 리더와 기업가는 바로 이 "왜"를 알고 있는 사람들이라는 것이다.

만약 왜(why)를 추구하는 사람이 스티브 잡스가 아니라 다른 누구였다면 (who), 실리콘밸리가 아니라 다른 어디였다면 (where), 1970년대 후반이 아니라 그보다 더 빠르거나 늦은 언젠가였다면 (when) 애플의 성공은 없었을 수도 있다.

따라서 기업 발전의 모든 단계에서 기업가는 [Why], [How], [What]뿐 아니라 [Who], [Where], [When]에도 답해야 한다. 이 중 [Why], [Who], [What], [Where]은 각각 린 스타트업의 네 가지 요소인 [사용자], [조직], [제품], [시장]과 관련이 있으며 [When]과 [How]는 각각 [기업의 발전단계], [기업의 발전경로]와 관련이 있다.

[그림 5-1]의 오른쪽 그림을 통해 알 수 있는 것들은 다음과 같다. 먼저 공진화 전략 골든서클 이론의 첫 번째 요소인 why는 사용자를 위한 가치를 창출하는 것에서부터 시작해야 한다는 것을 의미한다. 두 번째 요소인 who는 기업은 반드시 적합한 창업가가 창업하고, 유능한 기업가가 관리해야 한다는 것을 의미한다. 세 번째 요소인 what은 기업에는 우수한 제품이 있어야 한다는 것을 의미한다. 네 번째 요소인 where은 적절한 시장 환경에 있어야만 기업이 지속적으로 발전할 수 있다는 것을 의미한다. 다섯 번째 요소인 when은 기업이 적당한 기회를 잡아야 단계적 발전을 이룰 수 있다는 것을 의미한다. 여섯 번째 요소인 how는 기업이 신중하게 전략적 분석을 수행해야만 단계를 뛰어넘을 수

그림 5-1 　두 개의 골든서클 이론

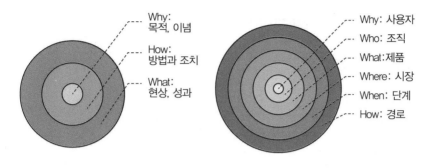

사이먼 사이넥(Simon Sinek)의 골든서클 이론

Why:
목적, 이념

How:
방법과 조치

What:
현상, 성과

공진화 전략에서의 골든서클 이론

Why: 사용자

Who: 조직

What:제품

Where: 시장

When: 단계

How: 경로

있는 발전 경로를 찾을 수 있다는 것을 의미한다.

　먼저 고객이란 기업이 존재하는 이유다. 피터 드러커는 『경영의 실제(The Practice of Management)』에서 이렇게 말했다. "우리가 하는 사업이 무엇인가 하는 것은 생산자가 아닌 소비자가 결정한다. 회사의 이름이나 명성, 정관이 결정하는 것이 아니라 제품이나 서비스를 구입하여 만족을 느낀 소비자가 결정하는 것이다. 그러므로 이 질문에 대답하기 위해서는 밖에서 그리고 고객의 관점에서 우리가 운영하는 사업을 관찰해야 한다. 항상 고객이 보고 생각하고 믿고 원하는 것을 반영해야 한다." 따라서 공진화 전략의 골든 서클 첫 번째 요소는 사용자이다. 기업은 사용자를 위한 가치 창출의 관점에서 자신의 전략을 고려해야 한다.

　둘째, 조직은 기업 활력의 원천이다. 피터 드러커의 〈경영의 실제〉에 의하면 이렇다. "경영의 일차적 기능은 기업을 관리하는 것이고, 두 번째 기능은 경영자를 관리하는 것이며, 세 번째 기능은 근로자와 작업을 관리하는 것이다. 관리자와 직원은 조직을 구성하므로 관리의 대상인 동시에 관리의 주체이다." 따라서 공진화 전략의 골든 서클 두 번째 요소는 조직이다. 기업이 가치를 창출하려면 유능한 관리자가 직원을 이끌어야 한다.

셋째, 제품은 기업 가치의 기반이다. 피터 드러커는 『경영의 실제』에서 이렇게 말했다. 기업의 목적은 고객을 창조하는 것이기 때문에 어떤 기업이든 두 가지 기본 기능을 가지고 있어야 한다. 바로 마케팅과 혁신이다. 마케팅은 기업만이 가지고 있는 독특한 기능이다. 기업이 다른 조직과 다른 이유는 기업은 재화와 서비스를 마케팅하기 때문이다. 하지만 마케팅만으로는 기업을 구성할 수 없다. 기업의 두 번째 기능은 혁신이다. 이는 더 좋고 더 많은 재화와 서비스를 공급하는 것을 의미한다. 기업이 재화와 서비스를 제공하는 것만으로는 충분하지 않다. 더 좋고 더 많은 재화와 서비스를 제공해야만 한다. 따라서 공진화 전략 골든 서클의 세 번째 요소는 제품이다. 기업은 반드시 효율적인 혁신과 마케팅을 지속해서 물건을 만들고 팔아야 한다.

넷째, 시장은 기업 발전의 환경이다. 피터 드러커의 『경영의 실제』에 의하면 이렇다. "우리의 사업은 어떻게 될까? 이것은 네 가지 질문과 관련이 있다. 첫째, 시장 잠재력과 시장의 추세다. 둘째, 시장 구조에 어떤 변화가 일어날까 하는 것이다. 셋째, 어떤 시장 혁신이 고객의 욕구를 변화시키고, 새로운 욕구를 창출하며, 낡은 수요를 도태시킬 것인가 하는 것이다. 넷째, 시장의 수요 중 오늘날 기존의 상품과 서비스로는 충분한 만족을 획득하지 못하고 있는 것은 무엇일까에 관한 것이다." 따라서 공진화 전략 골든 서클의 네 번째 요소는 시장이다. 기업은 적당한 시장 환경에서 필요한 자원을 얻고 직면한 경쟁에 대응하며 더 많은 협력을 얻어야 지속적으로 발전할 수 있다.

다섯째, 단계는 기업 발전의 시기이다. 피터 드러커는 『경영의 실제』에서 다음과 같이 주장했다. "기업은 대기업과 소기업의 구분만 있는 것이 아니다. 기업의 규모에는 최소 네 종류 또는 다섯 종류가 있는데 각각의 규모 모두 나름의 특성과 문제가 있다. 첫째, 소기업이다. 소기업은 최고경영자와 근로자 사이에 오직 한 개의 계층만이 있다. 둘째, 중기업이다. 중기업은 최고경영자 팀을 조직해 두어야 한다. 셋째, 대기업이다. 대기업은 연방식(federal) 관리 원칙을 채택하면 비교적 적합하다. 넷째, 거대기업이다. 거대기업은 오직 연방식 관리 구조만을 채택해야 조직될 수 있다." 이를 통해 알 수 있듯 기업의 발전은 단계적이며 각 단계 간의 전환은 기업 발전의 중요한 시점이다. 그러므로 공진화 전략 골든 서클의 다섯 번째 요소는 단계이다. 기업은 시기를 잘 파악하고 정확한 시간에 정확한 일을 처리해야만 안정적이고 장기적인 발전을 실현할 수 있다.

여섯째, 주기는 기업 성장의 경로이다. 피터 드러커는 『경영의 실제』에서 이렇게 말했다. "성장은 기업이 직면한 가장 큰 문제이다. 성장 위해서는 적당한 시기에 적당한 재화나 서비스를 적당한 시장에 투입되어야 가능하다. 성장은 주기성이 있기 때문에 관리자는 무조건 고성장만 추구해서는 안 된다. 기업은 성장 목표를 가지고 성장에 대해 계획을 세워 성장에 대한 전략 관리를 해야 한다. 기업의 성장의 관건은 고위 관리자이다. 기업의 성장을 마주하고 있는 고위 관리자는 자기 자신도 바꿀 수 있어야 한다." 여기에서 알 수 있듯 기업의 성장은 순탄치 않을 수도 있으며 주기적일 수도 있다. 그러므로 공진화 전략 골든 서클의 여섯 번째 요소는 경로이다. 따라서 기업의 전략에는 반드시 거시적으로 조망하는 역량이 필요하다. 현재 직면하고 있는 문제뿐 아니라 다음 단계에 직면할 수 있는 문제를 내다보고 주기적인 성장을 위해 충분한 준비를 해야 하는 것이다.

전략은 스토리텔링이다

우리 모두는 어릴 때 서술문을 어떻게 쓰는지 배운 적이 있다. 선생님께서는 서술문에 시간, 장소, 인물, 원인, 과정, 결과 등 여섯 가지 요소가 있다고 알려주셨다. 이 여섯 가지 요소를 합쳐서 [5W1H]라고 부르는데 시간은 'when', 장소는 'where', 인물은 'who', 원인은 'why', 과정은 'how', 결과는 'what'이다. 전략은 본질적으로 기업 발전에 대한 묘사나 전망이다. 그러므로 기업을 잘 이야기하기 위해서는 서술문의 여섯 가지 요소, 즉 [5W1H]가 있어야 한다.

먼저 [why]다. 기업이 왜 존재하냐고 묻는 질문에 화웨이의 런정페이 회장은 이렇게 대답했다. "기업은 이윤이 있어야 하는데 이 이윤은 고객에게서만 나온다. 화웨이의 생존이란 고객의 수요를 충족시키고 고객이 필요로 하는 제품이나 서비스를 제공하며 거기에서 얻는 합리적인 수입으로 지탱되는 것이다.

직원에게는 월급을 줘야 하고 주주에게는 보답을 해야 한다. 화웨이에게 돈을 주는 것은 세상 천지 유일하게 고객뿐이다. 우리가 고객 말고 대체 누굴 위해 봉사할 것인가? 고객은 우리 생존의 유일한 이유이다." 그러므로 기업이 왜 존재하느냐 묻는 질문에 대한 답은 단 두 글자, [고객]이다.

그 다음은 [who]다. 기업은 누구로 구성되느냐고 묻는 질문에 대한 답은 간단할 것 같지만 실제로는 굉장히 중요한 이야기다. 간단할 것 같다고 말한 이유는 기업은 당연히 기업가(창업가), 팀, 직원으로 구성되기 때문이다. 반대로 중요하다고 말한 이유는 런정페이의 말처럼 기업의 수명은 개인의 수명보다 훨씬 길 수 있음에도 불구하고 대부분의 경우 훨씬 짧기 때문이다. 이런 차이를 초래하는 것은 적합한 방식으로 적합한 사람을 조직할 수 있느냐 없느냐에 달려있다. 그래서 기업은 누구로 구성되는지에 대한 답은 단 두 글자, [조직]이다.

세 번째는 [what]이다. 기업은 무엇을 제공할까? 만약 사용자 가치 창출이 기업의 존재 목표이고 적당한 인원과 조직의 형태가 기업의 존재 형태라면 제품이나 서비스는 기업이 사용자 가치 창출을 실현시키고 창출한 가치 중 일부를 획득할 수 있는 수단이자 매개체라 할 수 있다. 그러므로 기업이 무엇을 제공하는지에 대한 답 역시 두 글자, [제품]이다.

네 번째는 [where]이다. 기업의 환경이란 어떤 것인가? 시장 환경은 기업 발전에 영향을 주는 중요한 요소로, 기업의 발전사란 시장 환경에서 기회를 발견하고 시장 환경의 변화에 적응하는 역사이다.

공진화 전략의 네 가지 요소, 즉 [고객, 조직, 제품, 시장]은 [why, who, what, where] 네 가지 질문에 딱 맞는 대답이었다. 그렇다면 나머지 두 문제, 즉 [when]과 [how]는 어떠한가?

먼저 다섯 번째 문제, [when]을 살펴보자. 전략적 요소는 언제 변화하는가? 공진화 전략은 기업의 발전 과정을 [창업기], [성장기], [확장기], [쇠퇴/전환기]의 네 가지로 나누었다. 이 네 단계는 모두가 [when]에 대한 답이다.

마지막으로 여섯 번째 문제, [how]가 남았다. 전략 변화는 어떻게 발생하는 것인가? 네 가지 요소와 네 가지 단계가 있는데 네 가지 요소가 네 가지 단계에서 변화하는 것이 바로 [how]에 대한 대답이다. 이를 [네 가지 경로]라고 할 수 있다. 구체적으로는 [사용자 전략 경로], [조직 전략 경로], [제품 전략 경로]와 [시장 전략 경로]를 가리킨다.

한 마디로 하면 [사용자, 조직, 제품, 시장]의 네 가지 요소가 [why, who, what, where]의 네 가지 질문에 대한 답인 것이다. [창업기, 성장기, 확장기, 전환기]의 네 단계는 [when]이라는 질문에 대한 답이었고 [사용자 전략 경로, 조직 전략 경로, 제품 전략 경로, 시장 전략 경로]의 네 가지 경로는 [how]라는 질문에 대한 대답이었다(그림 5-2).

레이쥔은 2018년 초 샤오미가 증시에 상장되기 전 "샤오미는 누구이며, 샤오미는 왜 분투하는가"라는 글을 썼다. 읽어보면 레이쥔이 이 글에서 [5W1H] 여섯 가지 문제에 대해 답하고 있음을 분명히 알 수 있을 것이다.

먼저 [사용자]다. 레이쥔은 샤오미는 사용자와 친구가 되고 싶고 사용자의 마음 속에 가장 멋진 회사가 되고 싶다고 말했다. 그 다음은 [조직]이다. 레이쥔은 샤오미가 엔지니어 주도의 기업이라고 하였다. 세 번째는 [제품]이다. 샤오미는 고객 감동과 착한 가격을 실현시키고 싶고 그래서 하드웨어+신유통+인터넷

그림 5-2 공진화 전략의 5W1H 모델

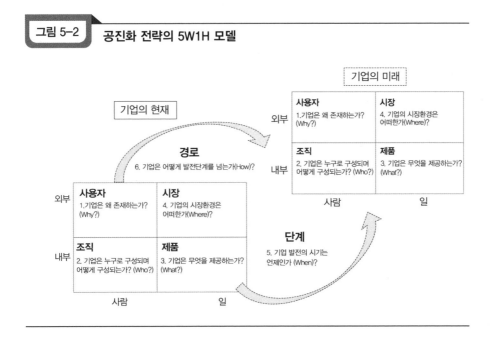

그림 5-3 샤오미의 공진화 전략 5W1H 모델

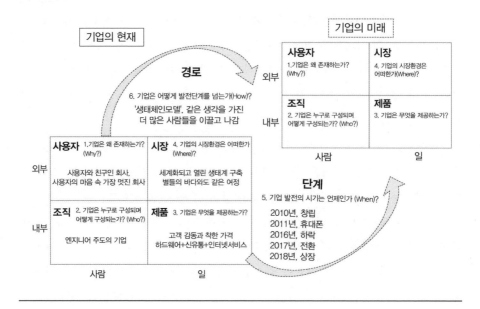

서비스의 상업 모델을 채택했다고 말했다. 네 번째는 [시장]이다. 레이쥔은 샤오미가 세계화되고 열린 생태계를 구축할 것이며, 이런 샤오미의 여정은 별들의 바다(星辰大海)와도 같다고 하였다. 다섯 번째는 [단계]이다. 샤오미는 2010년 설립되고 2011년 휴대전화를 출시한 이후 몇 년간 급격히 성장하였으나 2016년에 하락세를 보였다. 하지만 2017년 다시 반등에 성공했고 2018년에 증시에 상장되었다. 여섯 번째는 [경로]다. 샤오미의 사용자, 조직, 제품과 시장은 각각의 발전 단계에서 공진화하였으며 함께 공진화의 길을 걷게 되었다 (그림 5-3).

우리도 [5W1H]의 틀로 다음과 같이 자신의 기업이나 조직을 분석할 수 있다. 기업이 왜 존재하는지? 기업은 누구로 구성되었는지? 어떤 제품을 공급하고 있는지? 기업의 외부 환경이 어떤지? 기업의 발전 과정에서 어떤 단계를 거쳐왔는지? 기업 발전의 핵심 경로는 무엇인지?

서술문의 6가지 요소[시간, 장소, 인물, 원인, 과정, 결과]와 4가지 요소[사용자, 조직, 제품, 시장], 4단계[창업기, 성장기, 확장기, 쇠퇴/전환기], 4가지 경로[사용자 전략 경로, 조직 전략 경로, 제품 전략 경로, 시장 전략 경로]를 통해 기업 발전의 5W1H (why, who, what, where, when, how)와 같은 중요 전략 문제에 답해본다면, 기업이 체계적이고 동태적인 전략 계획을 수립하고 구체적이고 실질적인 전략 방안을 달성하며 전략적인 이야기를 하는 데 도움을 줄 수 있을 것이다.

제2절 **십이지동물과 전략의 열두 개 포인트**

공진화 전략의 열두 개 포인트

20여 년 전에 전략학의 대가인 헨리 민츠버그는 〈전략 사파리〉라는 책을 출판하며 전략경영을 디자인학파, 플래닝학파, 포지셔닝학파, 기업학파, 인지학파, 학습학파, 권력학파, 문화학파, 환경학파, 구성학파의 10개 학파로 나누었다. 그리고 거미, 다람쥐, 물소, 늑대, 올빼미, 원숭이, 사자, 공작, 타조, 카멜레온에 각각을 비유하였다. 민츠버그 교수는 비유를 활용하여 각 전략경영학파의 서로 다른 특징을 형상적으로 설명했지만, 학파 간의 차이에 초점을 맞추다 보니 전략경영 과정의 핵심 요소에 대해서는 생생한 비유를 할 수 없었다.

십이지동물은 가장 대표적인 중국 문화 중 하나로 여겨졌다. 하지만 근대 이후 문호를 개방하고 보니 십이지동물이 중국에만 있는 것이 아니라 비록 동물의 종류나 순서는 달라도 이와 비슷한 것이 이집트나 그리스, 인도에도 있다는 것을 알게 되었다. 예를 들어 인도의 십이지동물에는 호랑이 대신 사자가 있고 용 대신 구렁이신이 있다. 학자들은 세계 각 민족의 띠 문화는 고대 바빌론까지 거슬러 올라가는데, 중앙아시아 사람들이 고대 바빌론의 황도 12궁을 모방하였고 이것이 중국에까지 흘러왔다고 생각한다. 학자들은 이 십이지동물이 별자리에서 유래되었든 황도대에서 유래되었든 이론적인 근거는 같다는 것을 발견하였다. 즉, 천지간에 특수한 영성을 가진 존재가 우주 간의 생명력을 지배한다고 믿기 때문에 특정한 별자리나 띠에서 태어난 사람은 그 개성, 운명이 이 신물의 영향을 받는다고 생각하는 것이다. 이 챕터에서는 십이지동물의 동물을 활용하여 기업 전략경영의 핵심 요소와 각 포인트들을 비유적으로 설명하고, 이미지화를 통해 전략적 사고 체계에 대한 관리자의 인지와 이해를 심화시키고자 한다.

전략적 사고는 체계성과 동태성을 강조한다. 체계성의 측면에서 볼 때 기업 관리를 이해하는 데는 두 가지 방면이 있다. 하나는 기업의 관리 대상이다. 관리자로서 사람을 관리해야 할 뿐만 아니라 일도 관리해야 한다. 둘째, 관리의 경계이다. 기업에는 내부도 있고 외부도 있다. 그래서 우리는 [사람과 일], 그리고 [안과 밖]의 두 가지 방면에서 기업을 [외부의 사람], [내부의 사람], [내부의 일], [외부의 일] 등 네 부분으로 나누고 [사용자, 조직, 제품과 시장]을 각각 이 네 가지 구성 부분을 대표하는 공진화 전략의 네 가지 요소라고 부른다.

공진화 전략은 [사용자 요소]를 [사용자 특징, 사용자 수요, 사용자 선택]의 세 가지 포인트로 분해하여 사용자가 누구인지, 사용자가 무엇을 필요로 하는지, 사용자가 왜 특정 기업의 제품과 서비스를 선택했는지에 대답한다. 이와 유사하게 공진화 전략은 [조직 요소]를 [지도자, 팀원, 조직 관리]라는 세 가지 포인트로 분해하여 '조직은 누가 이끄는지, 조직 구성원에는 어떤 사람이 포함되어 있는지, 조직은 어떻게 관리하는지'라는 세 가지 문제에 답한다.

이것 외에도 공진화 전략은 [제품 요소]를 [제품 개발, 마케팅 홍보, 비즈니스 모델]의 세 가지 포인트로 분해하는데 그 목적은 제품이 어떻게 만들어지는지, 제품이 어떻게 팔리는지, 어떻게 돈을 벌었는 지의 세 가지 질문에 답하기 위해서이다. 마지막으로 공진화 전략은 [시장 요소]를 [기술 동향, 자본 자원, 시장 경쟁과 협력] 등 세 가지 포인트로 분해하는데 그 목적은 기술의 발전 방향과 단계가 어떠한 지, 자금과 자원이 어디에서 오는지, 경쟁 상대와 합작 파트너와의 관계를 어떻게 처리하는 지의 세 가지 질문에 답하기 위해서이다(그림 5-4).

그림 5-4   공진화 전략의 열두 개 포인트

	사용자	시장
외부	사용자 특징 사용자 수요 사용자 선택	기술 동향 자본과 자원 시장 경쟁과 협력
내부	**조직** 리더 팀원 조직 관리	**제품** 제품 개발 마케팅 홍보 비즈니스 모델
	사람	일

사용자 요소: 양, 쥐, 원숭이

[사용자 요소]는 [사용자 특징, 사용자 수요, 사용자 선택]의 세 가지 포인트를 포함한다. 십이지동물에는 사용자에 비유할 수 있는 동물이 여럿 있다. 예를 들어 사용자를 하얗고 온순한 토끼에 비유할 수도 있고 온 몸이 보물로 뒤덮인 돼지에 비유할 수도 있다. 하지만 사용자를 비유할 때 가장 좋은 선택이 되는 것은 아마도 [양]일 것이다.

첫 번째 특징은 양이 일반적으로 온순하고 관리하기도 쉽다는 것이다. 그래서 기업은 때때로 사용자의 대중적인 행위를 가리켜 양떼효과(Herding effect)라고 부른다. 두 번째로는 반대로 양 역시 탐욕스럽다는 것을 주목해야 한다. 『사기·항우본기(史记 · 项羽本纪)』에 이런 말이 있다. "사납기가 호랑이 같고, 제멋대로이기가 양 같고, 탐욕스럽기가 늑대 같고, 부릴 수 없을 정도로 고집이 센 자는 모두 목을 벨 것이다." 양을 독하고 탐욕스럽다고 말하는 이유는 양이 풀을 먹을 때 종종 지나간 곳의 풀을 뿌리째로 갉아먹기 때문이다. 그러므로 양으로 사용자의 특징을 비유하면 사용자를 다방면으로 이해하는 데 도움이 된다.

즉 사용자의 표면적인 특징을 파악할 수도 있고, 사용자의 '탐욕, 노여움, 치욕'과 같은 심리적 특징도 파악할 수 있다.

사용자의 특징은 보통 여러 차원을 포함하는데 외재적인 것에서 내재적인 것까지 나눠보자면 크게 개인의 [생리적 특징], [심리적 특징], [사회적 특징] 등으로 나눌 수 있다. 개인의 생리적 특징은 나이, 성별, 키 등을 포함한다. 심리적 특징은 기질, 능력, 성격 등을 포함한다. 사회적 특징은 일, 소득, 행위, 가치관 등을 포함한다. 사용자의 특징을 명확하고 전반적으로 이해하는 것은 매우 중요하다. 사용자의 특징을 이해하는 것은 기업이 제품을 정확하게 포지셔닝하고 조직구조를 확정하며 시장 경쟁 협력 관계를 분명히 인식하는 데 도움을 주기 때문이다.

다음은 [사용자의 수요]에 대해 살펴보도록 하자. 사용자의 수요란 사용자가 어떤 제품과 서비스를 구매하여 그들의 니즈를 만족시키는가에 대한 것이다. 사용자 수요의 다양성과 복잡성을 감안한다면 사용자의 수요는 [쥐]에 비유할 수 있을 것이다. 쥐는 십이지동물 중 첫 번째 순서이며 대체할 수 없는 중요한 지위를 가지고 있다. 사용자의 수요를 만족시키는 것은 기업이 존재하는 가장 근본적인 이유이다. 기업은 사용자의 수요를 만족시키고 사용자 가치를 창출해야만 존속할 수 있다. [사용자 수요]의 은밀함과 전파력 역시 쥐의 특징 및 습성과 유사한 점이 있다.

사용자의 수요는 [수요의 깊이, 수요의 넓이, 수요의 빈도]라는 세 가지 측면에서 생각해 볼 수 있다. [수요의 깊이]와 [수요의 넓이]는 사용자의 수요가 발굴할 수 있는 잠재력과 미치는 범위에 대한 것이고 [수요의 빈도]는 단위 시간 내에 수요가 발생하는 횟수를 말한다. 사용자의 수요를 이해하려면 실제수요뿐 아니라 아니라 실제 니즈, 잠재적 수요 그리고 잠재적 니즈 등의 개념에도 주목해야 하며, 각 개념 간의 전환 경로 또한 주목해야 한다. 이러한 개념에 대한 이해는 기업이 새로운 전략 경로와 발전 기회를 발견하고 개척하는 데 도움을 줄 수 있다.

사용자의 특징과 사용자의 수요에 이어 [사용자의 선택]을 살펴보자. 사용자의 선택이란 사용자가 어떤 기업의 제품이나 서비스를 왜 선택했는지, 그리고 어떤 과정을 통해 선택을 실현했는지를 말한다. 사용자의 선택에 비유하기 위해서는 십이지동물 중에서 변화가 많고 까다로운 동물을 골라내야 한다. 아마도 [원숭이]가 적당한 선택일 것이다. 원숭이의 변덕스럽고 까다롭고 민첩한 특징은 사용자가 제품이나 서비스를 선택할 때 반복적으로 비교하고 자주 바꾸며 충성도도 좀처럼 향상되지 않는다는 것과 잘 맞아 떨어진다.

[사용자의 선택의향(Willingness to Choose)]은 사용자가 어떤 제품이나 서비스를 선택하기를 원하고 기업이 요구하는 가격을 지불하기를 원한다는 것을 설명하는 중요한 개념이다. 사용자가 충분한 선택 의지와 지불 능력을 가지고 있을 때만 수요가 실제 수요가 되고 거래도 발생할 수 있다. 선택 의향 외에 [사용자의 선택 과정]과 [선택 장애]도 고려해야 한다. 선택 과정은 사용자의 선택에 어떤 과정과 절차가 있는지를 말하며, 각각의 단계에서 사용자의 선택을 방해할 수 있는 장애물이 무엇인지를 뜻한다.

기업은 일반적으로 퍼널(Funnel)을 통해 사용자가 유치되는 과정을 묘사하는데 전통적인 사용자 퍼널은 [사용자 유입(Acquisition)] [사용자 활성화(Activation)] [사용자 유지(Retention)] [매출(Revenue)] [추천(Referral)]의 첫 글자를 딴 "AARRR"과정을 거친다. 만약 [사용자의 특징], [사용자의 수요], [사용자의 선택]이라는 세 가지 사용자 관련 요점을 이 퍼널에 넣는다면 [그림 5-5]처럼 될 것이다.

[그림 5-5]에 따르면 첫째, 사용자의 특징을 연구함으로써 사용자를 분류할 수 있다. 둘째, 사용자의 수요에 따라 사용자를 동태적으로 관리할 수 있다. 사용자의 수요는 시간과 상황에 따라 변화하므로 핵심 수요를 파악하여 사용자의 선택 행위를 유도하고 관리할 수 있는 것이다. 셋째, 사용자의 특징과 수요를 파악한 후에 사용자의 선택에 대한 체계적 관리를 해야 한다. 여기에는 사용자가 선택한 채널과 선택의 과정, 선택 과정에서의 장애가 모두 포함된다.

그림 5-5 사용자 요소: 양, 쥐, 원숭이

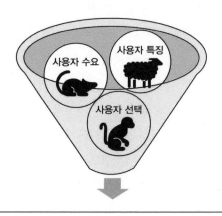

종합적으로 말하자면 사용자 관리란 나눗셈(즉 깔때기와 여과)의 과정이다. 사용자의 특징을 파악하는 것에서 시작해 사용자의 수요를 파악하고, 기업의 전략과 역량에 맞는 사용자층과 수요를 맞춤형으로 선택하여, 사용자 선택을 통해 서비스 사용자를 관리하기 때문이다. 사용자 관리의 측면에서 사용자를 '양'으로 생각하고 사용자의 서로 다른 측면의 특징을 이해해야 할 뿐만 아니라 사용자를 '쥐'로 생각하여 사용자의 여러 차원의 수요를 발굴해야 한다. 또한 사용자를 '원숭이'로 생각하고 그들의 까다로운 선택을 견뎌내야 한다. 우리는 생리적 특징, 심리적 특징, 사회적 특징 등의 각도에서 사용자의 특징을 분석할 수 있다. 수요의 깊이, 수요의 넓이와 수요의 빈도 등 측면에서는 사용자의 수요를 분석할 수 있다. 선택 의향, 선택 과정과 선택 장애 등 측면에서는 사용자의 선택을 분석할 수 있다.

조직 요소: 용, 호랑이, 소

기업은 어떻게 구성되느냐고 묻는 질문에 대한 답은 간단할 것 같지만 실제로는 굉장히 중요한 것을 다룬다. 간단할 것 같다고 말한 이유는 기업은 당연히 기업가(창업가), 팀, 직원으로 구성되기 때문이다. 중요하다고 말한 이유는 런정페이의 말처럼 기업의 수명은 개인의 수명보다 훨씬 길 수 있음에도 불구하고 대부분의 경우 훨씬 짧기 때문이다. 이런 차이를 초래한 것은 적합한 방식으로 적합한 사람을 조직할 수 있느냐 없느냐의 문제였다.

일상 생활에서의 최종 사용자는 대부분 개인 소비자이기 때문에 사용자를 양, 쥐, 원숭이같이 비교적 작은 동물에 비유했다. 그러나 조직 규모는 기업의 발전에 따라 점점 커지기 때문에 비교적 큰 세 종류의 동물을 선택하여 조직을 표현할 수 있다.

공진화 전략의 [조직 요소]는 [리더, 팀원, 조직 관리]라는 세 가지 요점을 포함한다. 십이지동물 중에서 리더를 대표하는 동물은 비교적 쉽게 고를 수 것이다. 리더에 가장 적합한 것은 [용]이다. 용은 중화 문화의 중요한 토템으로 민족의 정신을 대표한다. 기업의 리더 역시 기업 문화의 창시자이자 기업 정신의 집대성자이다. 전설 속 용의 몸을 이루는 낙타머리(가뭄에 견디는 힘), 사슴뿔(장수), 뱀의 몸(유연), 거북 눈(영기), 비늘(물의 속성), 호랑이 발바닥(힘), 매의 발톱(비상), 소의 귀(근면)는 리더라면 갖추어야 하는 포괄적인 능력을 상징한다.

'기차가 빨리 달리고 못 달리고는 전부 엔진칸에 달렸다'는 말이 있다. [리더]는 기업의 핵심이자 기업의 두뇌이다. 리더의 시야와 통찰이 기업 발전의 방향과 성패를 결정한다. 그러나 개인으로서의 리더는 그 생명의 유한함이 종종 기업의 영원한 경영과 지속적인 발전에 가장 큰 장애물로 작용한다. 많은 기업이 실패했던 이유는 몸보다 머리가 먼저 죽었기 때문이라는 뜻이다. 리더와 밀접한 관계를 가진 전략 문제는 그의 리더십 경험과 자원, 잠재력까지를 모두 포함한다. 리더십 경험은 리더가 창업과 경영의 경험이 있는지, 리더십 자원은 리더가 기업에 어떤 자원을 가져다줄 수 있는지, 리더십 잠재력은 리더가 더 좋은 리더가 될 수 있는 학습능력과 잠재력을 가지고 있는지를 의미한다.

조직의 두 번째 요소는 [팀원]이다. 경영 실무에서 팀은 종종 늑대와 호랑이에 비유된다. 팀을 늑대에 비유하는 것은 주로 늑대의 단체 정신을 강조하는 것이고, 팀을 호랑이에 비유하는 것은 주로 호랑이의 개인 능력을 강조하는 것이다. 십이지동물에는 늑대가 없기 때문에 우리는 [호랑이]로 팀원들을 비유해 보도록 하자. 사자나 늑대와 달리 호랑이는 보통 가족 단위로 생활하지만 먹이를 잡는 과정에서는 개체의 능력에 의존한다. 그러므로 조직의 경우 개인 능력이 강한 호랑이 직원을 유치하는 것보다 그들을 조직하여 전투력 있는 팀을 형성하는 것이 더 중요하다.

구식 기차와 달리 현대의 고속열차와 초고속열차는 분산동력, 즉 동력이 전체 열차의 각 칸(차머리 포함)마다 골고루 분산되도록 한다. 동력 분산의 장점은 속도가 빠르고 비교적 높은 속도까지 쉽게 도달한다는 데 있다. 기업의 팀과 리더의 관계는 마치 고속열차와 차머리의 관계와 같다. 리더와 상호보완하는 중간 경영진은 기업의 장기적이고 안정적인 발전에 원동력을 가져다줄 수 있다. 일반적으로 경영진의 가장 좋은 모델은 기술 면에서는 서로 보완하고 가치관에서는 일치하는 것이다. 좋은 팀은 일반적으로 다음과 같은 특징이 있다. (1) 팀의 핵심이 명확하다. (2) 팀원 간에 서로 믿고 존중하며 이해한다. (3) 친형제 간에도 계산을 분명히 해야 하며 지분 구조가 명확하고 합리적이다.

조직 요소의 세 번째 요점은 [조직 관리]다. 이미 팀원들을 호랑이에 비유하면서 개개인의 능력을 강조했기 때문에 조직 관리의 차원에서는 팀원들에 대한 규범화된 관리 및 조직 제도 문화의 체계적인 건설을 [소]에 비유하고자 한다. 소는 대형 동물로 온순해 보이지만 힘도 세고 고생스러워도 묵묵하게 견디는 농경사회의 가장 중요한 노동력이다. 조직 관리를 소에 비유하는 것은 소를 길들이고 훈련시키듯 건전하고 규범화된 조직 규칙을 제정함으로써 지속적이고 안정적인 에너지를 발산하는 조직을 만들어야 한다는 것을 강조하기 위해서이다.

조직구조는 조직 관리의 중요한 내용으로 리더와 경영진과 직원의 조직 내 관계 시스템을 구성한다. 인원 분포 규칙의 관점에서 우리는 조직구조도를 한 장 그릴 수 있다. 가로축은 개체 간의 협력과 소통 관계를 나타내고 세로축은 서로 다른 계층 간의 책임을 바탕으로 하는 분업과 통제 관계를 나타낸다. 위에서 아래로의 등급은 서로 다른 계급의 부서 또는 직위 간의 보고 관계를 반영하고 각 계층 내 개인 간의 관계는 계층 분할의 근거를 보여준다.

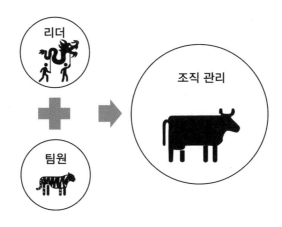

그림 5-6 조직 요소: 용, 호랑이, 소

리더

팀원

조직 관리

정리하자면 [리더]는 리더십 경험, 리더십 자원 및 리더십 잠재력의 관점에서 분석할 수 있고, [팀원]은 팀 규모, 팀 소양 및 팀 성장 측면에서 분석할 수 있으며, [조직 관리]는 조직구조, 조직 제도, 조직 문화의 방면에서 분석할 수 있다. 조직 요소의 세가지 구성 요소 중 [리더]와 [팀원]은 조직을 구성하는 사람이고 [조직 관리]는 사람을 조직하는 방식이다. 이러한 비유가 우리에게 주는 가르침은 조직의 리더가 강력한 능력을 가진 "용"일 수 있고 조직의 직원도 강력한 개인 능력을 가진 "호랑이"일 수 있으나 조직은 조직의 효과적인 관리를 위해서 조직의 규칙과 제도, 문화를 통해 안정적인 산출과 지속적인 성장을 이룰 수 있는 '소'가 되어야 한다는 것이다(그림 5-6).

제품 요소: 뱀, 토끼, 돼지

만약 사용자 가치 창출이 기업의 존재 목표이고 적합한 인원과 조직의 형태가 기업의 존재 형태라면 제품이나 서비스는 기업이 사용자 가치 창출을 실현시키고 창출한 가치 중 일부를 획득할 수 있는 수단이자 매개체라 할 수 있다.

공진화 전략의 측면에서 [제품]을 살펴보면 [제품 개발, 마케팅 홍보, 비즈니스 모델]이라는 세 가지 포인트에 주목하게 된다. 혁신의 측면에서 볼 때 [제품 개발]은 기술 혁신에 중심을 두고 [마케팅 홍보]는 마케팅 혁신에 중심을 두며 [비즈니스 모델]은 모델 혁신에 중심을 둔다. 세 가지 요점은 각각 제품을 둘러싸고 무엇을 파느냐, 얼마나 파느냐, 어떻게 파느냐를 토론한다.

기업의 전통적인 [제품 개발 방식]은 폭포수 모델(Waterfall model)[1]로 요구 분석에서 제품 출시에 이르기까지 개발 주기가 매우 길고 제품 개발과 시장 간의 거리도 비교적 멀다. 폭포수 방식에서는 자신들이 이미 사용자의 문제와 제품 특징에 대한 파악을 마쳤다고 전제하고 개발 과정을 엄격하게 분할하는데 이로 인해 자유도가 떨어지는 경향이 있다. 프로젝트 초기에 작성한 요구사항 정의서 등의 문서들은 나중에 바뀐 요구에 따라 수정하기도 힘들기 때문에 실패할 경우 대가가 크다. 소프트웨어 업계의 전통적인 개발 방식이 바로 이 폭포수 방식이었다. Windows와 Office 등 소프트웨어의 업데이트 주기는 대체로 3년이다. 보통 이 3년을 몇 단계로 나누어 소프트웨어의 기획과 설계 작업에 6~8개월, 코딩에 6~8주, 테스트에 6개월을 사용한다. 만약 테스트 결과 큰 수정사항이 있으면 6~8주 동안 2차 코딩과 2차 테스트를 한다. 큰 조정이 필요하지 않다면 최종 출시까지 6개월 간 안정화 기간에 들어간다.

인터넷 시대가 본격화된 이후 많은 기업들이 애자일 모델(Agile model)을 채택하고 있다. 애자일 모델은 수정과 교체가 짧고 빠르게 이루어진다. 샤오미의 개발 슬로건인 '짧은 개발주기, 그리고 만들면서 동시에 개발하자'는 그들이 추구하는 개발 방식이 애자일 방식임을 보여준다. 어떤 상품이든 출시부터 완벽할 순 없다. 완벽이란 동적인 과정이기 때문에 사용자의 피드백을 제품에 빨리 반영하고 지속적으로 업그레이드하여 쓸모없는 건 버리고 좋은 것은 더욱 새롭게 발전시켜야 한다. 이렇게 하는 것만이 선두를 유지할 수 있는 유일한 방법이다.

---

1 폭포수 모델(waterfall model)은 소프트웨어 등 제품 개발 시 순차적으로 이루어지는 것을 의미한다. 이러한 연쇄적 개발의 흐름이 마치 폭포수처럼 아래로 향하는 것처럼 보이는 데서 이름이 붙여졌다. 즉 고객의 요구 분석, 소프트웨어 설계, 소프트웨어 구현, 소프트웨어 시험, 소프트웨어 통합, 소프트웨어 유지보수 단계를 거쳐 제품을 개발한다.

십이지동물 중 애자일 개발 방식을 대표할 수 있는 동물은 [뱀]이다. 뱀은 무척 유연하다. 배은 머리가 가리키는 방향으로 움직이는데 먹이를 잡을 때 몸의 유연한 움직임으로 뱀머리가 가리키는 대상을 공격한다.

제품 요소의 두 번째 포인트는 [마케팅 홍보]이다. '장군이 길을 떠날 때에는 토끼 따위를 쫓지 않는다'는 말이 의미하는 거시적인 것을 강조하는 전략경영과는 달리, 마케팅은 섬세한 업무이기 때문에 사용자에 대한 깊은 이해를 바탕으로 적합한 마케팅과 홍보 방식을 채택해야 한다. 모바일 인터넷 시대가 되면서 [사용자]와 제품과 채널에 중대한 변화가 생겼다. 우선 사용자의 경우 사회구조와 경제구조의 변화, 심지어는 반(反)부패의 영향을 받아 사용자와 고객이 분리되는 상황이 점점 적어졌다. 그 다음으로는 사용자의 교육 수준이 향상됨에 따라 제품 정보가 점점 투명해졌고 사용자 선택의 다양성과 합리성도 점점 높아졌다. 전자상거래의 발전은 오프라인 제품 채널에까지 영향을 미쳤으며, 개인 미디어의 발전 역시 전통적인 광고 채널에 충격을 주었다.

우리는 마케팅 홍보를 [토끼]에 비유할 수 있다. 쥐와 마찬가지로 토끼도 번식 능력이 강한데 이는 마케팅 홍보는 입소문 마케팅, 광고 마케팅과 및 연관 마케팅의 방식을 사용하여 사용자 요구에 부합해야 기업의 제품과 사용자 요구 간의 일치도를 극대화시킬 수 있음을 의미한다. 또한 사용자의 수요가 다양해지고 변화가 변화가 빨라졌기 때문에 사용자가 어떤 제품이나 서비스를 필요로 하면 바로 제공할 수 있도록 채널 역시 빨리 변화해야 한다.

제품 요소의 세 번째 포인트는 [비즈니스 모델]이다. 비즈니스 모델은 기업과 그 안팎의 다양한 이해관계자 간의 거래 관계를 반영하는데 주로 다음의 네 가지 측면을 포함한다.

(1) 기업이 가지고 있거나 참여할 수 있는 비즈니스 활동에는 무엇이 있는지

(2) 업계 주변 환경이 기업에 어떤 업무 활동을 제공할 수 있는지

(3) 기업은 각 상호작용의 주체에게 어떤 가치를 제공할 수 있는지

(4) 원원의 측면에서 기업은 이러한 비즈니스 활동을 통한 유기적 가치 네트워크를 형성하기 위해 무엇을 해야 하는지.

공진화 전략의 네 가지 요소와 그 요소들로 형성된 가치체계를 보면, 비즈니스 모델이란 제품을 중심으로 [사용자-조직-제품-시장]의 네 가지 요소 사이에서 가치를 창출하고 가치를 획득하는 업무 체계라고 할 수 있다.

사용자에 대한 관점에서 보자면 비즈니스 모델은 크게 두 가지로 압축된다. 하나는 흐름 위주 모델(flow)이고 다른 하나는 저장 위주 모델(stock)인데, 흐름 위주 모델은 유수석(流水席) 모델,[2] 저장 위주 모델은 샤주차이(杀猪菜) 모델[3]이라 표현할 수 있다. 유수석 모델의 특징은 사람은 바뀌지만 음식은 바뀌지 않는 것이다. 여기에서 중요한 것은 흐름이다. 끊임없이 새로운 사용자를 끌어들여 큰 흐름을 만들고 대규모 사용자에게 동일한 서비스를 제공하여 수입을 얻는 것이다. 반대로 샤주차이 모델은 기존 사용자들의 끊임없이 발생하는 다양한 수요를 충족시키는 것을 강조한다. 그러므로 만약에 십이지동물 중 하나를 비즈니스 모델에 비유해야 한다면 '돼지'가 비교적 적절한 선택이라 할 수 있다.

제품 요소를 구성하는 세 가지 포인트, 즉 [제품 개발], [마케팅 홍보], [비즈니스 모델] 간의 관계는 기업의 가치망과 유사하다. 기업의 제품이나 서비스는 연구 개발 및 보급을 통해 사용자에게 전달됨으로써 [가치 창조, 가치 전달, 가치 획득]이라는 사용자 가치의 전과정을 실현시킨다(그림 5-7). 실제로 기업의 가치 창출이란 끊임없이 초점을 맞추는 과정이다. 먼저 기업은 부단한 시행착오를 통해 많은 혁신 아이디어를 상용 제품으로 만들고 그 후 마케팅을 통해 사용자에게 전달하며, 최종적으로 몇몇 제품에 초점을 맞추어 이 주력제품을 중심으로 비즈니스 모델을 형성한다.

---

2 손님이 계속해서 올 경우 자리를 정하지 않고 오는 대로 먹고 가도록 하는 중국의 연회 방식을 의미한다. 뷔페식과는 다르게 유수석은 음식을 각자 담아오는 것이 아니라 아무 테이블 혹은 아무 의자나 자리가 나면 가서 식사에 합류하는 형태이다.
3 직역하면 '돼지를 잡아 만든 음식'이다. 중국 동북지방의 전통 음식으로 온 동네 사람들이 함께 돼지를 잡고 음식을 나누어 먹는다. 이때 잡은 돼지는 버리는 것 거의 없이 죄다 솥에 넣고 끓인다. 본문에서 말하는 샤주차이 버리는 것 없이 다 쓴다는 특징과 사용자의 다양한 요구를 모두 충족시킨다는 특징을 동시에 의미한다.

그림 5-7　제품 요소: 뱀, 토끼, 돼지

시장 요소: 닭, 말, 개

장루이민이 말한 '세 개의 눈(三只眼)'이라는 유명한 이론이 있다. 기업에게는 눈이 세 개 있어야 하는데 한 눈으로는 기업 내부를 살펴야 하고 다른 한 눈으로는 외부의 시장 변화를 살펴야 하며 마지막 남은 한 눈으로는 국가의 거시적인 정책을 살펴야 하기 때문이라는 내용이다. 이 말대로라면 시장 변화를 살피는 눈과 거시적인 정책을 살피는 눈, 두 개가 하이얼의 각 발전단계마다 필요한 자금과 자원, 기술과 시장을 가져다주었다고 할 수 있다.

하이얼의 발전 역사를 통해 우리는 [시장 환경 요소]가 기업의 사용자, 조직, 제품 등의 세 가지 요소에 중요한 영향을 미친다는 것을 확인하였다. 시장 환경과 사용자, 조직, 제품의 네 가지 요소가 공진화 전략을 구성하는 것이다. 공진화 전략의 측면에서 시장 요소를 이해하려면 다음의 세 가지 포인트에 주목해야 한다. 첫째는 [기술 원천]이고 둘째는 [자본과 자원]이며 셋째는 [시장 경쟁과 협력]이다. 만약 시장을 전쟁터에 비유하고 기업을 군대에 비유한다면 기술 원천은 총이고 자본과 자원은 돈과 식량이며 시장 경쟁 및 협력은 상대방과의 싸움, 아군 부대와의 협동이라 할 수 있다.

신경제 모델에서 자본의 역할이 줄어듦에 따라 중요성이 높아진 가장 분명한 요소는 단연 [기술]이다. 모든 신기술은 생성-적용-확산까지의 과정이 직선적인 게 아니라 S자 곡선을 그린다는 것을 알아야 한다. 기술이 생성된 초창기에는 사람들의 신기술에 대한 사람들의 기대가 급격히 높아지지만, 기술 자체는 아직 성숙하지 않았기 때문에 상용화 시나리오가 불투명할 수 있다. 그렇게 되면 사람들의 기술에 대한 기대감은 빠른 속도로 바닥까지 떨어진다. 그러다가 기술의 상용화가 이루어지면 기술은 꾸준히 상승세를 타게 되고 결국 보급형 기술로 확산되는 것이다.

애플(Apple)의 아이팟(iPod)을 예로 들어보자. 아이팟은 첫 디지털 음악 플레이어가 세상에 출시된 지 이미 오래인 한참의 시간이 흐른 후에 나온 제품이다. 그러나 아이팟은 독특한 인터페이스와 깔끔한 디자인으로 전 세계를 사로잡았고 아이튠즈 스토어(iTunes store)와 결합하여 시장 주도권을 잡으며 음악 산업 전체를 살렸다. 다른 많은 제품들이 그랬던 것처럼 아이팟이 성공하기 전까지 디지털 음악 플레이어는 오랜 진화를 거쳐왔다. 디지털 음악에 필요한 압축 기술은 1980년대, 즉 아이폰이 등장하기 20년 전부터 시작된 것이지만 대중화는 애플이 이루어 낸 것이다.

기술의 출현과 발전은 대개 S형의 성숙도 곡선을 따른다. (1) 초기 단계: 예를 들어 1980년대 초 MPEG 디지털 오디오 표준이라는 것은 실험실에만 존재했을 뿐 상업적으로 사용되지는 않았다. (2) 신흥 [성장단계]: 공급업체가 초기 상용화를 시작하고 얼리 어답터들이 실험적인 프로젝트를 시작하며 업계 선두들이 응용에 나선다. 한 예로 1998년 11월, 무게는 2.5온스에 크기는 소형 삐삐만한 Diamond Rio의 디지털 MP3 플레이어가 출시되었다. 이 기기는 노래 약 20곡을 저장할 수 있었으며 가격은 199달러였다. (3) 고속 [성장단계]: 제조업체의 기술 상용화 프로세스에 대한 이해가 깊어지고 혁신을 중심으로 한 인프라가 개발된다. 아이팟이 출시될 당시만 해도 모바일 인터넷은 아직 발전하지 않은 상태였지만 PC 기반의 인터넷과 Windows 운영체제는 이미 대중화되어 있었기 때문에 이것이 아이튠즈가 성공할 수 있었던 발판이 되었다. (4) 주류 시장

단계: 어떤 기술이 시장에서 주류를 차지하고 있으며 그 발전 방향과 상업 가치는 비교적 예측하기 쉽다. 예를 들어 아이튠즈 스토어의 오픈은 아이팟을 더욱 매력적으로 만들어 줬고, 주류 시장에 진입하게 해줬다. 애플은 기본 아이팟을 바탕으로 끊임없이 신제품을 선보이며 아이팟 미니, 아이팟 셔플 등 시리즈 제품을 출시하게 된다.

[기술 성숙도 곡선]을 동물에 비유하자면 [닭]이 적합하다. 기술의 출현에서 첫 번째 기대치의 정상에 오르기까지의 과정은 마치 수탉의 꼬리가 높이 솟은 것과도 같지만 기술의 기대치가 떨어지면서 곡선은 수탉의 허리 위치로 내려간다. 그러다가 상업화가 무르익으면 기술 곡선이 다시 위로 솟기 시작해 닭의 몸통과 목을 따라 닭벼슬까지 닿고 마지막에는 닭의 부리쯤으로 내려오게 된다.

시장 요소의 두 번째 포인트는 [자본과 자원]이다. 전통적인 전략경영 이론은 주로 기업 내부의 관점에서 자본과 자원을 고려하고 주주 이익의 최대화와 기업 자원의 고유성에 주목한다. 조직의 경계가 끊임없이 개방되고 공유 경제 이념이 널리 보급됨에 따라 공진화 전략은 자본과 자원의 역동적인 변화, 기업과 외부 자본 및 자원 간의 상호작용에 더욱 관심을 갖게 된다.

클레이튼 크리스텐슨은 하버드 비즈니스 리뷰에 발표한 「자본가의 딜레마(The Capitalist's Dilemma)」에서 오늘날 자본주의가 심각한 도전에 직면해 있는 이유는 자본주의가 본질적으로 자본을 희소한 자원으로 여기기 때문이라고 주장한다. '자본은 희소한 자원'이라는 이념 하에 사회구조와 경제구조 모두 자본을 아끼고 이익을 극대화하는 방향으로 설계되었다는 것이다. 그러나 '후기 자본주의 시대'에서 자본의 수익은 점차 낮아질 것이며 자본은 점점 과잉될 것이다. 그러므로 기업은 기업의 전체 생애주기 중 오로지 최초의 투자자에게서 최대의 이익을 얻으려 할 것이 아니라 자본의 역동적인 변화에 주의를 기울여야 한다.

만약 기업의 [자본과 자원]을 동물에 비유한다면 [말]이 적합할 것이다. 현대 전쟁 이전에는 기병이 줄곧 전장의 핵심 역량이자 국가의 흥망을 좌우하는 중요한 전략 물자였다. 기업에게 지속가능한 발전과 급속한 성장은 둘 다 매주 중요한 문제다. 따라서 기업에겐 반드시 두 종류의 말이 있어야 한다. 하나는 기업의 급속한 성장을 돕는 하루에 천 리를 달린다는 천리마이고, 다른 하나는 기업의 장기적 발전을 돕는 마구간에 누워 있는 늙은 말이다.

시장 요소의 세 번째 포인트는 [시장 경쟁과 협력]이다. 경쟁에서 승리하는 것은 기업에게 무척 중요한 일이다. 하지만 경쟁에서 승리하려면 협력을 알아야 한다. 경쟁과 협력 사이의 균형점을 찾아야 하는 것이다. 최근 몇 년, 인터넷 분야에서 플랫폼형 비즈니스 모델이 널리 사용되었다. 플랫폼형 비즈니스 모델의 눈에 띄는 특징은 상호보완의 역할을 고려하고 가치망의 측면에서 비즈니스 모델을 설계한다는 것이다. 기업의 가치망에는 기업 자기 자신 외에도 공급업체, 사용자, 경쟁자, 상호보완자가 모두 포함되어 있다. 기업은 공급업체로부터 원자재를 확보하고 이를 생산, 가공하여 사용자에게 제공하기 때문에 기업은 경쟁뿐 아니라 상호보완성의 역할도 충분히 고려해야 한다. 특히 플랫폼형 비즈니스 모델에서 상호보완자는 플랫폼에 제품이나 서비스를 제공하기 때문에 사용자의 선택권이 넓어진다. 그러므로 플랫폼에 상호보완자가 많을수록 그리고 제품의 질이 높을수록 사용자는 매력을 느낄 것이다.

기업은 경쟁자와 상호보완자를 동시에 고려해야 하고 경쟁과 협력을 함께 생각해야 한다. 기존 시장을 두고 서로 경쟁만 할 것이 아니라 어떻게 상호보완성을 발전시켜 시장을 더 크게 키울 것인가를 고민해야 하는 것이다. 십이지동물 중 [개]는 경쟁과 협력 사이의 균형을 의미하는 동물이다. 개는 주인에게 충성할 뿐만 아니라 경쟁에서 기업의 양(사용자)을 잘 보호해 줄 수도 있고 협력을 잘하기 때문에 더 많은 양을 방목하도록 도와줄 수도 있다.

시장 요소의 세 가지 구성 포인트 중 [기술 동향], [자본과 자원], [시장 경쟁과 협력] 사이에는 강한 상호 촉진 관계가 존재한다(그림 5-8). 한 기업이 기술 동향을 정확하게 파악한 후 적절하고 충분한 자본 자원을 확보하여 시장에서 더 나은 경쟁 및 협력 위치를 얻을 수 있을 때, 더 큰 시장 개발 공간을 얻을 수 있다. 이것은 마치 초원에서 사냥감을 포위하고 있는 사냥꾼 대오와도 같다. 수탉은 새벽을 알려 무리가 아침 일찍 길을 떠날 수 있게 도와줘야 하고 준마는 사냥꾼을 태워 빠르게 달려야 하며 사냥개는 사냥을 도와야 한다.

그림 5-8 | 시장 요소: 닭, 말, 개

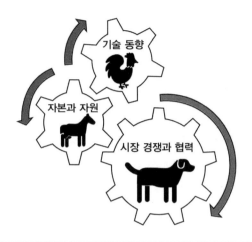

공진화 전략 캔버스

　창업자와 기업가가 기업 발전 과정에서 전략 방향과 전략 경로를 탐색하고 실행하는 데 도움을 받을 수 있도록 [공진화 전략의 12개 포인트]를 실용적인 도구로 바꾸어 보자. [공진화 전략의 12개 포인트]를 종이 위에 펼쳐놓으면 [공진화 전략 캔버스]를 만들 수 있다.

　[공진화 전략 캔버스]는 네 가지 특징을 가지고 있다. 첫째, [공진화 전략 캔버스]는 [공진화 전략의 12개 포인트]를 캔버스 위에 올려놓을 수 있기 때문에 전략의 본질을 파악하는 데 용이하다. 둘째, 창업가와 기업가는 여러 버전의 캔버스를 반복적으로 구성해 봄으로써 더 좋은 기업 전략을 수립할 수 있다. 셋째, [공진화 전략 4단계 캔버스]를 활용하여 기업의 발전단계별 전략 방향을 분석할 수 있다. 넷째, [공진화 전력 캔버스]를 통해 각 요소 간의 협력 관계를 분석함으로써 협동작전을 펼칠 수 있다.

　[그림 5-9]의 [공진화 전략 캔버스]에는 공진화 전략의 3단계 지휘체계도 나열되어 있다. 이 캔버스를 통해 [경영자, 직원, 기업의 이해관계자]는 [공진

화 전략의 4개 요소], [공진화 전략의 12개 포인트] 그리고 [공진화 전략의 36개 지표]를 바탕으로 기업 전략의 기본 구조를 생각하게 되며, 나아가 기업 전략에 대한 인식과 행동이 합치를 이루게 된다.

[사용자의 특징]은 사용자의 [생리적 특징, 심리적 특징, 사회적 특징]을 분석할 수 있고 [사용자의 수요]는 [수요의 현실성, 수요의 절박성, 수요의 발전성]을 분석할 수 있으며 [사용자의 선택]은 [선택 의지, 선택 과정, 선택 장애]를 분석할 수 있다.

[리더]는 [리더의 경험, 리더의 자원, 리더의 능력]을 분석할 수 있다. [팀원]은 [직원 규모, 직원 소양, 직원 성장]을 분석할 수 있다. [조직 관리]는 [조직구조, 조직 제도, 조직 문화]를 분석할 수 있다.

그림 5-9 **공진화 전략 캔버스**

1. 사용자 특징	4. 리 더	7. 제품 개발	10. 기술 동향
① 생리적 특징	① 리더의 경험	① 기술 혁신	① 기술 혁신성
② 심리적 특징	② 리더의 자원	② 프로세스 혁신	② 기술 안정성
③ 사회적 특징	③ 리더의 잠재력	③ 제품 혁신	③ 기술 경제성
④ 기타 특징	④ 리더의 기타사항	④ 기타사항 혁신	④ 기술의 기타사항
2. 사용자 수요	5. 팀 원	8. 마케팅 홍보	11. 자본과 자원
① 수요의 범위	① 팀의 규모	① 마케팅 포지셔닝	① 자금과 자본
② 수요의 심도	② 팀의 소양	② 마케팅 채널	② 유형의 자원
③ 수요의 빈도	③ 팀의 성장	③ 마케팅 역량	③ 무형의 자원
④ 수요의 기타사항	④ 팀의 기타사항	④ 마케팅의 기타사항	④ 기타 자원
3. 사용자 선택	6. 조직 관리	9. 비즈니스 모델	12. 시장 경쟁과 협력
① 선택 의지	① 조직 구조	① 비즈니스 모델	① 시장 경쟁
② 선택 장애	② 조직 제도	② 수익 모델	② 시장 협력
③ 선택 과정	③ 조직 문화	③ 현금 흐름 모델	③ 시장 생태
④ 선택의 기타사항	④ 조직의 기타사항	④ 모델의 기타사항	④ 시장의 기타사항

[제품 개발]은 [제품 혁신, 프로세스 혁신, 제품 상용화]를 분석할 수 있다. [마케팅 홍보]는 [마케팅 포지셔닝, 마케팅 채널, 마케팅 규모]를 분석할 수 있다. [비즈니스 모델]은 [비즈니스 모델, 수익 모델, 현금 흐름 구조]를 분석할 수 있다.

[기술 동향]은 [기술 성숙도, 기술 경제성, 기술 대체성]을 분석할 수 있다. [자본과 자원]은 [자금, 유형의 자원, 무형의 자원]을 분석할 수 있다. [시장 경쟁 및 협력]은 [시장 경쟁, 시장 협력, 시장 생태]를 분석할 수 있다.

이상의 내용을 통해 알 수 있듯 [공진화 전략 캔버스]는 창업가와 기업가에게 직관적인 분석 도구가 되어줄 뿐 아니라 일련의 사고방식까지 제공함으로써 기업 전략의 원점에서부터 생각할 수 있도록 도와준다. 즉 전략의 가장 기본이 되는 [2개의 차원(사람과 일, 안과 밖)]에서 [공진화 전략의 4개 요소(사용자-조직-제품-시장)]를 도출한 후 [공진화 전략의 열두 개 포인트]와 [공진화 전략의 서른여섯 개 지표]로 전략을 발전시키는 것이다. 창업가와 기업가는 주도면밀하고 논리적인 사고를 거쳐 치밀한 전략을 수립하고 실행하게 되며 나아가 자신의 전략 사고 체계까지 발전시킬 수 있게 된다.

기업을 생명체에 비유한다면 체계적인 방식으로는 생명체를 구성하는 구조에 관해 묘사할 것이고 동적인 방식으로는 생명체의 생애주기에 대해 묘사할 것이다. 기업의 생애주기 역시 [창업단계], [성장단계], [확장단계], {쇠퇴/전환단계]]를 거친다. [창업단계]에서 기업의 목표는 '성취'이다. [성장단계]에서 기업의 목표는 '크게 키우는 것'이다. [확장단계]에서 기업의 목표는 '강해지는 것'이다. [쇠퇴/전환단계]에서 기업의 목표는 '오래 가는 것'이다. 각 단계별로 기업의 목표가 달라지기 때문에 생명체를 구성하는 기관이 구현해야 하는 기능 또한 단계별로 달라진다. 따라서 [공진화 전략의 열두 개 포인트]는 기업의 생애주기에서 단계별로 다른 특징을 보인다.

사용자 요소의 진화

[그림 5-10]은 기업 발전의 4단계에서 [사용자 특징], [사용자 수요], [사용자 선택]의 세 가지 요소가 진화하는 경로를 보여준다. [창업단계]에서 '엔젤 사용자'[4]는 '대장 양(선도자)'에 비유할 수 있다. 엔젤 사용자는 트랜드를 이끌고 신기술과 새로운 사물에 강한 호기심을 가진 사용자들이다. 대장 양의 역할은 개인 소비 능력에만 국한되는 것이 아니라 전체 사용자에게 미치는 영향력에도 있다. [성장단계]에 진입한 '대중 사용자'는 '양떼', 즉 소비 심리학에서의 양떼 효과에 비유할 수 있는데 대중 사용자는 대개 선두 사용자를 따라 시장에 들어간다는 뜻이다. 기업이 [확장단계]에 들어간 후에는 사용자의 규모가 계속 커지기는 힘들다. 그래도 그동안의 발전을 통해 상당한 규모의 '누적 사용자'를 형성한 상태다. 이때 기업의 전략은 '방목 모델'에서 '우리(외양간) 모델'로 바뀌어

그림 5-10 **공진화 전략 사용자 요소 생애주기**

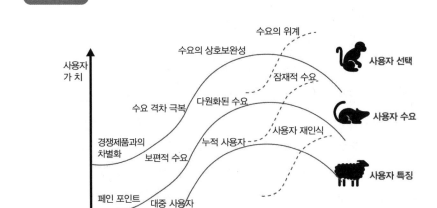

---

4 벤처 기업의 극초기 투자를 엔젤 투자라고 하는 것에서 유래되었다.

야 한다. 기업이 [전환단계]에 들어간 이후에는 [성장단계]와 [확장단계]에서 발전했던 주력 사업들이 하락세를 보이기 시작한다. 이것은 기업이 특정 사용자에 대한 시장 기회를 놓칠 수도 있다는 것을 의미한다. 하지만 [전환단계]에서는 소 잃은 후에 외양간을 고쳐도 늦지 않다.

[사용자 수요] 역시 기업의 발전단계마다 끊임없이 변화한다. 우리는 사용자의 수요를 '쥐'에 비유한다. [창업단계]에서는 사용자의 '페인포인트(痛点)'를 파악하기 위해 기업은 사용자 수요를 '실험용 쥐'로 삼아 사용자의 페인포인트를 정확하게 찾을 수 있는 세밀한 연구를 해야 한다. [기업이 성장]함에 따라 사용자의 보편적 수요를 포착해야 한다. 기업이 사용자의 보편적 수요를 파악하려면 사용자 간의 수요 전염성을 이용해야 한다. 이것은 마치 쥐가 질병의 확산에 미치는 영향과 같다. [확장단계]에 들어가기 전까지는 기업이 충족시켜야 하는 사용자의 수요는 비교적 단일하지만, 그 이후에는 사용자의 '다양한 수요'를 만족시켜야 한다. 이것은 쥐의 잡식적인 수요를 만족시키는 것과 같다. 기업이 [전환단계]에 들어가면 사용자의 '잠재적 수요'를 더욱 발굴해야 한다. 이는 땅속에 숨은 쥐를 찾아내기 위해 땅을 파는 것에 비유할 수 있다.

[사용자 특징]과 [사용자 수요]는 [사용자 선택]에 영향을 미친다. '원숭이'가 바로 [사용자 선택]의 특징을 잘 보여주는 동물이다. [창업 초창기]의 엔젤 사용자들은 새로움에 대한 수용도가 비교적 높은 편이긴 하지만 까다롭고 이것저것 고르기를 좋아한다. 그러므로 엔젤 사용자를 끌어들이고 싶다면 기업은 명확한 차별화를 달성해야만 한다. 기업이 [성장단계]에 접어들면 사용자 유동량이 빠르게 증가하지만 그들의 조삼모사식 성향으로 인해 기업에게는 이 사용자들을 계속 잘 유지하여 한 단계 성장할 수 있을 것인지가 여전히 난제로 남아있다. [확장단계]에 진입한 기업은 '상호보완성 수요'를 활용해 사용자의 잠재력을 충분히 발굴할 수 있도록 수요를 보다 효율적으로 충족시킬 수 있는 방법에 대해 고민해야 한다. 마지막으로 [전환단계]에 들어간 기업은 사용자의 맞춤형 요구와 세분화된 요구 등의 추세에 적응할 수 있어야 한다. 또한 사용자를 위해 더 높은 가치를 창출함으로써 사용자의 평생 가치를 실현하여야 한다.

[창업단계]에서 기업은 사용자에 대해 정확한 포지셔닝을 해야 한다. 약수

가 삼천리나 있다한들 이걸 누가 퍼갈 수 있겠는가?[5] 창업하고 혁신하자마자 모든 사람들의 수요를 만족시킬 수는 없다. 그러므로 수많은 사용자 중 극소수의 사용자를 선택하고 이들에게 집중해야 한다. 이런 사용자들이 바로 창업기업에게는 엔젤 사용자가 되는 것이다. 물론 엔젤 사용자에게도 다양한 수요가 있으며 창업가와 기업가가 모든 엔젤 사용자의 수요를 만족시킬 수는 없으므로 반드시 페인포인트(Pain point)를 정확히 파고 들어야 한다.

기업이 [성장단계]에 접어들면 기업의 사용자에 대한 전략은 '버릴 건 버리자(以舍为主)'에서 '취할 건 취하자(以取为主)'로 전환되기 때문에 잠시 내려놓고 있었던 일반 대중 사용자에게로 목표 대상이 변경된다. 그들의 특징을 연구하여 기업의 제품과 서비스에 관심을 갖게 만드는 것이다. [성장단계]에 있는 기업은 사용자들의 페인포인트도 만족시켜야겠지만 보편적이고 자주 발생하는 수요를 최대한 충족시키기 위해 특히나 노력해야 한다. 기업은 많은 일반 대중 사용자의 보편적인 요구를 충족시킴으로써 자신들이 [창업단계]에서 이루어냈던 발전과는 또 다른 발전을 이루어낼 수 있고 사용자 증가라는 목표도 이룰 수 있게 된다.

기업이 [확장단계]에 들어가면 사용자 증가 속도가 떨어진다. 이때 기업의 사용자에 대한 전략은 '유입 위주'에서 '잔류 위주'로 전환된다. 기업은 이제 신규 사용자를 중심으로 자원을 투입할 것이 아니라 기존 사용자 위주로 자원을 투입해야 한다. 또한 기존 사용자의 다양한 수요를 발굴함으로써 제품과 서비스의 관련성 확장을 도모해야 한다. 제품과 서비스의 확장할 때에는 수요의 상호보완성에 중점을 두어야 한다. 최대한 단순하고 양질의 제품과 간소화된 서비스를 제공함으로써 사용자의 상호보완적 수요를 충족시키고 소비자 잉여를 증가시켜야 한다.

---

5 弱水三千, 只取一瓢飲를 패러디한 것이다. 약수(弱水)는 신선이 사는 강으로 약수의 깊이가 3천리나 될 정도로 깊다지만, 나는 한 바가지면 족하다는 뜻이다. 즉, 큰 욕심없다는 의미로 사용되는 표현이다. 이 글에서는 욕심없다는 의미로 사용된 것이 아니라 이 표현을 인용하여 '우리가 약수 강물을 가지고 있다 한들 누가 한 바가지 달라고 오겠는가? 즉, 우리 회사가 아무리 훌륭한 물건들을 많이 판다한들 누가 알고 오겠는가, 정도의 의미로 사용되고 있다.

기업이 [전환단계]에 들어서면 기존 사용자가 빠져나가기 시작한다. 기업의 장기적인 발전을 위해 특히나 비사용자의 특징을 생각해 보아야 할 때가 온 것이다. 비사용자를 연구함으로써 기업은 이들이 과연 우리 기업의 미래 발전 방향이 되어줄 것인지, 이들은 왜 우리 기업 제품을 그 전에 사용하지 않았던 것인지, 이들의 요구를 충족시키려면 제품을 어떻게 수정해야 하는지 등을 이해하게 된다. 사용자의 잠재적 요구를 연구한다는 것은 앞으로의 수요가 어떤 발전 방향으로 나아갈 것인지를 파악하는 일이다. 갈수록 개성화되는 비즈니스 세계에서는 이처럼 수요의 다양화 추세를 파악해야만 사용자에 대한 전략을 올바로 수정할 수 있다.

기업의 생애주기에서 사용자에 대한 전략을 세우고 수행하는 것은 한마디로 끊임없는 취사의 과정이다. [창업단계]와 [성장단계]에서는 '수렴(버리기)' 위주이다. 먼저 엔젤 사용자들의 페인포인트에 수렴하고, 그 다음에는 대중 사용자들의 보편적인 수요에 수렴한다. 하지만 [확장단계]와 [전환단계]에서는 '발산' 위주이다. 먼저 누적 사용자의 다양한 수요로 발산하고, 그 다음에는 비사용자의 잠재적 요구로 발산한다. 사용자 전략의 균형미는 바로 이 취하고 버리는 것 사이 어딘가에 있는 것이다.

조직 요소의 진화

[그림 5-11]은 조직 요소의 [리더]와 [팀원]과 [조직 관리]라는 세 가지 포인트들이 기업의 발전단계에서 진화하는 경로를 보여준다. 우리는 『역경(易經)』[6]에서 건괘(乾卦)의 육효(六爻)를 빌려 [리더]의 진화 과정을 분석할 수 있다. [창업하기 전], 아직까지는 창업가가 아닌 잠재적 리더를 '잠룡물용(潛龙勿用)'이라 할 수 있다. 이는 발전이 아직 잠복 단계에 있기 때문에 힘을 축적하여 시기를 보다가 흥해야 한다는 의미이다. [창업단계]에서 이제 막 창업을 시작한 창업가는 '견룡재전(见龙在田)'이라 할 수 있다. 용이 막 땅 위로 올라왔으나 비약

---

6 유교의 오경 가운데 하나로, 세상의 원리를 기술한 책이다. 흔히 주역(周易)이라고도 한다.

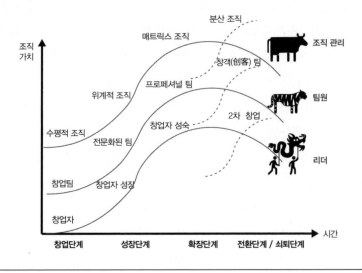

그림 5-11 공진화 전략 조직 요소 생애주기

의 수준에는 이르지 못했음을 의미한다. 기업이 [성장단계]에 진입하면 창업가의 성장을 통해서만 기업이 발전할 수 있다. 이 시기를 가리켜 '종일건건(終日乾乾)'이라 할 수 있다. 온종일 근면성실하게 노력해야 한다는 뜻이다. 기업이 [확장단계]에 들어가면 각종 시련을 거친 창업가는 마침내 성숙한 상태에 이르게 되는데 이 단계는 '혹약재연무구(或跃在渊, 无咎)'라고 할 수 있다. 이는 용이 연못에서 날아올랐다가 다시 돌아오게 되어도 이것은 잘못이 아니라는 뜻이다.[7] 기업이 순조롭게 [전환단계]에 진입하고 창업가가 제2의 창업을 실현시키게 되면 이를 가리켜 '비룡재천(飞龙在天)'이라 할 수 있다. 이는 용이 하늘로 날아올라 크게 될 것이라는 의미다. 그러나 현실에서는 많은 기업들이 [전환단계]에 순조롭게 진입하지 못하고 [쇠퇴단계]로 빠진다. 이때의 리더는 '항룡유회(亢龙有悔)'라고 할 수 있다. 이는 극한까지 날아오른 용에게는 더 이상 갈 곳이 없으니 회한이 따른다는 말이다.

---

7 중간에 실수를 했더라도 초심을 잃지 않고 정진하면 된다는 의미이다.

기업의 발전에는 [리더]의 역할 외에 팀의 역할도 몹시 중요하다. 창업자와 마찬가지로 [팀원]들은 기업의 발전과정 내내 끊임없이 성장한다. [창업단계]에서는 마치 '아기 호랑이' 같은 창업멤버가 되고, [성장단계]에서는 마치 끝을 모르고 승승장구하는 '산중 호랑이' 같은 전문화된 팀이 되며, [확장단계]에서는 '밀림의 호랑이' 같은 프로페셔널 팀이 되고, [전환단계]에서는 마치 '도간호(跳澗虎)'[8] 같은 [창객(创客)팀][9]이 되는 것이다. 이것이 바로 [팀원]들의 끊임없는 자기 극복 과정이다.

기업의 [리더]와 [팀원] 간의 긴밀한 연결은 기업 [조직 관리]의 핵심이다. 기업의 발전단계별 [조직 관리]의 특징은 '소'에 비유할 수 있다. [창업단계]에서 기업의 '편평한 조직' 구조는 마치 갓 태어난 송아지 같아서 사방으로 이리저리 부딪히며 에너지가 넘친다. [성장단계]에 접어들면서 기업은 점차 '위계 조직'으로 변하는데 이것은 마치 화우진(火牛陣)[10]과도 같다. 앞장서는 소를 나머지소가 따라가는 것처럼 기업의 [성장단계]를 모두가 함께 통과하는 것이다.

[확장단계]에 접어들면 기업의 조직구조는 '매트릭스 조직' 형태로 바뀌는데 [성장단계]에 비해 규모와 복잡성이 크게 증가하게 된다. 이 시기의 조직구조는 모든 소의 사육과 출산을 세심하게 관리하는 현대식 축사와 비슷하다. 기업이 [전환단계]에 접어들면 기업의 조직구조는 '분산 구조'로 바뀌게 되어 마치 축사가 생태계 목장으로 바뀌고 축사 자동화라인에 있던 소가 자연 목장으로 간 것처럼 활력이 넘치게 된다.

[창업단계]에서의 조직 건설의 가장 두드러진 특징은 '장점을 취하는 것'이다. 첫 번째 창업을 하기 전까지 모든 창업가는 창업의 경험이 없으며 0에서부터 시작한다. 주변에 있는 친구와 동료는 매우 제한적이기 때문에 그와 뜻이 맞아 함께 창업의 위험을 기꺼이 감수하겠다는 동료를 찾아내기란 쉽지 않다. 게다가 그들은 적지 않은 단점을 가지고 있다. [창업단계]에서 팀을 조직한다는 것은 '최적해(optimal solution)'가 아니라 '가능해(feasible solution)'일 뿐이다. [창업

---

8 수호전에 나오는 인물인 진달(陳達)은 '협곡을 뛰어다니는 호랑이', 즉 도간호라고 불렀다.
9 창업가
10 소 천 마리를 모아 꼬리에 불을 붙이고 꼬리가 뜨거워진 소들이 날뛰게 하여 적을 무찌르는 전술

단계]에서 창업멤버들이 해야 할 일은 '단점을 보완하는 것'이 아니라 '장점을 취하는 것'이다. 따라서 [창업단계]의 조직구조는 수평적인 경우가 많으며 창립 멤버들은 각자의 장점을 최대한 발휘하고 자신의 전문분야에서 돌파구를 찾으려 노력한다.

[성장단계]에 접어들면서 기업 조직구조의 가장 두드러지는 특징은 '단점 보완'으로 바뀌었다. 창업가를 포함한 창업멤버 전원은 [창업단계]에서의 시행착오를 거친 끝에 자신에게 비교적 적합한 포지션을 찾게 된다. 창업가는 기업 발전의 중요한 동력으로서 끊임없이 성장하고 자신의 단점을 보완함으로써 조직의 발전을 이끌어야 한다. 창업멤버들 역시 기업이 [성장단계]에 접어든 이후에는 자신의 단점 보완을 중요 업무로 삼아 기업의 빠른 성장 과정에서 자신의 능력 부재로 인한 경영 허점이 생기지 않도록 해야 한다. 그리고 조직구조 역시 이에 상응하는 형식으로 바뀐다. 계층적 조직의 구축을 통해 상대적으로 안정적인 구조를 형성하고 여기에서 확보한 안정성으로 개인 능력의 부족함을 보완하는 것이다.

[확장단계]에 접어든 기업의 조직구조의 두드러진 특징은 '단점을 교체'하게 되었다는 것이다. 기업이 [확장단계]에 접어들었을 때에는 이미 상당한 자원과 능력을 갖춘 상태이다. 거대한 함대를 모는 것과 작은 나룻배를 모는 것은 그 요구하는 능력이 다르다. [확장단계]의 기업에게는 노련한 창업가가 필요하다. 만약 사업은 성장했는데 창업가는 여전히 미성숙한 상태라면 창업가가 기업을 떠나야 하는 지경에 처할 수도 있다. 실제로 급속 성장한 기업의 많은 창업가들이 기업의 성장을 쫓아가지 못한 탓에 중도에 쫓겨난다.

기업의 성숙과 확장을 위해서는 경영진 역시 전문화되어야 한다. 창업과 성장 과정에서 많은 팀원들이 다양한 개인 성장을 이루었지만, 대기업을 경영한 경험은 없기 때문에 성숙한 기업의 경영자 역할을 수행하기에는 역부족일 수 있다. 그러므로 경영진에 대한 구조 조정을 시행하여 경영진을 성숙한 프로페셔널 팀으로 전환해야 한다. 이렇게 되면 기업의 조직구조는 더욱 안정되고 여러 라인이 서로 교차하는 매트릭스 구조가 된다.

기업이 [전환단계]에 진입한 이후의 조직구조의 두드러진 특징은 '장점을 재창조'하는 것이다. 기업이 날로 성숙해지면서 원래의 단점들은 이미 보완이 되었고, 원래의 장점들은 더 이상 특별한 것이 아니게 되었다. 이때 기업은 창업가 정신을 되찾고 두 번째 창업을 시작하여 조직을 활성화하고 팀을 초창기 같은 창업팀으로 전환시킴으로써 내적 소모없는 분산형 조직을 형성해야 하다.

제품 요소의 진화

[그림 5-12]는 기업 생애주기에서 제품 요소의 세 가지 포인트인 [제품 개발], [마케팅 홍보], [비즈니스 모델]이 진화하는 과정을 보여준다. [창업단계] 제품 개발의 특징은 '최소기능제품(Minimun Viable Product, MVP)'이다. 이는 창업 기업이 한 번에 너무 많은 매몰 비용을 제품 개발에 투자하지 않고 기술 조건과 시장 수요에 따라 지속적으로 조정해 나가는 것을 의미한다. 뱀의 민첩성에서 MVP 개발에 대해 시사점을 얻을 수 있다.

그림 5-12 | 공진화 전략 제품 요소 생애주기

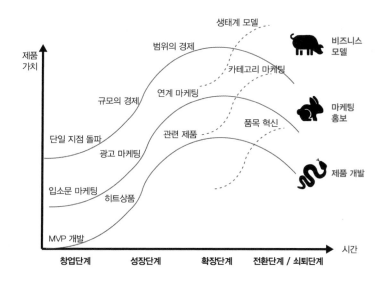

[성장단계] 기업의 제품 개발의 특징은 우수한 기술과 자원을 집중시켜 하나 혹은 몇 개의 '히트상품'을 만든다는 것이다. 소위 히트상품이란 합리적인 비용과 시간으로 상호작용할 수 있고 다수의 보편적인 수요를 만족시킬 수 있는 제품을 가리킨다. 히트상품의 탄생은 마치 뱀이 사냥감을 공격할 때 이빨에 온 힘을 모으는 것과 같다.

기업이 [확장단계]에 들어간 후 제품 개발의 특징은 '관련 제품'의 개발로 진화한다. 관련 제품이란, 예를 들어 휴대폰을 중심으로 주변 상품이 개발되듯 히트상품을 중심으로 상품이 다양화되는 것을 의미한다. [확장단계]에서 관련 제품을 만드는 것은 또아리를 틀고 공격을 준비하는 뱀과 비슷하다. 히트상품은 뱀머리고 관련 제품은 또아리를 틀고 있는 뱀의 몸통인 것이다.

기업이 [전환단계]에 들어간 후의 제품 개발의 특징은 '품목 혁신'으로 표현된다. 이른바 품목 혁신이란 잠재적 사용자의 수요를 만족시키기 위해 기존 제품의 기술 라인 외에 새로운 제품 카테고리를 형성하는 것이다. 품목 혁신과 기업의 이전 다른 혁신들 간의 관계는 일반적으로 불연속적이다. 품목 혁신은 독사가 독을 뿜어 공격하는 것을 상상하면 되는데 물리적 무기(뱀 이빨)에서 화학적 무기(독)로, 근거리 공격(물기)에서 원거리 공격(분사)으로 업그레이드되는 것을 말한다.

제품 요소의 두 번째 요점은 [마케팅 홍보]이다. '토끼는 토끼굴 옆에 난 풀만 뜯어 먹 듯'이 [창업단계]의 기업에게는 '입소문 마케팅'이 가장 중요한 마케팅 홍보 방법이다. [성장단계]에 진입한 기업은 많은 사용자들의 보편적인 수요를 충족시켜야 한다. 그러므로 마케팅 방식은 더 이상 입소문 마케팅에 국한되지 않으며 대신 토끼의 귀여운 외모와 강한 번식력을 이용한 '광고 마케팅'을 통해 '따바이투(大白兔,)' 같은[11] 브랜드를 만들어 낼 수 있다. [확장단계]에 들어간 기업은 관련 제품에 대해 보다 효율적인 '연계 마케팅'을 해야 한다. 예를 들어 이미 만들어져 있는 따바이투(大白兔) 이미지를 중심으로 흰토끼, 회색토끼, 검은토끼, 귀가 긴 토끼, 귀가 접힌 토끼 등 일련의 이미지를 만들어 내는 것이다. [확장단계]에 들어간 기업은 '카테고리 마케팅'을 해야 한다. 이것은 실제

---

11 대형 흰토끼라는 뜻으로 중국의 유명 사탕 브랜드이다.

토끼의 이미지를 뛰어넘는 애니메이션 토끼 이미지(예를 들면 미피, 피터래빗, 마시마로, 우사비치, 벅스바니처럼)를 만들어 사용자의 마음을 사로잡기 위함이다.

제품 요소의 세 번째 요점은 [비즈니스 모델]이다. [창업단계] 기업의 비즈니스 모델은 단일 지점 돌파이다. 예를 들어 돼지를 죽이는 전통적인 방식은 먼저 돼지를 누른 다음 목 바로 아래 심장을 찔러 피를 내는 것이다. [성장단계] 기업의 비즈니스 모델은 '규모의 경제'이다. 이것은 양돈장을 운영하는 것과 같다. 사육, 검역, 가공 등 다양한 인프라를 위한 투자가 필요하기 때문에 규모가 클수록 돼지 사육의 평균 단가가 낮아진다. [확장단계]에 접어든 기업은 '범위의 경제'를 추구한다. 양돈 기술을 습득한 후에는 닭과 토끼도 키워낼 수 있는 것과 같다. [전환단계]에 있는 기업의 비즈니스 모델은 '생태계 모델'이다. 생태계 모델을 이용해 돼지를 기르는 기업은 더 이상 자신이 직접 시설에 투자하지 않는다. 대신 다른 많은 농가와 중소 양돈장과 연합하여 양돈 생태계를 구축한다. 이렇게 하면 투입 대비 산출 효과는 물론이고 경제적, 사회적 이익을 더 많이 얻을 수 있다.

[창업단계]에서 기업의 제품 개발은 일반적으로 짧은 개발 주기를 반복(iteration)하는 방식을 취한다. 애자일 개발 방식의 핵심은 군더더기 기능은 버리고 핵심 기능만 남기며, 여러 차례 빠른 교체를 통해 핵심기능을 최적화시켜 단일 지점 돌파(単点突破)의 비즈니스 모델을 실현하는 것이다. 제품 개발 사이클을 형성하기 위해 애자일 개발은 보통 주력 사용자를 중심으로 전개되며, 입소문 마케팅을 통해 제품이 핵심 사용자에 도달할 수 있게 한다.

기업이 [성장단계]에 진입한 후에는 더욱 더 제품 개발에 집중해야 하며 모든 역량을 한 곳에 집중시켜 히트상품을 만들어낼 수 있도록 노력해야 한다. 히트상품이 있어야 제품 판매 규모가 대중에 대한 마케팅을 감당할 수 있을 정도로 성장할 수 있고, 그래야 규모의 경제를 실현할 수 있기 때문이다.

기업이 [확장단계]에 접어들면서 제품 개발은 주력제품과 주력기능을 중심으로 확장되기 시작한다. 주의해야 할 것은 제품과 기능의 확장은 무작위적이고 임의적인 것이 아니라 주력제품과 주력기술을 중심으로 진행하여 관련 제품을 형성할 수 있어야 한다는 것이다. 관련 제품을 중심으로 기업은 연관 마케팅을 실시할 수 있으며 사용자로 하여금 한 장소에서 같은 회사의 여러 제품을 사용하게 하여 더 높은 사용 효율성을 얻게 할 수 있다. 사용자 가치가 창출됨에 따라 기업 역시 범위의 경제를 실현할 수 있게 된다.

모든 기업은 시간의 추이에 따라 제품과 서비스가 노후화될 위험에 처해 있다. 따라서 제품 혁신은 [전환단계]에 놓인 모든 기업들이 직면하는 주요 과제이다. 제품의 혁신을 실현하기 위해 기업은 알을 깨고 나와야 하며 미래 시장을 선점하기 위해 새로운 제품 카테고리를 만들어 내야 한다. 새로운 제품 카테고리를 만들어내기 위한 혁신은 제품 차원에서 그치지 않으며 비즈니스 모델 수준에서 이루어져야 한다. 또한 기존의 제품 모델을 버리고 새로운 생태계 모델을 만들어야 한다.

시장 요소의 진화

시장 요소의 첫 번째 포인트는 [기술 동향]이지만 이는 사회 동향, 경제 동향 등 기업의 발전에 영향을 미치는 다양한 외부 동향으로도 이해할 수 있다. 기술 동향의 중요한 특징은 주기성이다. 즉, 기업은 기술의 주기를 잘 파악하여 적시에 궤도에 올라타야만 지속가능한 발전을 꾀할 수 있다. [창업단계]에서 기업은 마치 닭의 꼬리에서 기술 혁신의 방향을 모색하는 것 같다. 하지만 기술의 발전은 매우 높은 불확실성을 가지기 때문에 하늘로 치솟아 있던 수탉의 꼬리가 허리까지 내려가듯 기업의 기술 기대치 역시 정점에서 바닥까지 뚝 떨어질 수도 있다. [성장단계] 기업은 수탉의 허리 부근에서 출발하게 된다. 그들은 점점 성숙해지는 '핫트렌드 기술'을 활용하여 기업의 성장을 실현시킨다. [성숙단계]에 진입한 기업은 이미 수탉의 머리까지 올라와 있는 것과 마찬가지여서 그들이 '주도적으로 설계'한 기술의 성숙도는 이미 무르익은 상태이다. 하지만 곧 [쇠퇴단계]에 진입할 수도 있다. 기업이 전환을 실현하기 위해서는 반드시 새로운 기술 궤적을 찾아야 하며 마치 수탉의 머리에서 닭벼슬 끝까지 올라가듯 '패러다임 혁명'을 실현하여 새로운 기술 발전 곡선을 그려야 한다.

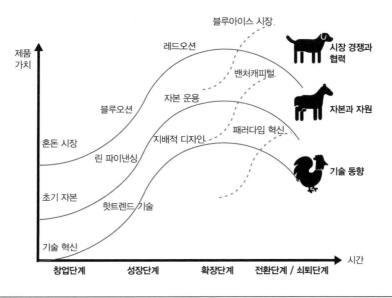

그림 5-13 | 공진화 전략 시장 요소 생애주기

시장 요소의 두 번째 포인트는 [자본과 자원]이다. [창업단계]에는 필요한 자본과 자원의 양이 비교적 적기 때문에 망아지에 비유할 수 있을 것이다. 망아지는 비록 몸은 작지만 태어난 직후 금방 일어서고, 걷고, 심지어는 달릴 수 있다. 따라서 [창업단계]의 기업은 '초기 자본'에 대한 통제 능력을 유지해야 한다. [성장단계]의 기업은 기업의 급속한 성장을 지원하기 위해 비교적 많은 자본과 자원이 필요하다. 그런데 현실을 보면 [성장단계]의 많은 기업들이 경제원칙은 무시한 채 융자와 돈 쏟아붓기를 통해 발묘조장(拔苗助長)[12]의 방식으로 기업 성장에 박차를 가하려고 한다. 이러한 방식은 사회적, 경제적 자원의 낭비를 초래할 가능성이 높다. 그러므로 [성장단계]의 기업은 자본과 자원을 찾는 과정에서 '린 파이낸싱', 즉 적절한 시기에 적절한 출처에서 적절한 양의 자본과 자원을 확보하는 방식을 취하는 것이 좋다. [확장단계]에 진입한 기업은 마치 번식을 통해 자신의 유전자를 재생산할 수 있는 우수한 종마처럼 체계적인

---

12 맹자(孟子)에 나오는 이야기로 서두르다 일을 망친다는 의미이다.

'자본 운용'을 시작한다. 마지막으로 [전환단계]에 진입한 기업은 보다 우수한 유전자를 얻기 위한 잠재적인 방법이 무엇인지 깨닫게 될 것이다. 기업이 천리마에서 백락(伯乐)[13]으로 변신하여 '밴처캐피털' 등의 방식으로 다른 천리마에 투자한다면 자신만의 천리마 왕국을 건설할 수 있을 것이다.

시장 요소의 세 번째 포인트는 [시장 경쟁과 협력]이다. [창업단계]의 기업이 있는 시장을 '혼돈 시장'이라고 하는데, 이는 기업의 발전 방향이 확실하지 않고 발전 경로도 연속적이지 않음을 의미하는 표현이다. 혼돈 시장에서의 시장 경쟁과 협력 전략은 기업이 자신의 길을 찾을 수 있도록 도와주는 안내견과도 같다. 기업이 [성장단계]에 들어간 후의 시장은 '블루오션'에 가깝다. 이 단계의 시장 경쟁과 협력은 많은 사용자를 확보하고 기업의 규모가 커질 수 있도록 돕는 양치기 개와 같다. 기업이 [확장단계]에 진입하면 종종 '레드오션' 같은 상황에 직면하게 된다. 이때의 시장경쟁과 협력은 기업이 새로운 개발 기회를 포착하고 상대방을 물리칠 수 있도록 도와주는 사냥개와 같다. 기업이 [전환단계]에 진입한 후의 시장 상황은 '블루아이스'라고 할 수 있다. 즉, 아직 개발되지 않은 거대한 잠재적 시장인 것이다. 이 시기 시장 경쟁과 협력은 미지의 땅을 찾아 광활한 푸른 얼음 위에서 썰매를 끄는 썰매견 무리와 같다.

모든 기업은 시장에서 성장하고 시장에서 소멸한다. 시장 자원에 대한 취사와 시장 동향에 대한 파악이 기업의 성패를 결정한다. [창업단계]에서부터 기업은 기술 방향, 자본 자원, 시장 기회 등의 각종 자원을 시장에서 찾기 시작한다. [창업단계] 기업의 시장 요소에 대한 기본 태도는 가질 수 있는 건 갖고, 많으면 많을수록 좋다는 것이다. 예를 들어 창업기업은 가장 선진적이고 안정적이며 경제적인 기술을 찾기 위해 다양한 기술적 방향을 시도한다. 또한 다방면으로 자원을 확보하려고 하며, 내부 및 외부 자금 조달을 통해 초기 자본을 형성하려고 한다.

---

13 伯乐(백락)은 춘추 전국시대의 진나라 사람으로, 말을 잘 고르기로 유명한 사람으로 특히 천리마를 알아볼 수 있는 능력이 있었다. 즉 천리마보다 천리마를 알아 볼 수 있는 능력이 더 중요하다는 맥락이다.

기업이 [성장단계]에 접어들면 시장 요소에 대한 태도가 달라져야 한다. [성장단계]에 접어든 기업은 분산이 아닌 집중을 해야 한다. 이를 위해 기업은 시장 요소들을 획득할 때 신중하게 선택하여야 하고 너무 많은 시장 요소에 끌려 다니지 말아야 한다. 실제로 많은 기업들이 시장 요소에 의존하여 빠른 성장을 이루지만 이들 대부분은 시장 요소의 이윤추구적 본성을 무시하였기에 갑자기 흥하였듯 갑자기 망하고 만다. 기업은 [성장단계]에서 기술과 자본과 시장을 신중하게 선택해야 한다. 즉 잠복기가 충분한 기술방향을 선택해야 하고, 린 파이낸싱의 방식으로 외부 자원을 유치해야 하며, 잠재력이 있는 블루오션을 선택해야 하는 것이다.

　　[확장단계]에 진입한 기업들은 시장 요소에 대한 태도를 다시 '취하기'로 전환한다. 이 시기 기업은 시장에서 어느 정도의 지위를 갖고 있기 때문에 이를 통한 상업적 이익을 얻을 수 있다. 예를 들어 기업은 기술 축적의 초기 과정에서 특정 산업의 표준과 지배적인 디자인을 형성하고 이러한 기술적 이점을 사용하여 라이센스 비용을 얻을 수 있다. 또한 기업은 발전 초창기에 많은 자본 자원을 축적하였기 때문에 이런 자본 자원을 이용해 인수합병이나 투자를 함으로써 새로운 시장 영역에 진출할 수 있다.

　　기업이 [전환단계]에 진입하면 시장 요소에 대한 태도는 더욱 신중해질 필요가 있다. [전환단계]에 진입한 기업은 여전히 일정 정도의 자본과 자원을 보유하고 있지만 기존의 비즈니스는 이제 성장할 여지가 별로 없다. 그러므로 유한한 자본 자원을 미래의 돌파구 방향으로 집중시켜야 한다. 예를 들자면, 기업은 미래에 폭발적인 혁신으로 이어질 수도 있는 기술이 무엇인지 동향을 파악하고, 미래에 돌파구를 마련해 줄 혁신적인 스타트업 기업에 자본의 일부를 투자하며, 미래에 커다란 잠재력을 가진 시장에 밭을 갈아놓아서 다음 생애주기에서의 기회를 선점할 수 있도록 해야 한다.

[창업단계]의 사용자

엔젤 사용자

[엔젤 사용자]는 기업 발전의 전체 생애주기에서 가장 먼저 그 기업의 제품을 사용하고 인정해 준 사용자이다. 페이스북을 예로 들자면 페이스북 최초의 사용자 20명과 페이스북을 세운 마크 주커버그는 모두 하버드대학 학생들이었으며, 대부분이 룸메이트이거나 같은 수업을 듣거나 같은 같은 그룹 활동을 하는 등 긴밀한 유대 관계를 가지고 있었다. 이를 통해 엔젤 사용자는 보통 창업자 주변의 가장 친한 친구나 친척인 경우가 많다는 것을 알 수 있다. 페이스북의 엔젤 사용자 20명은 비록 그 수는 적지만 서로 간의 상호 신뢰도가 높고 접속 빈도도 높은데다 하버드대학이라는 후광까지 있었기 때문에 페이스북은 창립 초기부터 많은 힘을 받을 수 있었다.

엔젤 사용자가 중요한 이유는 그들이 다른 사용자를 끌어오기 때문만은 아니다. 엔젤 사용자는 창업기업이 페인포인트와 창업 방향을 파악하고 최소기능제품(MVP: Minimum Viable Product)에 역량을 집중하며 혁신적인 기술을 얻을 수 있도록 도와줌으로써 창업기업 발전에 영향을 미치기도 한다.

첫째, 엔젤 사용자는 창업기업이 사용자의 수요를 파악하는 데 도움을 줄 수 있다. 샤오미의 창업자 레이쥔은 샤오미가 증시에 상장하던 날 축사에서 샤오미가 개발한 첫 번째 제품이었던 MIUI 버전 1의 사용자는 고작 100명에 불과했지만 이들이 적극적으로 지지해주었기 때문에 샤오미가 한 단계 성장할 수 있었다고 말했다. 레이쥔은 특별히 샤오미가 생겼을 때부터 샤오미를 응원해온 미펀(米粉)[1] 6명을 상장 기념식장에 초대하였고, 미펀의 대표 홍쥔(洪駿)을 무대 위로 올려 그들과 함께 상장을 축하하는 징을 쳤다.

둘째, 창업자는 마땅히 제품의 엔젤 사용자여야 한다. 수많은 천재적인 창

---

1 샤오미의 팬을 일컫는 말. 원래 뜻은 쌀가루이다.

업 아이디어들은 모두 창업자가 아직 사용자였을 때 떠올린 것들이다. 이렇게 사용자가 창업자로 변신하는 현상을 가리켜 학계에서는 [사용자 창업(User Entrepreneurship)]이라 부른다. 피트니스 앱 Keep의 설립자 왕닝(王宁)이 바로 사용자에서 창업자로 변신한 경우다. 왕닝은 대학 시절 110kg에 육박할 정도로 뚱뚱했으나 학교 운동장 돌기와 인터넷에서 모은 각종 다양한 다이어트 방법을 통해 3개월 만에 80kg까지 감량했다. 그는 자신의 다이어트 방법을 PDF 문서로 만들어 주변 친구들에게 공유했다. 하지만 PDF 문서를 읽는 것이 번거로웠고 당시 앱스토어에는 적합한 앱이 없었기 때문에 Keep을 설립하여 스스로 엔젤 사용자가 되었다.

셋째, 엔젤 사용자의 참여는 창업기업의 [MVP(최소기능제품)] 개발에 있어 무척 중요하다. 사용자 참여 역시 이를 지칭하는 별도의 학술 용어가 있는데 [사용자 커뮤니티(User community)]라고 한다. 싱슈린(杏树林)은 의사에게 전문서비스를 제공하는 창업기업이다. 이들은 창업 초기에 '의학 문헌(医学文献)', '의사 주머니(医口袋)', '병력 차트(病历夹)'의 세 가지 제품을 출시하여 의사가 문서를 입수하고, 자료를 참조하고, 환자 기록과 진료 기록을 축적할 수 있도록 도왔다. 싱슈린의 독창적인 창업 아이디어는 창업자인 장위셩(张遇升)이 베이징협화의학원(北京协和医学院)에서 공부하는 동안 '협화삼보(协和三宝. 즉 의대의 세 가지 보물인 도서관, 의료 기록실, 원로 교수진)'에서 받았던 깊은 인상에서 비롯된 것이다. '협화삼보'는 의사가 난치병 환자를 마주하게 되었을 때 빠르게 참고 자료를 찾을 수 있도록 도와준다. 장위셩은 일차적인 창업 아이디어를 기반에 두고 여러 의사 및 엔젤 사용자들과의 교류를 거쳐 싱슈린의 프로토타입을 만들어냈다.

넷째, 엔젤 사용자는 창업기업의 혁신적인 기술과 아이디어의 원천이 될 수 있으며, 이를 학술용어로 [사용자 혁신(User innovation)]이라 부른다. 예를 들어 LEGO의 경우 사용자가 혁신에 참여하도록 독려함으로써 혁신적인 활력을 유지하고 있다. 레고 팬들은 레고 공식 커뮤니티 플랫폼에서 레고의 제품과 아이디어에 대해 토론할 수 있으며 연구팀도 구성할 수 있다. 또한 '레고 앰버서더(LEGO Ambassador)'를 선발하여 회사의 디자인팀과 교류하게 함으로써 빌더(builder)의 창의력을 자극한다. 레고는 레고에 고용된 파트타임과 풀타임 디자이너 및 빌더에게 "레고 공인 작가(LEGO Certified Professional)" 인증도 발급하고 있다.

인물 프로토타입

인물 프로토타입은 창업자가 엔젤 사용자의 입장에서 사용자가 누구인지, 어떻게 생각하는지, 무엇을 하고 싶은지, 어디로 가고 싶은지, 언제 가고 싶은지 등의 문제를 생각할 수 있게 도와주며, 창업기회를 분석하는 데에도 도움이 된다.

인물 프로토타입은 대표 상품의 타깃 사용자층을 개괄한 것으로 각각의 인물 프로토타입은 유사한 관점과 목표를 가지고 유사한 행동을 하는 제품 사용자를 대표한다. 인물 프로토타입은 보통 가상의 이름과 인물사진, 그림, 서술식 표현을 사용하여 그 혹은 그녀의 생활을 묘사한다. 인물 프로토타입의 관건은 정확한 대상, 즉 지금 문제가 되고 있는 사용자층의 수요를 가장 잘 대표할 수 있는 사용자를 고르는 일이다. 그 후 이들에게 우선순위를 매기는데 가장 중요한 사용자 그룹의 수요를 충족시키되 2순위 사용자 그룹의 수요를 훼손해서도 안 된다.

그림 6-1 인물 프로토타입 캔버스

사용자 묘사 :

_____

_____

_____ 이름 _____

_____ 나이 _____

_____ 성별 _____

사용자의 기대 :   사용자의 필요 :   이 프로젝트에 대한 힌트 :

페인포인트

　사업 방향을 선택하고 만들 제품과 서비스를 결정하기 앞서 창업자는 질문해야 한다. 사용자는 이걸 왜 샀을까? 인류 상품경제 발전의 역사는 사람들이 일반적으로 두 가지에 돈을 쓴다는 것을 보여준다. 첫째는 고통과 싸우는 일이고 둘째는 행복을 추구하는 일이다. 사람들이 고통과 즐거움에 대해 느끼는 방식의 복잡성은 무한한 창업의 기회를 가져다준다. 창업자는 사용자의 고통을 완화시키는 데 초점을 맞추고 사용자가 고통을 느끼는 지점에서 착안점을 찾을 수 있다. 또는 사용자에게 즐거움을 만들어 주는 데에 초점을 맞출 수도 있다. 페인포인트(pain point, 痛点)에 대해서라면 사용자를 불안하게 하거나 답답하게 하거나 초조하게 하거나 난처하게 하는 것에 대해 생각하면 된다. 또는 사용자를 불평하거나 분노하게 하고 심지어 욕하게 만드는 것들이 무엇인지에 대해 살펴보는 것이다. 소비자의 고통이 무엇인지 명확하게 깨닫고 가슴에 새긴 후에 '통증을 없애주는' 제품과 서비스를 개발하는 것이다.

　페인포인트의 해결이 중요한 이유는 제품이 사용자의 페인포인트를 콕 찝어낼 때 그들이 돈을 내기 때문만은 아니다. 페인포인트는 창업기업이 경쟁제품과 차별화되는 제품을 만들고 조직력을 집중하여 큰 일을 처리하도록 도와준다. 또한 [단일지점 돌파]를 실현시키고 혼돈 시장에서 미래 발전 방향을 찾아낼 수 있도록 도와준다.

　첫째, 창업기업은 페인포인트를 파악함으로써 경쟁업체와 차별화될 수 있다. 틱톡(tiktok·더우인·抖音)의 부상은 시청자와 게시자 모두의 페인포인트를 충족시켰다. 시청자들은 지루한 시간을 보내야 하기 때문에 신나는 음악을 듣고 싶어하고 트렌디한 것들을 접하고 싶어한다. 게시자들은 자신을 표현함으로써 인정과 관심을 받고 싶어하고, 강한 표현욕 및 모방욕을 가지고 있으며 새로움을 추구하고 더 아름다운 생활을 기록하고 싶어한다. 짧은 동영상이 대중화되기 전에는 그림이나 긴 동영상이 형식으로 이러한 요구를 충족시켰지만, 그림보다는 영상이 더 매력적이고 사람들은 더 빠른 속도로 즐거움과 자극을 추구하기 때문에 짧은 영상이 이 페인포인트를 해결해주는 새로운 방식이 되었다.

　둘째, 페인포인트를 파악하면 창업기업이 조직력을 집중하여 큰 일을 처리하는 데 도움을 줄 수 있다. 2021년 6월 만방그룹(满帮集团)[2]이 뉴욕증권거래소에 상장되었는데 창업자인 장후이(张晖)는 창업 초창기에 화물시장의 가장 큰 페인포인트가 무엇인지 찾아내는 데 많은 시간을 썼다. 비표준화의 정도가 너무 높아서 화물끼리도 차이가 많이 났고 화물차도 천차만별이었다. 비표준화가 화물 시장의 가장 큰 페인포인트라는 것을 깨달은 장후이는 모든 자원을 두 가지 일에 쏟아부었다. 첫째, 신용 체계를 구축하기 위해 많은 노력을 기울였으며 화물기사와 화물 소유자 양쪽에 운영수칙을 설정해주었다. 이 수칙을 지키지 않으면 차단된다. 둘째, 비표준화된 화물 운송 시장을 통합시켰다.

셋째, 페인포인트를 파악하면 창업기업이 제품의 [단일지점 돌파]를 달성하는 데 도움을 줄 수 있다. 룬미테크(润米科技)은 카이룬그룹(开润集团)과 샤오미가 공동으로 설립한 샤오미 생태계 체인 회사이다. 룬미테크는 시장에서 일반적으로 여행용 캐리어의 품질이 낮고 외관이 못생긴 문제점에 맞서 "최고(极致) 아이템'과 '최고(极致) 체험'이라는 개념을 제안하고 299위안짜리 기본형 캐리어와 1,799위안짜리 메탈 캐리어를 출시한다. 이 제품들은 각각 시장의 다른 브랜드의 1,000위안짜리 제품과 5,000위안짜리 제품의 품질을 따라잡았으며, 빠른 속도로 [단일지점 돌파]에 성공했다.

넷째, 페인포인트를 파악하는 것은 혼란스러운 시장에서 창업기업이 미래의 발전 방향을 찾는 데 도움이 될 수 있다. 투자자들이 창업자에게 자주 묻는 질문은 "사용자의 페인포인트는 어디에 있으며, 어떻게 해결할 것인가"이다. 이 질문의 핵심은 이 프로젝트가 시장 수요가 있는지, 그리고 사용자가 살 의향이 있는지의 여부이다. 사람들의 삶 속에서 불평은 이미 오래전부터 있어 왔고 그 이면에 있는 불평의 요인들도 복잡하다. 그러므로 만약 이 문제를 완벽하게 해결하고자 한다면 완벽주의의 수렁에 빠져 헤어나오지 못할 수도 있다. 올바른 답은 페인포인트에서 작은 실마리를 찾아보는 것이다. 너무 많은 생각은 창업 프로젝트의 설계를 복잡하게 하고, 복잡해지면 초기 투자 비용이 커지며, 비용과 불확실성이 커지면 프로젝트가 중단될 가능성이 높아진다.

---

2 중국 화물 업계의 우버라고 불리는 중국 최대의 대형 트럭 배차 서비스이다. 2017년 윈만만(运满满)과 훠처방(货车帮)이 합병되어 만들어졌다.

도구모음

사용자 감정이입 지도

[사용자 감정이입 지도]는 사용자의 행동과 태도를 분석하고 나타내는 직관적이고 시각적인 형태이다. 이 그림은 팀이 사용자를 더욱 잘 이해할 수 있도록 도와준다. 감정이입 지도는 마케터, 제품 개발자, 크리에이브 팀이 함께 만들어도 된다. 각각 사용자에 대한 공감대를 형성하여 '사용자의 머릿속에' 들어갈 볼 수 있을 것이다. 감정이입 지도는 팀이 사용자의 세계에 들어가 사용자의 시각으로 목표와 의문을 품고 문제를 생각하게 만든다. 이렇게 함으로써 사용자를 더 잘 이해하게 되고 직관적인 정보를 얻으며 중요한 분석 결과를 강조하고 팀의 합의점을 빠르게 도출할 수 있다.

사용자 감정이입 지도는 일반적으로 용지를 여러 섹션으로 나누고 그 중심에 사용자를 놓는다. 사용자 주변의 각 섹션은 각각 사용자가 무엇을 하고 있는지, 무엇을 보는지, 무엇을 듣는지, 무엇을 생각하는지, 무엇을 느끼는지(소비와 소득 포함) 등을 의미하며 사용자의 외부 환경과 내부 사고를 탐색하는 데 사용할 수 있다. 팀원들은 사용자에 대한 이해와 연구 데이터를 기반으로 함께 정보를 채워넣는다.

그림 6-2 | 사용자 감정이입 지도

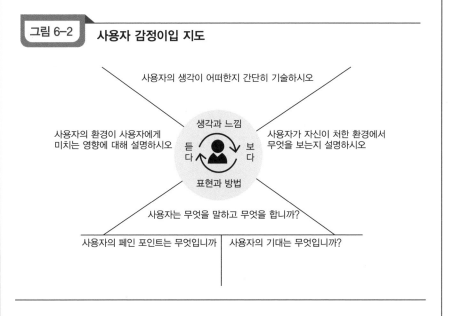

경쟁제품의 차이

창업에서 경쟁은 의외로 쉽게 간과되는 요소이기도 하다. 창업자들이 창업의 열정과 찬란한 꿈에 고무되다보니 그들 앞에 있는 '적'을 무시하기 때문이다. 중국 창업계에는 경쟁을 무시하고 무협소설 주인공같은 허황된 자신감을 갖는 경우가 많다. 그러나 중국 창업자들이 걸어온 역사와 그들이 마주하고 있는 현실은 가혹하다. 전국민이 뛰어들었던 P2P사금융시장, 업종마다 우후죽순 퍼지는 O2O 서비스, 도시를 가득 채워버린 공유자전거 등이 대표적인 사례였다.

충동적인 창업자는 경쟁력있는 제품을 만드는 것에 매진하기보다는 정부와 투자자의 주머니에 시선을 둔다. 그들이 하고 있는 일은 B2B도 아니고 2C도 아닌 2G나 2VC인 것이다[3] 이러한 상황에서 자본의 보릿고개가 다가오자 많은 투자자들이 창업자들에게 경쟁의 잔혹성을 조심하라고 일깨우기 시작했다. 예를 들어 모닝사이드 벤처캐피탈(晨兴资本)의 투자자 류친(刘芹)은 한 SNS공유글에서 이렇게 지적했다. "전략 회의 시간에 어떻게 하면 빨리 시장점유율을 올릴 수 있을까에 대해서만 이야기하는 창업가들을 많이 봤다. 만약 5개에서 10개 정도의 동종업계 이사회에 들어가 보았는데 들리는 소리가 다 비슷했다면, 이것은 그들이 동질화의 경쟁에 들어갔음을 의미한다. 그러나 앞서나가려는 회사라면 차세대 투자 기회를 발굴하고 이런 식의 동질화 경쟁에서 벗어나는 방법을 찾아야 한다. 그러므로 차별화가 몹시 중요해질 것이다."

린 스타트업 단계에서 기존 경쟁 제품 간의 차이점을 충분히 고려하는 것은 기업이 페인포인트를 포착하고 경쟁력 있는 팀을 조직하고 MVP를 개발하고 혁신적인 기술을 사용하는 데 중요한 영향을 미친다. 우선, 기존 경쟁 제품과의 차별화는 창업자가 사용자의 페인포인트를 포착하는 데 도움을 줄 것이다. 인테리어 업계를 예로 들어보자. 현재 중국 인테리어 산업 규모는 약 4조 위안이며, 그 중 절반 정도가 실내인테리어 업계에 속한다. 업계 내 기존 기업들은

---

3 2G, 2VC는 한국에서 일반적으로 사용하는 용어는 아니지만 문맥상 to Goverment, to Venture Capital, 즉, 개인소비자나 기업소비자에게 어필하고, 그들을 연결시켜주는 정상적인 사업 모델이 아닌 정부나 벤처투자자에게만 어필하려는 기업을 의미한다.

불투명한 이익, 낮은 거래 효율성, 정보 불균형, 신뢰 문제, 직원 관리의 어려움, 시공 서비스 품질 통합의 어려움 등 공급망 내 수많은 문제에 직면해 있다. 아이자생활(艾佳生活)은 애플의 앱스토어 모델을 참조하여 내부 마무리(interior finish, 硬装) 표준화와 가구 배치(furnishing, 软装) 맞춤화가 결합된 모델을 제안하였고 "커스텀 풀옵션+맞춤형 가구 배치"의 반 표준화된 주택 인테리어 모델을 출시하였다. 이를 통해 사용자가 인테리어 과정에서 최소한의 시간과 최소한의 에너지와 최소한의 돈으로 더 좋은 결과를 얻을 수 있게끔 하는 것이다.

둘째, 기존 경쟁 제품과 경쟁자의 팀 구성이 어떠한지 알면, 보다 경쟁력 있는 창업 멤버를 꾸리는 데 아이디어를 얻을 수 있다. 카이룬그룹(开润集团)의 설립자 판징송(范劲松)은 2005년, 자신이 3년 넘게 근무했던 레노버를 떠나 맨바닥에서부터 사업을 시작했다. 반도체를 전공한 판징송은 2년 간의 연구와 시도 끝에 여행 캐리어 시장에서 잠재적인 기회를 발견했다. 물론 여행 캐리어 산업은 전통적이고 저가형 산업이지만 시장에서의 수요는 여전히 많다. 결정적으로 업계 경쟁자들의 사고방식이 예전 패러다임에 머물러 있었기 때문에 경쟁력이 상대적으로 약했다. 카이룬의 핵심 팀원들은 모두 레노버나 휴렛 팩커드, 에스퀼 그룹(Esquel Group)[4] 등 다양한 업계의 중심에 있던 기업 출신들이다. 전통적인 여행 캐리어 회사의 경영자들에 비해 교육 수준이 뛰어났고 다양한 배경을 지녔다. 하지만 정작 여행 캐리어에 대해서는 아는 게 없었다. 그러나 판징송은 배경이 다른 팀원들이 경계를 넘나드는 사고방식을 할 수 있게 해주었고 결국 그들은 혁신적인 아이디어를 통해 전통적인 여행 캐리어 업계를 재편할 수 있었다.

셋째, 기존 경쟁 제품의 기본 속성을 참조한 후 혁신하는 것은 MVP를 신속하게 개발하는 데 도움이 된다. 완방신에너지(万帮新能源)는 장쑤성(江苏省) 창주(常州)에 있는 민간 기업이다. 설립자인 샤오단웨이(邵丹薇)가 이쪽 업계에 진출할 당시, 전국 180개 기업 중 인터넷 기반 충전기를 생산할 수 있는 기업은 5개에 불과하며, 게다가 이 5개 기업 모두 스마트 충전기에서 만들어지는 데이터

---

4 세계 최대 면셔츠 제조업체로 홍콩에 본사가 있다.

의 가치를 제대로 깨닫지 못하고 있다는 것을 발견하였다. 이에 완방신에너지는 업계 내 경쟁 제품의 기본 속성을 바탕으로 스마트 충전기 칩을 연구개발하고 스마트 충전기 제품을 출시하여 겨우 2년 만에 경쟁사와 차별화된 스마트 충전 플랫폼을 구축하였다.

넷째, 기존 경쟁 제품이 사용하는 기술에 따라 창업자는 혁신 기술을 적절하게 사용함으로써 우위를 얻을 수 있다. 텐센트가 OICQ를 개발했을 당시, 이미 중국 시장에는 ICQ가 들어와 있는 상태였다. 텐센트의 OICQ(QQ)가 치고 올라갈 수 있었던 것은 기술의 작은 혁신(微创新) 덕분이었다. ICQ는 미국의 높은 컴퓨터 보급 환경을 기반으로 한다. ICQ는 컴퓨터 클라이언트에 사용자 콘텐츠와 친구 목록을 저장하는데 거의 모든 ICQ 사용자가 자신의 개인 컴퓨터를 가지고 있기 때문에 이러한 설계로 인해 사용자가 불편해질 일은 딱히 없었다. 그러나 중국에서는 달랐다. 그 당시에는 컴퓨터를 가진 사람이 거의 없었고 대부분의 사람들은 회사나 PC방에서 컴퓨터를 사용했다. 그들이 다른 컴퓨터로 온라인에 접속하게 되면 원래의 내용과 친구 목록이 없어지는데 이는 정말 성가신 문제다. OICQ 개발팀은 이 문제를 해결했다. 사용자 콘텐츠와 친구 목록을 클라이언트에서 서버로 옮겨 사용자 정보와 친구 목록이 없어지는 문제를 해결한 것이다.

도구모음

경쟁제품 분석 캔버스

창업자는 [사용자 중합도(重合度)]와 [수요 중합도(重合度)] 두 가지 차원에서 자신의 제품과 경쟁 제품 간의 관계를 분석할 수 있다. 만약 둘 사이의 [사용자 중합도]와 [수요 중합도]가 모두 낮다면 이들 간에는 잠재적 경쟁관계만 존재한다고 볼 수 있다. 그러다가 [사용자 중합도]가 상승하게 되면 경쟁 제품과 창업자의 제품은 경쟁관계로 돌아서는데 이때의 경쟁은 [수요]를 두고 벌이는 경쟁이다. 또는 자신의 니즈를 충족시키기 위해 사용자가 소비하는 [돈과 시간]에 대한 경쟁일 수도 있다. 만약 [수요 중합도]가 상승한다면 경쟁 제품과 창업자의 제품은 [사용자]를 두고 경쟁하게 될 것이다. 이때 서로 다른 사용자층을 개발할 수도 있겠지만 일시적인 것일 뿐, 결국 [사용자 중합도]와 [수요 중합도]가 모두 상승하게 되면 창업자와 경쟁사 사이에는 이중 경쟁이 발생하고 만다.

[경쟁제품 분석 캔버스]는 경쟁제품 분석 보고서의 [MVP(최소기능제품)]에 해당하는 것으로 경쟁제품 분석 결과를 저렴하고 빠르게 검증하고자 할 때 사용한다. [경쟁제품 분석 캔버스]를 사용하려면 먼저 분석 목표가 명확해야 하며 제품이 현재 직면하고 있는 문제를 해결할 수 있어야 한다. 경쟁제품을 선택할 때에는 먼저 발산한 후에 수렴하도록 한다. 즉 선택단계에서 시야를 넓혀 중요한 금지물품을 누락하지 않도록 한다. 엄선단계에서는 세 개 정도의 경쟁제품에 대해 중점 분석을 해야 하므로 수렴이 필요하다. 분석 차원은 분석 목표에 따라 다르기 때문에 분석 차원의 이유를 작성하는 것이 좋다. 경쟁제품에 대한 정보를 수집할 때에는 일반적인 경로 외에 합법적인 비공식 경로도 고려해야 한다. 기존 SWOT 분석과 결합하여 기업의 내부 강점과 약점, 외부 기회와 위협을 분석한다. 경쟁제품 분석 및 정리는 운용성을 구체적으로 고려해야 한다.

그림 6-3　**경쟁제품 분석 캔버스**

【1. 분석목표】 왜 경쟁제품을 분석하나? (이 분석이) 제품에 어떤 도움이 되길 바라는가? 당시의 제품의 현 단계는: 지금 현재 당신의 제품의 가장 큰 문제와 도전은: 경쟁제품 분석 목표:	【5. 우세】 경쟁제품과 비교하여 당신의 제품의 장점은 무엇인가? (팁 : 분석 차원과 결합해도 됨)	【6. 열세】 경쟁제품과 비교하여 당신의 제품의 단점은 무엇인가?
【2. 경쟁제품 선택】 브랜드 이름, 버전 그리고 선택 이유	【7. 기회】 어떤 외부 기회가 있는가?	【8. 위협】 어떤 외부 위협이 있는가?
【3. 분석 차원】 어떤 각도에서 경쟁제품을 분석할 것인가? 예를 들면 성능, 시장 전략..... (팁 : 제품의 단계와 분석 목표를 결합하여 분석의 차원을 설정할 것)	【9. 제안과 총평】 경쟁제품 분석 결과 당신의 제품에 어떤 제안을 할 수 있겠는가? 어떤 경쟁 전략을 취해야 하는가? 어떤 결론을 얻었는가?	
【4. 경쟁제품 정보 수집】 어떤 채널에서 경쟁제품의 정보를 수집할 예정인가?		

설립자

'모두가 창업하고, 모든 것을 혁신하라(大众创业、万众创新)'는 말처럼 중국에서 창업은 큰 유행이지만 정작 많은 젊은 창업자들은 자신이 왜 창업을 하고 싶어 하는 것인지에 대해 제대로 생각해보지 않는다. 어떤 사람들은 취업 스트레스 때문에 창업을 하고 어떤 사람들은 '관리당하기' 싫어서 창업을 한다. '글로벌 기업가정신 모니터(Global Entrepreneurship Monitor; GEM) 2021'은 창업 동기를 혁신 마인드(to make a difference in the world), 수입 창출(to build great wealth or very high income), 가업 승계(to continue a family tradition), 생계 유지(to earn a living because jobs are scare)의 네 가지로 나누었다.

조사에 참여한 43개의 국가 혹은 지역 중 9개 국가 혹은 지역의 응답자 60% 이상이 창업의 중요한 동기로 [혁신 마인드]를 답했다. 이들 국가와 지역에는 선진 경제권(예를 들어 미국, 캐나다, 사우디아라비아)과 중진 및 후진 경제권(예를 들어 인도, 콜롬비아, 브라질, 과테말라, 파나마, 앙골라)이 포함된다. 또한 8개 국가 혹은 지역의 응답자 중 30% 미만도 창업의 중요한 동기로 [혁신 마인드]를 답했다. 이 중 4개국은 유럽(폴란드, 러시아, 이탈리아, 그리스)에 속해 있으며 4개국은 아시아(한국과 타지키스탄)와 아프리카(모로코, 부르키나파소)에 속해 있다.

조사에 참여한 국가 혹은 지역 중 11개 국가 혹은 지역의 응답자 75% 이상이 창업의 중요한 동기로 [수입 창출]을 답했다. 이들 중 동기가 가장 강렬했던 것은 이탈리아와 타지키스탄이었고 이어 인도, 이란, 콩고, 사우디아라비아, 쿠웨이트 순이다. 11개 국가 혹은 지역 중 8개가 중동과 아프리카에 속해 있다. 조사에 참여한 국가 혹은 지역 중 오직 6개 국가 혹은 지역의 응답자 40% 미만만이 창업의 중요한 동기로 [수입 창출]을 꼽지 않았다. 이들 국가와 지역은 주로 북미와 유럽에 속해 있으며 노르웨이의 비율이 가장 낮았다.

물론, [혁신 마인드]와 [수입 창출]이라는 동기가 듣기에는 아름답게 들리지만 실제로는 대다수 창업자들은 더 현실적이다. 조사에 참여한 43개 국가 혹은 지역 중 34개 국가 혹은 지역의 응답자 50% 이상이 창업의 주된 동기로 [생계 유지]를 답했으며 특히나 비율이 높은 곳은 인도, 앙골라, 과테말라 등이었다. 창업의 주요 동기로 [생계 유지]를 답하지 않은 나라는 주로 북유럽 국가(예를 들어 스웨덴과 노르웨이)였다.

'글로벌 기업가정신 모니터 2021'의 데이터 분석을 통해 창업 동기에는 다양한 것들이 있다는 것을 알 수 있다. 전거펀드(真格基金)의 설립 파트너인 쉬샤오핑(徐小平)은 한 프로그램에서 '창업은 무엇을 만들어내는가'라는 질문에 이렇게 대답했다. "창업은 삶의 욕구, 직장에의 요구, 시장의 수요와 공급처럼 '구하는 것(求)'을 만들어내는 것이다. 쉬샤오핑의 대답은 두 가지 차원으로 나누어 볼 수 있다. 하나는 '누구를 위해 창업하는가'이며 다른 하나는 '왜 창업하는가'이다. 개인이나 타인을 위해 창업할 수도 있고, 현실과 꿈을 위해 창업할 수도 있다. 창업을 하는 이유에 따라 누구를 위해 창업하는지, 왜 창업하는지에 대한 내용이 달라진다.

개인이 직면한 현실 세계의 문제를 해결하기 위해 창업하는 것이 '직장에의 요구'인데 이러한 유형의 동기는 '글로벌 기업가정신 모니터 2021' 보고서의 '생계 유지'와 유사하다. 예를 들어 위민홍(俞敏洪)이 영어학원을 차렸던 이유는 베이징 대학 교사로서 벌어들이는 수입이 적어 이 문제를 해결하기 위한 것이었는데 나중에 어쩔 수 없이 교직을 그만두게 되면서 신동팡(新东方)[5]을 창립하였다.

개인의 꿈을 이루기 위해 창업하는 것은 '개인의 욕망'인데 이러한 유형의 동기는 '글로벌 기업가정신 모니터 2021'의 '가업 승계'와 유사하다. 예를 들어 리장고성(丽江古镇)[6]의 많은 여관 주인들은 '아름다운 인생과의 만남'이라는 목표 아래 본업과 생활을 포기하고 리장의 따뜻한 오후 햇살에 몸을 던진 사람들이다.

---

5 신동팡은 중국 최대 사교육업체이며 베이징대를 졸업한 위민홍이 창업하였다.
6 중국 윈난성 리장시의 옛 시가지로 차마고도의 관문이기도 하다. 1997년 12월 3일 세계유산으로 등록되었다.

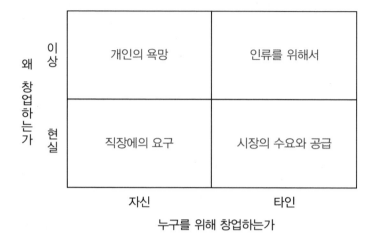

그림 6-4

그림 6-4 | **창업은 바로 [구하는 것(求)]을 만드는 것이다**

	자신	타인
이상	개인의 욕망	인류를 위해서
현실	직장에의 요구	시장의 수요와 공급

왜 창업하는가

누구를 위해 창업하는가

다른 사람의 현실적 문제를 해결하기 위해 창업하는 것은 '시장의 수요와 공급'이며 이러한 유형의 동기는 '글로벌 기업가정신 모니터 2021'의 '수입 창출'과 유사하다. 예를 들어 쉬샤오핑이 신동팡에서 학생들을 가르치기 시작했을 때 그는 해외 유학원 사업이 앞으로 유니콘급의 사업이 될 것이라고는 예상하지 못했다. 그때 당시 쉬샤오핑이 해외 컨설팅을 시작했던 이유는 많은 사람들이 영어를 배우고 토플 시험을 보지만 비자를 받지 못해 시장의 수요가 엄청나게 컸기 때문이다. 이와 관련하여 쉬샤오핑은 이런 명언을 남겼다. "이기주의자는 다른 사람이 필요한 게 있다고 하면 그걸 부담으로 생각하지만 이타주의자는 다른 사람이 필요한 게 있다고 하면 그게 해결되어야 한다고 생각합니다. 아주 좋은 창업 기회죠."

쉬샤오핑이 말한 세 가지 '구하는 것' 외에 하나를 더 추가하면 타인(또는 인류)의 꿈을 이루기 위해 하는 창업인데, 이러한 유형의 동기는 '글로벌 기업가정신 모니터 2011'의 '혁신 마인드'와 유사하다. 예를 들어 테슬라의 설립자인 일론 머스크는 꿈꾸는 창업자이다. 그는 칭화대학에서 있었던 특강에서 이렇게 말했다. "대학에 다닐 때 인류를 발전시킬 수 있는 사업에 뛰어들겠다고 결심했는데 인터넷, 지속가능한 에너지, 우주 이민, 생물학, 인공지능의 5가지 선택지가 있었습니다." 머스크가 지금까지 창업한 X.com(Paypal의 전신)과 테슬라와 스페이스X는 인류가 더 큰 꿈을 실현하도록 돕는 인터넷, 지속가능한 에너지, 우주 이민의 세 가지 분야에서의 창업이다.

창업의 이유가 무엇인지 잘 생각해보고 싶다면, 창업에 적한한 사람이 누구인지, 누구와 같이 창업하는 게 좋을지 고민해 보아야 한다. 먼저 창업자나 창업에 적합한 사람이 누구인지에 대한 문제를 해결하자는 것이다. 이와 관련해 학계와 업계가 내놓은 답은 각양각색이다. 요약하자면 태도와 능력 두 가지 관점으로 정리할 수 있는데 태도는 주로 위험을 감수하는 개인의 태도를 말하며 능력은 주로 배우고 혁신하는 능력을 말한다.

위험에 대한 개인의 태도와 관련하여 창업자들 사이에 '확률권(概率权)'이라는 말이 유행하고 있다. 모든 사람은 서로 다른 확률 사건 사이에서 선택할 권리가 있으며 확률권에 대한 태도가 기회를 잡고 못 잡고의 여부를 결정한다는 것이다. 예를 들어 일정 금액(가령 100만 위안)을 얻는 것과 일정한 확률로 더 큰 금액(가령 10%의 확률로 1,000만 위안)을 얻는 것 중 하나를 선택하라고 한다면 대부분의 사람들은 전자를 선택한다. 확실한 기회를 선택하는 사고방식을 가리켜 '가난한 사람의 사고'라고 하고, 확률적인 기회를 선택하는 사고방식을 가리켜 '부자의 사고'라고 한다. 물론 이 말에는 어느 정도 오류가 있다. 확률적 기대값 측면에서 볼 때 두 기회의 결과는 같기 때문이다. 이러한 태도의 차이는 분명 누구는 부자가 되고 누구는 기회를 잃는 다른 결과로 이어진다.

학습과 혁신 능력에 대하여 창업자들 사이에서도 금과옥조로 여겨지는 유명한 말이 있다. "Stay hungry, stay foolish(求知若渴, 痴心不改. 지식을 구하는 것은 목이 마를 때 물을 구하는 것처럼 하고, 한 번 먹은 마음은 고쳐먹지 말아라)." 이 말은 스티브 잡스가 스탠포드 대학 졸업식에서 한 말이다. 그가 학생들에게 이렇게 말한 이유는 학습과 혁신은 계속 지속해야 하는 과정인데다 이것은 스탠퍼드를 졸업하는 엘리트들에게조차 큰 도전이라고 생각했기 때문이다. 이 말은 개인에게는 평생 하는 공부를 의미하고 기업에게는 지속적인 혁신을 의미한다.

스티브 잡스와 똑같은 생각을 한 사람이 바로 증국번(曾国藩)[7]이다. 증국번은 『증국번가서(曾国藩家书)』에서 "오직 천하의 지극히 둔한 것만이 천하의 지극히 재주있는 것을 이길 수 있다"라고 하였다. 둔한 것(拙)이 약삭빠른 것(巧)보다 쓰임이 더 많다는 뜻이다. 런정페이 역시 화웨이의 성공담을 가리켜 "癡, 傻, 憨" 세 글자로 정리하였다. [癡(어리석을 치. '집착하다'라는 뜻도 있음)]는 화웨이가 창업 이래 오로지 정보통신 분야에서만 고집스러울 정도로 꾸준히 노력해 왔다는 의미이다. [傻(어리석을 사. '외곬수'라는 뜻도 있음)]는 화웨이가 빨리빨리 돈버는 것에만 매달리지 않고 우직하게 한 우물을 팠기 때문에 경쟁력을 지킬 수 있었고 "아무도 가보지 않은 곳"으로 진격할 수 있었다. [憨(어리석을 감)]은 화웨이보다 더 우수한 회사(예를 들면 IBM)에 가서 배울 때에는 초심을 잃지 않고 간절한 자세로 지식을 배워왔다는 의미이다.

창업과 관련된 성공의 [확률]을 학술적으로는 위험감수성 (Risk Sensitivity)이라고 표현한다. 어떤 사람들은 위험을 몹시 회피하는 반면 어떤 사람들은 약간의 위험 정도는 기꺼이 감수하는 현상을 가리키는 말이다. 스티브 잡스, 증국번, 런정페이 등이 말한 '지식을 구하는 것은 목이 마를 때 물을 구하는 것처럼 하고, 한 번 먹은 마음은 고쳐 먹지 말아라'와 관련된 학술용어는 [학습과 혁신 능력]이라고 부른다.

[그림 6-5]는 [심각한 위험에 대한 위험감수성]과 [지속적인 학습과 혁신 능력]의 두 가지 기준을 활용하여 사람의 유형을 네 가지로 나누고 있다. 전체 인구의 대다수는 [심각한 위험에 대한 위험감수성]과 [지속적인 학습과 혁신 능력]이 모두 낮으며 이들의 직업은 대부분 일반 직원이다. [지속적인 학습과 혁신 능력]은 낮지만 [심각한 위험에 대한 위험감수성]이 강한 사람은 '도박꾼'이라고 할 수 있다. 가끔 그들이 성공하는 경우가 있긴 하지만, 이는 조건부 확률이 아니라 독립 확률일 뿐이다.

---

7 청나라 말기의 정치가이자 학자이다. 상승군을 만들어 태평천국의 난을 진압하였으며 이홍장 등 여러 인재들에게 영향을 끼쳤다.

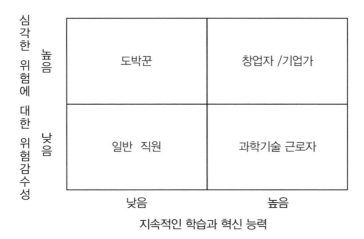

그림 6-5 누가 창업자인가?

	낮음	높음
높음	도박꾼	창업자 /기업가
낮음	일반 직원	과학기술 근로자

심각한 위험에 대한 위험감수성

지속적인 학습과 혁신 능력

대다수의 과학기술 근로자들은 [지속적인 학습과 혁신 능력]이 매우 높지만 큰 [위험을 감수하는 것을 좋아하지 않기] 때문에 안정적인 과학기술 혁신 업무를 수행하는 경향이 있다. 일반적인 과학기술 근로자와는 달리 [위험감수성]이 높은 일부 과학기술 근로자들은 창업자나 기업가가 되는 것을 선택한다. 물론 과학 기술자가 아닌 창업자와 기업가가 훨씬 더 많다. 그러나 그들은 모두 [지속적인 학습과 혁신 능력]을 가지고 있다. "창업자의 인지적 경계가 곧 창업기업의 경계"라는 말이 있다. 이 때문에 중국에 창업 붐이 불자 각종 '창업 캠프'와 '창업 대학'이 등장하게 되었고, 이러한 것들은 창업자들이 지속적으로 학습 및 혁신 능력을 향상시킬 수 있도록 돕고 있다.

인물 프로토타입

　　창업자 특징 평가표에는 위험선호도, 동기부여도, 자기통제, 불확실성 통제 등의 항목이 포함된다. 창업자는 평가표를 사용하여 스스로 평가를 할 수 있고 가까운 친구에게 자신에 대한 평가를 요청하여 자기 평가와 타인 평가 간의 차이를 비교할 수도 있다. 필요한 경우 친구와 함께 자신의 특징에 대하여 이야기를 나누고 자신의 창업 동기에 대해 더 깊이 이해하는 데 도움이 될 수 있다.

표 6-1　창업자 특징 평가표

특징의 차원	특징 묘사	특징 판단 (1은 매우 동의하지 않는다, 5는 매우 동의한다)				
		1	2	3	4	5
위험 선호도	나는 더 높은 보수를 위해서라면 더 큰 위험을 감수할 의향이 있다.	□	□	□	□	□
	하이리스크 · 하이리턴과 로우리스크 · 로우리턴 중 나는 전자를 선호한다.	□	□	□	□	□
	나는 목적 달성을 위해 대담하고 관행에 얽매이지 않는 행동을 취하는 경향이 있다.	□	□	□	□	□
동기 부여도	나는 창업과 같은 생활방식을 간절히 바란다.	□	□	□	□	□
	나는 도전적인 일을 좋아한다.	□	□	□	□	□
	나는 창업과정에서 발생하는 모든 일들에 책임감을 가지고 임하겠다.	□	□	□	□	□
자기 통제	창업의 압박 속에서도 나는 여전히 괜찮은 상태를 유지한다.	□	□	□	□	□
	창업의 성공 여부는 나에게 달려 있다.	□	□	□	□	□
	창업가가 목표를 달성할 수 있는 지 여부는 대부분 그들의 노력에 달려 있다.	□	□	□	□	□
불확실성 통제	의사결정에 불확실성이 존재할 때에는 긍정적으로 생각하고 대처하겠다.	□	□	□	□	□
	나는 창업의 불확실성이 주는 자극을 좋아한다.	□	□	□	□	□
	실제 상황이 원래 계획과 크게 차이가 난다면 나는 과감하게 조치를 취하겠다.	□	□	□	□	□

비고: 5를 고르면 5점, 1을 고르면 1점. 총 점수가 높을수록 창업가의 창업가적 특징이 뚜렷함을 의미한다.

창업팀

　　좋은 파트너를 유치하는 것은 창업의 아주 중요한 부분이다. 좋은 파트너란 공통의 가치관을 가지고 있고 파트너와 상호보완적 관계를 형성할 수 있는 사람들이다. 가장 좋은 것은 파트너와 공통의 경험을 가지고 있고 지분 설계를 잘 하며 동업자들 서로 발전적으로 리드할 수 있어야 한다. [그림 6-6]은 파트너가 혼자 창업을 할지 공동 창업을 할지 결정하는 과정을 보여주고 있다. 파트너는 자신에게 중요한 경험 능력, 사회적 관계, 자본 자원의 부족 여부를 평가한다. 어떤 조건이 만족하지 않는다면 [창업단계]에서 이 자원과 능력을 보완할 필요가 있는지에 대해 판단을 내려야 한다. 즉 창업 초기에 보완이 필요한 경우 파트너를 영입해야 한다.

우선 파트너는 공통의 가치관을 가져야 한다. 알리바바가 미국 증시에 상장할 당시 알리바바 지분의 9.4%를 알리바바의 27명의 파트너가 나누어 가지고 있었다. 주식 모집 설명서에 따르면 이 27명은 회사의 주주이자 '회사의 운영자, 업무의 건설자, 문화의 전승자'라고 한다. 이 27명이 회사 문화의 전승자가 될 수 있었던 것은 이 중 7명이 알리바바 창업 초기의 18나한[8] 출신들이고 알리바바의 현재 문화는 창업 당시 파트너들의 공통의 가치관과 일맥상통하기 때문이다.

그림 6-6 **창업 파트너**

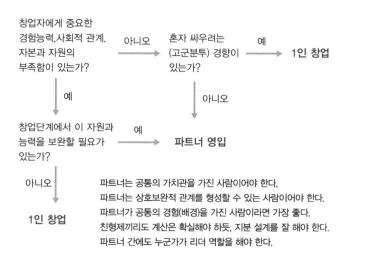

---

8 羅漢. 마윈과 17명의 창업 동기들을 일컫는 말이다. 불교 용어에서 유래하였으며 석가모니의 16명의 제자를 나한이라고 칭하였다.

둘째, 파트너는 창업자와 상호보완적인 관계를 형성해야 한다. 샤오미를 설립하기 전 레이쥔은 파트너를 찾는 데 많은 시간을 썼다. 마침내 합류한 6명의 공동창업자들은 레이쥔과 끈끈한 상호보완 관계를 형성하였다. 예를 들어 린빈(林斌)은 Microsoft Asia Engineering Institute의 프로젝트 엔지니어와 구글 차이나 R&D 센터의 부원장이었고 대규모 소프트웨어 개발 및 관리에 대한 풍부한 경험을 가지고 있었다. 저우광핑(周光平)은 미국 모토로라 휴대전화 본사 핵심 설계팀의 핵심 엔지니어이자 Dell의 무선제품 개발 부회장이었고 하드웨어 개발에 대한 풍부한 배경지식을 가지고 있었다. 리유더(刘德), 리완창(黎万强), 황장지(黄江吉), 홍펑(洪峰)은 각각 산업디자인, 마케팅, 소프트웨어 엔지니어링에 대한 전문 지식을 보유하고 있었다.

셋째, 파트너와 창업자의 공통된 배경은 팀워크를 형성하는 데 도움이 된다. 스타트업 중에는 알리바바 계열, 텐센트 계열, 바이두 계열이 많은데, 이런 대기업들도 처음에는 대부분 친구 혹은 동료의 도움을 받고 설립되었다. 예를 들어 1998년 마화텅(马化腾)이 텐센트를 설립할 때, 그가 찾은 네 명의 파트너 중 장즈동(张志东)과 천이단(陈一丹)은 션전중학교와 션전대학의 동창이었고, 쉬천예(许晨晔)는 마화텅의 션전중학교 같은 반 친구였으며, 쩡리칭(曾李青)은 다른 네 명의 친구들과 동창은 아니지만 같은 해에 학교를 졸업했다.

넷째, 훌륭한 지분 설계는 창업기업의 지속가능한 발전을 위한 토대가 된다. 스타트업의 지분 설계는 주로 두 가지 문제와 관련된다. 첫째는 어떻게 하면 지분을 합리적으로 배분하면서 동시에 설립자의 회사에 대한 절대적인 지배력을 확보할 수 있을까에 대한 것이고 둘째는 어떻게 해야 지분 배분을 통해 회사가 더 많은 유력 파트너와 투자자를 찾고 회사에 필요한 자원을 얻을 수 있을까에 대한 것이다. 1975년, 빌 게이츠(Bill Gates)와 폴 앨런(Paul Allen)이 마이크로소프트를 공동 설립했을 때 빌 게이츠는 주식의 60%를, 폴 앨런은 40%를 소유하였다. 1977년, 그들은 각각 주식의 64%와 36%를 소유하기로 명시한 비공식 계약을 체결하였다. 1981년, 마이크로소프트가 정식으로 회사 등록을 하였다. 빌 게이츠는 53%의 주식을 소유하며 절대적인 지배력을 유지하였고 폴 앨런은

31%, 스티브 발머(Steven Ballmer)와 번 라번(Vern Raburn)은 각각 8%와 4%, 찰스 시모니(Charles Simonyi)와 고든 레트윈(Gordon Letwin)은 각각 2% 미만씩의 주식을 가졌다. 1982년 직원들의 열정을 끌어올리기 위해 직원들에게 주식을 나누어 주었다. 나중에 마이크로소프트가 상장되고 빠르게 성장하면서 주식을 보유한 초창기 직원들도 막대한 부를 얻게 되었다.

다섯째, 확실한 핵심 리더를 갖는 것은 창업기업의 발전의 관건이다. 그렇지 않으면 아무 결과없는 논의만 하게 될 것이다. 설립자의 리더로서의 지위는 지분에 대한 절대적인 통제에서 비롯될 뿐 아니라 설립자의 안목과 경지에서 나온다. 화웨이의 설립자인 런정페이와 하이얼의 최고경영자 장루이민 모두 각 회사의 책임있는 핵심 리더이지만 그들이 지분에 대한 통제력 덕택에 핵심 리더 지위를 얻은 것은 아니다. 중국의 복잡하고 급변하는 경제 환경 속에서 수많은 창업자들이 기업의 성장 과정 중에 자본에 대한 절대적인 통제력을 상실했거나 혹은 단 한 번도 높은 비율의 지분을 가져본 적이 없음에도 불구하고 여전히 그들의 강력한 리더십에 기대어 큰 성과를 거두고 있는 우수한 기업들이 많다.

창업팀의 협업 효율성 평가는 다음의 네 가지 항목을 측정한다. [위험 공동 부담]은 창업팀의 위험을 감수하려는 의지와 모호성에 대한 용인도를 측정한다. [인식 공유]는 창립팀이 지식을 적극적으로 그리고 수동적으로 공유하며 다른 팀원의 새로운 관점을 기꺼이 받아들이려고 하는 정도를 측정한다. [협업과 진취]는 창업팀의 환경 변화와 시장 경쟁에 대한 민감성을 측정한다. [집단 혁신]은 주로 신제품 개발, 새로운 시장 개발, 자원 획득의 측면에서 창업팀의 혁신 능력과 의지를 평가한다.

창업팀 협업 효율성 평가

표 6-2 ▸ 창업팀 협업 효율성 평가

순 번	설 명	실제와 부합 정도 (1은 매우 부합하지 않는다, 5는 매우 부합한다)				
		1	2	3	4	5
위험 공동 부담	프로젝트 중에 문제가 발생하면 창업 멤버들이 함께 원인 분석을 하길 원한다.	□	□	□	□	□
	창업 멤버들은 새로운 프로젝트의 비용과 수익에 대해 심도깊은 토론을 하고 싶어한다.	□	□	□	□	□
	프로젝트가 기대만큼의 수익을 얻지 못한 경우, 창립 멤버들은 서로를 비난하지 않는다.	□	□	□	□	□
인식 공유	창업자는 창업 멤버가 제시하는 가치있는 새로운 관점을 기꺼이 받아들인다.	□	□	□	□	□
	창업 멤버는 의사결정에 필요한 새로운 지식을 가지고 있으며 이를 다른 사람들과 기꺼이 공유한다.	□	□	□	□	□
	창업 멤버는 논의 중인 문제에 대해 새로운 관점을 가지고 있으며 이를 적극적으로 공유할 의사가 있다.	□	□	□	□	□
협업과 진취성	창업 멤버는 외부 환경의 동태적 변화에 민감하게 반응할 수 있다.	□	□	□	□	□
	창업팀은 동종업계 경쟁자보다 먼저 시장 기회를 포착할 수 있다.	□	□	□	□	□
	창업팀은 동종업계 경쟁자보다 시장 기회의 개발에 더 많은 관심을 기울인다.	□	□	□	□	□
집단 혁신	다양한 자원 획득 방안의 선정은 단체 의사결정방법을 채택한다.	□	□	□	□	□
	회사는 팀 러닝 형식을 활용하여 신제품 개발을 논의하는 경향이 있다.	□	□	□	□	□
	회사는 집단지성으로 시장 개발 방안을 구체화하는 것을 선호한다.	□	□	□	□	□

비고: 5를 고르면 5점, 1을 고르면 1점. 점수가 높을수록 창업팀의 기업가 정신과 시너지 효율이 높다는
     것을 의미한다.

수평적 조직(Flat Organization)

성숙한 기업의 계층적 조직 형태와 달리 창업기업의 조직 형태는 보통 수
평적이다. [그림 6-7]에는 세 개의 그룹(점선 타원)이 있는데 각각 중심 노드가
있지만 각 그룹마다 내부 관계에는 차이가 있다. 그룹 A의 중심은 1번 노드인
데 이 중심 노드는 그룹 내의 다른 세 노드와 직접 연결되어 있지만 다른 세 노
드 사이에는 서로 아무 연결이 없다. 그룹 B의 중심은 2번 노드인데 이 중심 노
드와 그룹 내의 다른 다섯 노드는 서로 직렬 관계에 있다. 그룹 C의 중심은 3
번 노드인데 이 노드는 그룹 내의 다른 네 개의 노드와 모두 연결되고 다른 네
개의 노드 역시 서로 간에 연결되어 있다. 각 그룹의 네트워크 구조에 따라 그

룹 내의 의사소통 방식과 효율성이 결정된다. 일반적으로 내부 소통 채널이 많은 그룹(예를 들어 C그룹)의 소통 효율은 중심 노드를 통해서만 소통하는 그룹 A나, 직렬 방식으로 소통하는 그룹 B보다 높다. 그림에서 각 그룹끼리의 소통은 4번 노드를 통해 진행되는데 이 노드는 전체 조직의 중심 노드이다. 4번 노드는 A, B, C 세 개의 그룹과 연결되어 있기 때문에 4번 노드를 가리켜 [구조적 공백 (Structural Hole)]이라 부르기도 하며, 4번 노드와 다른 세 개의 중심 노드 사이의 연결을 가리켜 [교량(Bridge)]이라고 부르기도 한다. [구조적 공백]과 [교량]은 서로 다른 구조를 연결하기 때문에 구조 간의 소통에 매우 중요한 역할을 한다. 창업기업에 대입하자면 창업자는 4번 노드이고 창업 파트너는 다른 몇 개의 중심 노드가 되어야 한다. 물론 창업 조직의 의사소통 효율을 높여야 하기 때문에 그림의 각 그룹 간에 더 많은 연결 관계를 설정할 수도 있다.

그림 6-7　　**수평적 조직**

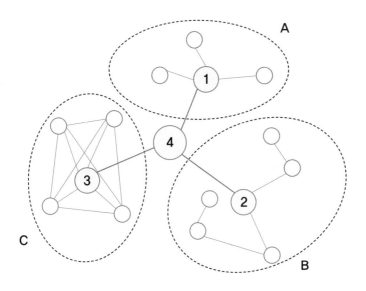

[수평적 조직]은 창업기업이 엔젤 사용자와 긴밀한 상호작용을 하고, 창업팀의 관리 부담을 줄이며, MVP 개발을 더욱 원활하게 하고, 혼란스러운 시장에서 기회를 찾을 수 있도록 도와준다. 하지만 동시에 [수평적 조직]이 리더와 팀원들에게 요구하는 것도 많다.

우선 [수평적 조직]의 가장 꼭대기에 있는 리더는 가장 충분한 능력을 가져야 한다. 리더들은 정보를 분석하고 의사결정을 하며 명령을 내려야 한다. 심지어는 그들의 일거수일투족이 기업의 생사존망을 직접 결정하기도 한다. [수평적 조직] 내의 짧은 권력거리(Power distance)는 의사결정의 신속한 집행과 동일 위계 수준에서의 빠른 연결을 보장하지만 '번복할 시간'과 '저항할 공간'을 남기지 않는다. 수평적 구조에서는 조직 역량의 중심점이 상층 부분에 있어야 하고 핵심 결정자를 중심으로 응집되어야 한다. 그러나 중층과 하층 부분에서는 그러한 중심성과 응집력이 강력하지 않아도 된다고 본다. 그래서 [수평적 조직]를 채택한 조직에는 대부분 카리스마 있는 리더가 있다. 창업 초기의 샤오미가 바로 전형적인 [수평식 조직]이다. 회사 전체에 [핵심설립자-팀장-팀원]의 세 개 계층만 있었기 때문이다. 이러한 모델들은 레이쥔을 중심으로 하는 핵심 창업팀이 매우 강력한 지위와 리더십을 가지고 있음을 전제로 한다.

수평화는 높은 정도의 수평적 전문화와 수평적 협업을 요구한다. [수평적 조직]은 가로 방향으로 확장되는 구조이기 때문에 정보 처리도 세로 방향이 아니라 가로 방향으로 진행될 때가 더 많고, 당연히 수평적 관계에 있는 조직 간의 교류 빈도가 늘어난다. 하지만 수평적 관계에 있는 조직 간의 소통은 부서이기주의, 부서 간 장벽(Silo), 책임 전가 등의 문제를 초래하기 쉽다. 현대사회에서는 이러한 팀 갈등에 대한 몇 가지 해결책을 모색해볼 수 있다. 실시간으로 공유되는 인터넷의 발달로 팀 협업을 위한 기술적 여건이 조성된 것이다. 하지만 수평적 의사소통은 여전히 조직 관리의 난제로 남아있다.

창업조직 능력 평가

    [수평적 조직]의 구조적 특징상 창업조직은 조직 구성원 개개인의 잠재력을 발휘해야 한다. 조직의 능력은 조직의 각 계층과 각 구성원에게 잠재되어 있다. 창업조직의 능력은 기회 능력, 자원 능력, 관리 능력, 관계 능력, 학습 능력 등 5개 방면에서 평가할 수 있다. 비록 업계마다 창업조직에게 요구하는 능력이 다르기는 하지만 창업기업의 다양한 능력과 균형은 공통적으로 중요하다.

표 6-3 ▶ 창업조직 능력 평가표

순 번	설 명	실제와 부합 정도 (1은 매우 부합하지 않는다, 5는 매우 부합한다)				
		1	2	3	4	5
기회 능력	창업조직은 고객의 수요와 미래 시장의 수요 동향 정보를 접촉하고 획득할 수 있는 능력이 있다.	☐	☐	☐	☐	☐
	창업조직은 신기술과 신제품 및 새로운 서비스 공급에 대한 정보를 획득할 수 있는 능력이 있다.	☐	☐	☐	☐	☐
	창업조직은 시장 정보를 통해 비즈니스 모델을 구상할 수 있는 능력이 있다.	☐	☐	☐	☐	☐
	창업조직은 고부가가치의 비즈니스 기회를 캐치할 수 있다.	☐	☐	☐	☐	☐
전략 능력	창업조직은 적절한 전략목표와 계획을 수립할 수 있는 능력이 있다.	☐	☐	☐	☐	☐
	창업조직은 시장의 변화에 따라 적시에 전략 목표와 경영 전략을 조정할 수 있다.	☐	☐	☐	☐	☐
	창업조직은 시장의 변화에 대응하기 위해 자원의 구성을 신속하게 조정할 수 있다.	☐	☐	☐	☐	☐
관리 능력	창업조직은 목표 달성을 위해 직원을 이끌고 그들에게 동기를 부여할 수 있는 능력이 있다.	☐	☐	☐	☐	☐
	창업조직은 효율적으로 운영되는 경영 팀을 구성할 수 있는 능력이 있다.	☐	☐	☐	☐	☐
	창업조직은 직원의 업무를 규범화하기 위해 합리적인 규정과 제도를 제정할 능력이 있다.	☐	☐	☐	☐	☐
	창업조직은 조직을 원활하게 운영할 수 있는 능력이 있다.	☐	☐	☐	☐	☐
관계 능력	창업조직은 조세, 상업 등 지방 정부 부처와 좋은 관계를 맺을 수 있다.	☐	☐	☐	☐	☐
	창업조직은 다양한 중개기구와 장기적으로 좋은 협력 관계를 구축할 수 있다.	☐	☐	☐	☐	☐
	창업조직은 중요한 자원을 보유한 사람 혹은 조직과 좋은 관계를 맺을 수 있다.	☐	☐	☐	☐	☐
	창업조직은 주변의 기업가 및 협회와 좋은 관계를 맺을 수 있다.	☐	☐	☐	☐	☐
학습 능력	창업조직은 정기적으로 목적이 있고 계획이 있는 학습을 한다.	☐	☐	☐	☐	☐
	창업조직은 자신들의 기업의 경험과 교훈을 총결산하는 것에 능하다.	☐	☐	☐	☐	☐
	창업조직은 훌륭한 기업과 실패한 기업의 경험과 교훈으로부터 배우는 것에 능하다.	☐	☐	☐	☐	☐
	창업조직은 직원이 다양한 훈련에 참여하는 것을 권장한다.	☐	☐	☐	☐	☐

비고: 총점이 높을수록 창업조직의 종합능력이 강한 것이며, 점수가 균형을 이룰수록 창업조직의 종합능력도 균형을 이루고 있음을 의미한다.

[창업단계]의 제품

MVP 개발

　[최소기능제품(Minimum Viable Product, MVP)]은 사용자에게 그다지 필요치 않은 제품의 개발을 피하는 개발 전략이다. 이 전략의 기본 생각은 예상되는 제품 기능에 부합하는 최소 기능 집합을 신속하게 구축하자는 것이다. 핵심은 가장 빠르고 가장 간단한 방식을 통해 사용 가능한 제품의 프로토타입을 만드는 것이다. 이 프로토타입에는 해당 제품이 최종적으로 구현하고 싶은 효과가 먼저 표현되어 있으며 반복적인 연구와 고안을 통해 세부사항을 보완하게 된다.

　[린 스타트업]의 핵심 아이디어는 [그림 6-8]과 같이 나타낼 수 있다. 린 스타트업의 여정은 [가치 가설(Value Hypothesis)]과 [성장 가설(Growth Hypothesis)]에서 시작된다. [가치 가설]은 이 사업이 사용자 가치를 창출할 수 있을 것인지에 대한 가설이고 [성장 가설]은 이 사업이 성장할 수 있을 것인지에 대한 가설이다. 일단 두 개의 가설을 세운 후 첫 번째로 할 일은 최소기능 [제품]을 [개발]하는 것이다. [최소기능제품]을 개발하는 목적은 시장에 출시하기 위해서가 아니라 가설을 테스트하기 위한 [데이터를 측정]하기 위해서이다. 그들은 측정 데이터를 통해 제품 개발의 핵심 [개념]을 [학습]하고 [개선]한다. [개발, 측정, 학습]은 린 스타트업 사이클의 핵심 작업이며 각각의 대상은 [제품, 데이터] 그리고 개념이다. 실제 운용을 하다 보면 사이클의 순서는 반대가 될 수도 있다. 즉 [개념 학습]을 위해 창업자가 [데이터를 측정]하고 데이터를 얻기 위해 [최소기능제품을 개발]하는 것이다.

　MVP는 애자일 사고방식(Agile mindset)에 부합하는 반복을 통해 만들어진다. MVP는 먼저 사용자의 기본 요구에 착안하여 요구를 충족시킬 수 있는 프로토타입을 빠른 속도로 그 만들어낸다. 시장에 출시한 후에는 사용자의 피드백을 통해 제품 설계 및 구현을 단계적으로 수정함으로써 마침내 사용자의 요구를

그림 6-8 **린 스타트업의 [개발, 측정, 학습] 사이클**

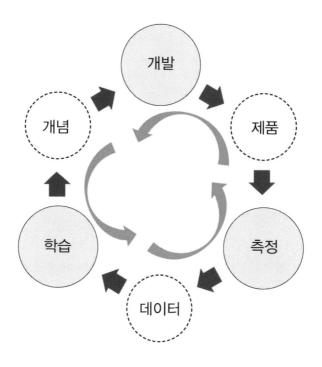

완전히 만족시킬 수 있도록 한다. 하지만 중요한 것은 매 반복 과정에서 만들어지는 모든 제품들은 비록 불완전 하지만 항상 사용자가 사용할 수 있는 제품이었다는 점이다.

MVP는 시장이 불확실한 상황에서 실험 설계를 통해 제품이 괜찮은지 여부를 빠르게 테스트해야 하는 창업기업에게 적합하다. 가설이 검증을 통과하면 대규모로 시장에 진입하기 위해 자원을 투입하고, 검증을 통과하지 못한다면 이번 건은 시행착오로 넘기고 가능한 한 빨리 방향을 조정(pivot)하도록 한다. 창업기업은 사용 가능한 가장 작은 제품을 만들고 더 이상 간소화할 수 없을 정도로 간소화한 뒤에 시장에 출시하여 반응을 수집한다. 그 후 제품 전략을 점진적으로 수정하고 이정표를 조정하여 가능한 한 빨리 단기 목표를 달성하도록 한다. MVP 제품에는 초창기 사용자로부터 초기 자금과 피드백을 얻는 데 필요한 기능만이 탑재되어 있다. 필요한 기능 요소만 탑재한다는 것은 가장 적은 비용으로 제품의 핵심을 표현한다는 의미이기도 하다. MVP는 반드시 완제품일 필요는 없으며 그냥 아이디어일 수도 있다. 일반적으로 MVP를 제작하는 데까지는 며칠 또는 몇 주가 소요된다.

MVP 개발은 창업기업의 제품 개발의 출발점이다. 창업자에게 제품에서의 [단일지점 돌파]를 달성하고, 사용자의 페인포인트를 파악하고, 수평식 조직 구조를 형성하고, 혼란스러운 시장에서 방향을 찾는 일은 몹시 중요하다. 릴리스 게임즈(Lilith Games · 리리스요시 · 莉莉丝游戏)[9]의 설립자 왕신원(王信文)은 제품의 [단일지점 돌파]에 있어서 MVP 개발이 하는 중요한 역할을 설명하기 위해 「도탑전기(刀塔传奇)」를 예로 들었다. 「도탑전기」 게임을 개발할 때 가장 먼저 만들어야 하는 MVP는 게임의 핵심 플레이 방법을 설계하는 것이다. 개발팀은 설계한 게임 방법이 성공할 수 있을지 없을지 모르기 때문에 최소한의 정도로 실행 가능하게 만든 버전으로 테스트를 진행한다. 왕신원은 MVP 개발에서 가장 중요한 것은 "빨리 하는 것"이라고 생각한다. 가능한 한 빨리 MVP를 만들기 위해서는 스스로에게 너무 많은 제약과 제한을 두지 말고 쓸 수 있는 모든 자원을 써야 한다는 것이다. 첫 번째 MVP를 다 만들었다면 다음에 해야 할 일은 무엇일까? 왕신원은 MVP를 기반으로 다시 MVP를 계속하기로 했다. 즉, 게임 플레이 방법이 재미있다는 것을 검증받은 후, 이번에는 플레이어가 2시간 정도 플레이 할 수 있는 버전을 만들어 보는 것으로 목표를 세웠다. 전통적인 방식대로라면 우선 모든 기능을 다 계획한 다음에 제품의 완성일을 정하고, 그 후 항목별로 개발에 착수할 것이다. 하지만 그렇게 해서 나온 최종 결과물이 과연 재미있을지 여부는 마지막 순간까지 알 수 없다. 린 스타트업 방식은 반드시 돈을 아끼기 위해서가 아니라 빠른 속도로 제품의 [단일지점 돌파]를 실현하기 위해서 택하는 방식이다.

---

9 릴리스 게임즈는 중국 상하이에 소재한 게임개발사이다. 워패스, 도탑전기, 라이즈 오브 킹덤즈와 AFK 아레나 등이 대표적인 게임이다.

둘째, MVP 개발은 사용자의 [페인포인트]을 파악하는 데 도움이 된다. 「집에 가자(回家么)」 프로젝트를 공식 출시하기 전까지 왕위하오(王雨豪)[10]와 그의 팀은 계속 어떤 모델(MVP)을 테스트해 왔다. 바로 사용자가 '짝꿍(结伴)' 행사에 참여하는 것이다. '짝꿍'이란 온가족이 같이 「집에 가자」 플랫폼 활동에 참가하는 것을 가리키며, 같은 동네의 다른 가족을 초대해서 같이 활동에 참가할 수도 있다. 후에 왕위하오는 「집에 가자」를 바탕으로 「아하스쿨(ahaschool · 芝麻学社)」을 개발하였다. 왕위하오는 이렇게 말한다. "우리는 아이들의 독특함을 발견하고 아이들이 즐겁게 성공하기를 바라는 마음으로 아하스쿨을 설립했습니다. 아이들의 천부적인 재능은 적절한 시기에 적절한 환경에서 자극받아야만 지속적으로 발전할 수 있습니다. 우리의 교육 이념과 혁신적인 교육 방법으로 중국의 교육을 바꾸고 싶습니다." 왕위하오가 아하스쿨을 설립하게 된 첫 동기는 아버지로서의 자신의 페인포인트에서 비롯되었다. 자식 중 그 누구도 '남의 집 아이'가 아님에도 불구하고 첫 아이를 낳은 후부터 점차 '자식키우는 건 정말이지 부모가 계획한다고 될 일이 아니다'라는 것을 깨달았기 때문이다. 「집에 가자」의 '짝꿍(结伴)' 활동 참여 모델에서 「아하스쿨」의 '동반(陪伴)' 성장 모델에 이르기까지 왕위하오는 페인포인트를 중심으로 MVP 개발에 대한 아이디어를 탐구한 것이다.

셋째, MVP 개발을 위해 창업기업은 수평적 조직 구조를 형성해야 한다. 로코코(洛可可 · LKK)[11]의 설립자인 지아웨이(贾伟)는 사무실 빌릴 돈이 없었기 때문에 500위안을 내고 정수기 옆에 있는 공간 하나를 빌렸다. 자리에만 앉아있는 게 아까웠던 지아웨이는 사무실에 동생을 데려다 앉혀놓고 전화를 받게 한 후 자신은 프로젝트를 따내러 뛰쳐나간다. 공유 사무실에 자리 1개만 빌리다가 이후 4개를 빌리게 되었을 때, 지아웨이는 이만하면 내 밥벌이는 하고 있다는 생각이 들어 회사를 등기했다. 지아웨이는 이렇게 사무실 자리를 조금씩 늘려갔던 것을 '린 조직개발'이라고 부른다. 조직을 제품이라고 가정하면 지아웨이가

---

10 중국의 대표적인 벤처 투자자로 어린이 가상학교 서비스인 아하스쿨을 개발하였다.
11 로코코는 2004년 지아위가 설립한 제품 및 브랜드 디자인 회사이다.

전 세계 산업 디자인 업계에서 가장 많은 디자이너를 보유한 로코코 디자인 그룹을 이끌 수 있게 된 건 바로 이런 조직개발 방식 덕분이었다. 지아웨이는 셀(cell) 방식을 사용하여 로코코 내 조직구조를 구축하였는데 가장 기본적인 독립단위는 7명 이하의 구성원으로 구성된 셀이다. 세포 분열을 통해 사업부문이 형성되고, 나아가 사업 그룹을 형성하여 전체 로코코 디자인 그룹의 수평적인 조직구조가 만들어지게 된다.

넷째, MVP 개발은 창업기업이 혼란스러운 시장에서 길을 찾는 데 도움이 된다. 미국 샌프란시스코에 사는 두 명의 디자이너 브라이언 체스키(Brian Chesky)와 조 게비아(Joe Gebbia)는 집세를 내기 위해 집 바닥에 에어매트 세 장을 깔아놓고 에어매트를 대여해주는 간단한 사이트를 만들었다. 이 사이트가 바로 그 유명한 에어비앤비이다. 초창기 에어비앤비의 성장은 순탄하지 않았다. 에어비앤비에 숙소 정보를 게시하는 사람들의 대다수가 방의 가장 좋은 모습을 최대한 잘 보여주기 위해서는 어떻게 글을 올려야 하는 것인지 전혀 알지 못했기 때문이다. 그들의 서투른 촬영 기술과 엉망진창인 광고 문구는 집의 장점마저 가려 버렸고, 지구 반대편에 있는 사람들은 화면만 보고서는 아무런 판단도 할 수 없는 지경이 되었다. 그러자 에어비앤비는 5,000달러를 들여 고급 카메라를 빌린 후 뉴욕에 있는 많은 호스트들의 집을 가가호호 방문하여 무료로 사진을 찍어 주었다. 멋진 비주얼은 곧바로 높은 수익을 가져왔다. 뉴욕의 현지 예약량이 2배, 3배 빠르게 늘기 시작했으며 그 달 말, 에어비앤비의 수익은 정확히 2배가 되어 있었다. 이 방식은 후에 파리, 런던, 마이애미 및 기타 지역에서 그대로 따라하게 된다. 나중에는 아예 공식적으로 프로젝트팀을 구성하여 호스트를 위한 촬영 서비스를 제공하였다. 호스트라면 누구나 에어비앤비와 계약을 맺은 20명의 전문 사진사 중 한 명에게 출장 사진 촬영을 예약할 수 있다. 이것은 당시 또 다른 지속적인 흐름을 촉발시켰다. 에어비앤비의 창업의 MVP는 바로 바닥에 깔아놓았던 에어매트 3장과 창업자가 직접 찍은 사진이다. 에어비앤비가 단기 임대의 혼란스러운 시장에서 빠르게 길을 찾아낼 수 있었던 것은 창업자가 MVP 개발에 직접 참여했기 때문이다.

MVP 개발 도구

MVP 설계는 프로젝트의 셀링 포인트가 강조되어 있고, 엔젤 사용자들을 정확히 겨냥해야 하며, 확실히 사용할 수 있는 것이어야 하고, 핵심 데이터 지표들이 구동되어야 하며, 검증할 수 있는 가설이 있어야 한다. 전체 기간은 최장 1주일을 초과할 수 없으며, 그렇게 되면 검증을 종료할 수 있다. MVP 설계의 관건은 제한된 시간 안에 제한된 자원을 사용하여 사용자와 주요 기능에 대한 가설을 검증하고 사용자의 페인포인트에 대한 인터뷰와 순위매기기, 그리고 기능에 대한 인터뷰와 순위매기기를 수행하는 것이다. 이 과정에서 사용자 인터뷰와 솔루션 인터뷰 도구를 사용할 수 있다.

표 6-4 [사용자와 솔루션] 인터뷰 리스트

일시 및 장소 :	인터뷰이 :
인터뷰어	연락 방식 :

인터뷰이의 특징 :

질문1 :

  A. 사용자 임무의 중요성 (1 - 5)
  B. 사용자 페인 포인트의 심각성 (1 - 5)
  C. 사용자 편익의 필요성 (1 - 5)

질문2 :

솔루션1 :

  A. 솔루션의 타깃성 (1 - 5)
  B. 사용자 페인 포인트의 완화 정도 (1 - 5)
  C. 사용자 편익의 뚜렷한 정도 (1 - 5)

솔루션2 :

입소문 마케팅

현대 사회의 기업들은 새로운 마케팅 환경에 직면해 있다. 정보 전파는 더 이상 일방적인 하향식이 아니라 다점-대-다점(multipoint-to-multipoint)의 네트워크 구조로 이루어진다. 누구나 자유롭게 정보를 퍼뜨릴 수 있고 원하는 거의 모든 목소리를 들을 수 있으며 모든 사람이 독립적인 '셀프 미디어', 즉 다른 사람에게 영향을 미치고 다른 사람으로부터 영향을 받는 네트워크의 노드(node)인 것이다. 이러한 커뮤니케이션 환경에서 창업기업에게 [입소문 마케팅]이란 너무도 중요하다. 창업기업에 대한 입소문 마케팅의 역할은 [마케팅 비용 절감], [마케팅 효율성 제고], [제품-시장 적합성(Product Market Fit) 검증]의 세 가지로 나눌 수 있다.

먼저 [마케팅 비용 절감]에 대해 생각해 보자. 창업기업은 사용자의 수가 적다. 만약 광고 모델을 채택한다면 고정 광고 비용을 지불해야 하고 이 비용은 소수의 사용자에게 할당되며, 그 결과 [고객획득비용(Customer Acquisition Cost: CAC)]이 크게 상승한다. [마케팅 효율성]에 대해 생각해 보자면 입소문 마케팅은 사용자 간의 상호신뢰를 바탕으로 사용자의 입에서 입으로 전파되는 것이기 때문에 마케팅 전파의 효율성이 높다. 이로 인해 실리콘 밸리의 Y Combinator[12] 설립자인 폴 그레이엄(Paul Graham)은 "신제품을 좋아해주는 10,000명보다 신제품에 열광하는 100명이 훨씬 더 낫다"고 결론지었다. 마지막으로 [제품-시장 적합성을 검증]하는 것과 관련하여 생각해보자. 창업기업은 '모든' 엔젤 사용자가 제품을 획득하고 사용하는 과정을 이해하고 연구함으로써 제품과 사용자 수요의 수준, 그리고 제품과 시장 적합성 정도를 개선해야 한다.

와튼 스쿨의 교수인 조나 버거(Jonah Berger)의 저서 『컨테이저스(Contagious)』는 입소문 마케팅을 통해 기업의 제품을 사람들에게 각인시키는 방법, 즉 STEPPS의 6가지 원칙을 제시한다. 그 내용은 다음과 같다. 그것은 제품이 사람들의 소셜 화폐(social currency)가 되게 하기, 사용자가 그 제품을 자신의 욕구와 연관 짓게 만드는 트리거(triggers) 찾기, 제품을 사용할 때의 감정(emotion) 이해하기, 제

---

12 2005년 설립된 미국의 스타트업 액셀러레이터이자 인큐베이터이다.

품의 대중성(public)을 이용하고 네트워크 효과를 발휘하기, 실용적 가치(practical value)가 있는 제품을 제공하기, 확산에 도움이 되는 좋은 스토리(story) 갖추기이다.

버거 교수의 입소문 마케팅 6가지 원칙을 두 가지 범주로 분류해 본다면 [사용자 만족도]와 [사용자 영향력]으로 나눌 수 있다. 그 중 사용자에게 실용적 가치가 있는 제품을 제공하고, 사용자가 제품을 사용할 때의 감정을 이해하고, 제품과 사용자의 욕구를 연관짓는 등의 3가지 원칙은 [사용자의 만족도]를 결정하며 다른 3가지 원칙은 [사용자 영향력]을 결정한다.

창업기업이 입소문 마케팅을 이용하려면 입소문 영향력의 방향과 정도를 고려해야 한다. [사용자 만족도가 낮고 사용자의 영향력]도 낮을 때 사용자의 입소문은 낮은 정도의 부정적 영향력을 전달한다. 이런 상황은 기업에 부정적인 영향을 미치지만 그 정도가 심하지는 않다. 그러나 [불만족한 사용자가 큰 영향력]을 가지고 있다면 이러한 사용자들의 부정적 입소문은 기업에 높은 수준의 부정적 영향을 미칠 것이다. [사용자 만족도가 높을 때]에만 사용자의 입소문이 긍정적 역할을 수행하며 [만족도가 높은 사용자가 큰 영향력]을 가지고 있을 때 입소문 마케팅은 최고의 효과를 발휘한다. 따라서 사용자 입소문 전략을 사용할 때에는 큰 영향력을 가진 사용자의 부정적인 입소문을 제거하고 긍정적인 입소문을 장려해야 한다.

[린 스타트업 단계]에서는 제품의 운영이 [수요 주도적]이어야 하고 [입소문 마케팅]을 통해 실현되어야 한다. 이는 제품의 [단일지점 돌파]와 사용자의 페인포인트 파악, 기업의 수평적 조직 구축, 혼란스러운 시장 속 확실한 포지셔닝에 있어 매우 중요하다. 우선 수요 중심의 입소문 마케팅은 기업이 페인포인트를 파악하는 데 도움이 될 수 있다. 예를 들어 사진 앨범 서비스를 주력제품으로 하는 소셜 네트워크 회사가 있다고 생각해 보자. 이 회사는 분명 Qzone(QQ空間)과 경쟁관계를 형성할 것이다. 회사는 개인이 저장한 사진을 외부인은 볼 수 없도록 하는 비공개 앨범 기능을 개발할 계획이다. 비록 이 기능에 대한 수요가 많지는 않지만, 만약 누군가 자신의 사진을 앨범에 업로드하기를 원할 경우 이는 그 앨범이 그에게 매우 중요하다는 것을 의미하므로 이런 유형의 사용자는 이 앨범 서비스를 영원히 떠나지 않을 것이다. 기업은 이러한 페인포인트를 중심으로 점차 보편적 수요를 충족시키는 기능을 추가로 개발할 수도 있다.

둘째, [수요 주도의 입소문 마케팅]은 기업이 [단일지점 돌파]를 실현하는 데 도움이 될 수 있다. 예를 들어 현재 많은 음악 관련 앱(QQ뮤직·QQ音乐, 바이두뮤직·百度音乐, 쿠워뮤직·酷我音乐, 쿠고우뮤직·酷狗音乐 등)들이 검색, 다운로드, 노래방 기능, 라이브 방송과 같은 유사한 기능을 제공한다. 처음에는 각자만의 장점, 이를테면 QQ는 커뮤니티 기능이 좋고, 바이두는 검색 기능이 좋다는 식의 특화된 장점이 있었다. 하지만 결국에는 모두가 비슷해졌다. 모든 앱이 검색, 다운로드, 노래, 공유 등 모든 수요를 충족시킬 수 있을 정도로 다양한 기능을 제공하기 때문이다. [사용자 수요에 기반한 제품] 개발 및 운영은 먼저 [단일지점 돌파]를 달성한 다음 점차 사용자의 연관된 수요를 충족시켜 나간다는 특징이 있다.

셋째, [수요 주도의 입소문 마케팅]은 기업이 [수평적 조직]을 구성하는 데 도움을 줄 수 있다. 샤오미를 예로 들자면, 샤오미는 직원이 5,000명 이상 있었을 때에도 단 3개의 계층만을 운영하였다. 창립자가 고위관리팀을 구성하고, 각각의 고위관리직은 한 개의 큰 부서를 관리한다. 부서 안에는 몇 개의 작은 팀이 있는데 각각의 팀은 팀장을 비롯, 5~10명의 팀원으로 구성된다. 프로젝트의 필요에 따라 팀원이 수시로 이동할 수 있기 때문에 고객 중심의 신속한 대응이 가능하다. 린빈(林斌) 샤오미 공동 창립자 겸 회장은 "우리는 팀이 리더의 지시에 귀를 기울일 것이 아니라 고객으로부터 해야 할 일을 찾아내기 위해 최선을 다해달라고 말한다. 이러한 고객 중심의 운영 방식을 통해 일선 직원들은 최대한 주도적으로 일할 수 있게 되었고 불필요하게 위아래로 소통하거나 대기해야 되는 시간을 줄일 수 있었다."라고 밝혔다.

넷째, [수요 중심의 제품 개발]과 [입소문 마케팅]은 기업이 [혼란스러운 시장]에서 확실하게 포지셔닝하는 데 도움이 될 수 있다. 창업 초기 콰이칸만화(快看漫画)[13]는 투자자들의 주목을 받지도 자금이 많지도 경험이 풍부하지도 않았다. 유명 작가들과는 계약을 할 수 없었던 그들이 할 수 있는 것이라고는 직접 만화를 제작하는 것이었다. 창업자인 천안니(陈安妮)는 이제 막 대학을 졸업한 학생부터 지금껏 만화라고는 그려 본 적 없는 화가에 이르기까지 새로운 만화가를 찾아 다녔고, 줄거리와 대본은 콰이칸만화팀에서 맡았다. 콰이칸만화

---

13 콰이칸만화는 중국 최대의 웹툰 플랫폼으로 텐센트가 투자했다.

앱이 출시되었을 때 천안니는 시나웨이보(新浪微博)에 『미안, 난 그냥 1%의 삶을 살 뿐이야(对不起，我只过1%的生活)』를 게시한다. 이 만화는 어린 시절부터 만화가를 꿈꾸던 자신이 어떻게 이 꿈을 놓지 않고 버텨왔는지에 관한 이야기이다. 많은 사람들이 이 만화에 감동했다. 이 게시글은 웨이보에서 45만 번 리트윗되었고 10만 개가 넘는 댓글이 달렸다. 콰이칸만화 앱은 앱스토어 무료 앱 순위에서 3일 연속 1위를 차지했으며 한 달이 채 되지 않아 다운로드 수 100만 건을 돌파한다. 1년 반이 지나자 콰이칸의 DAU(Daily Active User: 일간 이용자 수)는 650만 명에 이르렀고, MAU(Monthly Active User: 월간 이용자 수)는 2,000만 명에 달했다. 콰이칸만화는 기본적으로 광고 홍보를 하지 않는다. 제품의 성장은 주로 만화 독자들 사이에서의 입소문에 의한 것이다.

도구모음

사용자 추천 지수

[순수 추천 고객 지수(NPS)]는 사용자가 어떤 기업이나 서비스를 다른 사람에게 추천할 가능성을 측정하는 지수이다. 사용자에게 '친구에게 이 회사를 추천할 것인지'에 대한 질문하고 이에 대해 0부터 10까지의 척도로 응답하도록 한다. 0은 '절대 추천하고 싶지 않다'이고 10은 '몹시 추천하고 싶다'이다. 그 후 응답 결과에 따라 그들을 비추천 사용자, 중립 사용자, 추천 사용자로 분류한다.

그림 6-9 순수 추천 고객 지수(NPS)

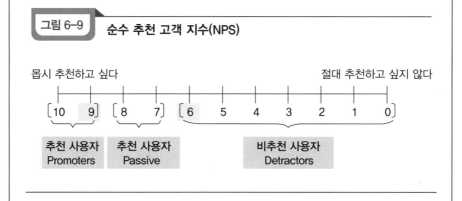

기업은 [순수 추천 고객 지수]를 기준으로 좋은 이윤과 나쁜 이윤을 구분할 수 있는데 우선 고객수익성(Customer Profitability)과 추천 정도에 따라 사용자를 그림의 A-F 6가지 유형으로 분류한다. 그리고 핵심 사용자(A유형)에는 지속적으로 투자하고 잠재적 추천 사용자와 중립 사용자(B, C, D유형)는 발굴하며 비추천 사용자(E, F 유형)를 줄이도록 한다.

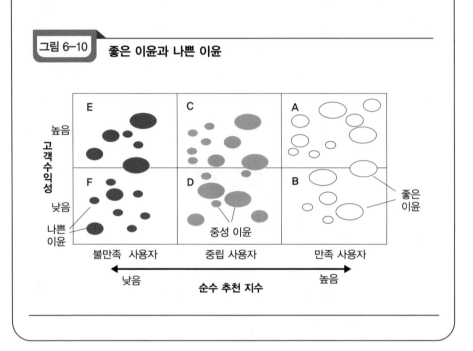

그림 6-10 **좋은 이윤과 나쁜 이윤**

단일지점 돌파(Single breakthrough)

창업자는 반드시 [단일지점 돌파] 방법을 선택해야 한다. 즉 "단일 지점에 집중하여 전력으로 돌파하고 세분화된 시장을 신속하게 차지하며 거대 기업이 진입하기 전에 전투를 끝내고 경쟁에 대비한 강력한 장벽을 쌓는 것"이다. 단일 지점을 돌파하기 위해 창업자는 사고실험을 해보는 것도 좋다. 바로 자기 자신에게 [하나]에 대해 다음과 같이 묻는 것이다. "만약 당신이 단 한 사람만을 고객으로 선택할 수 있다면 그 사람은 누구이며, 그 이유는 무엇인가? 만약 당신이 그 사람의 단 한가지 요구만을 충족시켜 줄 수 있다면 그 요구는 무엇이며, 그 이유는 무엇인가? 만약 당신에게 이 사람을 설득할 수 있는 단 한 번의 기회가 주어진다면, 어떤 방식을 선택할 것이며, 그 이유는 무엇인가? 사용자의 요구를 충족시키기 위해 당신의 제품이 단 하나의 기능만 가질 수 있다면 그 기능은 무엇이며, 그 이유는 무엇인가?" 처음 세 가지 질문은 공진화 전략의 [사용자 특징]과 [사용자 수요], [사용자 선택]과 관련된 것이고 네 번째 질문은 공진화 전략의 [제품]과 관련된 것이다.

　　[단일지점 돌파]란 바로 [정일(精一)]을 뜻한다. [정일]이란 『서경 · 대우모(书经 · 大禹谟)』[14]의 "사람의 마음은 위태롭고, 도의 마음은 미약하니, 오직 정성을 다해 한마음으로, 진실로 그 가운데를 잡으라(人心惟危, 道心惟微, 惟精惟一, 允執厥中)"에서 나온 말이다. 전하는 말에 따르면 이 열여섯 자는 요(堯)임금이 순(舜)임금에게, 순임금이 우(禹)임금에게 왕위를 선양할 때 함께 전하였다는 심법(心法)이라고 한다. 열여섯 자를 직역하면 "사람 마음은 그 위태로움을 다스리기 어렵고, 도의 마음은 그 진리를 얻기가 어려우니, 진리를 구할 때에는 모름지기 정성스럽고 진실되게 마음과 힘을 한 곳에 모아야 하며, 치세를 할 때 귀하게 여길 것은 중간을 지키고 선함을 고집하는 데 있다"는 뜻이다. 더 직설적으로 말하자면 이렇다. "사람의 마음은 변하기 쉬워 예측하기가 어렵고, 교화하기가 어려워 통제력을 잃기 쉽다. 어떤 것의 발전이란 늘상 가장 미약한 곳에서부터 생기는 것이니, 알아채기가 어렵다. 따라서 정성스럽고 진실된 태도로 사물의 본질을 탐구해야 하며, 중용의 도로 자연의 법칙을 따라야 한다."

　　만약 [정일(精一)]의 사상을 전략경영에 비유한다면 이렇게 이해할 수 있을 것이다.

14　서경(書經)은 요(堯)나라부터 주(周)나라까지 왕들의 정치와 법도에 관한 것들을 기록한 책이다. 요전(堯典), 순전(舜典), 대우모(大禹謨) 등의 각 편으로 구성되어 있다.

(人心惟危 : 사람의 마음은 위태롭고)

기업의 외부에서 볼 때 사용자의 요구는 변하기 쉬워 예측하기가 어렵고 파악하기도 어렵다.

(道心惟微 : 도의 마음은 미약하니)

시장 발전의 추세는 보통 가장 작은 곳에서부터 생겨나는 것이니, 알아채기가 어렵다.

(惟精惟一 : 오직 정성을 다해 한마음으로)

따라서 기업은 내부에서 공을 들여 오직 정성을 다해 한 마음의 자세로 제품을 만들고

(允執厥中 : 진실로 그 가운데를 잡으라)

중용의 도로 조직을 관리해야 한다.

이 네 가지 측면은 각각 공진화 전략의 [사용자, 시장, 제품, 조직]이라는 네 가지 요소와 정확히 일치한다.

우선 제품의 비즈니스 모델에 [단일지점 돌파]를 실현시키면 제품의 셀프 전파(自传播)에 도움이 된다. 예를 들어 처음으로 모바이크(Mobike·摩拜单车)[15]가 시장에 등장했을 때, 눈길을 끄는 디자인은 사람들의 관심을 받기 충분했고, 사람들이 찾아내기도 쉬웠으며, 자전거를 타고 다니는 사람들에게도 시선이 집중됐다. 사람들은 이 자전거가 어디 브랜드 물건인지, 어디에서 샀는지 물어봤다. 자연스럽게 관심과 토론과 공유가 시작되는 것이다. 또 다른 예를 들어보자. 샤오미 Mix 휴대전화의 메인 특징은 '베젤리스 화면'인데, 비주얼이 좋은 덕에 이 휴대전화을 가지고 있으면 소위 '체면'이 선다. 마이크로칩 같은 핵심 기술에서 이루어낸 돌파보다 이런 종류의 혁신이 훨씬 전파력이 강하다. 샤오미 Mix는 출시되자마자 사용자에게 샤오미가 '최첨단 기술(黑科技, 블랙 테크놀로지)'을 가지고 있다는 인상을 심어주는 데 성공한다.

---

15 중국의 공유 자건거 브랜드이다.

둘째, 제품의 비즈니스 모델에서 [단일지점 돌파]를 실현하면 사용자의 핵심 [수요를 파악]하는 데 도움이 된다. 예를 들어 독일의 기업형 슈퍼마켓 알디(Aldi)는 '낮은 가격'으로 월마트를 제쳤다. 그들은 월마트를 독일 시장에서 쫓아냈을 뿐 아니라 아예 직접 미국에 진출해서 1,300개 이상의 매장을 오픈했다. 알디의 창업자 카알은 "우리의 유일한 경영 원칙은 최저가"라고 말했다. 상품에 대해서도 주목할 만한데 월마트는 상품 종류가 무려 10여 만 개 이상이지만 알디는 700개 남짓만 판매한다. 월마트에는 케첩만 수십 가지 종류가 있지만 알디에서 파는 케첩은 오직 한 종류다. 알디의 비즈니스 모델은 각각의 상품들이 폭발적인 판매량을 올리게 함으로써 [단일지점 돌파]를 실현하는 것이다. 알디의 단일 품목 구매량은 월마트의 20배에 달하며 그들은 세계 최대의 단일 품목 구매자이다. 양이 많아지면 가격은 싸지기 마련이다. 품목이 적기 때문에 창고 보관이나 운송, 물류도 모두 간단해졌다. [사용자 선택]의 측면에서도 고객이 생각하거나 선택할 필요가 없어 아주 간편하다.

셋째, 제품의 비즈니스 모델에서 [단일지점 돌파]를 실현하면 [조직 자원의 이용 효율]을 높이는 데 도움이 된다. [단일지점 돌파]를 실현한 덕에 알디의 경영은 매우 단순하다. 상품을 박스째 바닥에 놓아두고 사고 싶은 고객이 직접 옮기게끔 한다. 고객이 반품을 원한다고 해도 문제없다. 반 병 마신 와인도 반품해준다. 경영자는 그런 것에 집착할 필요가 없다고 생각한다. 거스름돈 찾는 것도 효율에 영향을 미치기 때문에 우수리를 모두 지워서 가격은 항상 딱 떨어진다. 다른 슈퍼마켓에서는 40, 50명을 고용하는데 알디는 4, 5명만 고용한다. 대신 모두 높은 연봉을 받는 엘리트 직원들이며 그야말로 일인다역이다. 게다가 알디는 예산을 세우지도 않고 시장조사 부서도 없다. 그저 사장에서 중요한 데이터만 볼 뿐이다. 진정한 수평적 조직 관리라 할 수 있다.

거일반삼(举一反三)[17], 단일지점 돌파

거일(举一), 모서리 하나 들기:

창업자는 스스로 '하나'에 관한 몇 가지 질문을 하고, 가장 핵심적인 요소를 찾아내야 한다. 만약 당신이 단 한 사람만을 고객으로 선택할 수 있다면 그 사람은 누구이며, 그 이유는 무엇인가? 만약 당신이 그 사람의 단 한가지 요구만을 충족시켜 줄 수 있다면 그 요구는 무엇이며, 그 이유는 무엇인가? 만약 당신에게 이 사람을 설득할 수 있는 단 한 번의 기회가 주어진다면 어떤 방식을 선택할 것이며, 그 이유는 무엇인가? 만약 제품이 단 하나의 기능만 가질 수 있다면 그 기능은 무엇이며, 그 이유는 무엇인가?

반삼(反三), 모서리 세 개 뒤집기:

창업자는 사용자, 업종, 팀의 세 가지 측면에서 돌파점을 찾아야 한다.

첫째, 사용자를 보고 사용자군과 수요를 명확하게 세분화하여 사용자로부터 '인력(引力)'을 찾는다. 둘째, 업계를 보고 시장 동향과 경쟁 상황, 시장에 '바람(风力)'이 있는지, 경쟁업체의 '저항'에 어떻게 대응해야 하는지를 관찰하여 파트너의 '추진력'을 찾는다. 셋째, 팀을 보고 핵심 경쟁우위가 있는지, '동력'이 있는지 파악한다.

기업가는 세 가지 이야기를 분명하게 할 수 있어야 한다.

사용자에 대해 분명하게 이야기해라: 사용자는 누구인가? 수요는 무엇인가? 어떤 상황에서 수요가 발생하는가? 업계에 대해 분명하게 이야기해라: 시장이 얼마나 큰가? 시장의 핵심 모순은 무엇인가? 업계의 경쟁자는 누구인가? 그들의 전술과 경쟁 우위는 무엇인가 팀에 대해 분명하게 이야기해라: 우리의 전술과 경쟁 우위는 무엇인가? 우리 팀은 경쟁우위를 갖추고 있는가?

거일반삼은 사실상 삼위일체, 즉 [공간]과 [시간]과 [개체]의 삼위일체이다. 공간은 시장을 가리키고 시간은 업계의 발전가능성을 가리키며 개체는 개체의 능력을 가리킨다. 창업에 성공했다는 것은 적시에 적절한 장소에서 정확한 일을 했다는 뜻이다.

---

16 사각형의 한 부분을 들어 올리면 전체가 뒤집히는 것과 같이 하나를 통하여 전체를 해결한다는 뜻이다.

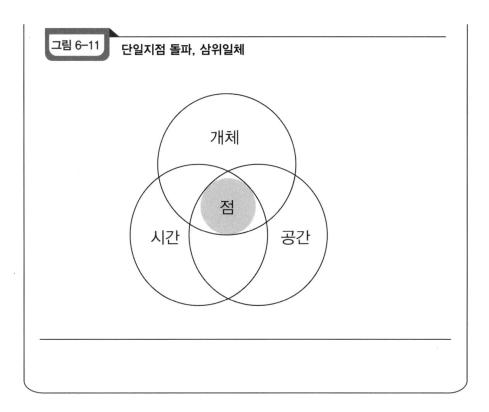

그림 6-11 단일지점 돌파, 삼위일체

개체

점

시간

공간

[창업단계]의 시장

기술혁신

어떤 사람들은 실리콘밸리가 어떠한 기초과학기술도 발명하지 않았다고 생각하겠지만, 실리콘밸리는 세계의 혁신 기술과 창업의 열정을 벤처 투자와 결합시킨 글로벌 기술 기업 혁신의 요람이다. 자율주행차를 예로 들어보자. 구글이 자율주행차를 개발하기 전부터 이미 카네기멜론대학이 수십 년째 기초 기술을 개발을 해왔다. 하지만 기술이 많이 미흡했기 때문에 실용적인 전망(혼돈 시장)을 내놓았던 사람은 아무도 없었다. 구글이 이 분야에 뛰어든 것은 자신들에게 자율주행차에 대한 훌륭한 기술이 있어서가 아니라 기존 사업의 패러다임을 뒤집으려면 자율주행차가 필요했기 때문이다. 이를 위해 구글은 카네기멜론대학의 팀 전체를 모두 영입했고 그들에게 충분한 권한과 자원을 제공하였다(수평적 조직).

반항정신과 기존 질서를 전복시키려는 열망 외에도 실리콘밸리가 성공할 수 있었던 또 다른 조건은 실리콘밸리가 신기술 시험장(엔젤 사용자)의 역할을 하는 경우가 많았다는 점이다. 구글의 자율주행차는 허가를 받지 않고 도로를 달렸다. 경찰이 보고도 못 본 척 눈 감아주는 동안 구글은 도로에서 수많은 테스트를 했다. 구글의 자율주행차인 웨이모(Waymo)는 업계 최초로 평균 주행거리 5,000마일, 연간 주행거리 50만 마일을 기록하면서 테스트 결과치가 가장 좋은 자율주행차가 되었으며 세계에서 상용화에 가장 가까이 다가간 자율주행차가 되었다(단일 돌파 지점).

중소기업 역시 대기업과 더불어 혁신기술의 상용화를 주도하는 주역이다. 미국의 과학 연구개발을 예로 들면 1980년대에는 연구개발비의 70% 이상이 2만명 이상의 임직원을 보유한 대기업에서 나왔다. 그러나 2000년 이후에는 이 비중이 35%로 감소하였고, 대신 500명 미만 소기업의 비중이 급격히 증가하여 이들이 기술혁신의 주역으로 자리잡는다. 이러한 반전에는 두 가지 이유가 있다. 첫째, 선진 기술은 죄다 대학의 손에 있었다. 그런데 이들은 기업에게 기술을 팔고 싶어하지 않는다. 기술을 팔고 나면 연구를 계속할 수 없기 때문이다. 하지만 1980년대 미국에서 통과된 바이돌법(Bayh-Dole Act)에서 특허 이전은 상업적 사용권일 뿐, 소유권은 대학에 귀속된다고 규정하였다. 이렇게 되자 대학은 특허를 팔고 나서도 연구를 계속할 수 있게 되었고, 이는 특허의 상업화를 크게 촉진시켰다. 상업적 사용권만 이전되기 때문에 특허도 훨씬 저렴해져서 통상 100만 달러를 넘지 않았다. 소기업도 충분히 감당할 수 있을 정도가 된 것이다. 결과적으로 혁신기술의 적용으로 돌파구를 삼는 창업 프로젝트가 점점 많아지게 되었다.

미국의 대학은 북동부 지역에 밀집되어 있지만 실리콘밸리에 더 많은 더 우수한 첨단기술 기업들이 있다. 실리콘밸리에는 과학기술의 혁신과 기술 응용의 혁신이 더 잘 융합되어 있기 때문이다. 만약 어떤 기업이나 지역의 과학기술과 기술 응용의 혁신 수준이 모두 낮다면, 이 경우에 할 수 있는 것이라고는 이미 성숙한 과학기술을 평범하게 사용하는 것이 전부다. 예를 들어 중국 기업은 종종 외국의 성숙한 기술을 그대로 복사해서 중국 시장에 이용하는 경우가 있다. 만약 어떤 기업이나 지역의 과학기술의 혁신 수준은 낮지만 기술 응용의 혁신 수준은 높다면, 이 경우에는 성숙한 기술을 혁신적으로 응용할 수 있다.

예를 들어 텐센트 등의 회사는 외국의 성숙한 기술과 모델을 복사하여 중국에 적용시켰는데 이 과정에서 혁신이 이루어지며 이를 통해 점점 자신의 강점을 축적해 나간다. 만약 어떤 기업이나 지역의 과학기술의 혁신 수준은 높지만 기술 응용의 혁신 수준이 낮다면, 이 경우에는 혁신 기술이 비효율적인 응용을 초래하게 된다. 일례로 베이징에는 선전(深圳)보다 더 많은 과학연구소가 있다. 하지만 베이징의 혁신 기술 응용 방면에서의 성과는 썩 만족스럽지 못하다. 만약 기업이나 지역의 과학기술과 기술 응용의 혁신 수준이 모두 높다면, 이 경우에는 혁신적인 기술을 혁신적으로 응용할 수 있게 된다. 실리콘밸리가 바로 그예다.

린 스타트업 단계에서 창업기업이 혁신 기술을 채택한다는 것은 해당 기업이 가장 먼저 시장의 혼란 상태에서 벗어나 혁신적인 사용자 수요를 확보하고, 수평적 조직구조를 통해 [단일지점 돌파]를 실현시키는 데 중요한 영향을 미친다. 첫째, 혁신 기술의 채택은 창업기업이 혼란스러운 시장에서 벗어나는 데 도움이 될 수 있다. 예를 들어 2006년 설립된 DJI(大疆)는 현재 명실상부한 소비자용 드론 시장의 제왕이다. 신제품인 Phantom4(精靈4) 출시 이후 DJI의 글로벌 시장점유율은 90%에 달하게 되었다. 소비자용 드론 시장은 DJI가 개발한 완전히 새로운 비즈니스라고 할 수 있다. 2013년 전후로 소비자용 드론 시장에 폭발적인 성장이 있기 전까지, 그 누구도 이 시장에 대해 긍정적인 의견을 내놓지 않았다. 사업을 시작하고 몇 년 간 왕타오(汪滔)는 친구 몇 명과 함께 헬리콥터 비행 컨트롤 시스템을 연구 개발했다. 2008년, DJI는 XP3.1 비행 시스템을 개발했는데 기존의 헬리콥터 모형에 이 시스템을 장착하기만 하면 아무런 조작없이도 헬리콥터 모형이 자동으로 호버링(제자리 비행)을 하게 해주는 장치이다. 이후 DJI는 'ACE ONE 헬리콥터 비행 컨트롤러', '오공(悟空) 멀티콥터 비행 컨트롤러' 등 다양한 비행 컨트롤 시스템을 연이어 출시하였다. 아무도 낙관하지 않았던 드론 시장의 푸른 하늘을 DJI가 독점할 수 있었던 것은 바로 이러한 '혁신적인 기술' 덕분이었다.

둘째, 혁신 기술의 채택은 창업기업이 혁신적 사용자의 수요를 파악하는데 도움이 될 수 있다. 창업 초기 DJI에게는 사업 모델이라고 할 만한 게 없었다. 그냥 물건을 만들고, 만든 물건은 이를테면 "아이 러브 프라모델(我愛模型)" 같은 국내외 항공기 모델 매니아들의 온라인 포럼을 돌아다니며 판 것이 전부다. 왕타오는 2006년 DJI의 첫 번째 제품이 50,000위안에 팔렸고 원가는 15,000위안이었다고 회상했다. 2년 넘게 DJI는 이런 작은 공방처럼 운영되었다. 그러다 2010년, DJI는 뉴질랜드의 한 중개상으로부터 흥미로운 이야기를 듣게 된다. 그 중개상 자신이 한 달에 200개의 짐벌(gimbal, 수평유지장치)을 팔고 있는데, 그걸 사는 고객의 95% 정도는 그 장치를 멀티콥터에 설치한다는 것이었다. 그런데 정작 헬리콥터 비행 컨트롤 시스템은 한 달에 수십 개 밖에 팔지 못한다고도 했다. 당시 멀티콥터 비행 컨트롤 시스템의 제조를 꽉 잡고 있던 것은 독일의 Mikrokopter였다. 문제는 그들의 제품 전략이 DIY라는 것이다. 사용자가 스스로 구성 부품을 찾고 코드를 다운받아야 했기 때문에 사용자 경험도 제품의 신뢰성도 모두 좋지 못했다. 왕타오는 그 순간 깨달았다. DJI가 기성 제품에 대한 상업용 비행 컨트롤 시스템을 제공하는 최초의 제조업체가 되어야 한다는 사실을 말이다. 지난 몇 년 간 갈고닦은 성숙한 기술 덕분에 DJI는 몇 달 만에 완제품을 만들어냈고 순식간에 시장 점유율 70%를 달성한다.

셋째, 혁신 기술을 채택하려면 보통의 경우 기업이 수평적인 구조로 조직되어야 한다. 2006년 DJI가 처음 설립되었을 당시 팀에는 소수의 인원만이 있었다. 공대 출신의 설립자 왕타오는 하나부터 열까지 모든 일에 직접 참여했으며 그가 좋아했던 스티브 잡스가 그러하였듯 극도로 디테일을 추구하였다. 나사 하나에도 어느 정도로 조여야 하는지 엄격하게 정해져 있어서 직원들에게 손가락 몇 개를 이용해서 어떤 느낌이 들 때까지 나사를 돌리라고 했을 정도다. 왕타오는 밤 11시, 12시에 사무실에 와서 일을 시작하는 버릇이 있다. 아이디어가 떠오르면 바로 전화를 들고 직원들과 소통을 한다. 이는 지금도 마찬가지여서 DJI의 많은 경영진들이 여전히 한밤중에 사장의 전화를 받고는 한다. 2016년, DJI의 직원 수는 6,000명을 넘었다. 회사의 CEO이자 CTO인 왕타오는 괴로워하며 이렇게 말한다. "현재는 경영 업무를 더 많이 하고 있어서요. 제가 가장 좋아하는 건 제품에 관한 것인데 어쩔 수 없이 동료에게 의지하고 있죠."

넷째, 혁신 기술의 채택은 창업기업이 [단일지점 돌파]를 실현하는 데 도움이 된다. 2010년 DJI의 매출은 300만 위안에 불과했다. 2011년 DJI가 멀티콥터 드론을 출시하기 전까지 소비자용 드론 시장의 고객층은 주로 모형 항공기 애호가나 팬 같은 소수의 매니아들이었다. 수요층이 적었기 때문에 드론 비행 컨트롤러의 단가도 높을 수밖에 없었다. DJI는 최초로 GPS와 액션카메라와 드론을 하나로 통합시켜 기체가 자동으로 호버링하게 함으로써 드론 조종의 진입 장벽을 대폭 낮췄다. 또한 박리다매 모델을 채택하여 드론의 가격도 대폭 낮췄다. 이 두 가지를 통해 드론의 고객층은 기존의 DIY 매니아에서 일반 대중으로 확대되었으며 고객 규모도 수백 배 커졌다. 후에 DJI가 일체화된 완제품 드론 Phantom Vision을 출시하면서 일반 대중이 항공 사진에 더 쉽게 접근할 수 있게 되었다.

도구모음

기술 성숙도 곡선

[기술 성숙도 곡선(Hype cycle)]은 기술 순환 곡선이라고도 부른다. 어떤 신기술이 탄생부터 점진적 성숙에 이르기까지의 역동적인 과정을 반영하는 동시에 해당 기술의 발전 주기를 평가하는 예측 기능도 가지고 있다. [기술 성숙도 곡선]에서 기술은 성숙해지는 속도 및 성숙에 도달하기까지의 소요 시간에 따라 [기술 맹아기], [기대감 팽창기], [거품꺼진 저점기], [안정적으로 상승하는 광명기], [실질적 활용의 절정기]의 5단계로 구분된다.

[기술 맹아기]에는 발명가나 개발자가 아닌 사람들까지 이 기술의 혁신 가능성에 대해 토론한다. 점점 더 많은 사람들이 혁신과 잠재력에 대해 듣고, 관련 뉴스가 끊임

없이 퍼지면서 열띤 토론의 물결이 빠르게 형성된다. [기대감 팽창기]에는 일부 회사들이 경쟁적으로 이 혁신 기술을 도입하고 싶어하며 흐름에 휩쓸리는 경우도 있다. 기업이 다양한 상황에서 테스트를 진행함에 따라 혁신 역시 극으로 치닫게 된다. 혁신에 대한 흥분된 감정을 포착한 미디어는 사람들의 혁신에 참여하고 싶다는 욕망을 더욱 부추기고, 사람들은 이 흐름에서 뒤처질까봐 두려워한다.

　　[거품꺼진 저점기]가 되자 성과도 시원치 않고, 혁신의 도입도 생각보다 느리며, 예상한 기간 내에 금전적 수익도 나지 않는 등 모든 것이 기대를 저버리기에 충분하다. 대부분의 회사에서 생각보다 일이 간단하지 않다는 것을 깨닫게 되었고 기술에 대한 부정적인 소문이 퍼지기 시작한다. [안정적으로 상승하는 광명기]에는 일부 얼리 어답터들이 초기의 장애를 극복하고 혁신의 이점을 느끼기 시작하여 다시 한번 열정을 쏟아붓는다. 얼리 어답터들의 경험을 받아들이면 어디에 혁신을 적용해야 더 좋은 결과를 얻을 수 있을지 보다 잘 알 수 있다. 시간이 지남에 따라 혁신 기술을 도입한 업체는 혁신 초기 단계의 피드백을 기반으로 제품을 개선하고 이에 따라 혁신 기술 자체도 계속해서 성숙해진다. 또한 기술 적용의 성공적인 방법이 정착되고 혁신 기술 도입의 모범사례가 사회적으로 인정받게 된다. [실질적 활용의 절정기]가 되면 혁신의 실제 이점이 갈수록 분명해지고 받아들여지면서 점점 더 많은 기업의 위험 부담이 줄고 기업들이 혁신 기술을 광범위하게 사용하기 시작하여 혁신 기술 곡선이 마치 하키 스틱처럼 큰 폭으로 상승한다.

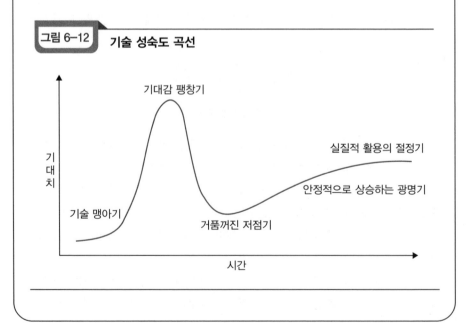

그림 6-12　기술 성숙도 곡선

초기 자본

글로벌 기업가정신 모니터(중국보고서)에 따르면 중국 창업자의 자금 출처 1순위는 가족(중국 창업자 자금의 91.3%가 자체 자금으로 조달한 것), 2순위는 친구, 3순위는 벤처캐피탈, 4순위는 크라우드 펀딩이다. 또한 창업에 필요한 평균 자본금은 16,263달러(약 113,000위안)로 미국의 17,500달러(약 122,000위안)와 비교하여 크게 적지 않다.

만약 창업의 초기 자본을 자본의 출처와 자본의 위험감수도 두 가지 차원에 따라 구분한다면 초기 자본은 창업팀 내부와 창업팀 외부에서 가져올 수 있다. 창업팀 내부에서 조달한 자금은 개인 저축과 개인 대출을 포함한다. 개인 저축에 비해 개인 대출은 위험감수도가 낮으므로 만약 창업팀 초기 자본의 대부분이 팀 내 개인 대출에서 조달한 것이라면 이는 곧 하이 리스크의 씨앗을 심은 것일 수도 있다. 창업팀 외부에서 조달한 자금은 기업형 벤처캐피탈(CVC)과 정부 자금을 포함한다. 기업형 벤처캐피탈에 비해 정부 자금(정부 지원 벤처캐피탈 기관 포함)은 위험감수도가 낮다. 만약 창업기업이 정부자금을 쓰려는 경우 정부자금의 위험감수도를 고려해야 할 수도 있다.

기업의 린 스타트업 단계에서 초기 자본의 다양한 출처는 기업이 혁신 기술을 획득하고, 사용자의 페인포인트를 파악하며, 창업 파트너를 유치하는 데 도움을 줄 수 있고 기업이 MVP 개발에만 전념하도록 묶어놓을 수도 있다. 첫째, 초기 자본은 신생기업이 [혁신 기술을 획득]하는 데 도움을 줄 수 있다. 중국의 경우 "모두가 창업하고, 모든 것을 혁신하라(大众创业 万众创新)"는 구호 아래, 과학 연구에 종사하던 많은 사람들 역시 실험실을 떠나 창업을 하기 시작했다. 1980년 미국에서 통과된 "바이돌법(Bayh-Dole Act)"은 연구기관이나 학자가 발명품의 상업적 개발권을 획득할 수 있으며, 상업적 개발로 인해 생긴 이윤 역시 연구기관이나 학자가 취할 수 있게 함으로써 미국의 과학기술 전환을 크게 촉진하였다. 국무원이 발표한 「〈중화인민공화국 과학기술성과 전환촉진법〉 시행에 관한 규정(实施〈中华人民共和国促进科技成果转化法〉若干规定)」은 국가연구개발기관과 대학은 보유한 과학기술 성과의 값을 산정하여 주주가 되고 주식보유량과 출자비율을 확인할 권리가 있다고 규정한다. 이 규정은 창업기업에게 기술

출자 방식으로 혁신 기술을 획득할 수 있는 길을 내주었다.

둘째, 초기 자본은 신생기업이 사용자의 [페인포인트를 파악]하는 데 도움을 줄 수 있다. 1898카페(一八九八咖啡馆)는 북경대학 출신의 기업가, 창업자 100여 명이 북경대학 동문 창업 연합회의 이름으로 공동 설립한 중국 최초의 동문 창업 테마 카페이다. 1898이라는 카페 이름은 북경대의 설립 연도를 기념하는 의미이다. 1898카페는 크라우드 펀딩을 통해 초기 자본과 창업 자원을 하나로 통합하였는데 100명 이상의 동문들의 출자와 공동 참여를 통해 자금 문제와 자원 문제를 해결했다. 크라우드 펀딩은 참여 인원이 많고 복잡한 탓에 관리상의 여러 문제를 야기한다. 이로 인해 크라우드 펀딩 프로젝트를 장기적으로 유지하는 것 역시 쉽지 않다. 그럼에도 이런 방식이 나왔다는 것은 많은 사용자들이 공통의 페인포인트를 가지고 있었으며 심지어는 자신이 직접 페인포인트를 해결하기 위해 들이는 수고를 아까워하지 않는다는 사실의 반증이다.

셋째, 초기 자본은 신생기업이 [창업 파트너를 유치]하는 데 도움을 줄 수 있다. 초기 자본 구조는 창업기업의 미래 발전을 위한 중요한 토대를 마련한다. 초기 자본 구조의 합리성 여부는 적격의 창업 파트너를 유치하는 데에도 몹시 중요하다. 전거펀드(真格基金)의 설립자 쉬샤오핑(徐小平)은 공동 설립자가 반드시 자본을 투자해야 할 뿐 아니라 일정 비율을 차지해야 한다고 생각한다. 그가 일찍이 어떤 전자상거래 업체에 투자를 한 적이 있었는데 설립자는 온라인 부분을 담당하고 공동 설립자는 공급망의 하류(downstream)를 담당하였다. 원래대로라면 이들 간의 지분 배분은 대충 60% 대 40%, 혹은 75% 대 25% 정도여야 한다. 그런데 이 공동 설립자는 겨우 1주만을 가져갔다. 쉬샤오핑은 이 공동 설립자는 애초부터 파트너라고 할 수 없으며, 아르바이트나 종업원일 뿐이라고 생각했다. 결국 이 회사는 파산했다.

마화텅(马化腾)은 창업 초창기에 파트너와 이렇게 약속했다. "각자 잘하는 걸 하고, 각자 맡은 몫을 관리하자." 모두의 장점을 최대한 활용하겠다는 것은 아주 훌륭한 결정이다. 그해 텐센트는 50만 위안의 자금을 모았다. 가장 많은 돈을 출자한 마화텅이 47.5%의 지분율을 차지했고 10만 위안을 출자한 장즈둥(张志东)이 20%의 지분율을 차지했으며 나머지 지분은 쩡리칭(曾李青), 쉬천예(许

晨曄), 천이단(陈一丹) 등의 공동 창립자에게 귀속되었다. 마화텅은 견제와 균형을 위해서라도 다른 사람들의 지분율의 합이 자신의 것보다 조금 더 많아야 된다고 생각했지만 기업은 중심이 있어야 하기 때문에 지분을 똑같이 나눌 수는 없다.

넷째, 초기 자본은 신생기업이 [MVP개발에만 전념]하도록 묶어놓을 수 있다. 창업기업에게 초기 자본금이란 항상 부족한 것이다. 그러나 돈이 적으면 적은 대로 좋은 점이 있다. 신생기업이 MVP 개발에 매진하고 [단일지점 돌파]를 위해 혼신의 힘을 다하도록 잡아놓을 수 있기 때문이다. 콰이칸만화의 창업 초기, 설립자인 천안니와 11명의 친구들은 북경 중관촌 오도구(北京中关村五道口)에 있는 방 3개짜리 150㎡의 집을 빌려 함께 살았다. 한 방에 네 명씩 생활했고 거실에서는 작업을 했으며 가끔은 복도에서 회의도 했다. 천안니는 이렇게 말한다. "팀이 24시간 함께 있었기 때문에 모두가 장벽없이 소통했습니다. 팀원들은 바깥 세상이랑 거의 접촉이 없었기 때문에 콰이칸 만화 개발에만 온 정신을 집중할 수 있었죠. 콰이칸 팀은 콰이칸 만화 버전 1.0을 만드는 데 6개월을 보냈어요. 인터페이스는 모두 우리가 직접 만든 것이라 크기도 그렇고 모양도 그렇고 전혀 프로스럽지 않았습니다. 페이지도 어수선했고요. 하지만 바로 이런 '프로스럽지 않은' 디자인이 콰이칸의 주이용층인 90년대생(90后, 지우링허우)들의 취향에 부합했고, 많은 사람들이 리트윗하게 되면서 3일 만에 거의 100만 다운로드를 기록하게 됐어요."

도구모음

동적 지분 분배

창업자는 언제 지분 분배를 완료해야 하며, 언제 완료되는가? 『창업자의 딜레마(The Founder's Dilemma)』의 저자인 노암 와서만(Noam Wasserman)의 연구에 따르면 73%의 팀이 창업 한 달 이내에 지분 분배를 마친다고 한다. 창업의 여러 불확실성을 생각했을 때 이건 정말이지 놀라운 비율이다. 지분 분배를 잠시 늦춘다면 서로가 서로의 업무 능력과 성과를 이해할 수 있는 더 많은 기회를 갖게 되고, 이렇게 되면 누가 회사에 더 큰 공헌을 할 수 있는지도 판단할 수 있게 된다. 지분 분배를 잠시 늦추는 것은 회사가 우수한 인재를 데려오기 위한 조치를 취할 수 있는 기회를 주는 일이기도 하다. 통상적으로 회사에 일찍 기여한 사람은 지분 분배를 빨리 받고 싶어하고 늦게 기여한 사람은 그 반대를 원한다. 이상적으로 말하자면 지분 분배는 각 개인의 장기적 공헌도에 초점을 맞추어야 한다.

지분 분배를 할 때에는 [과거 기여도]와 [기회비용], [미래 예상 기여도] 등 적어도 세 가지 측면에서 생각해 보아야 한다. 와서만의 연구에 따르면 59%의 사람들이 자신의 돈을 창업 자금으로 사용하는데 다른 조건들이 모두 동일할 경우, 아이디어를 제공한 사람은 10~15% 더 많은 지분을 가져간다. 기회비용은 해당 인물이 이전 커리어에서 거둔 성공의 정도에 비례하며, 성공한 사람이 지불한 [기회비용]만이 지분을 분배할 때의 참작 요소가 될 수 있다. [미래 예상 기여도]는 지분을 분배할 때 반드시 고려해야 하는 중요한 요소이다. 와서만의 연구에 따르면 다른 조건들이 모두 동일할 경우, 경험이 있는 창업자가 경험이 없는 창업자보다 7~9% 더 많은 지분을 가지고 가며 경험 중에서도 창업 경험이 일반적인 업무 경험보다 더 우대받는다.

와서만이 발견한 것이 또 있는데 33%에 달하는 팀은 균등한 지분 분배 방식을 선택한다고 한다. 이렇게 함으로써 갈등을 피하고 시간을 절약할 수 있다고 생각하기 때문이다. 하지만 설문조사를 해 보니 균등한 지분 분배 방식을 선택한 팀의 60%가 결정을 내리기까지 하루 혹은 그보다 약간 적은 시간이 걸린다고 대답하였고, 이런 식으로 가게 되면 나중에 문제가 생길 수도 있다는 결과가 나왔다.

어떻게 보면 지분 분배를 할 때에는 이미 [알려진 요소], [예측 가능하지만 불확실한 요소], [전혀 예측할 수 없는 요소] 이렇게 세 가지를 고려해야 한다. [차등식 지분 분배]는 동적 지분 분배가 가진 문제를 비교적 잘 해결할 수 있는 방법이다. 예를 들어보자. 4명이 함께 창업을 했다. 그들은 1년의 시간 동안 최종 지분을 확정짓되 그 1년을 3단계로 나누어 각각 자본의 40%, 30%, 30%를 투자하기로 합의했다. 1단계에 A는 아이디어와 자금을 제공하고 B는 사업 전략을 기획하고 C는 소프트웨어 개발을 시작하였으나 D는 사업 계획 논의에만 참여하였다. 2단계에 A는 계속해서 인맥과 자금을 제공하고 B는 제품 관리에 집중하고 C는 소프트웨어 개발에 집중하였으나 D는 실질적으로 하는 일이 없었다. 3단계에 A는 기업의 투자 유치를 도왔고 B는 제품 마케팅을 담당하고 C는 소프트웨어 개발을 전담하였다. 3개 기간에 걸친 4명의 동적 지분 분배 상황은 아래 표와 같다.

표 6-5　동적 지분 분배표

시간	2020년 10월 – 2021년 1월		2021년 2월 – 2021년 5월		2021년 6월 – 2021년 9월		2020년 10월 – 2021년 9월
가중치	40%		30%		30%		
주주	공헌	지분	공헌	지분	공헌	지분	가중평균
A	아이디어, 자금	60%	인맥, 자금	34%	기업 투자 유치	36%	45%
B	사업 전략 기획	28%	제품 관리	33%	제품 마케팅	32%	30.7%
C	소프트웨어 개발	10%	소프트웨어 개발	33%	소프트웨어 개발	32%	23.5%
D	사업 계획 논의	2%					0.8%
합계		100%		100%		100%	100%

혼돈 시장

[혼돈]이라는 단어는 그리스어에서 파생된 것으로 원래의 의미는 깊어서 헤아릴 수 없고 부서진 것, 즉 텅 빈 공간이다. 고대의 우주 기원론인 창세기 이야기에서 이 비어있음과 없음은 모든 생성(becoming)의 기초이자 우주의 기원이었다. 따라서 혼돈과 우주, 무형의 존재와 질서의 구조는 서로 밀접하게 연관되어 있다.

프리드리히 크라머(Friedrich Cramer)는 《혼돈과 질서(Chaos and order)》라는 책에서 다음과 같이 말했다. "자연에서 끊임없이 재현되는 질서성은 우리를 매혹시킨다. 생명 시스템에서 유전의 법칙에 따라 전해진 조직 방식은 고도로 복잡하고 질서정연한 구조를 조직한다. 분자생물학 분야에 대하여 더 깊이 탐구할수록 조직 방식에 대한 이해도 더 깊어진다. 그래서 우리는 자연계의 질서가 항상 유지될 것이라 생각한다. 그러나 질서는 보통 무엇인가 정적인 것이다. 현실에서 생명은 운동과 변화에서 만들어진 질서이며, 혼란을 향해가는 무질서한 쇠락을 수반한다. 어떤 의미에서 생명은 쇠락이요, 질서는 혼돈이다."

혼돈과 질서는 중국의 기업 경영 관행에도 적용된다. 훈쉬부루오(混序部落)[17]의 설립자인 리원(李文)과 먀오칭(苗青)은 《요변성(触变, thixotropic)》이라는 책에서 이렇게 말했다. "[혼서(混序)]는 겸용이다. 혼(混)은, 즉 혼돈(混沌)이고 도가사상을 대표하며 하늘의 도를 강조하는 것이다. 서(序)는 곧 질서(秩序)이고 유교사상을 대표하며 인간의 도를 강조하는 것이다. 그러므로 혼서는 중국 전통 문화의 천인합일이다. 혼돈과 질서의 융합은 통제와 통제불능 사이, 질서와 자유 사이, 이성과 인성 사이, 확실과 불확실의 사이, 일치와 다원 사이에서 단순함과 복잡함이 함께 존재하는 상태이다. 이것은 조직구조를 대표할 뿐 아니라 경영 이론도 대표하고, 세계관일 뿐 아니라 방법론이기도 하다."

혼돈 시장을 뚫고 혼돈 속에서 질서를 찾는 것은 창업기업이 0에서 1에 도달하는 중요한 경로이다. 린 스타트업 단계에 있는 기업에게 혼돈 시장은 [혁신기술]을 획득하고 사용자의 [페인포인트]를 파악하고 [수평적 조직]을 구성하고 상품의 [단일지점 돌파]를 실현시키는 데 있어서 매우 중요하다.

첫째, 혼돈 시장에서 [혁신적인 기술]을 찾아내는 것이 중요하다. 시장이 아직 혼돈 상태에 머물러 있는 시기에는 경쟁 상품도 없고 엔젤 사용자도 없다. 혼돈 시장에서는 어떻게 혁신을 이루어낼 수 있을까? "조립"을 강조하는 [모듈러 혁신(modular innovation)]적 사고가 가능성이 될 수 있다. [모듈러 혁신]에는 세 가지 특징이 있다. 첫째는 시장을 아는 창업자를 핵심으로 한다는 것이다. 창업자는 최신 과학 기술을 찾아 시장의 핵심 문제에 대한 혁신적인 제품이나 서비스를 출시함으로써 세상을 놀라게 할 수 있다. 둘째는 제품이나 서비스의 가장 [긴 나무토막](长板, 긴 나무토막 이론에서 '장점'이나 '우세'를 가리키는 말)을 보유하라는 것이다. 창업자는 가장 앞선 기술로 자신의 제품이나 서비스의 가장 긴 나무토막을 만든 다음 다른 회사의 긴 나무토막과 합쳐 대기업이 요구하는 모든 기능을 빠르게 달성하고 대기업과 경쟁한다. 셋째는 [전격전을 치를 수 있는 능력을 갖추는 것]이다. 창업자는 위 요소를 갖춘 후에 빠르게 달리기 시작하여 가장 빠른 속도로 시장을 점유해야 한다.

---

17 중국 최대의 온라인 창업사 간 단체 운영 플랫폼

둘째, 시장이 혼돈 상태일 때에는 사용자의 [아하 모먼트(A-ha moment)][18]와 [페인포인트]를 파악하는 것이 아주 중요하다. 스티브 잡스가 이끈 애플은 일찍이 온라인 음악 산업, 휴대폰 산업, 태블릿PC 산업, 심지어는 인터넷 산업 전체를 '혁신적으로 정의'했다. 잡스의 시선은 사용자 경험에 대한 관심에서부터 출발한다. 사용자 경험에서 그들의 [아하 모먼트]와 [페인포인트]를 포착할 수 있다고 믿었기 때문이다. 그는 이렇게 말했다. "디자인은 어떻게 보이고 느껴지느냐의 문제만은 아니다. 디자인은 어떻게 기능하느냐의 문제다. 우리는 점점 더 기술에 의존하는 시대에 살고 있다. 필름없이 사진을 찍은 후에는 꼭 어떤 처리를 해야만 사진을 볼 수 있고, 인터넷에서 음악을 다운받은 후에는 휴대용 디지털 플레이어가 있어야만 들고 다니며 들을 수 있다. 기술은 자동차에도 있고 부엌에도 있다. 애플의 핵심 역량은 최첨단 기술을 우리 주변의 평범한 무언가로 가공해서 사람들에게 기쁨과 즐거움, 그리고 편리함을 가져다주는 데 있다."

셋째, [수평적 조직구조]는 혼돈 시장에 있는 창업기업과 혁신 비즈니스에 적합한 조직구조이다. 『구글은 어떻게 일하는가(How Google Works)』의 6장 제목은 "혁신: 태초의 혼돈을 만들어라"이다. 구글은 내부에서 2개의 구글로 나누어지는데 하나는 래리 페이지(Larry Page)가 이끄는 구글의 기존 사업부문이고, 다른 하나는 세르게이 브린(Sergey Brin)이 이끄는 혁신 사업부문이다. 혁신 사업부문의 조직은 각종 프로젝트나 프로젝트를 기반으로 운영되는 프로그램 단위로 구성되어 있으며, 전문혁신책임자가 존재한다. 또한 강력한 알고리즘과 연구, IT, 정보 통합 플랫폼인 구글에서 지원해준다. 구글 창업자인 브린은 이렇게 말했다. "혁신은 잡을 수도 없고 미리 계획할 수도 없는 것이다. 혁신적인 사람에게는 사전준비가 필요없다. 혁신하게 해주기만 하면 된다. 직원들은 업무 시간의 20%를 다른 사람의 간섭없이 자신의 일을 하는 데 쓸 수 있다."

넷째, 혼돈 시장 상태에서는 창업기업이 생존할 수 있는 유일한 방법은 [단일지점 돌파]만를 실현시키는 것이다. 치후360(奇虎360)의 설립자 저우홍이(周鴻

---

18 신규 사용자가 제품의 가치를 느끼는 순간의 의성어를 본 따 만든 단어이다. 예를 들어 페이스북에서는 10일 내에 7명의 친구를 맺는 것을 아하 포인트라고 정의한다.

補)는 이렇게 회고했다. "선무당이 사람잡는다는 말처럼, 360이 오늘날까지 올 수 있었던 건 다행히도 내가 문외한이었기 때문이다. 문외한은 생각이 정해져 있다거나 무언가를 경외시한다거나 그런 게 없다. 보안업계의 다른 사람들은 이 업계에서 20년을 일해왔고, 보안이란 마땅히 이래야 하는 것이라는 기준이 있으며, 이걸로 돈을 벌어왔다. 하지만 나는 아무것도 모르고, 남들이 하는 것도 할 줄 모른다. 그런데 문외한의 입장에서 문제를 바라보면 지금과는 다른 혁신적인 것이 나올 때가 있다. 바로 그 무지와 무모함 덕분에 내가 악성 소프트웨어 하나만 골라잡아 때릴 수 있었던 것이다. 만약 그때 당시 내가 보안 전문가였다면 분명 거창한 보안 계획을 세웠겠지만 그 계획이 사람들이 가장 원하던 바였을 것이라는 보장이 없다. 열 손가락을 다 다치는 것보다는 한 손가락을 잘라내는 게 나은 법이다. 상대는 저렇게나 강한데, 당신은 상대가 가진 것만큼을 갖고 있지 않기 때문이다. 가진 게 부족할 때에는 구석구석 뜯어보고 살펴볼 겨를이 없다. 무조건 한 방에 돌파해야 한다."

도구모음

동적 지분 분배

사라스 사라스바티(Saras Sarasvathy)는 창업자의 의사결정에는 [인과적 사고(Casual thinking)]와 [효과적 사고(Effectual thinking)]라는 두 가지 논리가 있다고 주장한다. [인과적 사고]는 만들어내고자 하는 효과와 방향에서 출발하여, 여러 수단과 방법을 통해 이를 실현하려는 시도 또는 새로운 수단을 만들어 미리 정해놨던 효과가 생기길 기대하는 것이다. [효과적 사고]는 이미 주어져 있는 수단에서 출발하여 비예측적 전략을 통해 새로운 효과를 창출하려는 시도이다. 효과적 사고형의 창업자들은 이 세상에 다양한 가능성이 있다고 생각하여 기회를 만들어내거나 재구성하려고 한다. 그들에게 창조란 추구하는 것이 아니라 창출하는 것이며 놀라움 역시 받아들이고 활용한다. 이는 모두 미래를 예측하려는 것이 아니라 미래를 만들어내기 위함이다. 아래의 혼돈 시장의 의사결정 모델은 창업자에게 두 가지 선택지가 있음을 보여준다. 하나는 먼저 방향을 선택한 후 방법을 결정(인과적 사고)하는 것이고, 다른 하나는 먼저 방법을 결정한 후 방향을 선택하는 것(효과적 사고)이다.

그림 6-13 **혼돈 시장의 의사결정 논리**

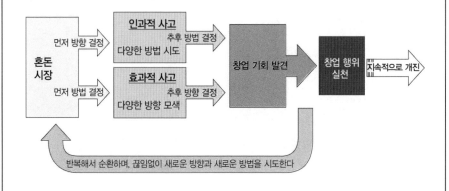

[효과적 사고] 논리에는 구체적으로 다섯 가지 원칙이 포함된다.

[손 안의 새의 원칙] '지금 가지고 있는 자원이 얻을 수 없는 자원보다 낫다'는 의미로 '가지고 있는 자원에서 시작하라'는 의미이다.

[허용 가능한 손실의 원칙] 창업 활동의 결과는 불확실하며 실패가 일상이다. 위험에 주의하고 허용 가능한 손실에 기반하여 결정을 내림으로써 창업의 위험을 최소화하여야 한다.

[패치워크의 원칙] 서로 다른 헝겊 조각을 모아 아름다운 천을 만들듯 필요한 자원을 얻기 위해 다른 사람과 협력하는 것을 의미한다.

[파일럿의 원칙] 창업자 스스로 자신이 나아갈 길을 컨트롤하는 것이다.

[레모네이드의 원칙] 창업의 과정은 예상치 못한 사건들로 가득 차 있지만 창업자의 눈에는 이것이 예상치 못한 사건이나 비용이 아니라, 새로운 자원으로 보여야한다.

마흔여덟 개의 전략 진화 중 [성장단계]

[성장단계]의 사용자

대중 사용자

창업기업이 [집중 성장단계]에 들어갈 때 가장 먼저 직면하게 되는 문제는 사용자의 변화, 즉 사용자층이 소수의 엔젤 사용자에서 일반 사용자로 변화한다는 사실이다. 달리 생각해보면 창업기업은 소수의 엔젤 사용자에서 대규모의 일반 사용자로 사용자층을 확장하는 방법을 찾아야 한다는 의미이기도 하다. [고객 생애주기(Customer lifecycle)] 이론에 따르면 기업의 제품이 출시된 지 얼마되지 않았을 때에는 일반적으로 사용자의 수가 적은데 이러한 사용자를 가리켜 [혁신가] 또는 [초기 사용자]라고 한다. 제품이 아직까지는 비교적 혁신적일 때 제품에 매력을 느낄 가능성이 있는 다수의 사용자를 가리켜 [초기 대중]이라고 한다. 제품이 상대적으로 뒤떨어지게 되었을 즈음 제품에 매력을 느낄 가능성이 있는 다수의 사용자는 [후기 대중]이라고 한다. 제품이 상당히 뒤떨어지게 되었을 때에도 소수의 사용자는 매력을 느낄 수 있는데 이러한 사용자들은 [후기 사용자]라고 부른다. 성장기에 있는 기업이 유치해야 하는 주요 사용자는 초기 대중이다. 이들은 초기 사용자와는 생리적으로나 심리적으로나 사회적으로 상당히 다른 특성을 지닌다.

하지만 사용자층을 확장하는 과정에도 리스크가 존재하기 때문에 빠르게 확장한다고 해서 반드시 좋은 것만은 아니다. 예를 들어 한때 정말이지 초대박급의 앱이었던 'FotoPlace'를 생각해 보자. 이 앱의 최초의 포지셔닝은 장소와 사진을 결합시킨 SNS였는데, 위챗(Wechat, 微信)이 인기를 얻게 되면서 FotoPlace는 모멘트(朋友圈)에 사진을 공유할 때 사용하는 도구가 되었다.[1] 문제는 대부분의 사용자들이 FotoPlace를 사진 보정의 목적으로 사용했다는 것

---

1 위챗의 기능 중 하나로 자신의 계정에 글이나 사진, 타인의 게시글 등을 업로드할 수 있다. 한국의 '카카오톡-카카오스토리'의 관계 및 기능이 '위챗-모멘트'와 유사하다.

이다. 이는 사진과 장소를 결합시키는 도구라는 FotoPlace의 포지셔닝과 일치하지 않는다. [신규 사용자]의 대량 유입 역시 FotoPlace의 제품 포지셔닝에 문제를 일으켰다. 엔젤 사용자들의 인정을 받는 여행 기록으로서의 포지셔닝을 계속 고수하기에는 엔젤 사용자보다 [신규 사용자]의 수가 훨씬 더 많고, 그렇다고 [신규 사용자]들을 신경쓰자니 제품의 포지셔닝과 컨텐츠가 달라지게 된다. FotoPlace 팀의 선택은 [신규 사용자]였다. 그들은 'FotoPlace 카메라' 기능을 계속 출시했다. 결국 기존 고객은 실망했고 신규 고객은 흥미를 잃었다. FotoPlace 카메라는 아무도 사용하는 이 없이 쓸쓸한 최후를 맞이하게 되었다.

[대중 사용자]는 기업의 빠른 성장의 기본이다. [대중 사용자]는 급속 성장 중인 기업이 보편적인 수요를 파악하고 팀 전체의 전문화를 실현하며 히트 상품을 탄생시키고 경쟁업체가 관심을 두지 않는 블루오션을 발견하는 데 도움을 준다. 첫째, 성장기에 있는 기업은 사용자를 늘리겠다고 '파렴치한' 행동을 하지는 않으나 주의해야 한다. 또한 새롭게 늘어난 사용자가 기업의 사용자 수요에 대한 포지셔닝과 부합하는지 여부도 분석해야 한다. 만약 부합하지 않는다면 기업 성장에 골칫거리가 될 수 있다. 2013년, 알리바바는 위챗에 대항하겠다며 라이왕(来往)이라는 SNS 앱을 출시했다. 사용자 수를 빠르게 늘리기 위해 마윈이 직접 나섰는데 직원들에게 빠른 시간 내에 친구 100명을 추가할 것을 요청했다. 그런데 라이왕의 사용자가 급증하면서 이상한 일이 벌어진다. 평소 알리바바 직원들이 가장 많이 접촉하는 상대가 타오바오 판매자들이다 보니 직원들이 누구를 끌어들여야 하나 고민할 때 자연히 타오바오 판매자들이 1순위로 생각나게 된 것이다. 그 결과 라이왕은 타오바오 판매자들의 천국이 되었고 각종 타오바오 광고로 도배되기 시작했다. 더 재밌는 것은 초기 사용자들이 모두 알리바바의 직원들이었기 때문에 수많은 헤드헌터들이 라이왕에 가입했다는 것이다. 헤드헌터들은 라이왕에서 직원들과 대화를 나누었고 그렇게 데리고 나간 직원 수도 많다. 알리바바는 어쩔 수 없이 진행시키던 일을 멈추고 수습에 들어갔다. 이 예시는 단순히 사용자 수가 빨리 늘어나기만을 추구하는 것이 자칫 프로젝트 발전에 재앙이 될 수도 있음을 보여준다.

둘째, [대중 사용자]의 특성을 이해하기 위해서는 전문적인 분석 능력이 필요하고, 대중 사용자에게 서비스를 제공하기 위해서는 [전문화된 팀]이 필요하다. 예를 들어 러신(乐信)은 대학 캠퍼스에서 시작된 인터넷 뱅킹 기업인데, 2017년 3월 1일 오픈한 러신 봄 프로모션에서 사무직 사용자를 위한 '신용카드 결제 무이자 할부' 서비스가 최초로 등장했다. 또한 상품 선정에 있어서도 사무직들의 니즈에 맞는 스몰 럭셔리 상품들이 다수 추가되었다. 이 프로모션이 의미하는 것은 초기의 급속한 발전을 거쳐 러신의 사업 영역이 이제 전국민으로 확대되었으며 학생 사용자 외의 일반 대중 사용자에게도 전면적으로 서비스를 제공하기 시작했다는 것이다. 치열한 캠퍼스 인터넷 뱅킹 전쟁에서 러신이 '마지막까지 살아남아 왕'이 될 수 있었던 것은 러신이 [대중 사용자]를 위해 개발한 세심한 운영 능력과 위험 관리 수단 덕분이었다. 위험 관리 측면에서 러신의 설립자인 샤오원제(肖文杰)는 [기업 성장기] 동안 치아오치엔(乔迁) 등의 위기 관리 인재를 영입하였다. 또한 전자 상거래 행동 데이터와 소셜 및 기타 외부 데이터를 바탕으로 러신이 자체 연구 개발한 스마트 위험 제어 엔진 "호크아이(鷹眼)"는 주문을 빠르고 효율적으로 검토할 수 있을 뿐만 아니라 부실채권률을 항상 1% 이내로 유지할 수 있어 동종업계 실적보다 훨씬 우수하다.

셋째, 성장기의 기업은 [대중 사용자]의 수요를 확실하게 파악해야만 [히트 상품]을 만들어 낼 수 있다. [성장기의 대중 사용자]와 [창업기의 엔젤 사용자]는 서로 원하는 바가 다를 수 있다. 그러므로 [히트상품]을 만들어 내고 싶은 기업은 서로 다른 사용자 간의 수요를 구별해야 한다. 예를 들어 위챗 주소록이 막 출시되었을 때 일부 헤비 유저들은 그룹 기능을 추가해야 한다고 말했다. 하지만 지금까지도 위챗에는 그룹 기능이 없으며 나중에서야 태그 정도가 추가되었다. 위챗 팀은 데이터를 통해 대부분의 사용자들이 친구 수가 많지 않으며 시간이 지나도 친구 수 100명을 넘지 않는 사실을 발견했기 때문에 이런 상황에서 그룹 기능은 군더더기일 뿐이라고 생각하였다. 위챗과 달리 웨이보는 초창기에 그룹 기능을 추가하였는데 이후 데이터에 따르면 이 기능은 거의 사용되지 않는 것으로 보인다. [대중 사용자]들이 관심을 갖는 계정의 수가 적고 그들이 그룹 기능을 필요치 않아 하기 때문에 [제품팀]이 이 일에 시간을 쓰는 것은 좋지 못하다.

넷째, [대중 사용자]에 대한 이해는 기업이 방치되어 있는 [블루오션] 시장을 찾는 데 도움이 될 수 있다. 예를 들어, 자칭 엘리트들이 도무지 이해할 수가 없는 콰이쇼우(快手) 앱은 사업 초기에 중국 모바일 앱 트래픽 목록에서 3년 연속 1위를 차지했다. 기술적인 측면에서 볼 때 콰이쇼우의 영상 효과는 너무 빈약하고 대부분 필터도 없으며 추가 장식 역시 없다. 기껏해야 텍스트 배너일 뿐이다. 인터페이스 디자인도 거칠어서 "관심, 발견, 같은 도시"라는 아주 간단한 창만 있다. 하지만 짧은 영상 기반의 낯선 사람들을 위한 SNS인 콰이쇼우에는 수많은 중학생과 고등학생, 4선 도시와 5선 도시의 사용자, 그리고 도시와 농촌 접경 지역에 사는 사용자들이 활동하고 있다. 전체 생방송 시장에서 볼 때 이러한 사용자들이야말로 진정한 의미의 대중 사용자이다. 이러한 대중 사용자에 대한 관심이 콰이쇼우를 "소리없이 큰 돈을 번" 신화로 만들었다.

도구모음

[개인 동조] 도구

[동조 현상(conformity)]에 영향을 미치는 주요 효과는 [개체 복종 효과], [규범 형성 효과], [사회적 전염 효과], [집단 압력 효과]이다. 복종 효과는 [문지방 효과]라고도 불리는데 타인의 사소한 요구 사항을 만족시키고 나면 인지부조화를 피하거나 일관된 인상을 남기기 위해 타인의 더 큰 요구사항을 충족시키는 경우를 말한다. [규범 형성 효과]는 사회적 행동 규범에 대한 사람들의 의식적인 구속력을 이용하여 제품을 판매하는 마케팅 행위이다. [사회적 전염 효과]는 개인이 언어, 문자, 표정, 행동 및 기타 방식을 통해 타인과 동일한 정서나 행동을 유발하는 정보 전달 과정이다. [집단 압력 효과]는 구성원의 생각과 행동이 집단의 의견이나 규범과 충돌하지만 집단과의 관계를 유지하기 위해 집단의 의견과 규범을 준수할 때 느끼는 보이지 않는 심리적 압박이다.

위 네 가지 효과는 [개인 동조]라는 말로 요약할 수 있다. [个(낱 개)]는 어떤 사람이 자기 자리에 서 있는 것처럼 생겼는데 이때 해야 할 일은 이 사람을 복종시키는 것이다. [人(사람 인)]은 이 사람이 자기 자리를 떠나 단체의 규범을 따라 앞으로 이동하는 것과 같다. [从(좇을 종)]은 한 무리의 사람들이 한 사람씩 따라가며 전염 효과를 형성하는 것에 비유할 수 있다. 마지막으로 [众(무리 중)]은 한 사람이 여러 사람을 눌러 집단의 압력을 형성하는 것과 같다. 엔젤 사용자에서 대중 사용자에 이르기까지의 과정에 [개인 동조]표를 대입하여 각 효과별 응용방법과 기대되는 결과에 대해 분석할 수 있다.

표 7-1	[개인동조] 효과표		
키워드	동조 효과	구체적 방법	효과 평가
个	개체 복종 효과		
人	규범 형성 효과		
从	사회적 전염 효과		
众	집단 압력 효과		

보편적 수요

[보편적 수요]란 [다수 사용자의 공통적인 수요]이며 개별 사용자의 차별화된 수요와 반대되는 개념이다. 통상적으로 2B2사업보다는 2C사업이 더 많은 사용자를 마주하게 되며 2C사업의 개별 소비자의 수요 역시 비슷한 수요와 차별화된 수요로 나뉜다. [개별 소비자의 유사한 수요]의 대표적인 예가 패스트푸드나 택배 등의 서비스이다. 소비자가 이러한 제품 및 서비스에 대해 요구하는 것은 주로 안정적인 품질과 저렴한 가격이다. [개별 소비자의 차별화된 수요]의 대표적인 예는 맞춤 옷 제작이다. 소비자는 이러한 제품 및 서비스에 대해 개성을 표현할 수 있길 바라고 가격도 적당하기를 바란다. 일반적으로 더 많은 사용자의 비슷한 요구를 충족시키면 가격이 낮아진다는 장점이 있고, 더 적은 사용자의 다양한 요구를 충족시키면 차별화될 수 있다는 장점이 있다. 많은 비즈니스 모델의 혁신은 적은 비용으로 많은 사용자의 비슷한 요구를 충족시키거나 혹은 적은 비용으로 많은 사용자의 차별화된 요구를 충족시키는 데서 나온다.

2B2 사업의 사용자 수는 2C에 비해 훨씬 적다. [기업 소비자의 비슷한 수요]의 대표적인 예로는 출장이나 환급을 들 수 있고 [기업 소비자의 차별화된

수요]의 대표적인 예로는 전략 컨설팅을 들 수 있다. 2B2 사업에서 기업은 사용자의 개별적인 수요에 쉽게 영향을 받는다. 2B2 사업에서는 모든 사용사를 중요하게 생각하기 때문이다. 디디추싱(滴滴出行)의 초창기 제품 총책임자였던 예커지(叶科技)는 이렇게 말했다. "영업을 나가면 고객들이 이러이러한 기능이 필요하다고 말하는 것을 자주 본다. 이것은 아주 시급한 일이다. 이 수요가 충족되기만 한다면 그는 계약서에 사인을 해 줄 것이기 때문이다. 이런 상황에서 우리가 OK라고 대답하면 분명 대형 거래를 딸 수 있겠지만 한 가지 문제가 있다. 개별 요구와 보편적 요구 간의 모순이 발생한다는 것이다."

기업용 디디추싱(滴滴企業版)은 일찍부터 기업 지불을 서비스했다. 즉, 기업이 계좌를 개설하여 돈을 충전해 놓으면 직원은 기업 계정의 돈으로 택시를 탈수 있는 것이다. 이렇게 하면 추후 결산 시에 재무 심사를 거치지 않아도 된다. 그러나 디디는 첫 번째 배차 고객이 서비스를 이용한 후에는 다른 고객들의 발길이 뜸하다는 것을 발견한다. 고객의 피드백은 이러했다. "회사가 충전을 해놓으면 첫 번째 사람이 그 돈을 다 독점하기 때문에 두 번째 사람은 번거로운 재무 절차를 거쳐야 한다. 디디추싱이 마치 신용카드처럼 먼저 신용공여를 해주고 월 단위로 결산하게 해준다면 바로 계약하겠다." 디디 역시 이 말에 일리가 있다고 생각하여 신용공여 기능을 추가했지만 가입하는 고객은 그다지 많지 않았다. 이번에는 이 기능의 최적화가 문제였다. 다시 면담을 갔을 때 고객은 여전히 리스크 문제가 있다고 말했다. 아무 제한도 안 걸려있는 것 같은데 이런 식으로 회사 공금을 직원이 마구 써버리게 하면 재무 리스크를 통제할 수가 없다는 것이었다. 디디의 최종 솔루션은 지불 한도를 설정하고 시간, 장소, 한도, 차종 등 직원의 이용에 제한을 두어 차량의 수를 통제하는 것이었다. 디디추싱 팀은 이 사건을 계기로 깨달음을 얻었다. 판매 후에 받은 피드백은 더 많은 고객에 의해 입증되어야 한다는 것이다. 고객 한 명의 요구가 아무리 시급한 것일지라도 지금 당장 착수할 수는 없으며, 이것이 [보편적 수요]인지 반드시 확인해야 한다.

사용자의 [보편적 수요]를 파악하는 것은 [성장단계]에 있는 기업이 수요의 격차를 극복하고 팀의 전문화를 이루며 규모의 경제를 형성하고 블루오션 시장에 진입하는 것에 중요한 영향을 미친다. 첫째, 기업은 [보편적 수요]를 파악해야만 진정으로 [수요의 격차]를 극복할 수 있다. 린 스타트업 이론에는 두 가지 가설이 있는데 하나는 [가치 가설(value hypothesis)]이고 다른 하나는 [성장 가설(growth hypothesis)]이다. 두 가지 모두 [보편적 수요]와 관련되어 있다. [가치 가설]은 사용자가 제품이나 서비스를 사용할 때 제품이 정말로 가치 실현에 도움이 되었는지, 사용자는 사용한 것에 대한 비용을 지불할 것인지의 여부를 측정하는 데 사용된다. [성장 가설]은 고객이 제품이나 서비스를 어떻게 발견하는지 알아보는 데 쓰이며 주로 제품이 제공하는 가치가 [보편적 수요]인지, 고객 규모가 빠르게 성장할 수 있는지 여부를 검증한다. [가치 가설]은 [대중 사용자]와 관련 있고 [성장 가설]은 [수요의 격차]를 극복하는 것과 관련 있다.

2004년, 지아웨이(贾伟)는 레노버(联想)를 떠나 디자인 회사 로코코(洛可可)를 설립했다. 2년 간의 모색 끝에 저가, 신속, 인터넷 마케팅이라는 세 개의 마법 구슬을 사용하여 비즈니스 모델도 만들었다. 처음에는 사무실 한 자리를 빌려 시작했지만 나중에는 사무실 전체를 다 빌리게 되었고 로코코의 비즈니스 모델의 [가치 가설]을 검증하였다. 2006년, 중국 정부는 대대적으로 산업 디자인을 성장시키고자 하였고 그 결과 고품질의 산업 디자인은 기업과 소비자의 [보편적 수요]가 되었다. 로코코는 고객 중 최초의 포춘 500대 기업이었던 삼성과 합작하여 베이징올림픽 기념 지하철 발권 시스템을 디자인하였으며 노키아와 전략적 파트너십을 구축하여 'MobileEdu (行学一族)'이라는 소프트웨어를 개발하였는데 이것으로 IDEA 디자인 어워드를 수상한다. 포춘 500대 기업의 까다로운 요구 사항은 로코코의 디자인 능력을 향상시켰고 로코코의 디자인 수준을 새로운 차원으로 끌어 올렸다. [보편적 수요]의 발생으로 로코코는 빠르게 수요 격차를 극복할 수 있었고 거의 매달 포춘 500대 기업 고객들을 추월할 정도의 속도로 성장하였다.

둘째, [보편적 수요]를 통해 기업은 [팀의 전문화]된 분업을 실현시키고 사용자의 수요도 더 잘 충족시킬 수 있게 된다. 2007년, IDEA 디자인 어워드를 연달아 수상한 로코코는 유명세를 타기 시작했고 주문이 밀려 들어왔다. 지아웨이는 이전의 저가 전략을 버렸을 뿐 아니라 어떤 프로젝트의 경우에는 동종업계 타업체보다 50% 높은 견적을 부르기도 했다. 이제 지아웨이의 관심사는 디자인 품질 개선과 효율적인 디자인 프로세스이다. 그는 우연히 토요타(TOYOTA)의 [린 생산]에 관한 책을 보게 되었는데 제조업계의 생산 라인 컨베이어 벨트를 보자마자 번뜩이는 아이디어가 떠올랐다. 디자인 회사의 작업에 생산 라인을 접목시키는 것이다. 지아웨이는 곧바로 로코코의 디자인 프로세스를 뜯어고치기 시작하여 원래 한 명의 디자이너가 마무리까지 담당했던 것을 디자인, 모델링, 채색 등 43개의 과정으로 세분화하였다. 로코코의 모든 디자이너들은 디자인 프로세스 중 한 공정에만 전념하기 때문에 전문가 집단이 탄생하게 되는 것이다.

셋째, [보편적 수요]는 기업이 [규모의 경제]를 실현하는 데 도움을 줄 수 있다. 전통적인 의미에서 [규모의 경제]는 조립라인을 특징으로 하는 제조 산업에 해당하는 표현이었다. 그러나 일부 기업의 경우 기술을 사용하여 창조경제 산업이나 과학기술 산업에 개조를 가하면 [규모의 경제]를 실현할 수도 있다. 예를 들어 로코코가 디자인 프로세스를 조립 라인화하자 디자이너의 업무 효율을 크게 향상되기는 했다. 업무 효율이 높아짐에 따라 사업 규모도 기하급수적으로 커졌고 회사는 20명에서 70명으로 빠르게 성장했다. 로코코의 분업화된 디자인 방식은 제일재경(第一财经) 등 언론의 주목을 받았고, 중국이 디자인한 조립라인이라는 극찬도 받았다. 하지만 로코코가 규모를 더 확장하고자 했을 때 대규모 이탈 현상이 발생했다. 염색 디자이너 중 한 명은 지아웨이에게 회사에서 자신의 지위가 낮은 탓에 떠나고 싶다고 말했고 로코코의 디자인 프로세스에서 디자인을 담당한 디자이너는 이 모든 프로젝트 전체가 자신의 독창성 덕분이라 생각했다. 추후 지아웨이는 [규모의 경제]뿐 아니라 작업 효율성까지 향상시킨 형태로 조직구조를 개혁하였다.

넷째, [보편적 수요]에 대한 이해는 기업이 [블루오션] 시장을 개발하는 데 도움이 될 수 있다. 몇 년 전 두 살도 안 된 지아웨이의 작은 딸이 물을 마시다가 끓인 물에 화상을 입었다. 지아웨이는 자책했다. 자기 자신이 산업 디자인을 전문으로 하는 디자이너라 소개하고 다니면서 왜 아이들이 화상입을 위험이 없는 그릇을 디자인할 생각을 하지 않았던 것일까? 지아웨이는 이것이 자신의 수요일 뿐만 아니라 모든 부모의 [보편적 수요]임을 깨달았다. 이를 계기로 지아웨이는 끓는 물의 급속 냉각 문제를 해결할 수 있는 냉각 컵(55℃ 컵)을 디자인했다. 55℃ 컵이 출시된 후 지아웨이는 냉각 컵이 비단 아이의 안전을 위해서만 필요한 것이 아니라 생리 기간 중인 여성, 따뜻한 물로 약을 먹어야 하는 노인에게도 필요하다는 것을 알게 되었다. 사용자의 [보편적 수요] 덕분에 이 컵은 날개 돋힌 듯 팔리게 되었고 50억 위안의 판매 성적을 거두었으며 냉각 컵이라는 [블루오션]을 개척하게 된다.

도구모음

[수요 파국] 도구

《디멘드: 세상의 수요를 미리 알아챈 사람들(Demand: Creating what People Love Before They Know They Want it)》에서 수요를 창출하는 6가지 핵심 키워드로 다음의 내용을 제시하였다.

키워드 1: 매력. 기존의 것을 대체할 수 있는 신제품을 만들고 싶다면 기존 제품의 단점을 찾아내는 것만으로는 턱없이 부족하며 고객의 열의를 자극할 만큼의 매력이 있어야 한다는 의미이다. 매력적인 제품은 사용의 편의성과 저렴한 가격, 편리하면서도 번거롭지 않은 탁월한 성능을 갖춰야 한다.

키워드 2: 고충. 충족되지 못한 잠재적 수요에 대한 첫 번째 단서이자 첫 번째 실마리이다. 이러한 고충을 제거하여 순식간에 고충이 즐거움으로 탈바꿈되는 경험을 제공해야 한다.

키워드 3: 배경. 새로운 기술 그 자체로 수요를 창출하는 경우는 거의 없으며 배경 요인으로 구성된 인프라와 수요는 상생하고 상호의존하는 관계임을 뜻한다.

키워드 4: 트리거. 제품에 대해 알고 있는 것과 제품을 실제 구입하는 것 사이의 간격을 좁힐 수 있는 트리거가 필요하다.

키워드 5: 정진. 모방 경쟁자를 물리치고 끊임없이 새로운 발전을 이루어 내는 것만이 수요 창출의 승자와 패자를 갈라놓는 기준점이 된다는 뜻이다.

키워드 6: 분류. 모든 사용자에게 어필하는 제품을 설계하는 것은 영원한 시간낭비, 돈낭비이니 '평균 고객의 신화'는 포기하고 한 번에 한 종류의 사용자만 공략한다.

| 표 7-2 | [수요 파국] 키워드 |

키워드	의미	구체적 방법	효과
매력	끈끈한 감정적 공감대를 형성하라		
고충	고객이 아직 말한 적 없는 고충을 해결하라		
배경	아무 관련 없어 보이는 요소가 성패를 좌우한다		
트리거	생길 수도 있는 수요를 진짜 수요로 만든다		
정진	느린 개선은 평범한 것과 같다		
분류	한 번에 한 유형의 사용자만 공략하라		

갭을 뛰어넘다

대부분의 경우 창업자는 [대중 사용자]를 이해하고 [보편적 수요]도 인식하지만 [수요의 갭]만큼은 뛰어넘지 못한다. 시장에 이미 선례가 많다. 어떤 회사는 꽤 괜찮은 제품으로 많은 투자자의 사랑을 받았고 초기 시장점유율도 확보했으며 언론의 주목도 받았다. 회사 전체가 자신감에 가득 차 내년에는 반드시 10배, 심지어 100배의 수입을 올릴 거라 공공연히 이야기하고 다니지만 1년 후에 보면 대부분 사라지고 없다.

이러한 창업기업들이 실패할 수밖에 없었던 근본적인 원인은 시장의 '틈'을 메우지 못한 데 있다. 실패의 저주를 깨기 위해서는 [수요의 격차]를 메워야 한다. [주류 시장]이 생기기 이전에 또 하나의 초기 시장이 있는데 [창업단계]에서의 성공은 바로 이 [초기 시장]에서 이루어진다. [초기 시장]과 [주류 시장] 사이에는 거대한 "틈"이 있다. 틈을 뛰어넘는다는 것의 핵심은 [주류 시장]을 세분화하여 고도로 구체화된 세그먼트(segment)를 겨냥하고 여기에 모든 병력을 집중하여 그 세그먼트를 점령한다는 것이다. 그 후 '점을 면으로 확대하는' 방식으로 이 세그먼트를 베이스캠프로 삼아 점차 전체 주류시장으로 영역을 확장한다.

[성장단계]의 기업은 [보편적 수요]를 파악하고 [계층적 조직]을 구축하며

[광고]를 한다. 펀샹시아오커(紛享销客)[2]의 창업자 루오쉬(罗旭)는 창업 전 신징바오(新京报)에서 최고재무관리자로 5년, 사장으로 3년 근무하였다. 사장을 하고 있을 때 골칫거리가 하나 있었는데 바로 어느 순간 자신이 회사의 '막힌 혈'이 되어버렸다는 사실이다. 루오쉬는 고객을 만나는 데 많은 시간을 보냈는데 회사에 돌아와보면 수많은 직원들이 그의 결재와 회의를 기다리고 있었다. 그의 효율이 곧 회사의 효율이 된 것이다. 이 페인포인트를 바탕으로 루오쉬는 중국과 미국의 SaaS 시장을 비교하였고, 중소기업의 SaaS 시장이 대규모의 사용자와 보편적 수요가 있는 거대시장으로서의 잠재력이 있음을 알게 되었다. 거대한 시장 기회에 직면한 루오쉬가 [수요의 격차]를 극복하고 빠른 성장을 맞이하기 위해서는 어떻게 해야 할까?

우선 [성장단계]의 기업은 [대중 사용자]의 [보편적 수요]를 충족시켜야 [수요의 격차]를 극복할 수 있다. 루오쉬는 SaaS 사업을 하기 위해서는 먼저 누구에게 서비스를 제공하고 어떤 서비스를 제공해야 하는지 파악해야 하며 중국에서 기업용 SaaS 서비스를 제공하려면 먼저 소규모 기업 및 TMT(Technology, Media, Telecom) 등의 업계부터 시작해야 한다고 생각했다. 왜냐하면 이들은 새로운 것과 접촉하는 것을 가장 좋아하는 집단이기 때문에 시도해 볼 의향이 있을 것이고 잘되기만 한다면 입소문과 전시효과까지 노릴 수 있기 때문이다. 따라서 펀샹시아오커의 사용자 개발 순서는 먼저 소규모 기업과 TMT 기업에서 시작하여 중소기업으로, 다시 대기업으로 진출하는 것이었다. 펀샹시아오커의 발전은 고속 질주를 거듭하여 2014년 초 140명이던 직원 수는 2015년 1,000명으로 늘어났으며 이윤은 12배 증가하고 사용자 수는 10만 명을 돌파했다. 특히나 활성사용자의 유료 전환율은 47.7%에 달하였다. 펀샹시아오커가 이 기간 동안 이렇게 성장할 수 있었던 것은 [대중 사용자]의 [보편적 수요]를 파악한 덕분이다.

둘째, 계층적 조직을 구축하고 조직의 효율을 높임으로써 [성장단계]의 기업이 [수요 격차]를 해소하도록 도울 수 있다. 2013년, 펀샹시아오커는 바이두와 마찬가지로 대리상을 통해 제품을 판매하였는데 대리상은 이 업무만 수행하는 전담 팀을 따로 구성해주는 것이 아니었기 때문에 성과가 좋지 못했다. 그래

---

2 중국의 기업용 소프트웨어 및 모바일 앱 전문 개발업체이다.

서 2014년 1월, 펀샹시아오커는 직접 판매를 하기로 결심한다. 직접 판매를 하면서 마케팅에 보다 집중할 수 있었고, 목표의식이 커지고 팀워크가 더 좋아졌다. 또한 직접 판매를 통해 고객의 피드백이 회사에 직접 전달될 수 있었으며 사용자 경험을 기반으로 제품을 계속 개선해 나갈 수 있었다. 그 결과 2014년 1월 10명이었던 영업 부서 인원은 2년 후 1,400명이 되었으며 성장 과정에서 빠르게 계층적 조직을 형성했다.

셋째, 강력한 [광고 및 마케팅] 도구의 사용은 [수요 격차]를 빠르게 극복하는 데 도움이 된다. 2014년 12월, 펀샹시아오커가 급속한 발전을 하고 있을 때 알리바바가 모바일 오피스 앱인 DingTalk(钉钉)을 출시하며 펀샹시아오커와 정면 대결을 펼쳤다. 2015년, B2B 분야의 SaaS 회사인 펀샹시아오커와 알리바바 딩톡은 오피스 빌딩, 지하철, 택시, 공항, 고속철도, 뉴미디어, 인쇄 매체 및 주류 포털의 뉴스 등에 거의 동시에 전방위적인 광고를 내보냈다. 보고서에 따르면 두 회사의 분기별 광고비용은 1억 위안 이상이다. 2016년 4월, 텐센트는 IOS, Android, PC 버전의 오피스 앱인 '기업위챗(企业微信)'을 정식으로 배포하였다. 딩톡과 기업위챗의 광고 전쟁은 텐센트 본사 근처의 지하철 역을 중심으로 벌어졌다. 딩톡이 선전(深圳)의 조간 신문에 내보낸 십자말풀이 광고 "위챗은 안전하지 않습니다. 일할 땐 딩톡을 사용하세요(微信不安全, 工作用钉钉)"는 마윈이 직접 나와 텐센트에 사과해야 했을 정도로 파급이 컸다. 강력한 광고와 마케팅을 통해 딩톡은 단기간에 급속 성장을 할 수 있었다. 딩톡의 설립자인 천항(陈航, 예명은 우자오无招)에 따르면 2016년 12월 31일 기준 3백만 개 이상의 기업이 딩톡을 사용하고 있다고 한다.

넷째, [자원과 자본의 도입]은 [성장단계]의 기업이 [수요 격차]를 해소하는 데 도움이 된다. 창업기업이 [성장단계]에 들어가면 기존의 [자원과 자본]으로는 기업 발전의 요구를 충족시킬 수 없게 된다. 그러므로 기업이 [수요 격차]를 해소할 수 있도록 외부에서 [자원과 자본]을 도입해야 한다. 2014년 7월부터 2015년 7월까지 1년 간 펀샹시아오커는 시리즈 B, C, D의 세 차례 자금 조달을 했다. 연간 3차례의 자금 조달은 어러머(饿了么)나 메이유(美柚), Mobike(摩拜), ofo 등의 2C 시장에서는 일반적인 일이지만 B2B 시장에서는 아마 펀샹시아오커가 최초일 수도 있다. 루오쉬는 시리즈A 라운드 자금조달은 창업자의 식견을 보고, 시리즈B 라운드 자금조달은 제품의 발전 가능성을 보며, 시리즈C 라운드 자금조달은 시장 데이터에 의존해야 한다고 생각했다. 또한 순조로운 융자는 [성장단계]의 기업이 더 빠른 성장을 달성하는 데 도움이 될 수 있다고 보았다. 시리즈B 라운드의 자금 조달 이후 펀샹시아오커는 한 발 더 발전하기 위해 오프라인 채널을 개발하는 동시에 온라인 채널을 보완해야 했는데 이를 위한 추가 자금 조달이 필요했다. 시리즈C 라운드에서 리드 투자자로 참여한 DCM벤처스의 5천만 달러 자금 조달은 펀샹시아오커가 단기간에 판매 시스템과 채널을 구축하고 직원들 사이에 판매로서의 서비스라는 개념을 정립시키며 전국 어디나 24시간 전화 응답 및 72시간 내 직원 방문 서비스를 실현시키는 데 도움이 되었다. 시리즈C 라운드의 자금 조달 이후 펀샹시아오커는 1년 만에 10배의 비약적인 발전을 이루었고 업계 내 선두 주자로 올라서게 된다.

도구모음

[틈새시장] 도구

창업기업은 [초기 시장]에서 일단 기회를 탐색하면서, 점진적으로 [초기 시장]에서의 주도적 위치를 차지해야 한다. 이것이 추후 [수요 격차]를 극복할 수 있는 기반이 되기 때문이다. 그 후에는 반대편의 교두보를 목표로 [주류 시장 내의 세그먼트]에서 선두 자리를 점해야 한다. 마지막으로 주류시장의 교두보를 기반으로 [주류 시장]을 향해 전방위적 진격을 하면, 마침내 [주류 시장]의 지배적 위치를 획득하게 된다.

제2차 세계대전 중이던 1944년 6월 6일, 연합군이 프랑스 북부의 노르망디에 상륙한다. 창업기업이 [주류 시장]에 진입하는 것은 노르망디 상륙과 유사하다. 기업의 장기 목표는 [주류 시장(유럽)에 진입하여 주류 시장]을 장악하는 것이지만 이 시장은 현재 강력한 경쟁자(독일)의 손 안에 있다. 유럽을 정복하려면 가는 곳곳마다 진을 치고 신중하게 나아가야 한다. 첫 번째 단계는 [초기 시장(영국)]에서 [주류 시장]의 1차 세부목표인 [세그먼트 시장(노르망디의 교두보)]으로 이동하는 것이었지만, 현재 틈(영국 해협)이라는 문제가 생겼다. 모든 병력을 집중시켜 목표를 향해 전진하고 하루 빨리 이 간극을 넘겨야 한다. 독일인을 목표 시장의 [세그먼트(노르망디의 교두보)]에서 쫓아내고 나면, 전체 [주류 시장(해방된 유럽)]을 지배할 때까지 시장의 다른 [세그먼트들(나머지 프랑스)]을 계속 점유할 수 있는 기회를 갖게 된다.

표 7-3	[틈새 시장] 평가 도구						

주 제	문 항	실제와 부합 정도 (1은 매우 부합하지 않는다, 5는 매우 부합한다)				
사용자 수요	이 틈새시장의 사용자는 독특한 수요를 가지고 있다.	□	□	□	□	□
	이 틈새시장의 사용자는 수요를 충족하기 위해 더 높은 가격을 지불할 용의가 있다.	□	□	□	□	□
	이 틈새시장의 규모와 구매력은 충분히 크다.	□	□	□	□	□
	이 틈새시장의 성장 잠재력은 좋은 편이다.	□	□	□	□	□
경쟁 장벽	경쟁업체의 입장에서는 이 틈새시장이 크게 가치 있지는 않다.	□	□	□	□	□
	기업은 이미 사용자 호감도를 쌓았고 경쟁자를 대상으로 진입 장벽을 구축하였다.	□	□	□	□	□
조직 역량	기업은 이 틈새시장을 개발할 수 있는 충분한 자원과 능력을 갖추고 있다.	□	□	□	□	□
	이 틈새시장은 기업이 자신의 역량을 탐색할 수 있는 기회를 제공한다.	□	□	□	□	□
	기업은 전문화를 통해 이 틈새시장에서 규모의 경제를 달성할 수 있다.	□	□	□	□	□

제2절 [성장단계]의 조직

설립자의 성장

치타 모바일(猎豹)[3]의 CEO 푸성(傅盛)은 성장은 인지의 향상이라는 내용으로 『인지3부곡』이라는 글을 쓴 적이 있다. 그는 사람들 사이의 가장 큰 차이는 인지의 차이이며, 창업자 간의 치열한 경쟁도 궁극적으로는 사건에 대한 이해와 업계에 대한 통찰력에 대한 것이라고 보았다. 기존 분류에 기반하여 푸성은 사람들의 인지 상태(영역)에 "내가 모른다는 것을 모른다(95%)", "내가 모른다는

3 　베이징에 본사를 둔 모바일 인터넷 기업이다. 주로 모바일 어플리케이션을 제작하거나 게임 등을 개발하고 있다.

것을 안다(4%)", "내가 알고 있다는 것을 안다(1%)", "내가 안다는 것을 모른다(0.1%)"의 네 가지 범주(수준)가 있다고 생각하였다.

푸셩은 이렇게 설명했다. "네 가지 상태 중 [내가 모른다는 것을 모른다]는 나는 모든 것을 다 알고 있으며 항상 옳다는 독선적인 인지 상태이고, [내가 모른다는 것을 안다]는 지식에 대한 경외심이자 빈 잔처럼 마음을 비우고 임하겠다는 겸손한 마음가짐이기 때문에 자신의 인지를 풍성하게 할 준비를 할 수 있다고 한다. [내가 알고 있다는 것을 안다]는 것은 만물의 법칙을 파악하여 인지를 향상시키는 것이다. [내가 알고 있다는 것을 모른다]는 것은 항상 빈 잔과 같은 마음을 유지하는 것이며 인지의 최고 경지에 이른 것이다.

인지의 범주와 세상을 이해하는 철학적 방식을 결합하면 창업자와 기업가가 인지적 한계의 원인과 이를 향상시키는 방법을 이해하는 데 도움이 될지도 모른다. 인간의 인지적 한계는 자신의 대한 인지적 한계와 환경에 대한 인지적 한계로 나눌 수 있으며, 각 차원은 '낮음'과 '높음'의 두 가지 상황으로 나눌 수 있다. (1) 자신에 대한 인지적 한계와 환경에 대한 인지적 한계가 모두 높은 상황은 "내가 모른다는 것을 모르는 것"이다. 이 경우 사람들은 "감성적 직관"으로 자신과 인지적 환경을 인지한다. (2) 자신에 대한 인지적 한계는 낮으나 환경에 대한 인지적 한계가 높은 상황은 "내가 모른다는 것을 아는 것"이다. 이 경우 사람들은 "귀납적 사고"에 의존하여 자신과 인지적 환경을 이해하려 한다. (3) 자신에 대한 인지적 한계와 환경에 대한 인지적 한계가 모두 낮은 상황은 "자신이 안다는 것을 아는 것"이며, 이 경우 사람들은 "연역적 사고"에 의존하여 자신과 인지적 환경을 이해한다. (4) 자신에 대한 인지적 한계는 높으나 환경에 대한 인지적 한계가 낮은 상황은 '내가 알고 있다는 것을 모르는 것'이며, 이 경우 사람들은 "이성적 직관"에 힘입어 자신과 환경을 인식하려 한다.

[감성적 직감]에 기대 의사결정을 하는 사람은 자신의 경험에 의존하는 것이다. 일반적으로 창업을 하기 전에 자신이 무엇이든 다 알고 있다고 생각하는 사람들이 여기에 해당한다. 이 상태의 장점은 하늘도 땅도 두렵지 않고 일단 소매부터 걷어붙이고 본다는 것이다. 단점은 이러한 유형의 사람들이 창업을 할 경우 비참해질 수도 있다는 점이다.

일단 창업을 하고 나면 각종 구덩이를 돌아다니며, "아무것도 모르는 것 같다"는 것을 깨닫기 시작하고, 자신의 경험을 귀납하게 되며, 자신이 모른다는 것을 아는 단계에 들어가게 된다. 이 상태의 장점은 창업자가 신중해지면서 잔인한 현실을 받아들이게 되고, 그러다 보면 공진화 전략을 운용하여 실패율도 줄일 수 있게 된다는 것이다. 단점은 창업자가 너무 걱정이 많아진 탓에 중도 포기할 수도 있다는 것이다.

창업과 사업 운영의 경험이 조금 쌓이고 나면, 특히나 몇몇 창업 방법을 파악하고 나면 창업자와 기업가는 환경과 자신에 대한 포괄적인 분석을 하기 위해 연역적 사고를 하기 시작할 것이며, 자신이 알고 있는 것이 무엇인지 확실해진 후에야 의사결정을 하게 될 것이다. 이러한 상태의 장점은 실패의 가능성이 크게 낮아지고 창업자와 기업가가 환경과 자신의 능력을 명확히 인식하며 사물의 본질을 파악하여 더 큰 성공을 거둘 수 있게 된다는 점이다. 반대로 단점은 "인지 범위"를 만들어 내려면 어느 정도 성공을 거둔 창업자와 기업가여야 가능한다는 것이다. 또한 그런 후에는 환경에 대한 인지와 자신에 대한 인지가 모두 높은 정도로 확실해야만 결정을 내리려고 하기 때문에 자신의 틀을 깨고 나가거나 환경이 주는 좋은 기회를 잡기 어렵다.

오직 소수의 사람들만이 [인지 범위]를 깨고 [안락한 곳]에서 벗어나 인지적 한계가 높은 영역에 도전하며 자신이 모르는 영역을 탐색한다. 그리고 이 과정에서 이성과 직관이 결합하여 [이성적 직관]이 탄생한다. 이 상태의 장점은 창업자와 기업가들이 자신에 대한 인지적 불확실성을 끌어옴으로써 기존의 환경에서 간과했던 기회를 다시 포착할 수 있게 되었다는 것이다. 하지만 이런 방식은 창업자와 기업가를 혼란스럽게 만들고 과거를 의심하게 하며 심지어는 자신감마저 잃게 할 수도 있다는 단점이 있다.

극소수만이 한 발 더 나아갈 수 있는 법이다. [그림 7-1] [인지 한계와 인지 향상]을 보면 제4사분면에서 다시 제1사분면으로 돌아가고 있는데 이는 더 높은 차원에서 환경의 불확실성을 인식하고 '내가 모른다는 것을 모른다'의 영역으로 진입하는 것이다. 여기에 도달한 기업가는 새로운 자아와 새로운 세계를 발견하고 [감성적 직관]으로 세계를 탐색하며 새로운 인지 순환 속에서 더욱 높은 인지 향상을 이루게 된다.

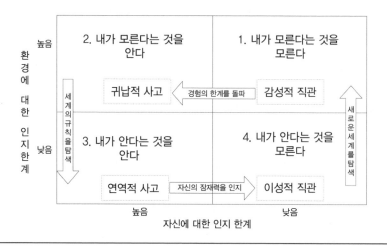

그림 7-1 [인지 한계]와 [인지 향상]

이를 통해 창업자의 인지적 성장이 기업의 [성장단계]에서 결정적인 역할을 하고 있음을 알 수 있다. [그림 7-1]에서 볼 수 있듯 창업자의 성장은 팀의 성장을 촉진시키며 기업이 보편적 수요를 파악하는 데 도움을 준다. 또한 기업이 효율적인 광고 마케팅을 실현하고 기업에 중요한 자본 자원을 유치하게 해 준다.

첫째, 창업자의 성장은 전문화된 팀을 만드는 데 도움이 된다. 디디추싱의 설립자인 청웨이(程維)는 창업 초창기에 베이징 서우두공항에서 택시 기사를 한 명 한 명 설득하여 디디 플랫폼에 가입시켰다. 당시 청웨이는 수많은 투자자들을 만났지만 그에게 투자하고 싶어하는 사람은 없었다. 투자자들은 하루 12~13시간 일해서 한 달 고작 몇 천 위안을 버는 택시 기사들에게서 돈 벌기를 기대하는 건 말이 안 된다고 생각했다. 하지만 청웨이는 학습 능력과 자신감이 뛰어났다. 디디추싱의 투자자인 주샤오후(朱嘯虎)는 이렇게 말한다. "청웨이와 이야기하면서 가장 인상 깊었던 것은 그가 굉장히 자신있어 했다는 점이다. 청웨이는 왜 이런 걸 하는지, 어떻게 할 건지, 문제가 무엇인지 등 모든 질문에 자신있게 대답했다. 업계에서 이 정도의 자신감을 가진 사람은 흔치 않다." 남들보다 뛰어난 학습능력과 자신감으로 청웨이는 빠르게 디디를 성장시켰다. 그런데 디디의 성장 속도가 지나치게 빨라서 청웨이조차 '쫓아갈 수가 없다'고 느꼈고 이에 류칭(柳青)을 초빙하게 된다. 이와 관련하여 주샤오후는 이렇게 말했다. "창업자의 학습 능력은 매우 중요하지만 때때로 창업자 자신과 파트너가 쫓아 갈 수 없을 때에는 전문 인재를 도입하는 것에 대해 고민해 보아야 한다."

둘째, 창업자의 성장은 기업이 보편적 수요를 파악하는 데 도움을 줄 수 있다. 펀샹시아오커에게 2015년부터 2016년까지는 어려운 시기였다. 2015년 9월 딩톡과의 경쟁으로 인해 펀샹시아오커는 전략을 바꿔 광고에 2억을 쏟아 부었다. 그러다 2016년 초 기업용 위챗이 시장에 진출했고 펀샹시아오커는 또다시 많은 광고를 했다. 광고를 하면 브랜드 영향력이 커지기는 하지만 설립자인 루오쉬는 이것이 잘못된 것 같다고 생각했다. 2016년 7월, 루오쉬는 그 원인을 진지하게 다시 생각해 보았고 마침내 그들이 모바일 오피스로 포지셔닝한 것이 페인포인트에 대한 해결책이 아니었음을 깨달았다. 바로 노선을 바꿔 모바일 판매 분야로 포지셔닝을 변경하자 회사는 빠르게 정상 궤도에 올랐다. 이 과정에서 루오쉬는 병에 걸리는 시련도 겪었으나 결국에는 펀샹시아오커와 함께 곤경에서 벗어났다.

셋째, 창업자의 성장은 기업의 제품이 대박나는 데 도움이 된다. GoPro를 설립하기 전에 닉 우드만(Nick Woodman)은 Funbug라는 게임 회사를 차리고 400만 달러의 자금을 조달받았다. 그러나 닷컴 버블이 터지면서 회사 역시 날아갔다. 창업의 실패를 경험한 우드만은 창업에 있어 제품이 얼마나 중요한지 깨닫게 되었다. 26살이 되던 2002년, 우드만은 두 번째 창업을 하고 Woodman Labs을 설립했다. 우드만은 익스트림 스포츠 매니아였기 때문에 생활도 상당히 활동적이고 다채로웠다. 자신의 서핑 경험을 기록해야 할 필요성을 느낀 우드만은 고무줄을 찾아 팔에 카메라를 묶었다. 이것이 고프로의 탄생이다. 포브스는 우드만의 창업 역사를 이렇게 표현했다. "10년의 축적, 한 방의 성공." 그가 성공할 수 있었던 것은 확실한 생각과 과감한 행동 외에도 삶에 대한 애정과 인류의 생활을 바꾸고 싶다는 열망 덕분이었다. 그는 고프로를 하나의 제품으로만 보는 것이 아니라 사람들의 삶의 경험을 공유할 수 있도록 돕는 도구로 보고 있다. 닉 우드만은 공식 웹사이트에 이런 메시지를 적어 놓았다. "우리는 항상 꿈을 품고 삽니다. 세상의 모든 가능한 것들에 대한 열정적인 아이디어로 가득하죠. 열정과 함께라면 우리의 경험은 아름다워지고, 꿈은 현실이 되며 세상은 더 넓어집니다."

넷째, 창업자의 성장은 성장 기업에 자본을 유치하는 중요한 요소이다. 창업자의 경우 자본을 도입하는 과정 또한 창업자의 성장 과정인 경우가 많으며, 많은 경우에 창업자가 투자자를 상대하는 과정에서 창업자의 성장도 완성된다. 2012년 초, 비록 설립된 지 얼마되지는 않았지만 펀샹시아오커는 창업자에 대한 신뢰를 바탕으로 투자를 결심한 엔젤 사용자들의 투자를 받게 되었다. 시리즈A 라운드 때 루오쉬와 IDG의 뉴쿠이광(牛奎光), 저우취안(周全)은 처음 보는 사이인데도 마치 오랜 친구처럼 5시간 동안 이야기를 나누었고 투자가 마무리되었다. 당시 루오쉬는 사무실에서 회의를 마치자마자 슬리퍼를 신은 채로 서둘러 IDG 사무실로 갔고, 이를 본 저우취안은 회의실에 들어선 저우취안에게 '당신은 슬리퍼만 신고 IDG에 들어온 두 번째 사람입니다.'라고 말했다. 초기에 자금을 조달을 받는 것은 인맥에 의존하는 것일 수도 있지만, 시리즈A 라운드 이후에는 실적을 놓고 이야기해야 한다. 2013년 7월 펀샹시아오커는 모바일 판매 관리인 SaaS 서비스에 중점을 둔 제품으로 포지셔닝을 변경하게 되었고 자금 조달이 시급했다. 그러나 제품의 불완전성으로 인해 많은 투자자들은 과연 이들이 영업 관리에 대해 제대로 알기는 하는 것인지, 유용한 CRM을 만들어 낼 수 있는 것인지 의심했다. 5개월이 넘는 시간 동안 루오쉬는 B2B사업에 투자할 의향이 있는 벤처캐피탈 회사를 찾아 거의 전국을 돌아다녔지만 결과는 만족스럽지 않았다. 그러다 북극광 벤처캐피탈(北极光风险投资公司)의 설립자 덩펑(邓锋)이 펀샹시아오커 창립팀의 빠른 성장과 SaaS 시장의 순풍을 보고 빠른 투자 결정을 내려 시리즈B 라운드가 마무리되게 되었다.

창업자의 시간 배분

창업자의 성장 비결은 시간 배분에 있다. 창업자의 시간은 [사람에 들이는 시간]과 [일에 들이는 시간]으로 나눌 수 있다. 창업자의 [일에 들이는 시간]은 기업 발전의 여러 단계에서 [직원 성장, 고위 관리직 팀 및 개인 성장]의 세 가지 영역에 할당되어야 한다. [창업단계]에서는 창업자의 신념을 강화하기 위해 얼마간의 시간을 보내는 것 외에는 대부분의 시간을 팀 구성에 할애해야 한다. [성장단계]의 팀 관리에 있어서 창업자가 주로 관심을 기울일 부분은 스톡옵션이다. 기업의 [확장단계]에서 창업자의 인적 관리의 주요 업무는 전문 경영인을 도입하는 것이어야 한다. 기업이 [변혁기]에 진입하면 창업자의 한계가 곧 기업 발전의 한계가 되므로 스스로의 한계를 돌파하기 위해 노력해야 한다.

그림 7-2 **창업자가 [사람에 들이는 시간]**

	창업단계	성장단계	확장단계	전환단계
직원성장	초기 직원 모집	직원 제도 관리	기업 문화 관리	직원 잠재력 자극
고위 관리직 팀	창업팀구성	직원성장 임원 인센티브 제도	전문 경영인 영입	경영진의 활력 고취
개인성장	창업 신념 다지기	신속한 능력 개발	성숙한 문화 조성	자신의 한계 돌파

창업자의 [일에 들이는 시간]은 기업 개발의 여러 단계에서 [미션, 비전, 가치], [전략], [비즈니스]의 세 부분에 할당되어야 한다. [창업단계]에 있는 기업의 경우 전략을 수립하고 비전을 계획하는 것보다는 비즈니스 모델을 만들고 실행하는 것이 훨씬 더 중요하다. [성장단계]의 창업자는 대부분의 에너지를 사업 확장에 집중시켜야 한다. [확장단계]에 있는 기업의 경우 창업자는 보다 명확한 기업 비전을 세우기 위해 상당한 노력을 기울여야 한다. 비전이 결정되어야 기업이 그 비전을 향해 건강하게 발전할 수 있기 때문이다. [변혁 단계]에 있는 기업의 경우 창업자는 새로운 비즈니스 기회와 방향을 찾는 데 집중해야 한다.

표 7-4 창업자의 [일에 들이는 시간]

사명 비전가치관	일반적인 비전 형성	명확한 비전 형성	확실한 비전 형성	적절하게 비전 조정
전략	적응식 전략	비전식 전략	계획식 전략	창발식 전략
비즈니스	신속한 교체수정 비즈니스 모델	비즈니스 규모 확대	비즈니스 진입장벽 구축	비즈니스 방향 전환
	창업단계	성장단계	확장단계	전환단계

전문팀

창업팀의 구성은 기본적으로 [관계 중심(relationshiop-driven)], [요인 중심(factor-driven)], [가치 중심(value-driven)]의 세 종류로 나눌 수 있다. [관계 중심]은 핵심 창업자의 인간관계 내의 구성원으로 팀을 꾸리는 것을 의미한다. 그들은 경험, 우정, 공통의 관심사로 인해 파트너가 되고 비즈니스 기회를 발견한 후 공동 창업을 한다. [요소 중심]은 창업팀의 구성원이 창업에 필요한 창의성, 자원 및 기술 등의 요소에 기여하는 것을 의미한다. 이러한 요소들은 전적으로 상호보완적이기 때문에 모든 팀원들이 상대적으로 동등한 위치를 점한다. [가치 중심]은 창업팀의 구성원이 창업을 자아 가치 실현의 수단으로 여기며 강한 사명감과 성공에 대한 열망을 가지고 있는 것을 가리킨다.

현실에서 가장 일반적인 유형은 [관계 중심형]이다. 이 모델은 중국의 문화적 특징에도 잘 맞는 편이며 팀의 안정성도 상대적으로 높다. 그러나 관계의 멀고 가까움, 친하고 친하지 않음이 종종 팀의 발목을 잡는 경우도 있다. [요인 중심형]은 서구의 문화적 특징과 가까운데 현재 유명 인터넷 기업 대부분이 여기에 속한다. 이 모델의 경우 구성원 간의 합만 잘 맞으면 성공에 필요한 시간을 단축시킬 수도 있지만 만약 합이 잘 맞지 않으면 와해될 가능성도 크다. [가치 중심형]은 구성원들이 자아 실현을 위해 똘똘 뭉치지만 일단 분열이 생기고 나면 편가르기 싸움이 되며 타협하기 힘들어 실패하게 된다.

창업팀이 어떤 유형으로 구성되었든 팀의 전문화된 분업은 창업기업의 급속한 발전에 무척 중요하다. 업무의 양과 복잡한 정도가 심화되고 달라짐에 따라 기존의 주먹구구식의 분업 모델은 기업 발전과 잘 맞지 않을 것이기 때문에 적기에 적합한 방식으로 팀의 전문화를 이루어야 한다.

창업 초기 창업팀의 초기 팀원들 사이에는 명확한 분업이 없을 수도 있다. 일이 터지면 다 같이 소매를 걷어붙이고 나서는 식인 것이다. 하지만 기업이 발전을 거듭할수록 반드시 창업팀 구성원 간의 업무 분담을 다시 조정해야 하며 창업 발전 과정에서 보여주었던 각자의 우수한 능력에 따라 맡은 업무를 다시 재분배할 수 있어야 한다.

만약 창업팀의 구성원의 학습 능력이 뛰어나다면 빠른 습득을 통해 창업기업의 성장에 따른 책임있는 역할에 대한 요구에 부응할 수 있을 것이다. 이런 경우에는 창업팀의 업무 분담을 다시 조정할 필요가 없으며 창업팀 구성원들은 각자의 성장을 통해 전문성을 확보할 수 있다.

라카라(拉卡拉)[4]의 설립자인 쑨타오란(孙陶然)은 「창업규율36조(创业36条军规)」에서 이렇게 말했다. "간부는 스스로 개발해야 하며, 공수 부대(외부에서 유입되는 인재)는 주의해서 사용해야 한다. 그러나 창업팀 구성원들이 업무 재분업과 실천에 의한 학습의 방식으로도 창업기업의 급속한 성장 요구사항을 감당하지 못한다면 새로운 사람을 투입시킬 필요가 있다. 창업기업이 새로운 임원, 심지어 새로운 파트너를 영입하는 것은 드문 일이 아니며 영입의 형태 또한 투자자, 피인수 기업의 창업자, 전문 경영인 등 다양한 방식으로 합류할 수 있다. '공수 부대'의 능력을 어떻게 발휘시킬 것인지는 예술이자 과학의 영역이다. 적절하게 운용하면 공수부대는 창업기업에서 큰 역할을 할 것이다. 그들은 창업팀의 부족한 전문 지식이나 관리 경험을 보완해 줄 것이고 기업 발전 과정 속에서 본인들 역시 지속적으로 성장하여 기업의 미래의 스타가 될 수도, 심지어는 설립자를 대신해서 미래의 기업의 수장이 될 수도 있다.

[팀의 전문화]는 다음의 내용뿐 아니라, 여기에 미처 기재하지 못한 것까지 포함하여 창업기업의 [성장단계]에서 중요한 역할을 발휘한다. [팀의 전문화]는 창업기업이 수요 격차를 극복하고 계층적 조직을 형성하며 규모의 경제를 실현하고 블루오션 시장을 개척하는 데 도움이 된다. 첫째, [팀의 전문화]는 [성장단계]의 창업기업이 계층적 조직을 형성하는 데 도움이 된다. 마윈은 『서유기(西游记)』의 삼장법사팀에 대해 이렇게 말했다. "삼장법사는 능력이 거의 없지만 목표는 아주 분명합니다. 바로 불경을 얻어오는 것이죠. 팀의 리더는 이런 사람들이어야 합니다. 손오공은 능력은 제일 좋지만 말썽이 너무 많아요. 성공도 손오공 덕분이지만 실패도 손오공 때문입니다. 프로젝트의 관리자라면 손오공 같은 사람이 괜찮긴 합니다만 단, 삼장법사의 밑에서 통제를 받아야 해요. 저팔계 같은 경우에는 일을 해야 할 때 숨을 수만 있다면 숨죠. 그런데 먹을 일 마실 일이 있으면 제일 먼저 달려 옵니다. 이런 사람을 팀에서 안 만나기란 쉬운 일이 아니어요. 다만 잘 활용하면 팀의 윤활유 역할을 할 수 있습니다. 사오정은 성실하고 우직합니다. 기본 업무에 가장 적합해요. 일반적인 팀들의 경우 대다수의

4　라카라는 레노버 계열의 금융사로 즈푸바오, 위챗에 이어 중국의 제3대 결제회사이다.

팀원들이 사오정처럼 말없이 그리고 열심히 일합니다. 이렇게 팀원마다 특징이 다 다르기 때문에 삼장법사는 리더를 맡고 손오공은 프로젝트 관리자를 맡고 사오정은 사원을 맡고 저팔계는 조직의 윤활유를 맡는 계층적 조직을 구성할 수 있는 겁니다."

둘째, [팀의 전문화]는 [성장단계]의 창업기업이 [수요 격차]를 해소하는 데 도움이 될 수 있다. 2016년 5월 4일 텐센트는 위챗페이(微信支付)의 최고책임자인 우이(吳毅)의 사임을 발표했다. 우이가 위챗페이의 최고책임자로 재직하는 동안 맨땅에서 시작했던 위챗페이는 어느덧 카드 연동 사용자(有绑卡用户) 3억 명 이상의 거대한 위챗페이 생태계를 형성하게 되었다. 위챗페이는 30개 이상의 기업 솔루션을 출시하였고 전국 30만 개 이상의 오프라인 결제 가맹점포를 보유하고 있다. 위챗페이를 떠난 우이는 텐센트의 옛 동료였던 샤오원지에(肖文杰)가 설립한 러신(乐信)에 합류하였다. 2016년 4월, 러신은 개방형 플랫폼 시스템의 출시를 발표하였고, 그 서비스는 사무직 근로자에게 공개되었다. 현재 러신은 어떻게 해야 신속하게 규모를 확장하고 시장점유율을 확보하며 소비 금융으로 들어가는 입구를 건설할 수 있을 것인가를 고민하고 있다. 러신의 성장 과정의 결정적 순간에 인터넷 결제 시스템 운영 경험이 풍부한 우이가 합류함으로써 러신은 전문적인 도움을 받을 수 있게 되었다. 우이가 합류한 지 한 달 만에 러신은 시리즈D 라운드에서 2억 3,500만 달러를 유치하였고 2016년 개학 시즌에는 경쟁사들을 단숨에 쓸어버리며 캠퍼스 금융 영역의 제왕이 되었다.

셋째, [팀의 전문화]는 [성장단계]의 창업기업이 가능한 한 빨리 [규모의 경제]를 실현하도록 도울 수 있다. 2001년, 구글의 창립자 래리 페이지와 세르게이 브린은 노벨(Novell)의 CEO였던 에릭 슈미트(Eric Schmidt)를 영입했다. 슈미트는 전략가이자 기업가이자 중요한 기술의 개발자로서 20년에 이르는 업계 경험을 가지고 있었다. 슈미트는 구글의 두 창립자를 처음 만났던 그 날을 생생하게 기억하고 있다. "그들의 견해는 모든 면에서 나와 달랐습니다. 그들의 아이디어가 과연 새로운 비전인 것인지 아니면 그냥 순진한 건지 도무지 알 수 없었죠." 2001년 당시의 구글은 이미 훌륭한 검색 엔진 회사였지만 기술을 파는 것 외에는 수익을 올릴 별다른 길이 없었다. 이때 슈미트의 경험은 구글이 검색과 광고 사이의 가장 조화로운 접점을 찾을 수 있도록 도와주었고 구글은 홈페이지를 단순하고 깔끔하게 유지하면서 동시에 광고 수익을 올리는 난제를 해결하게 되었다. 슈미트의 리더십 아래 구글은 빠르게 성장하기 시작했다.

넷째, [팀의 전문화]는 [성장단계]의 창업기업이 [블루오션] 시장을 개척하는 데 도움이 된다. 현재 텐센트의 사장이자 전무이사인 류츠핑(刘炽平)이 텐센트에 합류하기 전까지는 텐센트의 설립자 중 그 누구도 글로벌 대기업에서 근무한 경험이 없었다. 당시 류츠핑은 골드만삭스에서 일하며 텐센트의 상장을 담당하고 있었는데 마화텅과 연락하는 과정에서 마화텅에게 깊은 인상을 남기게 된다. 텐센트가 상장된 후 2005년, 마화텅은 류츠핑에게 텐센트의 전략최고책임자로 합류할 것을 설득한다. 류츠핑의 합류는 텐센트에 구조적인 향상을 가져다주었다. 2006년 초 그는 텐센트의 "5개년 사업 계획"을 제안하며 텐센트의 사업 개발 청사진을 설명하였고 2010년 매출 100억 위안 달성을 목표로 설정하였다. 텐센트는 2009년에 이 목표를 달성하였고 연 매출 124억 위안을 기록하였다. 텐센트가 급속하게 성장하는 단계에서 류츠핑과 같은 전문 인력의 합류는 텐센트가 '가상 통신망 사업자'의 전략적 노선에서 인터넷 전략 노선으로 노선을 변경하는 데 큰 도움이 되었으며, 이는 훗날의 발전 기반을 다지는 데 공헌하였다.

도구모음

팀의 성장 과정

[팀의 전문화] 과정은 팀원의 투입, 업무 수준과 심리적 수준에서의 상호작용, 팀의 생산 등이 포함되며 어떤 면에서는 팀의 적응과 성장 과정이라고도 할 수 있다. 투입에 대해 말하자면 여기에는 구성원의 경험과 사회적 자본, 개인의 능력 및 성격의 특성이 포함된다. 과정에 대해 말하자면 업무 수준의 요소로는 구성원 간의 갈등과 구성원 교체, 계획 수립 및 목표 달성 등이 포함되고 심리적 수준의 요소로는 구성원의 집단 심리적 인지의 형성, 팀 자신감의 구축, 구성원의 심리적 안정감과 긍정적인 정서 등이 포함된다. 각종 투입 요소들은 팀 구성원들 간의 업무 차원에서의 상호작용 및 심리적 차

원에서의 상호작용을 거친 후 팀의 결과물을 형성하게 되는데 여기에는 기업의 성장, 이익, 규모, 혁신 및 사회적 공익이 포함된다.

이 모델은 학자에 의해 개발된 이론적인 모델이지만 기업의 실무에 대응시켜도 호환이 잘 된다. 필자는 요식업체 윈하이야오(云海肴)의[23] 창업 과정을 소개한 글인「믿을 만한 창업: 윈하이야오(靠谱创业 : 云海肴)」에서 묘사하고 있는 창업 과정과 이 이론적인 모델을 비교해 보았다. 그 결과 글에 담긴 창업 과정에 대한 모든 묘사의 이론적 근거를 팀 성장 과정 모델에서 찾을 수 있었다. 또한 팀 성장 과정 모델 속 모든 개념들의 실질적인 증거를 글에서 찾을 수 있었다. 다소 우연의 일치인 것처럼 느껴지겠지만 이 팀의 성장 과정 모델의 실질적인 의미 역시 확인할 수 있었다.

그림 7-3   **팀의 성장 과정도**

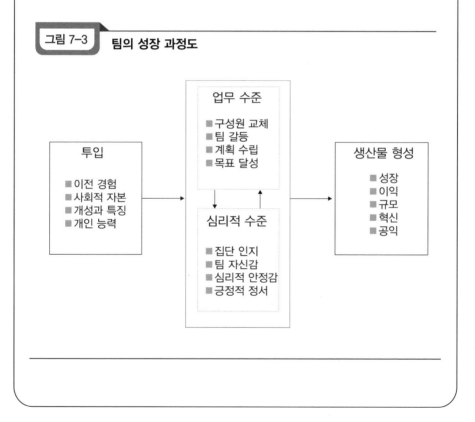

___

5 유명 외식 체인으로 주로 윈난 음식을 판매한다.

계층적 구조

알프레드 챈들러(Alfred Chandler)는 『보이는 손(Visible hand)』에서 이렇게 말했다. "전통적인 단일사업단위(single-unit) 기업 활동은 시장 메커니즘에 의해 통제되고 조율된다. 반면 현대 기업의 생산 및 분배 단위는 중간 관리자에 의해 통제되고 조율된다. 고위 관리자는 중간 관리자의 작업을 평가하고 조정하며 시장을 대신하여 미래의 생산과 유통을 위한 자원을 할당한다. 관리 계층의 존재는 현대 기업의 두드러지는 특징이다. 경영 위계가 존재하지 않는 복수사업단위 기업(multiunit business enterprise)은 그저 독립적인 기업의 연합에 불과할 뿐이다. 이러한 연합체는 정보 비용과 거래 비용을 어느 정도 감소시킬 수는 있지만, 생산성 증진을 통한 비용감소가 이루어지는 것은 아니다. 연합체로는 현대 기업의 가장 중요한 기능인 관리 및 조율 기능을 향상시킬 수 없다." 챈들러는 관리계층의 중요성을 강조하였는데, 관리계층의 중요성은 특히나 기업이 [성장단계]에 있을 때 홀대받기 쉽다.

관리계층의 관점에서 기업의 성장을 관찰하고자 한다면 일반적으로 두 가지 경로가 있다. 첫 번째는 [선비즈니스, 후관리]이고 다른 하나는 [선관리, 후비즈니스]이다. 기업의 발전 과정에서 비즈니스와 관리는 상호작용의 관계로 그 발전의 선후 관계에 따라 비즈니스와 관리 간의 어느 정도 격차가 발생하는 것은 정상적인 현상이다. 하지만 그 격차가 너무 크고 하나만 중시한 탓에 다른 하나에 심각한 지연을 일으킨다면 기업 발전에 병목 현상을 초래할 것이다.

발전의 한쪽 극단은 끊임없이 수평화적으로 커지는 조직, 즉 비즈니스의 확장 속도가 관리의 확장과 최적화 속도보다 훨씬 빠른 경우이다. 다른 한쪽 극단은 지나치게 많은 관리계층을 보유한 조직이다. 즉 인원과 조직의 계층은 빠르게 증가하고 있으나 비즈니스에는 유의미한 성장이 없는 경우이다. 관리계층은 너무 빠르게 증가하고 비즈니스는 너무 느리게 발전하면 너무 많은 관리계층이 비즈니스의 발전을 방해하게 된다. 반면 관리계층은 느리게 증가하는데 비즈니스는 빠르게 발전하면 관리계층이 비즈니스 발전의 수요를 따라가지 못한다. 관리계층과 비즈니스의 발전 속도가 서로 합이 맞아야 조직과 기업이 서로를 발전시킬 수 있는 것이다.

[계층적 조직]의 형성은 기업의 [성장단계]에서 매우 중요하다. 계층적 조직을 구성해야만 창업기업이 팀의 전문화를 완성하고 운영 효율성을 개선할 수 있으며 운영 규모를 늘려 대중 사용자의 보편적 수요를 충족시킬 수 있다. 첫째, [계층적 조직]은 팀의 전문성을 위한 조직적 보장 장치이다. 대부분의 기술 회사에는 관리자뿐 아니라 기술자에게도 직급이 있다. 예를 들어 화웨이의 직급은 엔지니어의 경우 13급부터 22B급, 관리자의 경우 19B부터 22A급으로 나뉜다. 직급에 역량계수와 지역별 경제발전 수준의 차이 계수를 더하여 최종적으로 직원의 연봉을 결정한다.

우쥔(吳軍)은 실리콘밸리의 엔지니어를 다섯 가지 레벨로 나눈다. [레벨5 엔지니어]는 하나의 기능을 독립적으로 설계하고 실현할 수 있는데 이것은 엔지니어어에게 요구되는 기본 소양이다. [레벨4 엔지니어]는 일에 착수하기 전에 만들어진 물건이 유용한지, 사용하기 쉬운지, 유지 보수가 편리한지, 성능이 안정적인지 등을 알아야 한다. 또한 제품 설계에 대한 기본 지식과 더불어 리더십을 갖춰야 하며 제품수명주기 처음부터 끝까지 전반에 걸쳐 하나의 제품을 온전히 책임질 수 있어야 한다. [레벨3 엔지니어]는 업계 최고 수준의 제품을 만들 수 있다. 이들은 레벨4 엔지니어와는 질적으로 차원이 다르다. 기술 수준, 시장에 대한 이해, 사용자 심리에 대한 이해, 조직을 이끄는 능력 등의 방면은 물론이고 통찰력에서도 확연한 차이를 보인다. [레벨2 엔지니어]는 세계를 놀라게 할 수 있는 사람들이다. 최초로 개인용 컴퓨터를 구현한 스티브 워즈니악(Steve Wozniak), DSL의 아버지 존 시오피(John Cioffi), 아이폰과 구글 글래스의 총괄엔지니어, 안드로이드를 개발한 앤디 루빈(Andy Rubin) 등이 여기에 속한다. 이들과 레벨3, 레벨4, 레벨5 엔지니어들과의 차이는 업무의 독창성과 세계에 미치는 영향력에 있다. [레벨1 엔지니어]는 완전히 새로운 산업을 시작한 사람들이다. 에디슨, 테슬라, 포드가 여기에 속한다. 이들은 기술과 제품 등 다양한 면에서 레벨2 엔지니어와 차별화되며 경험과 경영에도 능하다. 또한 일반적으로 자신의 제품을 통해 세상을 바꾸는 기업가인 경우가 많다.

둘째, [계층적 조직]은 기업이 [성장단계]에서 운영 효율성을 향상시키는 데 도움이 된다. 사람은 누구나 제한된 에너지와 시간과 능력을 가지고 있다. 관리 효율성은 관리 범위와 직결된다. 마윈은 1인당 일곱 명을 관리하는 것이 가장 과학적이라고 생각한다. 한 명의 수장 아래에 7명의 고위관리자가 있고, 각각의 고위관리자 아래에 7명의 중간관리자가 있고, 각각의 중간관리자 아래에 7명의 핵심 직원이 있고, 각각의 핵심 직원 아래에 7명의 일반 직원이 있는 것으로 이해하면 된다. 스티브 잡스가 세상을 떠나기 전 애플에는 6만 명의 직원이 있었다. 1인당 7명을 관리한다면 6단까지 구성했을 때 11만 7,649명($=7^6$)을 관리할 수 있다. 하지만 기계적으로 7명씩 계속 가지치기를 하다보면 관리해야 할 계층의 수가 너무 많아지기 때문에 결국에는 관리 효율성이 크게 떨어진다.

관리 범위에 대한 또 다른 견해는 1인당 최대 150명을 관리한다는 것이다. 스티브 잡스는 애플의 직원 중 100명과 자주 교류하였는데 이들을 '톱100(Top 100)'이라고 부른다. 톱100 회의(Top 100 meeting)는 애플의 중요한 경영 도구이다. 잡스는 이렇게 말했다. "내 직업은 '톱100'과 함께 일하는 것이다. 그들이 다 부사장이라는 의미가 아니다. 그들 중 일부는 그냥 중요한 기여를 한 사람들이다. 좋은 아이디어가 떠올랐을 때 내가 할 일 중 하나는 이 아이디어를 퍼뜨려서 '톱100'이 이해하게끔 하는 것이다." 스티브잡스의 '톱100' 경영 방식은 [성장단계]에 있는 기업들이 참고할 만하다. 기업의 규모가 크지 않을 때에는 톱의 수를 줄이는 게 좋다. 하지만 [성장단계]에 있는 기업이 [창업단계]의 조직구조를 따르다가 조직 효율성이 떨어지는 것을 피하기 위해서 점차적으로는 [계층적 조직]을 기업에 도입해야 한다.

셋째, [계층적 조직]은 [성장단계]에 있는 기업이 [운영 규모]를 늘리는 데 반드시 필요한 수단이다. 이는 관리자의 관리 반경과 관련이 있으며, 급속한 성장과 규모의 경제를 이루기 위해서는 일반적으로 계층적 조직의 구축이 필요하다. 창업 12년 후, 로코코는 세계에서 가장 많은 디자이너를 보유한 산업 디자인 회사가 되었다. 2016년 4월 기준으로 로코코는 30개 회사, 700명 이상의 디자이너로 구성된 그룹으로 발전했으며 사업 분야는 혁신적인 디자인, 문화 창의 디자인, 벤처캐피탈, 창업 컨설팅의 네 영역을 포함한다. 로코코의 지사와 자회사는 상하이, 선전, 청두, 충칭 등에 분포되어 있어서 경진당경제구(京津唐经济区), 화동경제구(华东经济区), 주삼각경제구(珠三角经济区), 청두-충칭경제구

(成都－重庆经济区)를 아우르고 있다. 디자이너가 주체적인 능동성을 발휘하는 것은 디자인 회사에게 몹시 중요한 일이다. 하지만 기업의 신속한 성장을 위해 로코코는 애플과 유사하게 등급 조직과 셀 조직을 결합시켜 운용함으로써 어느 정도 계층적인 조직을 구축하였다.

도구모음

계층적 조직의 가치관 평가

[계층적 조직]은 전 세계에 보편적으로 존재하지만 가치 기반은 다르다. 중국, 일본, 한국 등의 동아시아 국가에서 권위를 존중하고 관용과 이타주의를 강조하며 집단에 복종하고 체면을 중시하는 유교 문화는 [계층적 조직]의 존재와 발전에 중요한 가치관으로 작용하였다. 독자는 아래의 측정표를 통해 자신이 속한 [계층적 조직]의 가치 기반을 측정할 수 있다.

표 7-5   계층적 조직의 가치관 평가표

번호	설명	실제와 부합 정도 (1은 매우 부합하지 않는다, 5는 매우 부합한다)				
		1	2	3	4	5
1	리더는 한 집안의 가장과 같으며 부서의 주요 사안들은 그의 지시를 따라야 한다.	□	□	□	□	□
2	실수를 피하는 가장 좋은 방법중 하나는 연장자의 조언을 따르는 것이다.	□	□	□	□	□
3	분쟁이 발생하였으나 해결할 수 없을 때에는 가장 경력이 오래된 선배에게 공정한 중재를 부탁한다.	□	□	□	□	□
4	리더를 존중하고 리더에게 복종하는 것은 미덕이다.	□	□	□	□	□
5	부서나 회사의 요구는 최대한 들어주려고 해야 한다.	□	□	□	□	□
6	설령 다른 사람의 잘못일지라도 가능한 한 용서해 주어야 한다.	□	□	□	□	□
7	내가 불편할지라도 다른 사람에게는 피해가 가지 않도록 해야 한다.	□	□	□	□	□
8	나에게 도움이 되지 않더라도 남을 돕는 것은 언제나 좋은 일이다.	□	□	□	□	□
9	개인의 이익보다는 부서나 회사의 이익이 우선이다.	□	□	□	□	□
10	회사가 틀렸을지라도 직원은 회사를 따라야 한다.	□	□	□	□	□
11	근로에 대한 보수는 연공서열이 우선이며, 개인의 능력은 그 다음이다.	□	□	□	□	□
12	직원들이 회사의 규칙과 규정을 준수하기만 한다면, 그 이치를 이해하기 위한 노력은 하지 않아도 된다.	□	□	□	□	□
13	실수는 개별적으로 이야기하고, 장점은 공개적으로 이야기해야 한다.	□	□	□	□	□
14	체면이 상하는 게 아니라면 작은 손해 정도는 감수해도 괜찮다.	□	□	□	□	□
15	설령 동료와 이해가 충돌할지라도 쉽게 얼굴을 붉히고 싸워서는 안 된다.	□	□	□	□	□

주: 1-4번은 '권위에의 복종', 5-9번은 '관용과 이타주의', 10-12번은 '집단에의 복종', 13-15번은 '체면 중시'를 측정한다.

[성장단계]의 제품

히트상품

히트 상품 논리의 이론적 기반은 '승자독식(Winner takes all)' 이론이다. 승자독식이란 "업계에서 가장 뛰어난 사람이 가장 높은 시장 점유율을 갖는다"는 의미로 해석하면 된다. 승자독식 이론이 지배하는 시장으로는 각종 유명스타 시장(스포츠 스타, 스타 연예인)과 규모의 경제 또는 네트워크 효과가 뚜렷한 시장(텐센트 등의 SNS 및 기타 타오바오 등의 전자상거래)이 있다.

승자독식 이론의 반대는 롱테일 이론(Theory of the long tail)이다. 롱테일 이론은 2006년, 당시 와이어드(Wired) 잡지의 편집장이었던 크리스 앤더슨(Chris Anderson)이 제안한 개념이다. 앤더슨의 주장에 따르면 소비자는 자신의 취향에 더 잘 맞는 제품을 발견하고 그것을 구매할 능력이 생기면 더 이상 베스트셀러에 관심을 갖지 않게 된다. 그러므로 기업이 번창하기 위해서는 대중의 입맛을 맞추는 데에만 집착하는 발전 모델을 과감히 버리고 틈새 상품을 활용할 줄 알아야 한다. 앤더슨의 이 같은 관점에 업계의 많은 사람들이 공감했다. 당시 구글 CEO였던 에릭 슈미트는 『롱테일 법칙(The Long Tail: Why the Future of Business Is Selling Less of More)』 책 표지에 "롱테일에 대한 앤더슨의 통찰력은 구글의 전략적 사고에 지대한 영향을 미쳤다"라고 적었다. 또한 세계 최고의 스트리밍 회사인 넷플릭스는 한때 스스로를 롱테일 회사라 자칭하며 자랑스러워했다.

그러나 앤더슨이 [롱테일 이론]을 제안한 이후 일부 업계에서는 헤드(head)에 대한 수요가 점점 늘어나고 있는 현상이 나타나기도 했다. 음악 산업을 예로 들어보자. 닐슨리서치가 수집한 음반 판매량 자료에 따르면 2007년, 전 세계 판매량 100만 장을 돌파한 36장의 싱글이 전체 시장 점유율의 7%를 차지했다. 2009년에는 다운로드 100만 회를 돌파한 싱글 79장이 전체 매출의 12%를 차지했다. 2011년에는 다운로드 100만 회를 돌파한 싱글 102장이 전체 매출의 15%를 차지했다. 또한 2011년에 발매된 싱글의 총 판매량은 800만 장이었는데 이

중 0.001%가 전체 매출의 1/6을 기록했다. 곡선의 꼬리는 점점 길어지면서 또한 점점 가늘어졌다고 할 수 있다. 동시에 히트상품의 영향력은 점점 약해진 것이 아니라 오히려 강해졌다.

[히트상품]의 출현은 [성장단계]의 기업에게 매우 중요하다. [히트상품]은 기업이 광고와 마케팅의 효율성을 높이고 수요 격차를 극복하며 팀의 전문화를 실현하고 블루오션 시장을 개척하는 데 도움이 될 수 있다. 첫째, [히트상품]은 기업이 광고와 마케팅의 효율성을 크게 향상시키는 데 도움이 될 수 있다. 워너브라더스(Warner Bros.)의 회장이었던 앨런 혼(Alan Horn)은 이렇게 말했다. "미국의 영화 팬들은 1년에 5~6편의 영화를 봅니다. 전 세계 평균은 이것보다 훨씬 더 낮습니다. 세계 6대 영화사와 주요 독립 영화사들이 관객에게 제공한 영화만 2010년 한 해에만 수백 개입니다. 관객 입장에서 어떤 영화를 보아야 할지는 결정하기 힘든 일이죠. 바로 이 점 때문에 눈길을 사로잡을 수 있는 확실한 포인트를 만들어야 합니다." 히트상품에 대한 일념 하에 2010년 워너브라더스가 제작한 영화를 제작비 순으로 나열하면 상위 3편의 영화 제작비가 전체 제작비의 1/3을 차지했지만 이들이 쓴 광고비는 7억 달러의 예산 중 22%에 불과했다. 워너브라더스가 「인셉션(Inception)」에 막대한 광고비를 들이긴 했지만 이 역시 6000만 달러가 조금 넘는 정도였고 영화 제작비의 1/3에 불과하다. 이에 비해 「타운(The Town)」, 「커플로 살아남기(Life as we know it)」 등 제작비가 5,000달러 미만의 소규모 영화는 무려 제작비의 75% 달하는 금액을 광고비로 사용했다.

둘째, [히트상품]은 기업이 수요 격차를 해소하는 데 도움이 될 수 있다. 샤오미 휴대폰이 출시된 이듬해 샤오미는 휴대용 보조 배터리를 만들었다. 샤오미 팀이 파악한 그 당시의 상황은 이렇다. 휴대폰이 점점 얇아지는 탓에 배터리의 용량을 늘릴 수가 없으나 스마트폰의 전력 소모는 점점 심해지고 있으니, 이처럼 배터리 기술이 당분간 혁명적인 도약을 할 수 없을 것 같은 상황에서 휴대용 보조 배터리라면 시장성이 있겠다는 판단을 했다. 샤오미는 회사 내부에 소규모 팀을 조직하여 자체적으로 금형을 만들고 최고의 배터리 셀을 사용하며 독자적으로 연구, 개발, 제조한 끝에 최종적으로 원가 100여 위안에 판매가 200위안짜리 제품을 만들어 내게 되었으나 한 달에 고작 2만 개 정도밖에 팔지 못했다. 히트상품을 만들어내지 못했기 때문에 이 프로젝트는 나중에 중단된다. 2013년 샤오미 생태계 체인 팀은 노트북 시장이 전 세계적으로 위축되고 있음을 감지하였다. 리우더(刘德)와 레이쥔은 노트북 시장이 위축되면 노트북 배터리에 가장 많이 사용되는 18650 배터리 셀이 시장에 대량의 잉여로 나올 것임을 예리하게 알아챘다. 이러한 종류의 배터리 셀은 성능도 좋고 기술도 성숙했으며 모바일 보조 배터리로도 사용할 수 있다. 그들은 잉화다(英华达[6])의 전 사장인 장펑(张峰)을 찾아가 즈미회사(紫米公司)를 설립하여 수입 배터리와 금속 케이스를 사용한 샤오미 휴대용 보조 배터리를 69위안에 만들어 달라고 했다. 마침내 샤오미의 휴대용 보조 배터리는 히트상품이 되어 첫해에만 2,000만 대에 가까운 판매고를 올렸고 전 세계에서 출하량이 가장 많은 보조 배터리가 되었다.

셋째, 히트상품의 탄생은 기업의 [성장단계]에서 팀의 전문화를 가속화할 것이다. 완허톈이(万合天宜)[7]의 설립자 판쥔(范钧)은 웹드라마 『만만몰상도(万万沒想到, 전혀 생각 못했어』의 성공을 전혀 예상하지 못했다. 제작비가 없어서 배우 없이 성우와 설립자가 직접 출연할 정도의 싸구려 특수효과가 쓰인 5분짜리 단편 드라마가 대히트를 칠 것이라고 누군들 예상할 수 있었겠는가. 완허톈이가 소위 뜨고 나서 판쥔은 스트레스에 시달렸다. 그는 시청자들의 취향이 너무도 빠르게 변하기 때문에 한 작품이라도 사람들의 관심에서 멀어지면 그 길로 바로 끝장이라 생각했다. 그래서 판쥔이 내린 결론은 작품 하나하나가 모두 '고퀄리티'여야 한다는 것이다. 완허톈이는 팀의 전문화를 위한 속도를 내기 시작했다. 콘텐츠 제작 인재를 대거 영입했고 회사를 8개의 각기 다른 방향성을 가진 창작물 '생산 공장'으로 나누었다. 모든 생산 공장은 각자가 하나의 작은 회사이며 짧은 영상 외에도 스릴러물, 판타지물, 청춘물 등을 제작하고 있다.

---

6 英华达(Inventec Appliances Corporation, 잉화다), 폭스콘과 비슷한 대형 OEM 회사이다.
7 웹드라마 등을 제작하는 뉴미디어 제작 회사이다.

히트상품의 톱니바퀴

　[히트상품]의 탄생은 기업이 큰 건에 모든 역량을 집중함으로써 얻어 낸 결과물이 며 전문팀을 통해 블루오션을 개척하여 대중 사용자가 달성한 비즈니스 성과를 거두는 것이다. 우리는 공진화 전략의 네 가지 요소를 기반으로 [히트상품]의 성장 톱니바퀴를 구축할 수 있다. 첫째, 조직은 [창업단계]에서의 탐색을 통해 전문팀과 일정 규모의 조직 을 구성한다. 둘째, 기업은 기술의 혁신과 린 파이낸싱을 통해 블루오션 시장에 진입한 다. 셋째, 시장에는 대중 사용자의 보편적 수요가 존재하며 기업은 수요 격차를 극복할 방법을 찾아낸다. 마지막 넷째, 가업은 제품 혁신과 마케팅 혁신을 통해 히트상품을 탄 생시키고 규모의 경제를 달성한다.

그림 7-4　**히트상품의 톱니바퀴**

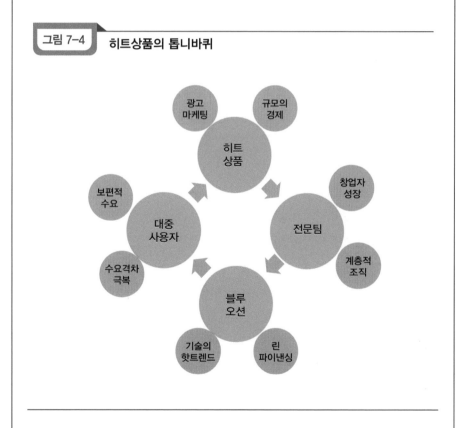

광고 마케팅

지난 수십 년 간 마케팅 이론과 실천에 몇 차례 중요한 변화가 있었다. 세계적인 마케팅 구루인 필립 코틀러(Philip Kotler)는 『마켓 3.0(Marketing 3.0: From Products to Customers to the Human Spirit)』에서 1.0 시장은 제품 중심의 시대, 2.0 시장은 고객 중심의 시대, 3.0 시장은 인간 주도의 시대, 4.0 시장은 하이테크와 하이터치의 융합 주도의 시대라고 정의하였다. 소비자 중심 마케팅의 2.0 시대와 가치 중심 마케팅의 3.0 시대와 마찬가지로 4.0 시장 역시 소비자의 수요를 충족시키기 위해 노력해야겠지만, 기업은 더 큰 사명감과 비전, 가치관을 가지고 협력적, 문화적, 정신적 마케팅을 통해 소비자의 행동과 태도에 영향을 주어야 한다.

[성장단계]에 있는 기업의 마케팅 방식으로는 전통적인 제품 중심의 마케팅, 고객 중심의 관계 마케팅, 기업의 사명과 비전을 결합한 가치 마케팅이 모두 포함될 수 있다. 기업이 [성장단계]에 들어서고 나면 더 이상 [창업단계]에서 그랬던 것처럼 입소문 마케팅에만 의존할 것이 아니라 적극적인 광고 마케팅을 시작해야 한다. [성장단계]에 있는 기업에게 광고 마케팅은 기업이 수요 격차를 극복하고 규모의 경제를 이루는 데 도움이 될 뿐만 아니라 블루오션 시장을 빠르게 개척하는 데도 도움이 된다.

첫째, 광고 마케팅은 기업이 수요 격차를 극복하는 데 도움이 된다. 2016년 중국 내 스마트폰 출하량 1위는 OPPO, 3위는 vivo였다. 이 두 브랜드의 급속한 성장은 심층 마케팅이라는 마케팅 모델 덕분이다. 심층 마케팅은 마케팅 채널과 터미널뿐 아니라 브랜드 홍보 및 제품 포지셔닝과 같은 일련의 과정들을 집중 공격하는 입체적인 마케팅이다. OPPO와 vivo의 포지셔닝은 3선과 4선 및 그 이하 도시들이다. 이러한 시장에는 세 가지 특징이 있다. 첫 번째는 고객과 관련된 특징이다. 시장의 등급이 낮아질수록 소비자는 더 쉽게 채널의 영향을 받으며 자주적인 의사결정 능력도 약하다. 예를 들면 현성(县城)이나 향진(乡镇)[8]에

---

8 중국 행정구역은 성급(省級), 시급(市級), 현급(縣級), 향급(鄉級)의 구조로 이루어져 있으며 한국으로 치면 현성은 군구, 향진은 읍면 정도에 해당된다.

서는 휴대폰이 고장났을 때 핸드폰 판매점에 가는 수밖에 없다. 대도시처럼 서비스만 개별적으로 제공하는 서비스 업체가 없기 때문이다. 두 번째는 채널과 관련된 특징이다. 시장의 등급이 낮을수록 채널의 분산도가 높다. 예를 들어 베이징이나 상하이에는 휴대폰 독립 매장을 거의 볼 수 없지만 개발이 덜 된 지급시(地级市)나 현성에서는 이런 식의 독립 매장이 여전히 주력 채널이다. 세 번째는 홍보 효율과 관련된 특징이다. 3급, 4급 시장의 광고 효율은 1급, 2급 시장에 비해 높은 편이다. 만약 베이징이나 상하이에서 광고를 한다면 매체가 몹시 고도로 파편화되어 있기 때문에 천문학적인 비용이 든다. 하지만 현성이나 작은 지급시에서는 위치 선정과 핵심 자원만 잘 잡으면 고객이 반복적으로 접촉하게 되는 환경을 조성할 수 있으므로 휴대폰 브랜드를 널리 알릴 수 있다.

둘째, 광고 마케팅은 기업이 규모의 경제를 신속하게 이루는 데 도움이 된다. 3선 및 4선 도시에 공을 들이는 것 외에도 OPPO와 vivo 내부에서 광고에 대한 요구가 있었다. 온라인 광고, 공항 고속철도 광고, TV광고, 각종 강력한 IP(지적재산권) 삽입, 세계적으로 핫한 스타의 홍보 등 각종 매체의 헤드라인을 장악해야 한다는 것이다. 2016년 두 회사의 광고비는 약 60억 위안이었고, 출하량은 1억 7,700만 대였다. 그렇다면 개당 30위안이 조금 넘는 광고비가 투입된 것으로 광고에서의 규모의 경제가 실현되었다고 할 수 있다.

셋째, 광고 마케팅은 기업이 블루오션 시장을 개척하는 데 도움이 된다. 혹자는 OPPO의 휴대폰이 가성비가 좋지 않다고 말한다. 다른 저가 스마트폰과 비교했을 때 가성비는 결코 OPPO의 특징이 될 수 없다는 것이다. 하지만 OPPO는 세련된 외관과 고속 충전, 카메라 손떨림 방지 기능 등 타깃 사용자들의 휴대폰에 대한 페인포인트를 정확히 포착했다. 그리고 이를 통해 치열한 레드오션에서 자신들만의 블루오션을 개척한 것이다. OPPO의 광고 전략 또한 이 세 가지 핵심 장점을 중심으로 전개되고 있다. 먼저 슈퍼스타인 레오나르도 디카프리오나 루한, 양미처럼 핫한 스타들을 광고 모델로 선정한다. 그런 후에 "5분 충전, 2시간 통화" 혹은 "이 순간을 더 선명하게"처럼 자신들의 장점을 강조하는 멘트가 나온다. 마지막으로 쾌락대본영(快乐大本营), 천천향상(天天向上), 우상래료(偶像来了), 분포파형제(奔跑吧兄弟) 등 버라이어티 예능 프로그램에 끊임없이 협찬을 하는 것이다. OPPO와 vivo는 명확한 광고 전략을 통해 트렌드를 추구하는 젊은이라는 블루오션을 빠르게 개척해 나갔다.

도구모음

시대별 마케팅 방식 비교

산업혁명 이후 인류는 정보 혁명, 인터넷 혁명, 모바일 인터넷 혁명을 겪었고 사용자의 역할 역시 표준품 구매자에서 다양화되고 개성화된 구매자이자 적극적인 참여자로 변화되었다. 이러한 맥락하에 마케팅의 목표는 제품을 판매하는 것에서 사용자의 수요를 충족시키고 수요를 창출하며 심지어는 사용자와 함께 공동으로 수요를 창출하는 것으로 전환되었다. 마케팅의 유형 또한 제품 중심 마케팅에서 사용자에 의한 포지셔닝 마케팅, 가치 주도 마케팅, 가치 공동창출 마케팅으로 변화하였다. 기업과 사용자 간의 상호작용 방식은 일대다에서 다대일, 다대다로 바뀌었으며 더욱 다양화되고 개성화되었으며 지능화되었다.

표 7-6 | 시대별 마케팅 방식 비교

	1.0 시대	2.0 시대	3.0 시대	4.0 시대
마케팅 유형	제품 중심 마케팅	사용자 중심 마케팅	가치 주도 마케팅	가치 공동창출 마케팅
마케팅 목표	제품 판매	사용자 수요 충족	사용자 가치 창출	사용자와 공동으로 수요 창출
마케팅 추동력	산업혁명	정보혁명	인터넷혁명	모바일 인터넷혁명
사용자 역할	표준제품 구매자	다양화 된 구매자	개성화 된 구매자	적극적인 참여자
마케팅 방침	제품 표준화	제품 다양화	제품 개성화	제품 상호화
가치제안	제품 성능	제품 특성	제품 개성	제품 스마트화
사용자와의 상호관계	일대다	다대일	다대다	다대다 곱셈관계

규모의 경제

　규모의 경제 효과는 [성장단계]의 기업이 꿈꾸는 경쟁 우위의 원천이다. 알프레드 챈들러의 유명한 저서, 『규모와 범위: 공업 자본주의의 원동력(Scale and scope: the dynamics of industrial capitalism)』에서는 규모의 경제를 가리켜 "단일 제품을 생산하거나 유통하는 단일 사업 단위의 규모가 커지면 생산 또는 유통의 단가가 감소하는 현상"이라고 정의하였다. 만약 전통적인 자본 집약적 산업에서 규모의 경제를 실현할 수 있다면 생산량의 증가에 따라 더 많은 제품에 고정비용이 할당되기 때문에 단가가 급격히 낮아질 것이다. 지식 집약적 산업들도 이와 유사하다. 고액의 연구개발 비용을 대량의 제품과 서비스에 할당하면 어느 정도 단가를 낮출 수 있다. 따라서 [성장단계]의 기업은 가능한 한 빨리 "최소효율규모(minimum efficient scale, MES)"(최저 단위 비용을 달성하는 데 필요한 규모)에 도달하는 것이 중요하다.

　규모의 경제는 주로 고정비용의 할당에서 나온다. 기업의 고정비용이 높고 가변비용이 낮으면 규모의 경제를 실현하기 용이하다. 즉 사업이 급격히 성장함에 따라 단위 업무의 비용은 급격히 감소하는 것이다. 기업의 고정비용도 높고 가변비용도 높은 경우, 또는 고정비용도 낮고 가변비용도 낮은 경우에는 일종의 규모의 불경제가 발생한 것이다. 고정비용과 가변비용이 모두 낮으면 진입장벽이 너무 낮고, 고정비용은 낮지만 가변비용이 높으면 표준화가 어려우며, 고정비용은 높지만 가변비용은 낮을 경우 저비용과 차별화를 달성하기 어렵다. 따라서 C2M[9]으로 대표되는 신제조업이든 온오프라인 융합을 대표하는 신소매업이든 그 핵심은 비즈니스 모델의 고정비용을 높이고(진입장벽을 높임) 신기술을 활용해 늘어난 서비스의 가변비용을 낮추는 데 있다.

9　C2M은 Customer to Manufacturer, 즉 브랜드가 아닌 제조공장이 소비자와 연결되는 것을 의미한다. 소비자의 취향과 선호가 생산자에게 전달되어 제품을 만든다. 예를들어 중국의 이커머스 업체인 핀둬둬는 자체 브랜드가 없는 OEM 업체들과 제휴하여 소비자 수요를 반영한 제품을 만들고 있다. 함께 볼 개념으로 D2C가 있다. Direct to Consumer은 유통단계 없이 브랜드와 소비지가 직접 연결되는 비즈니스 모델이다.

VKC(Vision Knight Capital · 嘉御基金)[10]의 설립자인 웨이저(卫哲)는 이렇게 말했다. "승자독식을 달성할 수 있는 세 가지 유형의 인터넷 회사가 있습니다. 첫 번째 유형은 네트워크 효과가 있는 회사인데 여기에 가장 전형적인 예가 위챗입니다. 여러분의 친구들 모두가 위챗을 사용하기 때문에 여러분도 위챗을 사용하지 않을 수 없습니다. 두 번째 유형은 세계적, 전국적인 규모의 경제입니다. 예를 들어 월마트의 글로벌 소싱은 비용과 효율 면에서 엄청난 장점이 있습니다. 또 다른 예로 타오바오나 징동물류의 경우 그들이 갈 수 있는 곳이라면 어디든 그들의 상권이 됩니다. 세 번째 유형은 영원히 한 발 앞서는 기술을 가진 기업입니다. 구글의 웹 검색 기술이나 자율주행 기술 등은 단기간 내에 따라잡기가 어렵습니다."

실제로 온전히 인터넷 기업이 아닌 다른 기업들은 규모의 경제의 지리적 범위를 고려해야 한다. 웨이저는 3단계의 규모의 경제를 제안했다. 1단계는 상권 범위 규모의 경제로 반경 3㎢ 이내에서 이루어지며 대부분 O2O 사업이거나 로컬 서비스를 해야 하는 사업들이다. 예를 들면 식사 주문 서비스가 여기에 속하는데 아무리 국수를 잘 만드는 식당이어도 3km 넘게 떨어져 있다면 개인 소비자와 아무 상관도 없게 된다. 2단계는 도시 내 규모의 경제이다. 이를테면 58통청(58同城)[11]이 주력하는 것이 바로 도시 내 규모의 경제이다. 58통청의 CEO인 야오진보(姚劲波)는 58통청의 모든 비용 중 오직 유명 연예인 양미에게 지불하는 모델료만 전국 각 도시에 할당되는 규모의 경제이고 나머지 비용은 그렇지 않다고 밝혔다. 회사 전체가 이윤을 남기려면 모든 주요 도시들이 수익을 올려야 한다. 모든 도시들이 적자인데 그 도시들을 합친다고 해서 이윤이 나올 리 없기 때문이다. 3단계는 전국 범위 규모의 경제이다. 예를 들어 타오바오의 판매자와 소비자는 전국에 있다. 물류가 점점 발전함에 따라 판매자와 소비자의 거리는 더 이상 소비자가 대부분의 제품을 선택할 때 고려하는 주요 요소가 아니다.

---

10 중국의 벤처 투자회사로 2011년 창립한 이후 중국 대륙 지역에서 인터넷, 전자상거래 등 업종의 유통과 IT 최적화 B2B 서비스 기업에 투자하고 있다

11 2005년 설립된 중국 최대 생활정보 플랫폼이다. 중고 물품 거래에서 구인, 구직, 부동산 거래 등을 취급하고 있다. 2013년 나스닥에 상장하였다.

규모의 경제는 [성장단계]의 기업에게 매우 중요하다. 규모의 경제가 실현될 수 있는지 여부는 기업이 대중 사용자의 보편적 요구를 충족시킬 수 있는지의 여부뿐 아니라 기업의 팀의 전문화 정도, 마케팅 홍보 전략, 자원과 자본의 도입 등에 따라 달라진다. 예를 들어, 공유 자전거의 비즈니스 모델은 바로 규모의 경제 비즈니스 모델이며 그 중에서도 지역 내 범위에 해당하는 규모의 경제 비즈니스 모델이다. 한 도시에 집중적으로 자전거를 투입하는 기업이 여러 도시에 분산적으로 자전거를 투입하는 기업보다 더 잘 할 수 있다. 공유 자전거를 규모의 경제 비즈니스 모델이라고 할 수 있는 이유는 대중 사용자의 보편적 수요를 충족시키기 때문이다. 공유 자전거 모델은 사실상 중자산(重资产, asset-heavy) 모델이기 때문에 전문화된 팀이 운영하고 광고와 마케팅을 통해 홍보해야 한다. 또한 린 파이낸싱을 통해 자본을 계속 보강해야 한다. 이러한 논리를 기반으로 하면 ofo[12] 등의 공유 자전거 기업이 전국구로 범위를 확장한 후에도 여전히 특정 도시에서는 다른 경쟁업체에게 밀렸던 이유를 쉽게 알 수 있을 것이다. 그 경쟁업체들은 특정 도시에 집중하여 그 지역 내에서 규모의 경제를 창출하기 때문이다.

---

12 ofo는 중국의 대표적인 공유 자전거 브랜드이다. 한때 시장가치 30억 달러에 이를 정도로 확장하였으나 현재는 사실상 운영을 중단하였다.

기술의 핫 트렌드

[창업단계]에 있는 기업은 기술이 얼마나 새로운가에 집중하지만 [성장단계]에 있는 기업은 기술의 성장 가능성과 실제 적용 가치에 집중한다. 사실 새로운 기술과 성장하는 기술 사이에는 거대한 [기대 함정]이 있다. [기술 기대 곡선]은 과학기술계 및 기업계에서 아주 유명한 곡선으로 글로벌 기술 예측 및 컨설팅 회사인 가트너(Gartner)에서 연구하고 발표한다. 이 곡선은 과학 기술의 전망과 변화의 추세를 반영하고 있는 곡선이자 희망과 실망을 오가는 곡선이라 할 수 있다.

[기술 기대 곡선]의 가로축은 시간을 나타내고 세로축은 혁신에 대한 기대치를 나타낸다. [기술 기대 곡선]의 기본적인 형태는 [기술 맹아기, 기대감 팽창기, 거품 파열기, 안정적인 상승기, 활용 절정기]의 다섯 단계로 구성된다. [기술 맹아기]에는 혁신 기술이 사람들의 관심을 끌기 시작하고 관련 정보가 발명가나 개발자 범주 밖에 있는 사람들에게까지 퍼진다. [기대감 팽창기]에는 미디어에서 혁신 기술에 대해 집중적으로 홍보하여 많은 대중과 기업 및 투자자의 이목을 집중시킨다. [거품 파열기]에 들어서면 혁신 기술을 적용한 결과 생각보다 효과적이지 않다는 것이 드러나고 실망하기 시작하며 기술에 대한 관심이 크게 떨어진다. [안정적인 상승기]에는 일부 얼리 어답터들이 초기의 장애를 극복하여 성공적인 적용 방법을 점차 구체화시킨다. [활용 절정기]에는 점점 더 많은 기술 적용 사례가 나타나고 기술은 많은 사용자에게 실질적인 수익을 가져다준다.

혁신의 확산(Diffusion of innovation: DOI)은 하루아침에 이루어지는 것이 아니다. 2012년 구글은 구글 글래스를 출시해 세간의 이목을 집중시켰지만 시장 반응은 미미했다. 결국 2015년 구글은 구글 글래스의 판매 중단을 선언한다. 구글의 주요 혁신 제품 중 보기 드문 실패 사례다. 2017년 구글은 기업의 수요에 맞춰 다시 구글 글래스를 개발하겠다고 발표했다. 그리고 2021년 '메타버스' 개념이 수많은 IT기업과 언론에 의해 언급되며 굉장히 핫한 이슈가 되었다. 과연 이번에는 진정한 기술의 핫 트렌드가 될 수 있을 것인지 흥미롭게 지켜볼 일이다.

개인용 구글 글래스의 혁신 실패는 과학기술 제품을 설계할 때의 중요한 원칙을 보여준다. 바로 기술 자체는 자랑할 필요가 없으며, 중요한 것은 혁신이 정말로 사용자 가치를 가져올 수 있을 것인지의 여부라는 점이다. 이를 이해하기 위해 혁신을 확산시킬 수 있는 다섯 가지 속성에 대해 차근차근 살펴보자. 먼저 첫 번째 속성은 [상대적 우위]이다. 이는 혁신 제품이 다른 대체 제품과 비교했을 때 분명한 이점이 있어야 함을 강조하는 것이다. 혁신적인 제품이 상대적 우위를 가지고 있는지 판단하려면 다음의 공식을 사용할 수 있다. [상대적 우위 = (새로운 경험 – 기존 경험) – 교체 비용]. 상대적 우위는 혁신의 확산 여부를 판가름하는 가장 기본 조건이다. 만약 상대적 우위가 없다면 혁신의 확산이란 사상누각과도 같은 말일 뿐이다.

혁신을 확산시킬 수 있는 두 번째 속성은 [호환성], 즉 혁신 제품과 보완재 간 호환이 가능한지 여부이다. 마이크로소프트가 컴퓨터 시대에서 수십 년간 굳건히 자리를 지킬 수 있었던 것은 상당 부분 마이크로소프트의 각종 소프트웨어들의 상호호환성과 매 세대 신제품들의 하위호환성 덕분이다. 새로운 사무용 소프트웨어, 예를 들면 킹소프트(金山)[13]의 WPS를 당신이 개발했다고 가정해 보자. WPS 자체만 보면 Office와 비교하여 상대적 우위를 점할 수도 있겠으나 다른 소프트웨어나 운영 체제, 심지어는 컴퓨터 하드웨어와의 호환성이 마이크로소프트 제품보다 못하기 때문에 결국 마이크로소프트에게 지고 말 것이다.

혁신을 확산시킬 수 있는 세 번째 속성은 [사용 용이성]이다. 이와 관련하여 위챗의 창시자인 장샤오룽(张小龙)은 아주 멋진 말을 했다. "기술은 안 보이게

---

13 킹소프트(Kingsoft)는 중국의 유명 소프트웨어 개발업체로 기존 오피스 프로그램을 대체하려는 WPS 등을 개발하였다.

숨겨놓고 사용자에게는 늘 간단하고 친화적이고 직관적인 인터페이스만 보여 줄 겁니다. 개발은 과시할 목적으로 기능을 드러내선 안 됩니다. 제품도 자랑할 목적으로 기능을 쌓아두어서는 안 됩니다." 그의 이런 생각은 제품 기능을 최대한 단순화하는 방식으로 위챗에 반영되었다.

혁신을 확산시킬 수 있는 네 번째 속성은 [반복적인 수정과 개선]이다. 구글이 소프트웨어 제품을 출시할 때에는 반복적인 수정을 통해 제품이 계속 개선된다는 것이 그들의 강점이었다. 그러나 하드웨어 제품인 구글 글래스에 이르러서는 반복의 논리가 완전히 무력화되었다. 원인은 크게 두 가지다. 첫째, 대량의 사용자 데이터를 얻기 위해 무료 체험 방식을 이용하는 것은 하드웨어 제품에겐 불가능한 일이다. 둘째, 하드웨어 제품은 반복 주기가 소프트웨어보다 훨씬 느리다. 애플과 같은 하드웨어 제조업체가 매년 마치 '갈고 닦은 필살기'를 선보이듯 신제품을 출시하는 것은 하드웨어의 생산주기가 느리기 때문이다.

혁신을 확산시킬 수 있는 다섯 번째 속성은 [효과 가시성]이다. 혁신이 화제를 만들어 내야 사람들 사이에 빠르게 전파될 수 있다는 의미이다. 구글 글래스는 출시 초기에 많은 주목을 받았지만 제품의 문제가 드러나면서 여론이 완전히 뒤바뀌게 되었다. 일부 기사에서는 '유사 이래 최악의 제품, 구글 글래스'라는 헤드라인을 붙이기도 했다. 여론은 강도 높은 목소리로 구글 글래스 프로젝트의 실패를 선언하였고 구글 글래스가 반복을 통해 개선할 수 있는 더 이상의 기회를 주지 않았다.

혁신확산모델

기본적인 혁신 확산 모델은 마케팅 학자 프랭크 배스(Frank Bass)가 제안한 [Bass 모델]이다. 우리는 다음 공식을 통해 각 시간대에 새로 확산된 인원 수를 계산할 수 있다*

해당연도 신규 확산 인원 = 해당연도 대중매체 전파를 통한 확산 인원 + 해당연도 대인관계를 통한 확산 인원 = 연초에 아직 확산되지 않은 인원 X 대중매체 전파 효율 계수 = 연초에 이미 확산된 인원 X 대인관계 확산 효율 계수

해당연도에 신규로 확산된 인원은 두 부분으로 구성되는데, 한 부분은 해당연도에 대중매체 전파를 통해 확산된 인원이고, 다른 한 부분은 해당연도에 대인관계를 통해 확산된 인원이다. 대중매체 전파와 대인관계 전파는 각각 다른 확산 효율 계수를 가지고 있다. 그해 대중매체 전파를 통해 확산된 인원은 '연초에 아직 확산되지 않은 인원'과 '대중매체 전파 효율 계수'의 곱셈식으로 분해할 수 있다. 그해 대인관계를 통해 확산된 사람은 '연초에 이미 확산된 인원'과 '대인관계 확산 효율 계수'의 곱셈식으로 분해할 수 있다.

텐센트가 나중에 위챗으로 불리게 되는 모바일 메신저를 출시했던 2011년 1월로 돌아가 보자. 혁신확산공식에 따라 몇 가지 변수를 설정하면 위챗의 확산 과정을 시뮬레이션할 수 있다. 먼저 최종 위챗 사용자가 10억 명이라고 가정한자. 그 다음으로 위챗의 대중 전파 효율 계수를 5%로 가정하자. 즉, 광고 등 대중매체의 영향만 받는다면 매년 전체 잠재적 사용자의 5%에 해당하는 인원이 위챗을 사용하게 될 것이다. 이 경우 위챗이 10억 명의 사용자가 되기까지 20년이 소요될 것이다. 실제로 위챗이 10억 명의 사용자가 되기까지 걸린 시간은 7년이었다. 이것이 바로 대인관계 확산 효율 계수의 역할이다.

위챗의 대인관계 확산 효율 계수를 1이라고 가정하자. 즉, 기존의 위챗 사용자 1명당 1년 안에 1명의 신규 사용자에게 위챗을 사용하도록 영향을 미친다고 가정하는 것이다. 첫째, 2011년 첫해에는 아무도 위챗을 사용하지 않았다. 대중매체의 확산 계수는 5%이고 전체 잠재적 사용자는 10억 명이므로 해당 연도의 신규 확산 인원은 5천만 명이고 첫해 말의 누적 확산 인원 역시 5천만 명이다.

실제로 위챗의 가입한 사용자는 2012년 3월에 1억 명에 이르렀다. 이것은 두 가지 가능성이 있음을 보여준다. 하나는 위챗의 대중매체 확산 계수가 5%보다 클 가능성이고, 다른 하나는 첫해에 대인관계를 통한 확산이 큰 역할을 했을 가능성이다. 후자의 가능성이 더 크고 현실적이다.

린 파이낸싱

전거펀드(真格基金) 설립자인 쉬샤오핑(徐小平)이 이런 이야기를 한 적이 있다. "회사를 그만두고 창업을 준비하던 친구가 만나서 자금 조달에 대한 이야기를 좀 하자고 하더군요. 당시 그 친구는 6,000만 위안의 자금이 필요했기 때문에 60%의 지분을 양도하려고 했습니다. 저는 이렇게 대답했습니다. '친구야, 내가 너의 창업을 살릴 수 있어.' 제가 왜 이렇게 말했을까요? 창업기업은 2, 3명의 파트너와 아이디어 외에는 가진 게 아무것도 없는데 이때 회사에서 가장 값어치 있는 게 바로 지분입니다. 지분은 기업의 생명줄이고 핏줄이고 보금자리예요. 이제 막 문을 연 회사가 처음부터 지분의 60%를 포기한다는 건 자기 무덤을 파는 짓이에요. 창업자가 회사의 통제권을 잃으면 직원들도 스톡옵션을 받을 여지가 없어지고 맙니다. 그런 회사는 오래 갈 수가 없죠. 그래서 저는 친구에게 일단은 600만 위안만 받고 지분도 6%만 넘기라고 제안했습니다. 반년도 안 되서 10% 지분으로 6,000만 위안을 받을 수 있을 거라는 말도 덧붙였죠. 그리고 정말로 반년 후에 친구는 2차 자금 조달에서 지분 10%로 1억 8,000만 위안을 조달받았습니다!"

쉬샤오핑의 이 이야기는 전통적인 기업 경영 이념에서 기업의 자본과 자원의 원천이 단일하고 정적임을 말해준다. 그러나 현대적 기업 경영이념에서는 기업의 자본과 자원 원천이 다원적이고 동적이다. 비유하자면 전통 기업은 공중에서 연료 보급을 할 수 없고 연료 탱크도 하나밖에 없는 1단 로켓이었다면, 현대식 기업은 공중에서 급유받을 수도 있고 연료 탱크도 여러 개 있는 다단 로켓이라 할 수 있다.

쉬샤오핑의 친구는 원래 대기업에서 일했기 때문에 창업을 할 때 가지고 있던 친구의 자금 조달 개념이 전통적인 자금 조달 모델에 머물러 있었다. 하지만 공진화 전략의 관점에서 보자면 창업자는 [린 파이낸싱 모델]의 개념을 가져야 한다. 전통적인 금융 모델은 일반적으로 창업 초기 단계에서 매우 높은 비율의 주식을 양도하며, 후속 운영 단계에서 주식 구조가 변하지 않는다. [린 파이낸싱 모델]은 회사 주식을 '가장 적당한' 가격에 분기별로 판매하는 것이다. 기업의 성장과 발전에 따라 [린 파이낸싱 모델]로 조달한 자금이 전통적인 방식에서 조달한 자금보다 현저하게 많은 경우도 심심찮게 발생한다.

[린 파이낸싱 모델]은 겉보기에는 VC 산업의 투자 모델과 크게 다르지 않은 것 같지만 관점이 다르기 때문에 창업자는 종종 [린 파이낸싱 모델]의 중요성을 깨닫지 못하고 기업 발전 초기에 너무 많은 지분을 내주는 경우가 있다. 자원과 자본의 도입은 [성장단계]에서 기업의 급속한 발전을 위한 자원 보장으로, 기업이 블루오션 시장을 개발하고 보편적 수요를 충족시키며 창업자의 성장을 촉진하고 규모의 경제를 달성하는 데 도움이 될 수 있다.

[린 파이낸싱]에는 두 가지 중요한 포인트가 있다. 단계적 목표 설정과 잰걸음이 그것이다. 먼저 설립자는 단계적 자금 조달 목표를 설정해야 한다. 투자자들과 자금 조달에 대해 이야기할 때에는 몇 년 간 전체 프로젝트에 얼마나 투자를 할 것이고 얼마나 대단한 일을 해낼 작정인지에 대해 단번에 말해서는 안 된다. 자금조달은 반드시 장기적인 목표가 있어야 하며 동시에 단기적인 발전 계획도 있어야 한다. 단기 계획을 달성하기 위해 자금에 대한 계획은 단계별로 수립할 수 있어야 한다. 기업은 각 단계마다 목표와 포지셔닝이 변화하므로 필요한 자금은 그때그때 다시 설정되어야 한다. 그 다음으로 자금 조달은 짧은 보폭으로 빠르게 마치 잰걸음을 걷듯이 해야 한다. 보폭이 짧다는 것은 자금 조달을 한걸음에 완성시키려고 하지 말라는 의미이고, 빠른 걸음으로 가야 한다는 것은 시간의 기회(window of time)을 꽉 잡으라는 의미이다.

그림 7-5 린 파이낸싱의 [자본, 경영, 전략] 순환

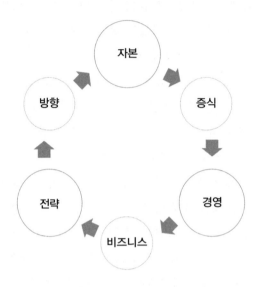

쉬샤오핑이 말한 일화의 주인공이 바로 유커뮨(Ucommune, 优客工场)[14]이다. Ucommune의 설립자인 마오다칭(毛大庆)은 불과 2년 만에 6차례의 자금 조달을 받았다. [린 파이낸싱 모델]을 채택함으로써 유커뮨은 더 많은 자금을 조달했을 뿐만 아니라 설립자 자신도 더 많은 주식을 보유할 수 있었고 기업의 성장에 필요한 핵심적인 자원까지 유치할 수 있었다. 엔젤 라운드부터 시리즈A 라운드, 시리즈A+ 라운드, 시리즈B 라운드에 이르기까지의 초기 투자자들은 주로 세콰이어캐피탈(Sequoia Capital, 红杉资本), 전펀드(ZhenFund, 真格基金), 리딩인베스트먼트(Leading Investment, 领势投资) 와 같은 벤처캐피탈이었으며, 프리 시리즈B 라운드부터 최근 3차례의 자금 조달은 인타이그룹(银泰集团), 타이허그룹(泰禾集团), 쥔파디찬(俊发地产), 다훙그룹(大宏集团) 등 부동산 개발을 기반으로 하는 기업들이 참여했다. 이러한 투자는 주로 자산으로 주식을 사는 방식이다. 이는

---

14 2015년 설립된 중국의 대표 공유오피스 브랜드로 중국뿐만 아니라 여러 국가에 진출해 있다.

유커뮨이 양질의 자원을 유치하는 속도를 가속화시키며, 동시에 유커뮨 자체의 자원 최적화 할당에 도움이 되어 향후 중국 내 시장을 더욱 육성하고 나아가 해외 시장을 개척할 수 있는 여건을 조성한다.

블루오션

인시아드(INSEAD)의 김위찬과 르네 마보안(Renee Mauborgne)가 저술한 『블루오션 전략(Blue Ocean Strategy)』은 블루오션 전략을 수립하고 실행하는 데 있어 몇 가지 중요한 포인트를 제시한다. 요약하자면 네 가지 측면의 혁신에 대한 것들인데 [수요 혁신, 조직 혁신, 시장 혁신, 제품 혁신]이 그것이다.

[수요 혁신]은 블루오션 전략을 세워 기존의 수요를 뛰어넘어야 한다는 의미이다. 기존 수요를 뛰어넘는다는 것은 기존 사용자들의 업그레이된 수요를 충족시키는 수준에 머무는 것이 아니라 '비(非)사용자'의 수요에 주목해야 하는 것이다. 기업의 사용자 규모가 아무리 크다 한들 대부분의 경우는 비사용자가 대다수이다. 따라서 비사용자 수요의 발굴은 기업 성장에 거대한 블루오션을 제공할 것이다.

[시장 혁신]은 블루오션 전략을 수립하여 시장 경계를 다시 규정하는 것을 가리킨다. 동물의 세계가 그러하듯 시장에서도 여러 기업들이 그어 놓은 경계선이 있다. 창업기업이 혼돈 시장을 극복하고 성장할 수 있는 중요한 루트는 바로 이 경계선을 허무는 것이다. 시장의 경계를 확정짓는 요소에는 산업, 산업 내 전략 집단, 공급사슬, 보완재, 제품 기능, 시간 등이 포함된다. 『블루오션 전략』에서는 이러한 요소들을 겨냥하여 시장 경계를 허물고 블루오션 시장을 재건할 수 있는 여섯 가지 루트를 제안한다. 즉, 산업의 경계를 뛰어넘고, 전략 집단을 뛰어넘으며, 구매자의 공급사슬을 뛰어넘고, 보완재를 뛰어넘고, 제품의 기능을 뛰어넘고, 시간을 뛰어넘는 것이다.

[조직 혁신]은 블루오션 전략을 수립하여 조직 내 장애를 극복하는 것을 가리킨다. 김위찬과 르네 마보안 두 교수는 조직의 인식적 장애, 동기부여 장애, 자원 장애, 정치적 장애가 블루오션의 개척을 가로막고 있는 조직 내 장애라고

지적하였다. 이 중 조직의 인식적 장애는 '이해하는지', 동기부여 장애는 '하고 싶은지', 자원 장애는 '할 수 있는지', 정치적 장애는 '감히 할 용기가 있는지'와 관련된 것들이다.

[제품 혁신]은 블루오션 전략을 실행하여 제품 가치를 혁신하는 것을 의미한다. 제품 가치의 혁신은 사용자 가치, 제품 가격, 제품 비용, 제품 배송의 네 가지 방면에서 이루어지는데 먼저 사용자 가치는 기업의 제품 가격 책정 범위를 결정한다. 제품 가격은 기업이 사용자 가치 내에서 획득하는 몫, 제품 비용은 기업이 제품을 제공하는 데 드는 총비용이며 제품 배송은 전체 거래순환과정을 완료시키는 역할을 한다. 제품 가치가 위 네 가지 방면 모두에서 전면적이고 일관적으로 혁신되어야만 기업은 제품 혁신을 통해 블루오션을 열 수 있다.

「태양의 서커스(Cirque du Soleil)」는 블루오션 개척의 대표적인 사례이다. 1984년, 캐나다의 거리 곡예사 기 랄리베르테(Guy Laliberte)와 질 스테 크루아(Gilles Ste-Cloix)가 태양의 서커스를 설립했다. 그 당시 전통 서커스 공연을 좋아하는 관객은 점점 줄어들고 있는 상황이었고 서커스 공연 업계의 경쟁도 치열했다. 설립 첫 날 랄리베르테와 크루아는 깨달았다. 자신들은 서커스 업계 거물들에게 경쟁 상대가 되지 않으며, 만약 경쟁했다가는 죽음뿐이라는 사실을 말이다. 그래서 태양의 서커스는 수요와 조직과 제품과 시장 방면을 혁신하기로 했다.

첫 번째는 [수요 혁신]이다. 전통적인 서커스의 관객은 주로 어린 아이들이었다. 부모는 그저 아이를 데리고 온 것이다. 그래서 전통적인 서커스는 주로 아이들이 원하는 걸 해주려고 했다. 그렇다면 아이들은 어떤 공연을 좋아했을까? 단연 동물 공연이다. 각양각색의 동물 공연을 해야 했기 때문에 서커스단은 무대에 올릴 수많은 동물들을 데리고 있었고, 이 많은 동물들을 키우고 훈련시키느라 돈도 많이 들었다. 하지만 부모들은 서커스란 아이들을 재미있게 해주는 일이며 대단한 기술도 필요없고 크게 가치있는 일도 아니기에 티켓값을 올린다는 건 말도 안 된다고 생각했다. 바로 여기에서 소비자(아이)와 지불하는 사람(부모) 간의 수요 불일치 문제가 발생한다.

두 번째는 [제품 혁신]이다. 태양의 서커스의 두 설립자는 티켓값은 올리면서 원가는 낮추고 싶었고 그러려면 연극 업계를 배워야 한다는 것을 알게 됐다. 연극 업계의 비즈니스 모델을 배우고자 그들은 할리우드로 달려갔다. 연극의 관중은 대부분 성인이었고 관람료는 서커스보다 비쌌으며 동물 공연 같은 건 없었고 잡상인도 없었다. 또한 연극에는 명확한 주제가 있었고 우아한 관람 환경이 조성되어 있었으며 아름다운 음악과 춤이 있었다. 하지만 서커스에는 유머러스한 광대와 손에 땀을 쥐게 만드는 공중 그네가 있다. 태양의 서커스의 두 설립자는 연극과 서커스가 합쳐지면 좋은 효과가 생기지 않을까 생각했고 마침내 우리가 보는 태양의 서커스 공연이 탄생하게 되었다. 태양의 서커스 공연은 모든 것을 사람이 하기 때문에 조직의 혁신이 몹시 중요하다.

세 번째는 [조직 혁신]이다. 태양의 서커스는 서커스단을 자유로운 창작과 자유로운 공연을 위한 열린 플랫폼으로 만드는 것을 아주 중요하게 생각한다. 태양의 서커스는 배우들의 자유로운 창작의 권리를 보장하며, 결정이 어떻게 나든, 무모한 생각이든 아니든 단원 모두가 자유임을 보장한다는 입장이다. 태양의 서커스에는 이런 슬로건이 있다. "스타는 없다." 도르래를 당기는 기술자든, 가수든 모든 사람들이 무대에 올라가는 공연을 위해 일하며 그들 모두가 이 아름다운 공연이 자신들의 직업이라는 사실을 알고 있다. 태양의 서커스는 크리에이브팀과 외부 전문가들의 역할을 특히 중시한다. 해마다 두 차례씩 '창의적 워크샵'을 주제로 행사를 여는데 여기에 초대받은 전 세계 5,000명 이상의 직원들이 본부에 모여 주제별 활동에 참여한다. '참여'의 효율을 높이기 위해 태양의 서커스는 크리에이티브 팀이 어떤 식으로도 외부의 영향을 받지 않는 것을 보장하고 있으며 조직구조는 거의 '완전 수평'에 가깝다.

마지막으로 [시장 혁신]이다. 태양의 서커스는 서커스 공연장의 제약을 깨고 고급 호텔로 옮겨가 라이브 공연을 했다. 새로운 장소는 태양의 서커스가 지니고 있던 커다란 잠재력을 발휘하게끔 했다. 그들은 새로운 장소에서 새로운 공연 프로그램을 설계할 수 있었고, 새로운 관객을 대상으로 새로운 경험을 제공할 수 있었으며, 새로운 비즈니스 모델까지도 도출할 수 있었다. 예를 들어, 태양의 서커스는 때때로 클럽, 호텔, 나이트클럽, 개인 요트에서 공연을 하기도 한다. 태양의 서커스는 수요, 조직, 제품, 시장의 네 가지 방면에서 거둔 혁신으로 기존 서커스와는 다른 새로운 블루오션 시장을 개척했다.

혼돈에서 벗어나 블루오션 시장을 개척함으로써 [성장단계] 기업의 빠른 성장을 위한 광활한 세계가 열렸다. 블루오션을 개발하는 것은 기업이 더 나은 조건의 자본과 자원을 유치하고, 수요 격차를 더 빨리 극복하며, 조직 성장을 촉진하고, 규모의 경제를 달성하는 데 도움을 준다.

도구모음

전략배치도

[전략배치도]의 제일 하단 가로줄은 전략 배치의 요소들을 나타낸다. 일반적으로 이러한 요소에는 업계에서 관심 갖는 기존 요소와 가능성있는 혁신 요소가 포함된다. [전략배치도] 제일 하단의 가로줄 옆에 '낮음'이라고 적으면 어떤 요소가 비교적 낮은 수준에 있음을 뜻하고, 제일 상단 가로줄 옆에 '높음'이라고 적으면 어떤 요소가 비교적 높은 수준에 있음을 뜻한다. [전략배치도]는 기업이 직접 경쟁자의 특징을 분석하고 간접 경쟁자와 상호보완자의 장점을 참고하여 비사용자의 잠재적 수요에 대한 유용한 정보를 얻을 수 있도록 도와준다.

이 배치도를 사용하면 지도 위에 직접 경쟁자와 간접 경쟁자의 특징을 그릴 수 있다. 예를 들어 전통 서커스의 대표주자는 세계 최대이자 최고(古)인 '링링서커스단(玲玲马戏团)'이다. 링링 서커스는 티켓값이 저렴하고 많은 스타 곡예사와 스타 동물들이 있으며 공연장 안에서 무언가를 잔뜩 팔고 공연은 스릴이 넘치면서도 위험하며, 유머러스하다. 이들의 간접 경쟁자인 연극은 다른 특징을 가지고 있다. 그들은 분명한 주제와 우아한 환경과 예술적인 음악과 춤을 선보인다. 태양의 서커스가 하는 일은 전통적인 서커스의 일부 특징과 연극의 일부 특징을 결합하는 것이다. 결합의 구체적인 방법으로는 네 가지가 있는데 [제거, 감소, 개선, 창조]가 그것이다.

[제거]는 일부 전통적인 업계 특징을 완전히 없애는 것을 말한다. 예를 들어 태양의 서커스단은 스타 곡예사를 완전히 없애고 대신 몇몇 스포츠 선수를 고용했다. 이런 선수들은 스타 곡예사만큼 비싼 몸값이 아님에도 오히려 체력 조건이나 기초 훈련 정도는 스타 곡예사보다 훨씬 더 훌륭하다.

[감소]는 전통적인 업계가 가진 특징의 정도를 약화시키는 것을 의미한다. 예를 들어 전통적인 서커스 공연에서 어릿광대는 유머러스한 분위기를 조성하고 흥미로움을 선사하지만 때때로 동시에 저속하고 시대의 트랜드에 맞지 않다. 태양의 서커스 공연은 광대의 비중은 낮추고 대신 연극의 극적 요소를 더 많이 가미하였다.

[개선]은 전통적인 업계가 가진 특징의 수준을 개선하는 것을 의미한다. 예를 들어 전통적인 서커스 공연은 보통 원형 천막이나 체육관에서 진행되는데 매번 설치비도 많이 들거니와 이런 곳에서는 복잡하고 기술 수준이 높은 공연을 하기 어렵다. 그래서 태양의 서커스는 공연장의 여건을 개선하기 위해 공연장을 특급호텔로 옮겼다.

[창조]는 전통적인 업계에서는 없었던 요소를 만들어 내는 것을 의미한다. 예를 들어 태양의 서커스는 연극업계의 우아한 관람 환경과 음악, 춤을 참고하여 예술적인 측면을 새롭게 창조하여 관객들이 몰입할 수 있도록 하였다.

그림 7-6   태양의 서커스단의 전략배치도

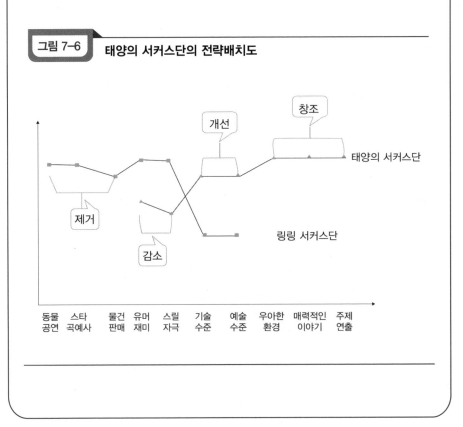

마흔여덟 개의 전략 진화 중 [확장단계]

[확장단계]의 사용자

누적 사용자

전통적인 기업은 시장의 규모는 중시했지만 누적 사용자의 발굴에 대해서는 큰 관심을 기울이지 않았다. 그러나 데이터 기술과 인터넷 기술이 날로 성숙해짐에 따라 점점 더 많은 기업들이 [고객의 평생 가치(Customer Lifetime Value)] 등의 개념에 관심을 갖기 시작했다. [고객의 평생 가치]란 특정 사용자와 관련된 미래의 순현금 흐름에 대한 현재 가치이다. 사용자가 평생에 걸쳐 회사에게 가져다줄 가치를 생각한다면 회사는 사용자(개인이든 단체이든)의 진정한 가치가 무엇인지 충분히 이해할 수 있을 것이다.

거래단위의 가치가 정해져 있다는 전제하에 [고객의 평생 가치]에 영향을 미치는 것은 크게 두 가지다. 하나는 고객과 기업 간 거래 관계의 시간의 길이이며 다른 하나는 고객과 기업 간 거래 관계의 공간의 넓이이다. 기업과 고객의 거래 유형이 단일하고 거래 관계 유지 시간이 짧을 경우 [고객의 평생 가치]는 크지 않으며 이런 상황을 가리켜 보통 단발성 거래라고 한다. 거래 관계 유지 시간은 짧지만 기업과 고객 간에 다양한 유형의 거래가 발생했다면 [고객 평생 가치]는 상승한다. 이런 상황을 가리켜 보통 세일즈 믹스(Sales mix, 组合销售)라고 부른다. 거래 유형이 단일한 대신 기업과 고객 간 관계가 장기간 유지되면 [고객 평생 가치] 역시 상승하며 이 경우 고객의 충성도는 상당히 높은 편이다. 마지막으로 [고객 평생 가치]는 기업과 고객의 관계가 장기가 유지되고 거래 유형도 다양할 때 가장 높다.

예를 들어 시중에는 주로 두 종류의 공기 청정기가 있는데 하나는 필터를 교환해야 하는 것들이고 다른 하나는 필터를 교환하지 않아도 되는 것들이다. 필터를 교환할 필요가 없는 공기 청정기 업체들은 '처음 한 번만 투자하면 장기적으로 이득이에요.'라며 광고하지만 이런 유형의 공기 청정기들은 대부분 비싸다. 필터를 교환해야 하는 공기 청정기 업체들의 비즈니스 모델은 사실 필터로 돈을 버는 것이다. 실제로 이런 공기 청정기를 사용하는 사용자들은 업체와의 관계가 비교적 오랜 시간 유지할 수 있다는 점에서 필터를 교환하지 않는 공기청정기의 사용자보다 [고객 평생 가치]가 높다.

공기 청정기는 그저 가전제품일 뿐이다. 전통적인 가전제품 판매 기업은 다양한 종류의 가전제품을 팔지만 어느날 고객이 애프터 서비스를 해달라며 찾아오지 않는 한 판매 후에는 고객과의 관계가 단절되고 만다. 그리고 기업에게 애프터 서비스는 다 돈이 드는 일이다. 인터넷 위주의 사고방식을 가진 가전제품 기업들은 이런 식으로 서비스가 비용이 되는 방식 대신 서비스도 판매의 일부가 되게끔 하였다. 예를 들어 샤오미가 만든 미지아(MIJIA·米家)의 '백화점 모델'[1]은 고객과 높은 빈도로 상호작용함으로써 고객들을 묶어두고 이들이 구매하는 제품의 종류와 재방문 빈도를 높여 [고객 평생 가치]를 키우는 것이다.

[성장단계]에서 [확장단계]로 접어들면 기업의 사용자 수는 이미 상당한 규모로 축적된 상태다. 누적 사용자의 수요를 어떻게 다룰 것인가는 [확장단계]에 접어든 기업의 중요한 이슈이다. 누적 사용자에 대한 심도깊은 이해는 기업이 사용자의 다원화된 수요를 발굴하고, 적합한 조직 구조로 누적 사용자에 대한 서비스를 제공하며, 시장의 치열한 경쟁 속에서도 유리한 위치를 점하는 데 도움이 된다. 첫째, 사용자의 누적 수가 일정 정도에 도달하게 되면 다원화된 수요가 나타나기 마련이다. 2015년 2월 버전 1.0을 출시한 Keep앱[2]의 성장은 나쁘지 않았다. 2017년 3월 애플의 최고경영자인 팀 쿡이 베이징에 있는 Keep의 사무실 방문했을 때 '80000001'이라고 적힌 Keep의 요가 매트를 선물받았는데 이는 쿡이 Keep의 8천만 첫번째 유저라는 의미이다. Keep의 최초의 포지셔닝은 실내 피트니스였으며 주로 초보자들의 헬스에 대한 수요에 집중하였다. 하지만 그 후로부터 몇 년이 지난 2021년, Keep의 비전은 "세계 최대의 스마트 스포츠 기업이 되자"로 바뀌었으며 그들이 제공하는 제품은 모든 운영체제에서 사용 가능한 Keep App부터 '먹고 입고 쓰고 트레이닝'하는 데 필요한 모든 스

1　사업 생태계가 계속 커지는 샤오미의 비즈니스 모델이다.
2　베이징 칼로리 정보 통신 회사(Beijing calorie information technology)에서 개발한 홈트레이닝 서비스를 제공하는 어플리케이션이다.

포츠 소모품들과 스마트 하드웨어에 이르기까지 다양하다.

둘째, 누적 사용자가 증가함에 따라 동시에 조직도 성장하는 경우가 있다. 2012년 5월 18일, 텐센트는 사용자의 수요에 대응하고 비즈니스의 발전을 촉진하기 위해 회사의 조직구조를 개편하겠다고 발표하였다. 텐센트는 원래의 사업부제(Business Units)를 사업군제(Business Groups)로 격상하였으며 기업발전 사업군(CDG), 인터랙티브 엔터테인먼트 사업군(IEG), 이동통신 사업군(MIG), 인터넷 미디어 사업군(OMG), 소셜네트워크 사업군(SNG), 기술공학 사업군(TEG)을 설립하였다. 같은 해 7월 23일 알리바바그룹은 타오바오(淘宝), 이타오(一淘), 티몰(Tmall·天猫), 쥐화수안(聚划算), 알리바바의 국제 업무, 알리바바의 소기업 업무, 알리클라우드(阿里云)[3]를 7대 사업군으로 구성한다고 발표했다. 사업군 구조는 비즈니스가 다원화되고 품목이 다양하며 각각 자체 시장이 있고 시장 환경이 빠르게 변화하는 대형 기업에 적합하다. 2012년, 텐센트의 메신저 활성 계정수는 8억 개에 육박하였고 타오바오의 사용자 수 역시 8억 명에 달했다. 2012년 두 기업이 약속이라도 한 듯 동시에 조직 개편을 한 것은 사용자 수의 증가와 수요의 다원화에 대한 조직 차원에서의 대응이라고 볼 수 있다.

셋째, 누적 사용자 사이에서는 연계 판매 등 효율적인 마케팅 수단을 사용할 수 있다. 2016년 샤오미의 휴대폰 출하량은 전년 대비 36% 감소한 4,150만 대였다. 바로 이 어려운 시기에 휴대폰을 기반으로 사용자를 누적시키는 샤오미의 생태계 체인 전략이 빛을 발하였다. 2016년 초 샤오미 연례 회의에서 레이쥔은 샤오미의 MIUI 사용자 수가 1억 7천만 명에 달한다고 발표하였다. 이는 샤오미 휴대전화 운영체제를 1억 7천만명이 사용하거나 사용했다는 의미이다. 2016년 3월 29일 샤오미 생태체인 발표회에서 샤오미의 스마트 홈 전략의 개시를 알리는 MIJIA(米家) 브랜드가 발표됐다. MIJIA 브랜드가 출시된 지 1년이 지난 2017년 4월 6일에는 샤오미 산하의 생활전자제품 전자상거래 서비스인 미지아요우핀(米家有品)이 첫 선을 보였다. 미지아요우핀은 샤오미의 생태계 체

---

3 타오바오는 이베이처럼 C2C 거래를 주로하며, 티몰은 쿠팡과 같이 B2C 판매를 주력으로 하고 있다. 이타오는 쇼핑 검색엔진이며 쥐화수안은 소셜 공동구매 및 마케팅 플랫폼이다. 알리클라우드는 AWS와 같은 클라우딩 서비스이다.

인 시스템을 바탕으로 '생활 속 예술품을 만든다'는 이념 하에 샤오미 브랜드와 MIJIA 브랜드, 샤오미 생태계 체인 기업의 제품은 물론이고 타사 제품까지 판매하고 있으며, 그들이 취급하는 제품은 가정용품, 생활용품, 가전제품, 스마트 제품, 비디오, 패션, 여행, 아이디어 상품, 주방용품 등을 아우른다. 샤오미의 MIJIA는 누적 사용자를 대상으로 한 연계 판매의 대표적 사례라 할 수 있다.

넷째, 누적 사용자가 많은 기업은 기술 발전의 방향까지 주도할 수도 있다. 2017년 5월에 열린 구이양(贵阳) 국제 빅데이터 산업 박람회에서 한자리에 모인 BAT[4]가 빅데이터 산업의 미래에 대해 흥미로운 주장을 전개했다. 마윈은 "데이터가 주요 에너지가 될 것이다. 데이터가 없으면 그 어떠한 조직의 혁신도 기본적으로 빈 껍데기일 뿐이다."라고 말했다. 리옌훙(李彦宏)은 "데이터는 마치 연료처럼 어느 정도 새 시대의 에너지가 되긴 하겠으나 시대의 발전을 가져오는 것은 기술이다. 인공지능 시대에 가장 귀한 것은 데이터가 아니라 데이터가 가져온 기술의 혁신이다."라고 말했다. 마화텅은 "가장 중요한 건 '국면(또는 상황)'이다. 국면을 이용하면 자연스럽게 데이터도 생기고 기술의 발전도 이루어지며, 인재도 따라온다."라고 말했다. 세 거물의 주장은 각자의 회사가 가진 누적 사용자의 특징을 반영하고 있다. 일반적으로 업계에서는 알리바바가 가진 가장 큰 장점은 거래 데이터이고, 바이두의 가장 큰 장점은 기술이며, 텐센트의 가장 큰 장점은 연결 역량이라고 말한다.

---

4 바이두, 알리바바, 텐센트

사용자 퍼널(Funnel) 모델

[해적 지표(AARRR)]는[5] 기업의 성장에 따른 사용자에 대한 지속적이고도 심층적인 분석 과정을 반영하고 있다. [해적 지표]는 일반적으로 사용자 유입, 사용자 활성화, 사용자 유지, 수익화, 추천의 5단계로 이루어진다. 1단계에서 5단계로 갈수록 남아있는 사용자가 점점 줄어드는데 이는 서로 다른 생각을 가진 사용자가 선택의 과정을 거쳐 선택 장애를 극복하고 마지막까지 남아있는 과정을 반영하는 것이며, 이런 점에서 봤을 때 본질적으로 '사용자 퍼널'이라 할 수 있다.

더다오(得到) 앱을 실행하면 가장 첫 화면에 오프닝 문구가 나오는데 지금까지 총 6개 버전의 문구가 이곳에 걸렸다. 첫 번째는 "공부는 많이 하고, 잔말은 줄이고", 두 번째는 "열심히 공부해서 매일매일 날아오르길", 세 번째는 "평생학습자께 경의를 표합니다", 네 번째는 "너와 함께 평생 공부할게", 다섯 번째는 "평생대학을 함께 세우자", 여섯 번째는 "지식은 바로 더다오에" 인데 5개의 오프닝 문구에 진화의 과정이 반영되어 있다.

① "공부는 많이 하고, 잔말은 줄이고"는 굉장히 직설적이며 심지어 거칠기까지 한 표현인데 이 말이 강조하는 것은 "공부를 많이" 하라는 것이 아니라 "잔말 말라는 것"에 있다. 즉 일단 더다오 앱을 다운로드해 사용하게끔 하고 보자는 것인데 이는 우선 사용자를 유입시키는 것에 중점을 둔 것이다.

② "열심히 공부해서 매일매일 날아오르길"이라는 말은 "매일"을 강조한다. 즉 매일매일 더다오 앱에 접속하라는 의미인데 이는 더다오 앱이 사용자의 활성화와 그들의 앱 사용 빈도를 중요하게 여기고 있음을 보여준다.

③ "평생학습자께 경의를 표합니다"는 더다오의 「001호 지식 발표회」에서 나온 슬로건으로 '평생학습'을 강조한다. 즉 오랫동안 더다오 앱에서 공부하라는 의미이며 이는 사용자 유지에 대한 의지와 맥을 같이 한다.

④ "너와 함께 평생 공부할게"에서 강조하는 것은 '함께'이다. 즉 더다오 앱에서 많은 친구들과 함께 공부하고, 함께 늙어가는 것을 의미하며 이는 수익과 관련이 있다.

---

5 스타트업의 성공을 가늠할 수 있는 지표로 알려진 AARRR은 페이팔 출신이며 500 Startups이라

⑤ "평생대학을 함께 만들자"는 말에서 강조하는 것은 '대학'이다. 대학에 가야 배울 수 있는 지식을 더다오 앱에서도 배울 수 있다는 의미인데, 이는 사용자들에게서 더다오 앱이 식별성(identifiability)을 얻고, 나아가 사용자가 스스로 소개를 해 홍보와 추천 효과를 얻고자 하는 것과 관련이 있다.

⑥ "지식은 바로 더다오에"라는 말에서 강조하는 것은 '바로 더다오에 있다'는 사실이다. 즉 여기저기 찾아 헤맬 것 없이 더다오 앱만 있으면 여기저기 찾아 헤맬 것 없이 배우고 익히고 사용할 수 있다는 의미이다. 다소 공격적인 말이지만 사용자가 남기려는 의도가 뚜렷하다.

그림 8-1 해적 지표와 더다오 앱의 사용자 퍼널

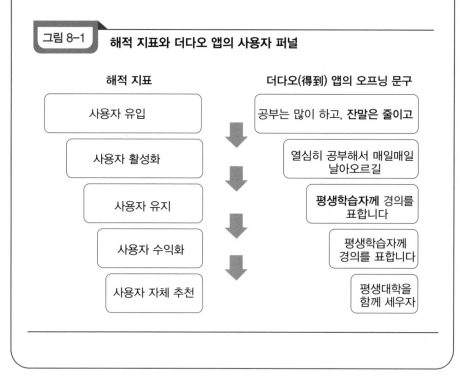

는 엑셀러레이터를 설립한 데이브 맥클루어가 개발하였다. 유입(Acquisition), 활성화(Activation), 유지(Retention), 수익화(Revenue), 추천(Referral)의 과정을 통해 마케팅과 조직을 관리하는 기법이다. 스타트업을 보통 해적(Pirate)에 비유하는 것에서 나온 이름이다.

다원화된 수요

1985년 출판된 『경쟁우위(Competitive Advantage)』에서 마이클 포터(Michael Porter)는 [가치사슬(Value chain)]이라는 개념을 제안하였다. 이 중 지난 30여 년 간 독자들이 가장 크게 관심을 가졌던 부분은 [기업 가치사슬]이었고, 가장 홀대했던 부분은 [구매자 가치사슬]이었다. 포터는 기업 활동의 상당 부분이 구매자의 활동과 상호작용하며, 기업 경영의 차별성은 기업의 가치사슬과 구매자의 가치사슬의 연관관계에서 비롯된다고 보았다. 예를 들어 부품 공급업체 입장에서는 구매자의 설비에 자신들의 부품이 조립되는 과정이 업체와 구매자 간 명확한 접점이라 할 수 있다. 만약 이 업체가 부품 설계, 기술 지원, 문제 해결, 주문 처리, 납품 등의 과정에서 구매자와 긴밀하게 협력한다면 이 모든 접점들이 경쟁우위의 잠재적 원천이 될 것이다. 또한 기업이 구매자의 전체 원가를 낮춰 주거나, 수익성을 높여줄 경우 구매자는 기꺼이 프리미엄을 지불하고자 할 것이다. 일례로 Kodak의 Ektaprint[6]는 자동급지기와 스테이플 피니셔 기능을 추가함으로써 구매자의 비용을 줄였고, 구매자는 기꺼이 이 복사기에 프리미엄을 지불하였다.

'사용자의 수요 사슬에 진입하는 것'은 샤오미의 중요한 전략이다. 『샤오미 생태계 체인 전장 기록(小米生态链战地笔记)』을 보면 샤오미가 생태계 체인을 형성한 논리를 이렇게 묘사하고 있다. "… 그래서 샤오미 생태계 체인의 투자 서클은 휴대폰을 중심으로 전개된다. 투자의 첫 번째 서클이 휴대폰 주변인 이유는 우리가 비교적 잘 알고 있는 전장이고, 우리가 많은 사용자를 가진 영역이기 때문이다. 우리는 천천히 탐색해가며 3개의 투자 서클을 구성했다. 첫 번째 서클은 이어폰, 스피커, 보조 배터리 등 휴대폰 주변 제품들이고 두 번째 서클은 스마트 하드웨어이며 세 번째 서클은 수건이나 칫솔 같은 생활용품들이다." 샤오미가 [수요 사슬]이라는 개념을 명시적으로 언급하고 있진 않지만 '그래서'와 '천천히 탐색해가며' 등의 표현은 사용자 수요 사슬의 논리에 기반을 둔 것들이

---

6 1986년 발표된 코닥의 복사기 및 출판기 브랜드이다. 일반 종이를 사용한 제품이다.

다. 샤오미의 원래 표현을 그대로 인용하자면 이렇다. "휴대폰과 가까이 있는 것들은 빨리 처리하고, 휴대폰에서 멀리 떨어진 것들은 나중에 처리한다. 사용자 그룹과 가까이 있는 것들은 빨리 처리하고, 사용자 그룹에서 멀리 떨어진 것들은 나중에 처리한다."

만약 사용자의 다원화된 수요와 기업의 제품 구조가 연결되면 각 기업은 먼저 사용자의 (상대적) 핵심 수요부터 충족시켜야 하고, 그런 후에야 점차 이와 관련있는 사용자의 다원화된 수요를 충족시킬 수 있다. 예를 들어 샤오미는 휴대폰에 대한 사용자의 핵심 수요를 먼저 충족시켜야만 휴대폰 주변기기 등의 파생 수요로 영역을 확대할 수 있다. 샤오미가 처음부터 휴대폰 케이스 같은 주변기기부터 생산했다면 휴대폰 등의 핵심 수요로 영역을 확장하기는 어려웠을 것이다. 이런 이유로 구글 등의 기업들은 모바일 인터넷, 안드로이드 운영체제, 스마트 알고리즘 등의 핵심이 되는 기반 기술에 막대한 투자를 하고 있다.

기업이 사용자의 핵심 수요를 충족시킨 후에는 점차 사용자의 업그레이드된 수요를 충족시킬 만한 조건을 갖추게 된다. 예를 들어 샤오미는 휴대폰 라인에서 엄청난 경쟁에 직면하자 전략의 포커스를 스마트 하드웨어와 이를 기반으로 한 사물인터넷으로 돌림으로써 샤오미의 전환을 위한 수요의 업그레이드에 대비하였다. 핵심 수요와 업그레이드 수요를 사용자의 주요 수요라고 한다면, 파생 수요나 관련 수요는 부차적인 수요라고 할 수 있다. 거대한 성장 가능성을 꿈꾸는 기업에게 부차적인 수요는 결코 핵심 목표가 될 수 없다. 샤오미 역시 이렇게 말했다. "휴대폰 주변기기는 우리가 선천적 시장 우위를 가진 서클이고, 생활용품은 첨단기술 회사의 불확실성이라는 속성에 대해 헷지(Hedge) 역할을 해줄 수 있다."

[창업단계]에서 엔젤 사용자의 페인포인트를 해결하고 [성장단계]에서 대중 사용자의 보편적 수요를 충족시킨 기업이 [확장단계]에서 해야 할 일은 누적 사용자의 다원화된 수요를 충족시키는 것이다. 여기에는 누적 사용자 유지, 매트릭스 조직 형성, 범위의 경제 달성, 레드오션에서 새로운 돌파구 찾기 등이 포함된다.

첫째, 사용자의 다원화된 수요를 충족시키는 것은 기업이 누적 사용자를 유지하는 데 도움이 된다. 끊임없이 고객획득비용(CAC)이 상승하고 있는 요즘 같은 시기에 기업이 한 명의 사용자를 유치한 뒤 그와는 딱 한 번 거래하고 끝이라면 이것은 수지타산이 전혀 맞지 않는 일이다. 무슨 이야기인지 PC 기반의 소비와 휴대폰 기반의 소비에 빗대어 생각해보자. 노트북의 경우 노트북을 사고, 필요한 소프트웨어를 설치한 후에는 일반적으로 향후 몇 년간 노트북과 관련된 다른 소비가 발생하지 않는다. 마이크로소프트 스토어(Microsoft Store)가 잘되지 않는 이유도 여기에 있다. 하지만 휴대폰의 경우 휴대폰을 산 후에도 지속적으로 앱을 설치하거나 삭제하거나 업데이트하고 결제 기능이 있는 앱을 통해 오프라인과 긴밀하게 접촉하기도 한다. 컴퓨터가 고작 업무 분야의 수요만을 충족시키는 것(기껏해야 정적인 상태에서의 오락거리 정도)에 비해 휴대폰은 다양한 상황에서 다양한 수요를 충족시키고 있는 것이다. PC 시대의 마이크로소프트가 사용자를 유지하기 위해 독점이라는 방식을 사용한 것과 달리 휴대폰 시대의 여러 업체들은 제각기 나름의 방식으로 사용자를 유지하고 있다는 것 역시 다양한 수요에 대한 충족 여부의 차이에서 기인한 것이다.

둘째, 기업은 사용자의 다원화된 수요를 충족시키는 과정에서 자연스럽게 매트릭스 조직으로 전환될 수 있다. 1991-1998년, 다원화 전략단계에 진입한 하이얼은 18개 부실기업과의 합병을 통해 냉장고 단일 품목만 취급하던 업체에서 세탁기, 에어컨, 온수기 등까지 취급하는 중국 최초의 다원화 발전단계에 진입한 가전제품 기업이 되었다. 하이얼은 기업의 체급이 올라가는 것에 맞춰 지속적으로 조직 구조조정을 단행하였다. 하이얼 그룹이 다원화 발전단계에 진입하자 하이얼은 기존의 피라미드형 조직구조를 사업 중심의 사업부제로 재편성하였다. 이러한 조직 구조에서는 각 부서가 제품이나 서비스, 또는 공정 항목에 따라 나누어지고 합쳐진다. 제품과 사업에 근거한 조직 구조는 유연성과 적응력이 뛰어나기 때문에 하이얼 그룹 내 각 부서 간 협업과 협력을 강화시키고 신기술과 신제품 개발에도 도움이 되며 조직 구성원의 창조성을 자극할 수 있다.

셋째, 사용자의 다원화된 수요를 충족시키는 회사는 일반적으로 범위의 경제를 달성한다. 예를 들어 디즈니의 엔터테인먼트 제국을 살펴보면, 디즈니의 핵심 제품은 영화와 텔레비전 드라마 같은 영상물이지만 영상물 IP를 중심으로 '영화-방송국-파생상품-디즈니랜드'의 완벽한 산업사슬(industry chain)과 5대 사업부의 조직구조 형성하고 있으며 이를 통해 '라운드 수익(轮次收入)' 비즈니스 모델을 구축하고 있다. 1라운드에서 디즈니는 공들여 제작한 애니메이션 블록버스터와 영화를 지속적으로 개봉하고 적극적으로 홍보하여 영화 상영을 통한 박스 오피스 수익을 얻는다. 이후 개봉 영화에 대한 복사본 판매와 비디오 출시를 통해 2라운드 수익을 올린다. 영화가 개봉할 때마다 디즈니는 테마파크에 새로운 영화 캐릭터를 추가하여 관광객을 불러 모은다. 이렇게 스크린과 현실 세계의 완벽한 결합에서 오는 환상적인 경험에 지갑을 열게 하는 것이 디즈니의 3라운드 수익이다. 마지막으로 디즈니는 라이센스를 통해 4라운드 수익을 올린다.

넷째, 사용자의 다원화된 수요를 충족시키는 과정에서 기업은 레드오션의 새로운 돌파구를 찾을 수도 있다. 마화텅은 창업자들에게 산업 간 크로스오버에 주목하라고 조언한다. "오래된 산업은 아마도 이미 레드오션일 것이다. 산업 간 크로스오버 부분은 혁신이 탄생할 가능성이 가장 높은 영역이고 어쩌면 여기가 바로 블루오션일 수 있다. 텐센트의 역사도 마찬가지다. 당시 통신을 하는 사람 중에는 나만큼 인터넷을 알고 있는 사람이 없었고, 인터넷을 하는 사람 중에는 나만큼 통신을 알고 있는 사람이 없었다. 그래서 내가 QQ를 만들 수 있었던 것이고, 나아가 지금의 위챗을 만들수 있었던 것이다." 마화텅의 조언을 한마디로 정리하면 레드오션의 경계에서 블루오션을 찾는 '크로스오버'라고 할 수 있다.

사용자 스토리보드

　　스토리보드는 원래 영화계에서 사용하는 것인데 실제 촬영에 들어가기 전 영화나 애니메이션 감독들이 보여주고 싶은 세계를 스케치로 표현한 것을 의미한다. 스토리보드의 특징은 시각화, 기억, 공감, 참여의 성질을 가지고 있다는 것이다. '직장생활/일상생활의 평범한 하루' 중 일어나는 엔젤 사용자의 의사결정, 구매, 사용과정을 스토리보드로 기록할 수 있으며 이를 통해 엔젤 사용자가 인식하고 있는 문제점, 특이한 행동이나 인지, 심지어 이 과정에서 발생하는 예기치 못한 사건까지 주의 깊게 관찰할 수 있다. 스토리보드에는 사용자 배역과 장면(scene), 스토리 등이 포함되어 있기 때문에 스토리보드를 통해 사용자의 행동과 선호도, 수요를 더욱 잘 이해할 수 있다.

그림 8-2 　사용자 스토리보드

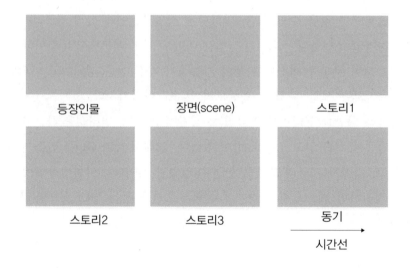

수요의 상호보완성

보완적 수요는 보완재 개념과 관련이 있다. 보완재란 두 가지 상품이 반드시 서로 협력해야만 소비자의 수요를 만족시킬 수 있는 것을 가리킨다. 예를 들어 카메라와 필름을 함께 사용해야만 "아름다운 순간을 남겨둔다"는 수요를 만족시킬 수 있다. 그러나 이런 보완재와는 달리 보완적 수요란 두 개 혹은 여러 개의 수요가 종종 같은 시나리오에서 발생하는 것을 의미한다. 예를 들어 사용자가 여행중이라면 교통 수요도 있을 수 있고 숙박 수요, 쇼핑 수요도 있을 수 있다.

Airbnb의 밸류에이션이 급상승한 중요한 이유 중 하나는 그들이 단기 렌트 외에 외식 영역도 개척했기 때문이다. Airbnb는 2008년 8월 설립된 이후 세계 최대의 숙박 단기 렌트 플랫폼으로 성장하였고 전 세계 190개국 이상 7만 개의 도시에서 숙박 렌트를 제공하고 있다. 2017년 1월, 미국의 식당 예약 앱인 Resy가 1,300만 달러의 투자금을 유치했다고 발표하였다. 사업 규모로 볼 때 동종 업계 회사들에 비해 크게 뛰어난 편이 아닌데도 Resy가 주목받았던 이유는 그들의 투자자가 온라인 여행 서비스 제공업체인 Airbnb이었기 때문이다. 브라이언 체스키(Brian Chesky) Airbnb CEO에 따르면 Airbnb는 "원스톱 여행 서비스"를 제공하고자 한다. 다시 말해 여행이라는 시나리오에서 발생하는 사용자의 다양한 수요를 충족시키고자 하는 것이다. 예를들어 온라인 여행 서비스 업체인 Ctrip 앱[7]을 들어가 보면 호텔, 항공권, 여행, 음식, 쇼핑, 환전, 와이파이, 보험, 비자를 포함한 각종 서비스가 제공되는 것을 볼 수 있는데 이는 Airban와 동일한 논리를 바탕으로 하고 있는 것이다. 2019년, Resy는 American Express에 인수된다. American Express가 외식 관광 산업에서의 자신들의 위상에 점점 관심을 갖게 되면서 서비스 제공 업체를 인수하거나 레스토랑과 제휴하는 등의 방식을 통해 신용카드 사용자들에게 편의와 포인트 할인을 제공하고자 하였기 때문이다.

7 　중국 최대의 온라인 여행사이다.

기업이 동일한 사용자 집단을 둘러싸고 상이한 시나리오에서 수요를 다원화할 때 수요의 보완성이 상승한다. 예를 들어 Keep은 실내 운동하는 사용자층과 실외 운동 사용자층을 대상으로 각각 실내 트레이닝과 런닝 제품을 개발했다. 하지만 시나리오에 따라 사업 다각화에 의한 갈등이 생길 수도 있다. 그러나 동일한 시나리오에서 다양한 사용자 집단을 두고 수요를 다원화하면 다양한 사용자 집단을 연결하고 나아가 비즈니스 플랫폼까지 구축할 수도 있다. 예를 들어 차이냐오 네트워크(菜鸟网络)가 설립되기 이전, 알리바바는 소상공인들이 최종 소비자에게 물건을 판매할 수 있도록 돕기 위해 물류 회사의 서비스를 구매해야만 했지만, 차이냐오 네트워크를 설립하면서 알리바바는 전자 상거래에서 서로 다른 사용자 집단을 연결할 수 있게 되었다.

기업이 동일한 시나리오에서 동일한 사용자 집단을 중심으로 수요를 다원화할 때 수요의 상호보완성이 가장 높아진다. 대표적인 예를 들자면 위에서 언급한 씨트립(Ctrip·시에청·携程) 같은 원스톱 여행 사이트 외에도 아마존, 텐센트, 디디(滴滴) 등의 투자 합병이나 사업 확장 등이 이러한 논리를 따르고 있다고 볼 수 있다. 필자는 더다오(得到) 앱의 쇼핑 카테고리에서 휴대용 안마기를 만드는 '러판(乐范)'이라는 기업을 추천한 적이 있다. 러판에서는 피부에 붙일 수 있는 매직 패치를 팔고 있는데 물건은 작지만 신통하게도 5가지 모드의 안마를 제공하며 앱과 연동하여 사용할 수도 있다. 수면보조 목베개도 판매하고 있는데 전통적인 목베개에 마사지 기능을 더한 것이다. 이 두 제품 모두 더다오 앱의 사용자들이 운전이나 휴식을 비롯하여 긴장을 풀고 책 읽어주기를 들을 때 사용하기 적합한 물건들이다. 이 예시는 동일한 시나리오에서 동일한 사용자층의 수요를 다원화하는 것의 전형적인 사례라 할 수 있다.

시나리오에 기초한 상호보완적 수요

기업이 사용자와 수요 시나리오를 기반으로 다각화를 시도할 때에는 수요의 상호 보완성이 가장 높은 동일 사용자의 동일 시나리오부터 시작하는 것이 좋다. 그 후 동일 사용자의 상이한 시나리오에 진입하고, 상이한 사용자의 동일 시나리오로 진입하는 것이다. 상이한 사용자의 상이한 시나리오에 대해서는 다각화를 고려하지 않는 것이 좋다.

[창업단계]에서 기존 경쟁품과의 차별화를 실현하고 [성장단계]의 수요 격차를 뛰어넘어 [확장단계]까지 성장한 기업은 무분별한 다각화에 나서기 쉽다. 다각화는 기존 사용자의 수요가 아니라 기업의 잉여 자원에 기반하는 것이며, 수요와의 관련성을 바탕으로 하는 것이 아니라, 기업의 사회적 관계에 기반하는 것이다. [확장단계]에서 기업의 다각화는 기존 사용자의 상호보완적 수요를 충족시키는 데 기반을 두어야 한다. 사용자의 상호보완적 수요를 충족시키는 것은 기업이 누적 사용자에게 더 좋은 서비스를 제공할 수 있게 도와주며, 연계 마케팅의 효율성과 레드오션에서의 경쟁 우위를 확보하게 해 준다.

그림 8-3 시나리오에 기초한 상호보완적 수요에 대한 분석

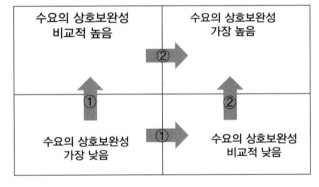

창업자의 성숙

창업자가 기업을 창업할 때부터 기업은 쾌속 성장의 길목에 들어섰다고 볼 수 있다. 기업이 창업과 성장을 거쳐 [확장단계]에 도달하는 것에 맞춰 창업자 역시 점차 성숙해져야 한다. 창업자의 성숙에는 두 가지 차원이 있는데 하나는 외부의 기회에 대한 파악이고 다른 하나는 내부 경영에 대한 파악이다.

'중국의 기업가' 하면 사람들은 런정페이 화웨이 회장을 떠올리곤 한다. 런정페이는 1987년 43세의 나이로 화웨이를 창업했고 창업 23년 만인 2009년 시장 워크숍(市场工作会议)에서 「개방, 타협, 회색」이라는 제목의 연설을 했다. 그는 이렇게 말했다. "리더가 가져야 할 중요한 자질은 방향과 리듬입니다. 리더의 수준을 말해주는 것은 적절한 회색(절충안)을 찾는 일이죠. 확실하고 정확한 방향은 회색과 타협과 관용에서 나오는 법입니다. 혼돈 속에, 그리고 회색 속에 명확한 방향이 있습니다. 물론 방향 역시 시간과 공간에 따라 변화하고 가끔은 불분명해지기도 하죠. 하얗지 않으면 검고, 이게 아니면 저거고 이런 게 아닙니다. 합리적이고 적절한 회색을 찾는 것은 성장에 영향을 미치는 여러 요소들을 조화시키는 일입니다. 그리고 이러한 조화의 과정을 타협이라고 하며, 이러한 조화의 결과가 바로 회색인 겁니다."

20여 년 간의 발전을 거쳐 런정페이가 회색 경영을 제창한 2010년 초, 화웨이는 창업단계와 성장단계를 거쳐 성숙과 확장의 시기에 접어들었다. 이 시기 화웨이는 기존의 기업용 설비 중심에서 소비자용 설비 분야로 사업 라인을 확장하였다. 실제로 화웨이는 창업 초기부터 자신들의 분야 외에 대한 기회를 모색하는 것을 철저히 제한하였는데 「화웨이 기본법」에 의하면 "화웨이는 세계 일류의 통신설비 공급업체가 되기 위해 앞으로 영원히 정보서비스 사업 분야에 진출하지 않을 것이다"라는 조항이 있다. 기업용 설비에서 소비자 설비로 영역을 확장한 것 역시 설비 공급업체라는 화웨이의 사업 범위 내에서의 모색이었던 것이다.

20년의 성장을 거친 화웨이는 내부 경영 스타일에도 변화를 주었다. 초기에 강조했던 늑대와도 같은 경쟁 문화에서 '개방, 타협, 회색'으로의 전환을 꾀한 것이다. 런정페이가 연설에서 밝혔듯 기업은 기회를 쫓는 모험과 엄격한 내부 경영 시스템 구축의 과정을 거친 후 기회 모색에서 내부 경영에 이르기까지 모두 극단을 추구하던 것에서 중용을 추구하는 것으로 변모하였다.

창업기의 창업자는 외부의 기회를 모색할 때 모험적인 자세를 취하지만, 내부 경영에 있어서는 정(情)을 강조하며 인심을 모으려고 한다. 성장기에도 외부의 기회를 모색할 때에는 여전히 모험적인 태도로 나서는 반면, 내부 경영에 임할 때는 시스템의 구축에 무게를 둔다. 화웨이가 IBM 경영 모델을 도입하는 과정에서 '선(先) 경직, 후(後) 최적화, 재(再) 고착화'의 3단계를 제시하였듯 정(情)에서 시스템으로의 반전은 극에서 극으로 가야 이룰 수 있는 일이다.

기업이 확장/성숙기까지 발전하게 되면 창업자는 대개 런정페이와 마찬가지로 '중도' 개발 전략과 '회색' 경영 방식을 채택하게 된다. 보수와 모험의 균형을 통해 기업의 발전 방향을 찾고 정과 시스템의 융합을 통해 내부 경영의 비중을 가늠하게 되는 것이다. 기업이 성숙기를 지나 불황기에 들어서면 창업자는 외부 기회를 찾을 때 보수적인 태도를 취하게 될 것이지만 내부 경영에 있어서는 기존의 회색 경영 방식을 유지하려는 경향을 보인다. 만약 기업이 성숙기 이후에 성공적으로 전환을 꾀할 수 있었다면 이는 창업자가 외부 기회를 모색할 때에는 모험과 혁신을 감수하였고 내부 경영을 할 때에는 회색 경영 방식을 유연하게 운용했기 때문이다.

창업자의 성숙은 기업의 지속과 발전에 매우 중요하다. 기업 발전 과정에서 창업자 역시 성숙해져야만 창업기의 충동과 성장기의 열정만으로 기업을 이끄려는 우를 범하지 않을 수 있다. 이들을 잘 융합시켜 외부의 기회와 내부의 경영 간 균형점을 찾을 때, 기업은 조직 관리와 사용자 가치, 제품 혁신과 시장 운영 등의 방면에서 성숙한 메커니즘을 형성할 수 있으며 이를 통해 안정적으로 성숙기와 확장기를 넘길 수 있다.

성숙한 관리자의 통합적 사고

　　성숙한 관리자는 세계의 복잡함과 자신의 한계를 인식하는 이성적인 태도를 가지고 있다. 레드햇(Red Hat)[7]을 창업한 로버트 영(Robert Young)은 "어떤 상황에서든 성공으로 향하는 길이 하나만 있을 리는 없다. 우리가 처음 고른 방법이 무엇이었든 이건 필연적으로 틀릴 운명이었다"라고 말했다. 여기에서 말하는 '틀렸다'는 표현은 '맞다, 틀리다'의 의미가 아니라 사람, 일, 장소에 따라 결론은 달라질 수 있다는 것을 의미하는 것이다. 미국의 작가 피츠제럴드는 명저 『위대한 개츠비』에서 이렇게 말했다. "최고의 지성을 검증하는 기준은 두 가지 상반된 생각을 동시에 품고서도 여전히 보통의 일을 행하는 능력을 가지고 있는지이다."[8]

　　이러한 능력을 통합 사고력이라고 부른다. 즉 서로 대립되는 의견을 건설적으로 처리하는 능력이라는 의미이다. 상당히 중국적인 사고인데, 한쪽을 선택하는 대가로 다른 한쪽을 희생시키는 대신, 혁신적인 방법을 통해 의견의 대립을 없애는 것이다. 새로운 의견은 대립되는 의견의 일부 요소를 포함하는 동시에 어느 면에서는 대립되는 의견보다 나은 점이 있다. 중용의 도를 설명하는 가장 간단한 방식이 바로 '집양용중(执两用中)', 즉 '양 끝을 잡고 중용을 행하라'는 것이다.

| 그림 8-4 | 관리자 통합 사고 모델 |

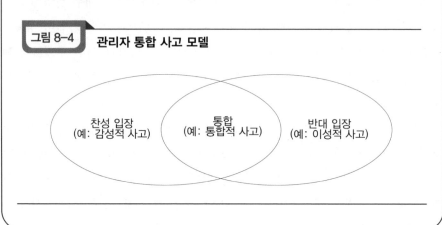

8　미국의 오픈소스 기반 소프트웨어 및 솔루션 기업으로 레드햇 리눅스를 제작하였다.
9　이 말은 피츠제럴드가 한 말이 맞긴 하지만 『위대한 개츠비』가 아니라 그의 에세이집인 The

프로페셔널 팀

경영학자 피터 드러커(Peter Drucker)는 『기업가정신(Innovation and entrepreneurship)』에서 레이 크록(Ray Kroc)의 이야기를 소개하였다. 1950년대에 레이 크록이라는 소상공인이 있었다. 원래는 이것저것 잡다한 물건을 다루는 세일즈맨이었으나 나중에는 밀크셰이크 기계에만 전념하였다. 어느 날 크록은 캘리포니아에 있는 한 햄버거 가게에서 일반적으로 필요한 양의 몇 배에 달하는 밀크셰이크 기계를 구입한 것을 발견하였다. 그는 차를 몰고 미국 중부에서 수천 킬로미터를 달려 캘리포니아로 넘어갔다. 그리고 그곳에서 맥도날드라는 식당이 패스트푸드 가공 절차의 혁신을 통해 햄버거의 품질과 공급 속도를 크게 향상시킨 것을 목격하였다. 크록은 이것이 바로 비즈니스 기회임을 예리하게 포착하고 맥도날드 회사에 합류하기로 결정했다.

맥도날드 패스트푸드를 만든 맥도날드 형제는 자신들의 식당이 고객에게 사랑받고 그래서 이익을 낼 수 있다면 그것으로 만족했다. 하지만 크록이 원한 것은 지방의 소도시에서부터 대도시에 이르기까지 미국 전역에, 나아가 전 세계에 맥도날드를 퍼뜨리는 것이었다. 크록은 자신이 모든 재산을 담보로 맡기고 이 사업에 사활을 걸었다. 드러커가 기업가 정신에 대해 내린 정의대로라면 크록은 기업가 정신을 지닌 전문경영인이다. "자원을 생산성과 수익성이 낮은 곳에서 보다 높은 곳으로 이동시키고, 이에 대한 모든 위험과 책임을 감수하는 사람"이기 때문이다.

책에 실린 이야기에서 창업자는 맥도날드 형제이지만 그들의 안목과 사고방식은 맥도날드를 비즈니스 제국으로 성장시키기에는 역부족이었다. 오히려 그들이 영입한 전문경영인 크록의 뛰어난 기업가 정신 덕분에 맥도날드는 더욱 크게 성장할 수 있었다. 1961년 크록은 맥도날드 형제의 햄버거 체인을 270만 달러에 사들였고 세계 최대의 패스트푸드 왕국으로 만들었다. 클록의 이야

---

crack-up(한국에서는 '무너져 내리다'라는 제목으로 번역되었다고 함)에 나오는 구절이다. "The test of a first-rate intelligence is the ability to hold two opposed ideas in mind at the same time and still retain the ability to function."

기는 2017년 1월 「더 파운더(The Founder)」 라는 제목의 영화로 스크린에 옮겨지기도 했다.

많은 경우 성숙기/확장기까지 발전한 기업이 전문경영인을 영입하여 주요 경영 업무를 맡기는 것은 피할 수 없는 상황이기도 하다. 실리콘밸리에는 한 가지 관행이 있는데 스타트업이 벤처 투자를 받으면 이사회는 회사가 어느 정도 성장할 때까지 전문경영인을 영입하여 경영을 맡길 것을 권고하곤 한다. 예를 들어 1975년 창립된 마이크로소프트는 2008년 스티브 발머(Steve Ballmer)를 CEO로 영입했고, 1976년 창립된 애플은 1983년 존 스컬리(John Sculley)를 CEO로 영입했으며, 1998년 창립된 구글은 2001년 에릭 슈미트(Eric Schmidt)를 CEO로 영입하였다.

전문경영인과 창업자의 관계는 역량과 비전의 두 가지 측면에서 이해할 수 있다. 역량의 측면에서 볼 때 전문경영인과 창업자의 역량은 대부분의 경우 상호보완적이며 이것이 바로 전문경영인을 영입한 본래 의도이기도 하다. 하지만 경우에 따라 둘의 역량이 겹치기도 하는데 이럴 때에는 전문경영인이 자신의 역할을 수행할 여지가 줄어들게 된다.

비전의 측면에서 볼 때 전문경영인과 창업자의 비전이 일치하는 것이 가장 바람직하다. 이것은 양자가 한마음 한뜻으로 협력하는 데 매우 중요하기 때문이다. 마이크로소프트가 스티브 발머를 영입하고 구글이 에릭 슈미트를 영입함으로써 이들은 창업자와 전문경영인이 합심하여 협력하는 효과를 얻을 수 있었다. 물론 전문경영인과 창업자의 비전이 다른 경우도 있다. 이런 경우 회사에 큰 피해가 미칠 수도 있고 회사가 아예 다른 차원으로 나아갈 수도 있다. 예를 들어 애플이 존 스컬리를 영입함으로써 스티브 잡스는 12년 간 회사를 떠나야 했고 이는 애플에 큰 상처가 됐다. 반면 맥도날드는 레이 크록이 합류함으로써 점포 두 개짜리 패스트푸드 식당에서 글로벌 비즈니스 제국으로 성장할 수 있었다.

팀이 프로페셔널화되는 것은 확장/성숙기에 들어간 기업에게 매우 중요하다. 프로페셔널 팀은 기업이 매트릭스 조직 구조를 형성하고 상호 보완적인 수요를 충족시키며 사용자에게 관련 제품을 제공하고 자본을 운영하는 데 도움을 준다.

프로페셔널 리더 부대

팀을 프로페셔널화하는 과정은 리더 부대를 형성하는 과정이기도 하다. 소위 리더 부대란 대기업에서 리더로서의 역량에 대한 요구에 따라 리더를 6단계로 나눈 것을 가리킨다. 각각의 단계는 일선 직원에서 매니저, 매니저에서 팀장, 팀장에서 직능부문 책임자, 직능부문 책임자에서 사업부 총괄, 사업부 총괄에서 그룹 임원, 그룹 임원에서 CEO를 의미한다.

첫 번째 단계는 일반 직원에서 매니저로 승진하는 것이다. 즉 단독으로 존재하던 한 명의 직원이 팀을 꾸려 협동 작전을 지휘할 수 있는 작은 지도자로 거듭나는 것이다. 두 번째 단계는 남을 관리하는 것에서 매니저급을 관리하는 것까지를 아우른다. 수하에 있는 매니저들의 열정을 충분히 동원하여 그들이 자신의 능력을 마음껏 발휘하게끔 도와야 한다. 세 번째 단계는 팀장급을 관리하는 것에서 직능부문을 관리하는 것까지를 아우른다. 이 자리까지 오르면 사실상 기업의 고위직에 진입한 것이기 때문에 의사결정권을 확보하게 된다. 또한 더 넓은 시야를 가짐으로써 기업 발전의 전반적인 수익 측면에서 문제를 고려할 수 있게 된다.

네 번째 단계는 직능부문 책임자에서 사업부 총괄로 승진하는 것이다. 이 정도 되면 이미 작은 회사의 CEO나 마찬가지라고 할 수 있다. 이 단계에서 전환을 꾀하고자 한다면, 단순히 새로운 리더십을 습득하는 것으로 끝나는 것이 아니라 아예 사고의 패러다임을 전환해야만 한다. 다섯 번째 단계는 사업부 총괄에서 그룹 임원으로 승진하는 것이다. 이 시기에 가장 중요한 것은 CEO와 상호 협조하고 협력하는 것이다. 여섯 번째 단계는 바로 그룹의 CEO이다. 이 자리에서는 단기 이익과 장기 이익의 균형을 찾고 기업의 지속가능한 발전을 실현시키며 회사의 전체적인 발전 방향을 설정하여야 한다. 또한 회사의 문화와 소프트 파워를 키워야 하며 각 전략의 요구사항을 달성하여야 한다.

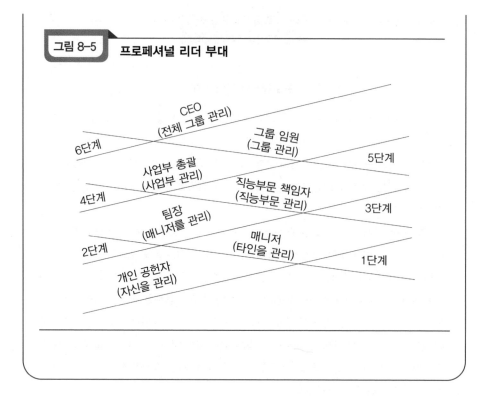

그림 8-5 프로페셔널 리더 부대

CEO
(전체 그룹 관리)

6단계

그룹 임원
(그룹 관리)

5단계

사업부 총괄
(사업부 관리)

4단계

직능부문 책임자
(직능부문 관리)

3단계

팀장
(매니저를 관리)

2단계

매니저
(타인을 관리)

1단계

개인 공헌자
(자신을 관리)

매트릭스 조직

기업은 창업기의 수평적 조직에서 시작하여 성장기에 접어들면 점차 피라미드 조직으로 전환하는데 이는 기업의 업무와 전략의 발전에 발맞추기 위해서이다. 경영학에는 '조직구조는 전략을 따른다'는 말이 있다. 이 말은 미국의 저명한 기업사가인 알프레드 챈들러가 Strategy and Structure에서 처음으로 제기한 것이다. 기업은 전략의 성공을 보장하기 위해 조직의 형태를 변화시킬 필요가 있다. 즉 조직 요소는 기업의 발전에 따른 전반적인 전략적 요구에 부응해야 한다는 것으로도 이해할 수 있을 것이다.

이 책 앞에서 이미 언급한 바 있듯, 창업기의 수평적 조직에서 성장기의 피라미드 조직에 이르기까지 기업 구조의 발전 경향은 분산에서 중앙집중으로 진행되었다. 본 챕터에서 조직 관리의 세 가지 방식을 이야기할 때 "소통, 감독, 표준화"를 제시하였다. [창업단계]에서 소통은 조직 관리의 중요한 방식이다. [성장단계]에서는 감독과 소통이 기업의 주요 관리 방식을 형성한다. [성숙/확장단계]에 이르러서는 관리의 효율을 높이기 위해 표준화 방식도 사용하기 시작한다.

소통, 감독, 표준화의 세 가지 관리 방식이 융합된 결과가 바로 사업부제라 할 수 있다. '슬론 모델'이라고도 불리는 사업부제는 1920년대 미국의 제너럴 모터스(General Motors)의 알프레드 슬론(Alfred Sloan)이 처음 제안한 것으로 중앙 집중형의 분권화된 구조를 가리킨다. 당시는 제너럴 모터스가 인수합병을 통해 기업의 규모를 빠른 속도로 확대시키고 생산 제품과 경영 항목 역시 끊임없이 확장되던 시기였다. 그러나 이로 인해 내부 관리의 효율이 저하되고 혼란이 촉발되면서 기업 발전에 차질을 빚었다. 슬론은 사업부제의 형식을 통해 기존의 기업 구조를 개혁하기로 마음먹었고, 일련의 개혁들이 실제 큰 효과를 거두면서 제너럴 모터스는 당시 미국 기업들의 사업부제 개혁의 모범 사례가 되었다. 바다 건너 일본에서도 파나소닉이 내부적으로 사업부제로의 개혁을 단행한 바가 있다.

사업부제 설계의 핵심 원칙은 수직적 관계에서 보자면 '중앙 집중식 정책, 분산 경영'의 원칙에 따라 기업 고위 경영진과 사업부 간의 관계를 처리한다는 것이고, 수평적 관계에서 보자면 각 사업부는 모두 이윤을 중심으로 운영되고 독립 채산제를 원칙으로 하며 사업부 간의 경제적 교류는 등가교환 원칙에 따라 내부 결산을 한다는 것이다. 일반적으로 각 사업부는 서로 경쟁하며 그들에 성과를 평가할 때에는 수익뿐 아니라 종합적인 투자 수익률(Return on investment: ROI) 또한 평가지표로 활용해야 한다. 사업부제는 독립적인 사업체들로 구성되며 그 설립의 전제조건은 독립 채산, 가격 결정 원칙, 전부원가계산 시스템을 구축하여 내부 거래제를 도입하는 것이다.

사업부제에는 사업부가 독립채산을 기반으로 반드시 '수익을 올릴 수 있어야 하고, 이 수익을 얻기 위해 지출한 비용 역시 산출할 수 있어야 한다'는 전제가 깔려있다. 사업부는 '수익'과 '지출'에 대한 책임을 지고 대차대조표와 손익

계산서를 작성해야 한다. 내부 서비스와 협력에 대해서는 내부 거래 체제를 제정해야 하며 내부 거래 가격은 통상적으로 시장 가격에 의해 결정된다.

사업부제의 성패를 좌우하는 키는 조직의 권한을 적절하게 분배하고 중앙집중화와 분산화 사이의 적절한 균형을 찾는 것이다. 사업부제란 분권을 통해 기업의 전략적 목표를 달성하려는 조직 형태로 사업부가 독립된 기업체처럼 유연성과 전문화를 유지할 수 있도록 그들에게 충분한 권한을 부여해야 한다. 동시에 본부는 사업부에 대한 충분한 통제력을 유지함으로써 사업부가 회사 전체의 발전 궤도에서 벗어나지 않도록 전반적인 경영권을 보유하고 있어야 한다. 수십 년의 발전 끝에 사업부제는 다각화된 기업들의 기본적인 조직 구조가 되었다. 최근 몇 년 동안 중국 스타트업 사이에서 유행 중인 아메바 조직[10] 역시 사업부제의 변형들이다.

만약에 우리가 기업 내 권력의 집권과 분권, 그리고 사업 종류의 단일과 다원이라는 두 가지 차원에서 기업의 조직구조를 분석한다면, 공진화 전략의 네 단계를 거치며 기업의 조직구조는 역U자형으로 변화한다는 것을 알 수 있을 것이다. [창업단계]에서 기업의 권력은 분권화되어있고 동시에 사업의 종류 역시 단일하며 조직 구조는 수평적 조직 구조를 형성하고 있다. [성장단계]에서는 점차 창업자의 위신이 확립되고 중앙집권화가 시작됨과 동시에 사업의 형태는 단일체이며 조직 구조는 피라미드 조직 구조를 형성하고 있다. [확장단계]에서는 사업의 종류가 다원화되기 시작하며 기업은 집권과 분권 사이의 균형을 추구한다. 이 시기의 조직 구조는 일반적으로 사업부 구조를 띠고 있다. [전환단계]에서는 사업의 유형이 여전히 다양하고 동시에 한층 더 나아간 분권화를 통해 직원들의 적극적인 자세를 독려할 필요가 있다. 이 시기 조직 구조는 일반적으로 네트워크 조직 구조를 형성한다. 이상의 내용을 통해 기업의 각 단계별 발전 전략에 따라 실제로 조직 구조가 조정되고 있음을 알 수 있다.

---

10 일본의 교세라에서 주창한 경영 조직이다. 조직을 10명 안팎의 소그룹으로 나누고 경영목표 설정과 채산관리를 맡기는 방식으로 JAL이 위기에서 벗어나는 데 크게 도움이 되었으며 한국에서는 네이버 등이 활용하고 있다.

조직 구조는 조직 전략에 따라 조정되기도 하지만, 조직 구조가 조직 전략의 수행에 필요한 도움을 제공하기도 한다. [확장단계]에서 매트릭스 조직 구조는 분권과 중앙집권 간의 균형을 이루게끔 해주기 때문에 창업자는 일상적인 업무에서 벗어나 기업의 발전 방향을 파악하는 데 집중할 수 있으며 이는 창업자의 성숙에도 도움이 된다. 매트릭스 조직 구조를 통해 기업은 사용자의 상호 보완적 수요를 충족시킬 수 있는 솔루션을 제공할 수 있으며 범위의 경제를 달성할 수 있다. 또한 레드오션 속 경쟁에서 필살기를 날리고 경쟁우위를 확보하는 데에도 도움이 될 수 있다.

도구모음

사업부의 거시적, 중시적, 미시적 구조

사업부제의 조직 구조는 거시적이고 중시적이고 미시적인 차원에서 살펴볼 수 있다. 사업부의 거시적 조직 구조는 주로 사업부의 조직 구성 부문으로 본부와 경영형 사업부(사업 부문)와 보조 지원형 사업부(직능 부문)의 세 가지로 나눌 수 있다. 본부가 경영형 사업부에게 성장과 운영 정책을 확정지어주면 경영형 사업부는 본부의 독려와 인도 하에 경영 업무를 전개하며, 이와 관련된 지원 보장 업무는 지원형 사업부에서 유상으로 제공하게 된다.

사업부제의 중시적 조직 구조는 사업부를 구성하는 방식과 방법을 의미한다. 주로 제품군별(A, B, C제품), 고객군별(A, B, C고객), 경영구역별(A, B, C구역), 기능별(A, B, C구역) 로 나눌 수 있다.

사업부제의 미시적 조직 구조는 사업부별 발전단계에 맞는 다양한 직능 부문의 동태적 발전을 꾀하기 위해 고심한다. 예를 들어 사업부 설립 초기에는 시장부와 경영기획부가 필요하지 않을 수 있으며, 해당 기능은 영업관리부와 종합관리부에서 각각 수행할 수 있다. 또한 사업부 내에 전체 구조를 수립한다면 전략경영부와 인사부 없이 영업관리부와 종합관리부가 해당 역할을 수행할 수도 있다.

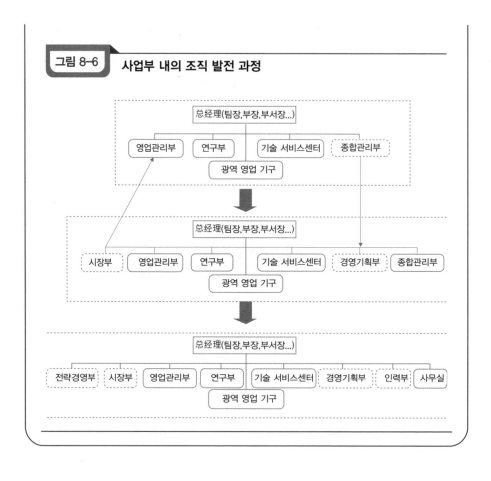

그림 8-6 사업부 내의 조직 발전 과정

제3절 **[확장단계]의 제품**

관련 제품

[창업단계]에 있는 기업들은 애자일 방식을 통해 최소기능제품(MVP)를 개발하고 빠른 교체주기를 통해 [성장단계]에서 히트상품을 탄생시키고자 한다. 하

지만 히트상품을 만드는 것의 핵심은 제품의 가성비이다.

전통적인 전략 관리 이론에서 낮은 원가와 차별화는 전략의 기본이자 경쟁우위의 원천이다. 낮은 원가란 기업이 경쟁자보다 더 낮은 원가로 제품을 생산하여 더 낮은 가격에 판매함으로써 경쟁우위를 확보하는 것을 말한다. 그리고 차별화란 기업이 경쟁사와 다른 제품을 생산하되 제품의 성능이 경쟁사보다 우수하여 더 높은 가격에 판매할 수 있고 이를 통해 경쟁우위를 확보하는 것을 말한다. 낮은 원가든 차별화든 핵심은 가성비다. 가성비는 기업의 제품 전략의 핵심이라 할 수 있다.[11]

휴대전화를 예로 들자면 애플의 휴대전화는 휴대전화 중 가장 비싸다. 왜냐하면 애플의 휴대전화는 다른 휴대전화들과 다르기 때문이다. 그들은 IOS 운영체제와 앱스토어를 사용함으로써 소프트웨어와 하드웨어의 일체형 제품 개발모델을 통한 하이 퀄리티의 제품 경험을 제공한다. 반면, 샤오미 휴대전화는 주류 휴대전화 브랜드 중 가장 가격이 낮은 편에 속하는데, 이들의 핵심 가치관은 가성비이다. 샤오미의 창업자인 레이쥔은 회사의 수익률이 반드시 높아야만 좋은 것은 아니라고 생각한다. 마진이 높다는 것은 돌아올 수 없는 강을 건넌 것이며, 많은 회사들이 마진을 올리기 위해 가격을 올리거나 원가를 낮출 것이기 때문이다. 샤오미는 모든 생태계 기업들에게 "돈을 빨리 벌거나 폭리를 취하는 것에는 연연하지 않고 품질을 중시한다"는 가치를 지켜줄 것을 부탁하였다.

하지만 히트상품만 강조하고 돈을 빨리 버는 것에는 연연하지 않겠다고 말했다 하여 샤오미같은 회사가 돈을 벌지 못했다고 생각하면 안 된다. 샤오미의 저가 모델에는 두 가지 원칙이 있다. 첫째는 손해를 보지 않는다는 것이며 둘째는 다른 방식으로 돈을 번다는 것이다. 손해를 보지 않는다는 것은 원가를 어떻게 책정하느냐에 대한 것인데 원자재, 제조, 연구개발, 물류 등 종합적인 원가를 먼저 계산한 후 여기에 높지 않은 이윤을 붙이는 것이다. 다른 방식으로 돈을 번다는 것에는 크게 두 가지 의미가 있다. 하나는 판매량이 많아지면 원가는

---

11 마이클포터는 이를 본원적 경쟁전략이라고 하였으며 원가우위(cost leadership), 차별화 (differentiation), 그리고 틈새시장을 노리는 집중화(focus) 전략으로 구분하였다.

자연히 내려간다는 것이며, 다른 하나는 핵심 제품에서는 낮은 수익률을 유지하되, 관련 제품에서 높은 수익률을 올리겠다는 것이다.

앞서 사용자의 다원화된 수요 파트에서 이야기했듯 사용자의 수요는 핵심 수요와 업그레이드 수요, 그리고 이 두 가지 수요를 기반으로 확장되는 파생 수요와 관련 수요로 나눌 수 있다. 샤오미의 가성비 비즈니스 모델의 핵심은 사실상 가성비가 높은 제품으로 사용자의 핵심 수요(휴대전화)를 충족시킴으로써 사용자를 유입시킨 뒤, 사용자의 파생 수요(휴대전화 주변)를 충족시킴으로써 이익을 창출하는 것이다. 또한 사용자의 업그레이드 수요(스마트 하드웨어)에 따라 추가적인 사용자 유입이 이루어지고, 이어서 사용자의 관련 수요(스마트 하드웨어 소모품)도 충족시키게 된다.

샤오미의 임원은 이렇게 밝혔다. "샤오미 제품(휴대전화, 텔레비전 등 샤오미 자체 제품)은 일반적으로 원가에 맞춰 가격을 책정한다. 그러나 MIJIA의 제품들은 정직한 가격을 추구하며 일반적으로 10~30%의 마진을 붙인다." MIJIA 제품들이 잘 팔리는 이유는 샤오미의 핵심 제품들이 유명세에 비해 가성비가 좋다는 평을 확보하게 되면서 사용자들이 관련 제품을 구매할 때 물건의 가격이 저렴한지에 대해 크게 연연하지 않게 되었기 때문임을 우리는 알고 있다. 그러므로 샤오미 생태계의 수익모델은 '면도기와 면도날(Razor-Blade)' 모델 혹은 '라운드 수익(輪次收入)' 모델이라 할 수 있다.

이러한 '라운드 수익(輪次收入)' 모델은 사실 매우 흔하다. 디즈니는 애니메이션 블록버스터에 매번 거액을 투자하지만, 그때마다 흥행에 성공한 것은 아니다. 그러나 디즈니는 애니메이션을 소스로 삼아 연쇄적인 수익 창출 구조를 형성하였다. 1라운드에서 디즈니는 애니메이션 블록버스터 및 영화를 지속적으로 출시하여 영화 상영을 통한 박스 오피스 수익을 얻는다. 이후 디즈니는 영화의 판권 판매와 비디오 발매를 통해 2라운드 수익을 올린다. 그들은 영화가 개봉할 때마다 테마파크에 새로운 캐릭터를 추가하여 관광객을 불러모으는데 이것이 디즈니의 3라운드 수익이다. 마지막으로 라이센스를 통해 4라운드 수익을 올린다.

우리는 사용자의 수요와 제품의 기능이라는 두 가지 관점에서 기업의 제품 유형을 분석할 수 있다. 첫째, 사용자의 기본적인 수요를 충족시키는 기본적인 기능의 제품은 비교적 낮은 가격으로 시장에 나오는 경우가 많은데 이는 히트상품을 탄생시켜 다수의 사용자를 확보하기 위함이다. 예를 들어 보급형 휴대전화가 여기에 속한다 할 수 있다. 둘째, 사용자의 업그레이드 수요를 충족시키는 업그레이드 제품 유형이 있는데 이들의 가격 증가폭은 원가의 증가폭보다 높은 경우가 많다. 대용량 메모리 카드를 탑재한 휴대전화가 여기에 속할 것이다. 셋째, 휴대전화를 구매한 사용자는 인터넷에 접속하기 위해 라우터를 필요로 할 수도 있으며 라우터는 휴대전화의 주변기기로서 높은 이윤을 낼 것이다. 마지막으로 넷째, 제조업체는 하드디스크가 장착된 라우터를 출시함으로써 이런 고급 기능을 필요로 하는 사용자들의 수요를 충족시키는 동시에 높은 수익을 올릴 수 있을 것이다. 이것이 바로 [확장단계]에 있는 기업이 관련 상품의 개발을 통해 더 높은 이윤을 창출할 수 있었던 논리 구조이다.

[확장단계]의 기업은 관련 제품을 출시함으로써 더 높은 수익을 올릴 수 있을 뿐 아니라 보다 중요한 가치도 획득할 수 있다. 즉 사용자의 다원화된 수요를 충족시키고 사업부제의 조직 구조를 형성하며 범위의 경제를 달성하였다는 이점을 십분 활용하여 레드오션에서 제품 믹스(Product mix)를 통한 경쟁우위를 얻을 수 있는 것이다.

관련 제품을 내놓으면 더 높은 이윤율을 얻을 수 있을 뿐만 아니라 더욱 중요한 것은 관련 제품은 기업이 사용자의 다원화된 수요를 실현하고 사업부의 조직구조를 형성하며 범위 경제 우위를 발휘하여 시장에서 제품 조합을 이용하여 경쟁우위를 얻을 수 있다.

관련 제품의 라운드 수익(轮次收入)

아마존의 주요 사업에는 세 가지 종류가 있다. 최종 소비자를 위한 Prime 사업, 판매자를 위한 Marketplace 거래 플랫폼, 기업을 위한 AWS 클라우드 컴퓨팅 서비스가 바로 그것이다. 이 세 가지 사업들은 동일한 산업 사슬 내 세 가지 유형의 사용자를 대상으로 하고 있다. 클라우드 컴퓨팅 서비스를 사용하는 기업은 산업 사슬의 최상위에 있으며, 이들은 Marketplace의 판매자에게 상품을 공급한다. 그리고 이 판매자들은 아마존 플랫폼의 Prime 서비스를 통해 최종 사용자와 맞닿게 된다.

바로 이러한 비즈니스 체인 속에서 최종 소비자들의 견인에 의해 아마존의 플라이휠 효과가 발생한다. 아마존이 최종 소비자들의 수요를 정확히 이해하였기 때문에 그들에게 양질의 사용자 경험을 제공할 수 있었고, 이에 따라 많은 최종 소비자들이 아마존의 Prime 서비스를 이용하게 되었다. 대규모의 최종 소비자는 대규모의 판매자를 불러모았으며 이를 통해 Marketplace는 점점 더 매력적인 존재가 되었다. 나아가 Marketplace는 대량의 데이터를 축적할 수 있었으며 아마존은 대량의 클라우드 컴퓨팅 사용 시나리오를 보유하게 되었다. 결과적으로 아마존의 AWS 클라우드 컴퓨팅 서비스를 선택하는 기업들이 점점 늘어나고 있다. 아마존은 수많은 기업의 데이터를 확보하고 있었기 때문에 최종 소비자를 더욱 잘 파악할 수 있었고 그래서 플라이휠 효과의 선순환 구조를 형성할 수 있었던 것이다.

플라이휠 메커니즘이 제대로 작동하면 회사의 각 업무 모듈이 서로 유기적으로 밀고 당기며 마치 맞물린 톱니바퀴처럼 서로를 구동시키게 된다. 처음 정지 상태에서 회전을 시작하기까지는 큰 힘이 필요하지만 일단 회전하기 시작하면 회전 속도는 점점 빨라진다.

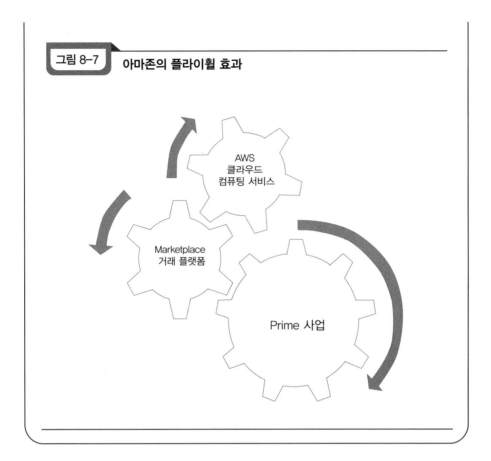

그림 8-7   아마존의 플라이휠 효과

AWS
클라우드
컴퓨팅 서비스

Marketplace
거래 플랫폼

Prime 사업

연계 마케팅

[창업단계]에서는 기업의 제품 유형이 단일하고 사용자가 밀집되어 있다. 이때 입소문 마케팅은 기업의 제품 정보를 소규모 사용자 그룹에게 신속하게 퍼뜨릴 수 있는 최고의 수단이다. [성장단계]에 이르면 기업의 제품 유형은 여전히 단일하지만 사용자 수가 증가하기 시작했다. 이 시기에는 입소문 마케팅만으로는 사용자 그룹 간의 격차를 해소하기 어렵다. 그래서 기업은 본격적인 광고 마케팅 방식을 통해 다양한 사용자 그룹에 제품 정보를 제공한다.

[확장단계]에 진입하면 다양한 소규모 사용자 그룹들의 기업 브랜드 수용도가 높아지면서 사용자 그룹이 하나의 커다란 그룹으로 합쳐지기 시작한다. 즉

우리가 앞에서 말한 누적 사용자군을 형성하게 되는 것이다. 동시에 기업의 다각화가 시작되면서 제품 유형이 점점 증가한다. 이때 기업은 사용자의 머릿속에 서로 다른 제품 간의 연결고리를 만들어야 한다. 앞서 살펴본 관련 제품 외에도 마케팅의 관점에서 연계 마케팅을 수행하고 다양한 채널을 통해 기업의 제품을 일관되게 제시함으로써 사용자에게 기업의 제품에 대한 전반적인 개념을 각인시키는 것이다.

하이얼 그룹의 발전을 예로 들어보자. 하이얼은 냉장고를 생산하는 칭다오 냉장고 본공장에서 시작해 30여 년의 성장을 거쳐 2016년 매출액 2,016억 위안의 다각화된 그룹 기업으로 성장하였다. 하이얼의 제품은 개인 및 가정용 제품과 기업용 솔루션의 두 가지 카테고리로 나누어진다. 개인 및 가정용 제품으로는 냉장고, 세탁기, 에어컨, 텔레비전, 컴퓨터, 주방 가전제품 등의 풀 라인업을 보유하고 있고 기업용 솔루션으로는 산업용 전기 제품 계열 및 바이오 메디컬, 정수 처리 등의 사업을 제공한다. 이렇게 다양한 유형의 제품을 보유하고 있지만 그럼에도 하이얼은 여전히 통합 브랜드를 내세우고 있으며 다양한 유형의 제품 간 연결고리가 형성되기를 기대한다.

2017년 3월 8일, 하이얼은 상호 연동된 가전 제품들을 통해 거실, 주방, 욕실, 침실 등 다양한 물리적 공간에서의 다양한 라이프 스타일을 지원할 수 있는 스마트 홈 솔루션을 출시하였다. 스마트 홈 솔루션의 목적은 가정에서의 사용자의 상호보완적 수요를 충족시키고 사용자에게 하이얼 제품에 대한 통일된 이미지를 각인시키며 하이얼의 다양한 제품 믹스라는 장점을 최대한으로 활용하는 것이다. 또한 다양한 가전제품들이 서로 연동되어 있기 때문에 사용자가 한 번에 여러 품목 혹은 전체 세트를 구매할 수 있도록 유도하는 연계 마케팅을 실현할 수도 있다.

[확장단계]의 연계 마케팅

제품의 종류와 사용자 그룹, 발전단계에 따라 기업의 마케팅 특징이 달라진다. [창업단계]에서는 주로 사용자의 '입'을 통해 입소문 마케팅을 하지만 [성장단계]에서는 주로 광고 마케팅을 통해 사용자의 '귀'에 들어가고자 한다. [확장단계]에서는 주로 연계 마케팅을 통해 사용자의 '뇌'에 기업 제품에 대한 전체적인 인식을 각인시키고자 하며 마지막으로 [전환단계]에서는 주로 품목의 혁신과 카테고리 마케팅을 통해 사용자의 '마음'을 차지하고자 한다.

연계 마케팅은 [확장단계]에서 제품과 사용자 간 다리를 놓는 역할을 한다. 연계 마케팅을 통해 기업은 어느 정도에 관련 제품의 판매를 촉진할 수 있으며 사용자의 상호 보완적인 수요를 충족시킬 수도 있다. 또한 사업부 간의 협력을 독려하고 레드오션에서 연계 판매를 통해 경쟁 우위를 구축할 수 있다.

그림 8-8 **마케팅=제품×사용자**

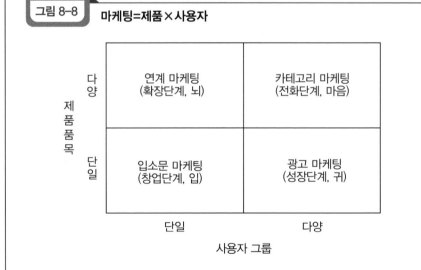

범위의 경제

범위의 경제란 두 제품을 동시에 생산할 때 드는 비용이 각 제품을 개별적으로 생산하는 데 필요한 비용의 합보다 작은 경우를 가리킨다. 두 가지 혹은 그 이상의 제품을 하나로 합쳐 생산할 때 그들을 개별적으로 생산하는 것보다 비용이 적게 든다면 범위의 경제가 존재할 가능성이 있다. 범위의 경제가 가능한 이유에는 여러가지가 있다. 공진화 전략의 네 가지 요소인 [사용자, 조직, 제품, 시장] 모두 범위의 경제를 가능하게 하는 요소들이다. 먼저 사용자의 측면에서 보자면 사용자는 함께 사용할 때 더 높은 효용을 가져다주는 제품에 더 많은 돈을 지불할 의향이 있다. 이를테면 사용자는 연동을 통해 더 나은 사용자 경험을 제공할 수 있는 스마트 기기에 더 많은 돈을 지불할 것이다. 조직의 측면에서는 경영자의 경영 경험과 직원의 생산 경험이 관련 제품에 사용될 수 있으므로 재학습과 훈련에 드는 비용을 절약할 수 있을 것이다. 제품의 측면에서 보자면 기업이 연구 개발하여 얻어낸 결과물은 다양한 제품 생산에 적용될 수 있으므로 단위 제품당 연구 개발 비용이 낮아질 것이다. 시장 측면에서도 기업의 파트너십이나 자본 우위 등이 다양한 제품의 판매에 도움을 줄 수 있다.

범위의 경제는 앞서 언급한 규모의 경제와는 다른 개념이다. 범위의 경제는 다양한 종류의 제품(품종 및 규격 포함)을 생산하여 얻는 경제성을 강조하는 것이고 규모의 경제는 생산량의 규모가 가져오는 경제성을 강조하는 것이다. 다양한 제품을 생산하는 기업은 생산 과정에서 규모의 경제는 달성하지 못할 수도 있겠지만 범위의 경제는 달성할 수 있다. 반면 대규모로 하나의 제품만 생산하는 공장은 범위의 경제는 달성하지 못하겠지만 규모의 경제는 달성할 수 있다.

따라서 [성장단계]의 기업들은 사용자 수를 늘리고 제품 규모를 확대함으로써 규모의 경제를 달성할 수 있다. 그리고 [확장단계]의 기업들은 제품의 다양성을 증가시킴으로써 범위의 경제를 달성할 수 있다. 제품 종류와 제품당 평균 사용자 수 두 가지 차원에 따라 분석하자면 [창업단계]의 경우 기업의 제품 종류는 단일하고 제품당 평균 사용자 수는 적기 때문에 기업은 주로 제품 혁신에 의한 차별화를 통하여 경제적 효과를 얻어야 한다. [성장단계]에서는 사용자 수를 늘리고 제품 규모를 확대함으로써 규모의 경제에 의한 수익을 올릴 수 있다.

[확장단계]에 진입하면 비록 기업이 출시한 신제품의 경우 사용자의 수가 많지는 않지만 점차 제품군이 늘어나면서 범위의 경제를 통한 수익을 올리기 시작할 것이다. [전환단계]에 이르면 기업이 보유하고 있는 제품 종류가 다양해지고 각 제품당 평균 사용자 수도 많아진다. 이 시기에 기업은 제품 간 네트워크는 물론 사용자 간 네트워크를 최대한 구축하여 네트워크 경제나 생태계 경제의 효과를 거둘 수 있어야 한다.

최근 몇 년 간 중국 인터넷 업계에서 인수합병 수가 급증하였다. 그 중 일부는 동종업계에서의 인수합병이다. 예를 들면 디디(滴滴)와 콰이디(快的),[12] 58과 간지(赶集),[13] 메이투안(美团)과 따종디엔핑(大众点评),[14] 씨트립(Ctrip·시에청·携程)과 취날(去哪儿),[15] 스지지아위앤(世纪佳缘)과 바이허왕(百合网)[16]이 그러하다. 동

---

12 차량 공유 서비스로 2015년 두 회사가 합병하여 디디추싱(滴滴出行)으로 이름을 바꾸었다. 정식명칭은 디디다처(滴滴打车), 콰이디다처(快的打车)이다. 디디(滴滴)는 자동차 경적소리인 "빵빵'이란 뜻이고 콰이디(快的)는 '빠르다'는 뜻이며 다처(打车)는 '차를 부르다, 택시를 부르다'는 의미이다. 두 회사가 합병되면서 현재는 디디추싱(滴滴出行)이라는 이름을 갖게 되었지만 중국에서는 흔히 줄여 디디라고 부르는 경우가 더 많다.

13 채용, 부동산, 중고거래 등 정보 플랫폼 사이트로 두 회사는 2015년 합병하였다. 58은 58통청(58同城)을 의미하며 통청은 같은 도시라는 뜻이다. 간지(赶集)는 '장날을 맞이하여 장에 간다, 물건팔러 간다, 장보러 간다'는 의미이다. 두 어플 모두 생활정보어플이며 우리나라의 벼룩시장이나 당근마켓, 번개장터, 네이버부동산 등등이 섞인 느낌이다. 여기에서 집을 구하기도 하고 중고물건을 사기도 하고 집 근처 맛집 정보를 얻기도 한다.

14 음식 배달 및 리뷰 앱으로 2015년 합병되었다. 메이투안(美团)은 각종 배달 서비스 어플 중 가장 규모도 크다. 배달의 민족과 비슷하지만 규모도 더 크고 기능도 더 다양하다. 얼마전까지는 여러 배달 어플들이 난립하였으나 지금은 거의 메이투안이 장악했다. 따종디엔핑(大众点评)은 음식점은 물론이거니와 상점, 관광지 등 거의 모든 물리적 장소에 대한 정보 및 사용자들의 후기, 별점 사이트이다. '따종(大众)=대중, 디엔핑(点评)=평가'이므로 '대중의 평가'라는 의미를 가지고 있다.

15 온라인 여행업체로 2015년 합병하였다. 외국에서는 씨트립으로 부르지만 중국에서는 씨트립이라고 하면 거의 아무도 못 알아듣는다. 중국에서는 시에청(携程)이라고 불린다. 휴대할 휴(携), 일정 정(程), 즉 '가지고 다니는 여행 일정', '내 손 안에 여행 일정 정도'의 의미를 가지고 있다. 에어비앤비나 호텔스컴바인, 스카이스캐너 등의 여행 플랫폼들이 숙박이나 항공권 예매에 특화된 것과 달리 씨트립은 여행과 관련된 거의 모든 기능을 전방위적으로 제공하고 있다. 중국인들은 여행갈 때에만 씨트립을 사용하는 것이 아니라 고향갈 때에도 씨트립에서 기차를 예매한다. 비교하자면 에어비앤비이자 코레일이자 스카이스캐너 같은 존재이다. 취날(去哪儿)은 '어디 가니?'의 의미를 지닌다.

16 결혼 정보 업체 또는 소개팅 서비스로 2015년 합병하였다. 스지아위앤(世纪佳缘)은 '세기의 아름다운 인연'이라는 의미이며, 바이허왕(百合网)의 바이허(百合)는 백합, 왕(网)은 사이트라는 의

종업계가 아닌 기업 간 입수합병도 이루어졌다. 이를테면 알리바바가 요우쿠투도우(优酷土豆)[17]나 선조우 좐처(神州专车)[18]를 인수하고, 바이두가 아이치이(爱奇艺)[19]를 인수하고, 텐센트가 게임 회사인 Supercell[20]을 인수한 것 등이 그 예이다.

동종업계 내에서 이루어지는 인수합병은 주로 규모의 경제를 추구하는 반면, 업계 외 기업끼리의 인수합병은 범위의 경제를 추구한다고 볼 수 있다. 3대 인터넷 거물인 BAT는 온라인 동영상 회사와 게임 회사, 공유 경제 회사를 대거 인수하였다. 이 회사들이 거물급 기업에게 인수되기를 원한 이유는 사용자를 확보하는 데 드는 비용이 그만큼 높기 때문이다. 스타트업 입장에서는 처음부터 사용자를 모으는 것보다는 업계 거물들과의 협력 심지어는 합병을 통해 한 번에 많은 사용자를 확보함으로써 규모의 경제를 달성하는 것이 더 나은 선택일 수 있다. 업계의 거물 입장에서도 제품을 처음부터 개발하는 것보다는 업계 선두에 있는 스타트업을 인수한 후, 이미 확보하고 있는 누적 사용자를 활용해 범위의 경제를 실현하는 것이 더 바람직하다. [확장단계]의 기업에게 범위의 경제란 무척 중요한 문제다. 범위의 경제를 달성함으로써 사용자의 다원화된 수요를 충족시키고 사업부제를 조직하며 자본 운영을 통한 자원의 획득과 관련

미를 가진다.

17 알리바바에 인수되기 전 요우쿠(优酷)와 투도우(土豆)가 합쳐져서 만들어진 기업으로 동영상 플랫폼이다. 유튜브와 넷플릭스가 막힌 중국에서 이들과 비슷한 역할을 한다고 볼 수 있으며 사실 넷플릭스에 더 가깝다. 요우(优)는 '더, 더욱'이라는 의미이고 쿠(酷)는 원래 '시다'는 의미이지만, 발음이 cool과 비슷하다는 점에 착안하여 '쿨하다'의 의미로도 사용된다. 즉 '더 쿨하다', '더 멋지다'는 의미이다. 투도우(土豆)는 감자라는 뜻이며 영어의 couch potato(게으른 사람)에서 따온 표현이라고 한다.

18 선조우 좐처(神州专车)는 차량 공유 플랫폼이다. 디디(滴滴)와 다른 점이 있다면 디디는 직업 기사가 아닌 아르바이트 기사가 모는 자가용에서부터 우리나라의 모범택시에 해당하는 고급 택시에 이르기까지 여러 등급의 차량을 제공하는데 반하여, 선조우 좐처는 모범택시 위주로 제공한다는 것이다. 선조우(神州)는 신의 땅, 하늘의 땅, 즉 중국을 가리키는 말이고 좐처(专车)는 중형 세단+전문 기사의 고급 택시를 가리키는 말이다.

19 중국의 동영상 사이트이다. 아이치이는 유쿠, 텐센트비디오와 함께 중국 3대 동영상 사이트로 중국판 넷플릭스라고 불린다.

20 2010년 핀란드에서 설립된 모바일 게임 회사이다. 클래시 오브 클랜, 붐비치, 클래시 로얄 등 빅히트 게임을 제작하였으며 2015년 소프트뱅크에 인수되었다가 2016년 다시 텐센트에 인수되어 자회사가 되었다.

제품의 개발을 도모할 수 있기 때문이다.

도구모음

플라이휠 구축 7단계

범위의 경제의 핵심은 범위가 넓다는 데 있는 것이 아니라 폐쇄루프(closed loop, 闭环)와 플라이휠을 구축하여 인과 (causal) 사슬을 형성한다는 데 있다. 플라이휠을 구축하려면 다음의 7단계를 따라야 한다.

1단계. 당신의 기업이 이미 달성했고, 중요하며, 반복 가능한 성공을 열거한다.

2단계. 당신의 기업이 경험한 실패를 열거한다.

3단계. 성공과 실패의 사례를 비교한 후 '이러한 경험과 교훈 중 플라이휠을 구성할 수 있는 부품이 될 만한 것들이 있는지' 생각해본다.

4단계. 당신이 찾아낸 플라이휠 부품들(4-6개)을 활용하여 플라이휠의 기초를 설계해 본다.

5단계. 플라이휠의 본질을 파악하기 위해 부품 라인을 정리하고 단순화한다.

6단계. 성공 리스트와 실패 리스트를 통해 플라이휠을 점검한다. 플라이휠이 가장 중요하고 반복 가능한 성공과 가장 큰 실패 및 가장 명백한 문제점을 명확하게 드러낼 때까지 당신은 끊임없이 플라이휠 구조를 손봐야 한다.

7단계. 삼원이론에 근거하여 플라이휠을 검증한다. (1) 당신이 충만한 열정을 가지고 있는 대상은 무엇인가? (2) 당신은 어떤 면에서 세계 최고가 될 수 있는가? (3) 당신의 경제 엔진을 구동시키는 것은 무엇인가?

지배적 디자인(dominant design)

지배적 디자인이란 특정 시기에 다양한 기술 혁신들을 융합하여 새로운 제품의 형태로 나타나는 기술과 시장 간 상호작용의 결과물이자, 시장에서 신뢰하는 디자인이며, 중요한 시장 추종자들을 지배하기 위해 혁신가가 추구해야 하는 디자인이다. 또한 기술적 가능성과 시장 선택의 상호작용하에 널리 받아들여지고 만족감을 얻은 제품이다. 어떤 산업이 일정 정도로 성숙해지면 지배적 디자인이 출현하게 된다.

산업의 혁신 과정은 [변동단계], [전환단계], [특성단계]로 나눌 수 있다. [변동단계]일 때 제품의 혁신률이 가장 높으며, 이 시기에는 업계의 다양한 제조사들이 제품 디자인과 사용 특성에 대해 많은 실험을 한다. 예를 들어 자동차 산업의 초기에는 수십 개의 회사가 전력과 증기 동력을 포함하여 다양한 종류의 차량을 생산했었다. 이때 제품의 주요 특성은 끊임없이 변화하는 상태에 있었기 때문에 제품의 제조 공정에 관심을 갖는 사람이 드물었고 공정 과정에서의 혁신률 역시 현저히 낮았다. [전환단계]에서는 주요 제품의 혁신률이 하락하고 공정 과정의 혁신률이 상승하며 제품의 다양화가 표준 디자인에 준하여 이루어지기 시작하더니 마침내 지배적 디자인이 탄생한다. 포드의 모델T 자동차가 시장에 나왔을 때 자동차 산업의 지배적 디자인이 이미 출현한 것이라 볼 수 있다. 이후 자동차 업계는 주요 혁신 방향을 공정 과정 혁신 위주로 전환시킨다. [특성단계]에서는 제품과 공정 과정의 혁신률이 모두 떨어지기 시작하는데 이 시기 산업 기계들은 제품의 생산량과 비용에 중점을 두며, 주로 점진적 혁신을 위주로 하게 된다.

미국의 산업 경제학자 제임스 어터백(James Utterback)은 타자기, 자동차, 전자계산기, 집적회로, 텔레비전, 브라운관 등 7개 업계를 심층 연구한 결과 거의 모든 업계에서 놀라울 정도로 비슷한 진입과 퇴출 패턴을 보인다는 사실을 발견하였다. 새로운 산업의 탄생 초기, 아직까지 지배적 디자인이 출현하지 않았을 때에는 기업들이 끊임없이 경쟁에 뛰어들며 업계 내 기업의 수도 점점 증가하는 추세를 보인다. 이 시기의 경쟁은 주로 제품 혁신(product innovation)에 집중되어 있기 때문에 시장 수요에 부합하는 아이디어가 있으면 빠르게 시장을 점유할 수 있다. 지배적 디자인이 출현한 후에는 소수의 대기업으로 안정화될 때까지 기업의 수가 꾸준히 감소한다. 이 시기의 경쟁은 주로 제조 공정 혁신(process innovation)에 집중되어 있으며 기업은 시장을 선점하기 위해 품질은 우수하고 가격은 저렴한 제품을 만들어 낸다.

많은 경우 선두 기업의 생애주기는 업계 전체의 생애주기와 밀접하게 연결되어 있다. 이를테면 컴퓨터 칩 업계와 인텔, 컴퓨터 소프트웨어 업계와 마이크로소프트, 자동차 업계와 포드 및 제너럴 모터스의 관계가 그러하다. 위대한 기업이 되고자 한다면 업계의 기술 동향을 잘 쫓아가야 한다. 기업의 [창업단계]에서는 업계의 최신 기술을 사용해야 하고 [성장단계]에서는 기술의 성장에 발맞춰 기업도 함께 성장해야 하며 [성숙/확장단계]에 이르러서는 업계의 지배적 디자인을 만들 수 있어야 한다.

지배적 디자인의 주인이 되면 기업이 레드오션이 경쟁에서 독점적 지위를 확보하는 데 도움을 줄 수 있으며 기업은 이를 통해 지배적 디자인을 중심으로 관련 제품을 만들고 기업의 사업부를 조직하며 사용자의 상호보완적 수요를 충족시킬 수 있다.

지배적 디자인의 형성

혁신에는 크게 네 가지 유형이 있는데 시장이 성장함에 따라 시기별로 가장 중요한 혁신 유형이 지속적으로 변하게 된다. 첫 번째 하위 유형은 [기술 혁신]이다. 이는 시장에서 처음으로 어떤 획기적인 기술을 채택하는 것을 가리킨다. 예를 들어 1960년대 RCA(Radio Corporation of America)에서 처음으로 액정이라는 소재와 디스플레이라는 기술의 결합을 시도하였는데, 이것이 바로 디스플레이 산업의 중요한 [기술 혁신]이었다.

두 번째 하위 유형은 [기술 적용 혁신]이다. 이는 시장에서 최초로 혁신기술을 실제에 적용시키는 것을 가리킨다. 액정 디스플레이 기술, 즉 LCD를 발명한 것은 RCA였지만 아직까지는 디스플레이 효과가 떨어지고 색조 역시 모노톤이었기 때문에 RCA는 이 기술을 제대로 활용하지 못하고 있었다. 이 기술을 제대로 사용한 것은 일본의 시계 회사인 세이코였다. 그들은 전자시계 생산에 LCD를 적용시킴으로써 액정 디스플레이가 있는 전자시계를 만들어냈다.

세 번째 하위 유형은 [프로세스에서의 효율성 혁신]이다. 즉 제품의 가성비가 대폭 향상되어 시장으로부터 보편적으로 인정받게 되는 것을 가리킨다. LCD의 기술력이 성숙해지면서 노트북에도 이 기술이 적용되기 시작하였다. 1992년 IBM은 훗날 ThinkPad 노트북 시리즈로 유명세를 떨치게 되는 노트북의 첫 번째 시리즈인 700C를 출시하였는데 여기에 10.4인치 컬러 LCD를 장착하였다. 그리고 이것이 킬러앱(killer app)이 되어 시장을 폭발시키는 단초가 되었다.

네 번째 하위 유형은 [프로세스 플랫폼 혁신]이다. 기술이 이미 시장의 주류로 자리잡아 각 분야에 적용되고 있으며 나아가 또 다른 혁신을 지원하는 기술 플랫폼이 된 것이다. 일본과 한국 기업의 막대한 투자를 통해 LCD는 빠르게 주류로 자리잡았다. 이에 따라 가격은 점점 저렴해졌으며 데스크탑 모니터나 텔레비전, 휴대전화 등 각종 제품에 적용되기 시작했다.

어떤 기술이 성장하기 시작할 무렵에는 [기술 혁신]의 속도는 빠르지만 [프로세스의 혁신] 속도는 느리다. 하지만 기술이 점차 성숙할수록 [프로세스 혁신]의 속도 역시 점차 빨라진다. [기술 혁신]과 [프로세스 혁신]이 모두 정점에 도달하였을 때 바로 지배적 디자인이 출현한다. 지배적 디자인이 출현하는 시점에 따라 우리는 기술 혁신을 [기술 혁신 단계]와 [기술 적용 혁신 단계]로 나눌 수 있으며 프로세스 혁신을 [프로세스 효율성 혁신 단계]와 [프로세스 플랫폼 혁신 단계]로 나눌 수 있다.

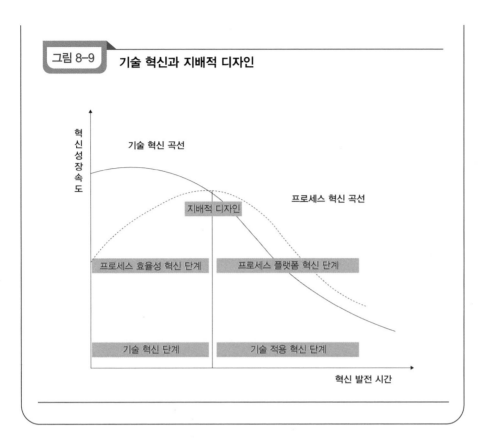

그림 8-9 　기술 혁신과 지배적 디자인

혁신성장속도

기술 혁신 곡선

프로세스 혁신 곡선

지배적 디자인

프로세스 효율성 혁신 단계　　　프로세스 플랫폼 혁신 단계

기술 혁신 단계　　　기술 적용 혁신 단계

혁신 발전 시간

자본 운용

기업 운영은 사용자, 제품, 조직, 시장 등 다양한 방면의 운영을 포함한다. 이들 네 가지 전략 요소 모두 기업 발전의 모든 단계에서 중요하지만 성장단계마다 무게 중심을 달리 할 필요가 있다.

[창업단계]에서는 기업 운영의 중점을 사용자 운용에 두어야 하며, 사용자의 페인 포인트와 수요의 특성과 사용자 요구를 충족시키는 것의 어려움에 대해 이해해야 한다. [성장단계]에서의 기업 운영의 중점은 제품에 있다. 어떻게 해야 히트상품을 개발할 수 있는지, 제품이 대중 사용자에게 퍼졌다면 어떻게 해야 제품 규모를 경제 규모로 키울 수 있을지 고민해야 한다.

기업이 [성숙/확장단계]로 발전할 때 기업 운영의 중점은 시장에 있어야 한다. 어떻게 해야 기술의 동향을 읽어낼 수 있는지, 어떻게 해야 치열한 시장 경쟁 속에서 동료 업체와의 경쟁 및 협력 관계를 잘 파악할 수 있는지에 대해 중점적으로 고민해야 한다. 또한 [성숙/확장단계]의 기업은 이미 일정량의 자금과 현금 흐름을 확보했기 때문에 자본 운용이 기업 운영의 중요한 부분을 차지하며 이것이 미래 발전의 중요한 원동력이 될 수도 있다. [쇠퇴/전환단계]에 있는 기업의 경우 기업 운영의 중점을 조직 운영에 두어야 할 수도 있다. 어떻게 하면 다시 조직의 활력을 불어넣을 수 있는지, 어떻게 하면 기업 전환의 길목에 놓인 장애물을 제거할 수 있는지 고민하는 것이다.

공진화 전략의 논리에 따라 기업의 자본 운용은 기업 전략의 네 가지 요소를 최적화하는 것을 목표로 해야 한다. [성숙/확장단계]에 있는 기업은 투자합병을 통해 외부의 조직, 기술, 제품, 사용자를 확보한 후 이들을 내부 조직, 기술, 제품, 사용자로 전환 및 흡수시켜 전략 요소의 확장이라는 목적을 달성하여야 한다. 이를 통해 다음 라운드를 위한 자본 운용의 동력을 제공할 수 있기 때문이다. 이것을 더 구체적으로 표현하자면 자본 운용은 기업이 누적 사용자의 수를 빠르게 늘리고 시장에서 지배적 디자인을 확보하며 팀의 전문화를 가속화하고 범위의 경제가 가져오는 수익을 누리게 해준다고 말할 수 있다.

레드오션

시장의 경쟁 정도는 시장의 크기와 시장에 있는 경쟁자의 수에 달려 있다. 만약 시장의 사용자가 빠르게 증가한다면 이 시장의 잠재적 공간은 상대적으로 크다고 할 수 있다. 또한 시장 내에서 기업의 수가 빠르게 증가한다면 비교적 시장 규모가 크다 하더라도 기업 간 경쟁이 치열하게 전개될 것이다.

우리는 사용자 증가 속도와 시장 내 기업의 증감이라는 두 가지 차원에서 시장 경쟁의 강도와 레드오션의 유형을 분석할 수 있다. 사용자 증가 속도는 느리지만 기업 수가 빠르게 증가할 때 가장 치열한 경쟁이 벌어진다. 예를 들면 2010년 초 중국 최초의 공동구매 사이트가 오픈한 이후, 2011년 8월까지 5,000

개가 넘는 공동구매 사이트가 등장했다. 그러나 공동구매 참여를 희망하는 상점의 증가세가 둔화되면서 공동구매 업종 규모에 제한이 생겼다. 몇 년 간의 치열한 경쟁 끝에 2014년 상반기에는 176개의 공동구매 사이트만이 남아 있었다. 2011년과 비교했을 때 3.5%에 불과한 생존율을 보이고 있는 것이다.

제조업체가 많아지면 경쟁이 심화되고 제조업체가 적어지면 경쟁도 약화되는 경향이 있다. 중국의 휴대전화 제조사는 2014년 초 80여 개에서 같은 해 말에 59개로 줄어들었다. 전세계적으로 휴대전화 출하량의 집중도도 높아지고 있다. IDC 자료에 따르면 2020년 전 세계 스마트폰 판매량은 12억 9,000만대를 기록하였는데 이는 전년 대비 5.9% 감소한 수치이다. 스마트폰 사용자의 증가 속도는 상대적으로 더딘 편이지만 일부 제조사들이 시장을 독점하고 있기 때문에 세계 5대 휴대전화 제조사 중 화웨이를 제외한 애플, 삼성, 샤오미, OPPO의 2020년 휴대전화 출하량이 모두 증가하였다.

만약 특정 시장 내의 제조업체 수가 상대적으로 적고 사용자 수가 급격하게 증가하고 있다면 시장 경쟁이 크게 치열하지는 않을 것이다. 모바일 게임 시장을 예로 들어보자. 2016년 사용자 규모 5억 2,300만 명에 시장 규모 783억 2,000만 위안을 기록한 중국의 모바일 게임 시장은 2017년 말 1,000억 위안을 돌파할 정도로 사용자 수가 급격하게 늘어나고 있다. 또한 시장에서 기업의 집중도가 굉장히 높은 편이다. 2019년 중국 모바일 게임 회사의 시장점유율을 살펴보면 텐센트가 59.3%, 넷이즈(NetEase·왕이·网易)가 21%의 점유율을 기록하여 두 회사만으로 이미 전체 시장점유율의 80%를 차지하고 있음을 알 수 있다. 이는 곧 중국의 모바일 게임 시장에서 중소 기업에게 주어지는 기회가 점점 줄어들고 있음을 의미한다.

한 마디로 시장 경쟁은 [성숙/확장단계]의 기업에 매우 중요하다고 할 수 있다. 시장 경쟁은 기업의 자본 운용 여지에 영향을 미칠 뿐 아니라 기업이 관련 제품을 출시할 필요가 있는지 여부를 결정한다거나 사용자들의 다원화된 수요를 충족시키고 조직 구조를 구축하는 데에도 영향을 미친다.

마흔여덟 개의 전략 진화 중 [전환단계]

[전환단계]의 사용자

사용자 재인식하기

[창업단계]부터 [전환단계]에 이르기까지 기업이 성장하면서 사용자도 많은 변화를 겪는다. [창업단계]에 있는 기업에게 가장 중요한 사용자 특징은 사용자의 호기심이며 [성장단계] 기업에게 가장 중요한 사용자 특징은 동조성이다. [성숙단계] 기업에게는 사용자의 만족도가 가장 중요하고, [쇠퇴/전환단계] 기업에게는 사용자의 충성도가 가장 중요하다.

'호기심'은 사용자의 새로운 것에 대한 수용 정도를 말한다. 호기심의 정도가 큰 사용자는 제품과 서비스의 질보다는 제품과 서비스의 새로움에 대한 요구치가 더 크다. '동조성'은 타인이 수용한 것에 대한 사용자의 수용 정도를 말한다. 동조성이 높은 사용자는 광고나 대중매체에서 홍보하는 제품에 대한 수용도가 높다. '만족도'는 사용자가 제품에 대해 예상한 효과와 기대치를 비교한 후 형성된 기쁨이나 실망감을 가리킨다. 실제 소비가 가져온 효과가 소비자의 기대치를 충족하면 만족감을 가져오지만, 그렇지 않을 경우 불만족을 초래하게 된다. '충성도'란 기업의 제품이나 서비스에 대한 사용자의 의존도와 인정을 가리킨다. 어떤 기업의 제품이나 서비스를 장기간 구매하고 사용하는 것에 대한 정신적이고 정서적인 신뢰감의 정도가 바로 충성도이다.

호기심이 높은 사용자는 미래에 초점을 맞추기 때문에 제품이나 서비스의 업데이트에 대해 긍정적인 태도를 갖는다. 이들은 창업기의 중요 사용자 집단이다. 반면 동조성이 높은 사용자는 현재에 집중하기 때문에 제품이나 서비스에 대한 타인의 평가를 중시한다. 자신의 만족도를 중요하게 생각하는 사용자는 성숙기의 중요 사용자 집단이 된다. 만족도의 높고 낮음은 주로 사용자가 제품이나 서비스를 사용할 때 경험하는 실제 느낌에 기초한다. 사용자의 충성도 역시 사용자의 제품이나 서비스에 대한 실제 경험에 기초하긴 하지만 사실 충성도는 이미 제품이나 서비스의 범위를 뛰어넘어 기업 자체에 대한 정서를 형성하게 되는 것을 가리킨다. 충성도가 높은 사용자들은 전환기 기업에게 미래 발전의 기반이 된다.

기업이 성숙기에서 전환기로 성장할 때 사용자에 대한 관심사를 사용자 만족도에서 사용자 충성도로 전환하는 이유는 기업이 점점 치열해지는 경쟁 속에 놓여있기 때문이다. 사용자 만족도와 사용자 충성도 간의 관계는 크게 세 가지 측면에서 이해할 수 있다. 첫째, 사용자 만족도와 충성도 사이에는 상관관계가 있다. 사용자 만족도가 높은 제품이나 서비스는 사용자 충성도 역시 높은 경향이 있으며, 반대로 사용자 충성도가 높은 제품이나 서비스 또한 사용자 만족도가 높은 경향이 있다. 둘째, 경쟁이 치열하지 않은 경우 사용자가 선택할 수 있는 선택의 여지가 제한되어 있기 때문에 사용자들은 만족스럽지 않을지라도 어쩔 수 없이 지속적으로 특정 제품이나 서비스를 사용한다. 즉 거짓 충성 현상이 나타나는 것이다. 셋째, 경쟁이 치열한 경우 전적으로 만족한 고객은 일부만 만족한 고객보다 훨씬 높은 충성도를 보인다. 또한 사용자 만족도가 조금만 떨어져도 사용자 충성도가 급격히 떨어질 가능성이 있다.

그러므로 기업은 경쟁 강도가 낮은 시기(성장기/성숙기)에는 위기에 대비해야 하며 사용자 만족도는 높이기 위해 노력해야 한다. 그렇지 않으면 경쟁이 심해졌을 때 사용자들이 대거 이탈하는 곤경에 처하게 될 것이다. 경쟁이 심화된 시기(쇠퇴기/전환기)에는 사용자의 불만족부터 사용자의 충성도 하락, 사용자 이탈에 이르기까지 그 원인에 대해 명확하게 파악해야 한다.

경영이 힘든 이유는 중요하다고 여기는 것들을 너무 많이 강조하다가 오히려 역효과가 날 수도 있기 때문이다. 사용자 만족도와 사용자 충성도가 바로 그 예이다. [전환단계]에서 기업은 사용자를 재인식하고 사용자의 잠재적 수요에 대해 진지하게 이해해야 한다.

거래 사용자에서 평생 사용자로

하이얼은 사용자를 거래 사용자, 상호작용 사용자, 평생 사용자의 세 가지 유형으로 구분한다. 거래 사용자는 기업의 제품과 서비스를 구매함으로써 기업과 거래하는 사용자를 가리킨다. 거래는 기업과 사용자가 맺는 기초적인 관계이며 기업이 시장 잠재력을 발굴하는 과정은 잠재적 사용자를 거래 사용자로 지속적으로 전환시키는 과정이다. 잠재적 사용자는 기업이 목표로 하는 시장점유율에 해당하는 사용자 수이며 거래 사용자 비율은 전체 잠재적 사용자 중 거래 사용자가 된 사용자의 비율이다. 즉 회사가 잠재적 사용자를 실제 사용자로 전환시킨 비율을 반영하고 있는 것이다.

상호작용 사용자는 제품과 서비스의 교체에 대하여 기업과 교류하고 상호작용하는 사용자들을 가리킨다. 인터넷과 사물인터넷의 발달로 기업과 사용자의 관계는 더 이상 일방적인 제품이나 서비스 판매 관계가 아니라 쌍방향, 심지어는 다방향으로 교류하고 상호작용하는 관계가 되었다. 상호작용 사용자 비율은 전체 거래 사용자 중 상호작용 사용자의 비율을 가리킨다. 즉, 기업의 제품과 서비스를 구매한 사용자 중 얼마나 많은 사용자들이 기업에게 도움이 되는 정보와 피드백을 제공해 주는지를 따져보는 것이다.

평생 사용자는 기업의 제품과 서비스를 지속적으로 구매할 뿐 아니라 기업과의 상호작용 관계를 유지하고 있는 사용자를 가리킨다. 평생 사용자 비율은 평생 사용자와 상호작용 사용자의 비율을 가리킨다. 다시 말해 평생 사용자 비율이란, 기업의 상호작용 사용자 중 기업과 거래 관계 및 상호작용 관계를 지속할 수 있는 사용자들의 비율이다.

사용자 비율 승수에는 거래 사용자 비율 승수, 상호작용 사용자 비율 승수, 평생 사용자 비율 승수의 세 가지 지표가 포함되는데 이들의 목표는 모두 1에 가까워지는 것이다. 각각의 사용자 비율이 모두 1에 가까워진다면 잠재적 사용자에 대한 평생 사용자의 비율 역시 1이 될 것이며, 이 말은 곧 기업이 잠재적 성공자를 모두 평생 사용자로 전환하는 데 성공했다는 의미가 된다.

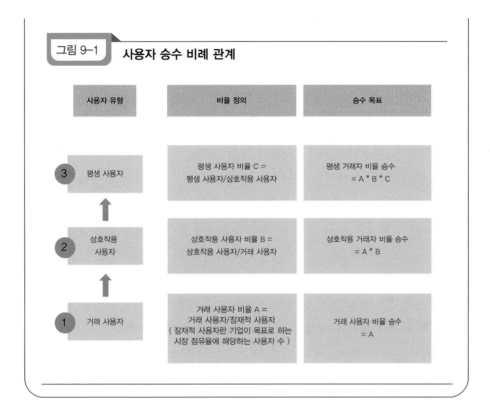

그림 9-1 사용자 승수 비례 관계

사용자 유형	비율 정의	승수 목표
③ 평생 사용자	평생 사용자 비율 C = 평생 사용자/상호작용 사용자	평생 거래자 비율 승수 = A * B * C
② 상호작용 사용자	상호작용 사용자 비율 B = 상호작용 사용자/거래 사용자	상호작용 거래자 비율 승수 = A * B
① 거래 사용자	거래 사용자 비율 A = 거래 사용자/잠재적 사용자 (잠재적 사용자란 기업이 목표로 하는 시장 점유율에 해당하는 사용자 수)	거래 사용자 비율 승수 = A

잠재적 수요

클레이턴 크리스텐슨(Clayton Christensen)의 명저, 『혁신기업의 딜레마(The Innovator's Dilemma)』의 중국어판에서는 성숙한 기업이 처한 어려움을 두 문장으로 표현하고 있다. 첫 번째 문장은 "(전투에서) 모든 것을 완벽하게 처리했더라도 성이 함락될 수 있다" 이고 두 번째 문장은 "새로운 기술과 새로운 시장을 마주했을 때 실패하게 되는 이유는 흠잡을 데 없이 완벽하게 경영했기 때문이다." 이다. '모든 것을 완벽하게 처리했다'는 말과 '성이 함락된다 '는 말, 그리고 '흠잡을 데 없이 완벽하다'는 말과 '실패했다'는 말의 모순이 바로 성숙한 기업이 처하는 딜레마이다. '모든 것을 완벽하게 처리했다'는 것과 '흠잡을 데없이 완벽했다'는 것은 사용자 만족도와 사용자 충성도를 잘 관리했다는 의미임을 알 수 있을 것이다. 반면 '실패했다'는 것과 '성을 잃었다'는 것은 사용자와 수요를 재인식하지 못했다는 의미이다.

앞에서 논의한 바와 같이 실수요란 사용자는 구매력이 있고 기업은 제품력(product capability)이 있을 때의 사용자 수요를 의미하며, 잠재적 수요란 사용자는 구매력이 있지만 기업은 아직 제품력을 확보하지 못했을 때의 사용자 수요이다. 기업이 [성장단계]와 [성숙단계]에서 충족시키는 것은 주로 실수요이다. 하지만 [쇠퇴단계]에 접어들고 나면 실수요는 이미 어느 정도 충족된 상태이기 때문에 잠재적 수요를 중점적으로 발굴해야 한다.

실수요와 잠재적 수요 외에도 실제 사용자와 잠재적 사용자의 개념을 이해해야 한다. 실제 사용자는 기업이 [창업단계], [성장단계], [확장단계]를 거치면서 누적된 사용자들이며 이들의 실수요는 기업 성장의 중요한 기반이 된다. 실제 사용자와 실수요는 모두 현재에 초점을 맞추지만 미래에도 초점을 맞추고자 한다면 잠재적 사용자와 잠재적 수요의 중요성을 이해해야 한다.

실제 사용자와 실수요에 중점을 두고 기업이 경쟁에서 승리할 수 있는 방식에는 두 가지가 있는데 하나는 낮은 비용이고 다른 하나는 차별화이다. 낮은 비용은 제품과 서비스를 만들어내는 데 드는 비용이 적은 것을 뜻하며 일반적으로 저렴한 가격을 의미한다. 차별화는 제품과 서비스가 다른 것들과는 다르다는 뜻인데 일반적으로 비싼 가격을 의미한다. 실제 사용자와 실수요에만 주목하면 낮은 비용과 차별화의 균형점을 잡기가 쉽지 않다. 하지만 잠재적 사용자의 잠재적 요구에 초점을 맞춘다면 낮은 비용과 차별화를 모두 실현할 수도 있다.

1984년, 캐나다의 거리 곡예사 기 랄리베르테(Guy Laliberte)와 질 스테 크루아(Gilles Ste-Cloix)가 태양의 서커스를 설립했다. 당시는 전통 서커스 공연을 좋아하는 관객이 점점 줄어들고 있는 상황이었고 서커스 공연 업계의 경쟁도 치열했었다. 설립 첫 날 랄리베르테와 크루아는 깨달았다. 서커스 업계 거물들과 실제 관객들의 실수요를 두고 경쟁하는 것은 스스로를 사지로 몰아넣는 일이라는 사실을 말이다.

그래서 그들은 전통 서커스의 사업 모델을 자세히 분석해보기로 했다. 전통적인 서커스의 관객은 주로 어린 아이들이었다. 부모는 그저 아이를 데리고 왔을 뿐이다. 그래서 전통적인 서커스는 주로 아이들이 원하는 걸 보여주려고 했다. 그렇다면 아이들은 어떤 공연을 좋아했을까? 단연 동물 공연이다. 아이들이 각양각색의 동물들을 좋아했기 때문에 서커스단은 다양한 동물들을 무대에 올려야 했고 이 많은 동물들을 키우고 훈련시키느라 돈도 많이 들었다. 하지만 부모들은 서커스란 그저 아이들을 재미있게 해 줄 뿐 대단한 기술도 필요없고 크게 가치있는 일도 아니기 때문에 티켓값을 올린다는 건 말도 안 된다고 생각했다. 저렴한 티켓값을 메우기 위해 서커스단은 늘 공연장에 노점을 늘어놓고 희한한 물건들을 팔아야 했다. 잡상인들도 관람석을 왔다갔다하며 물건을 팔았기 때문에 관객 입장에서는 영 성가신 일이 아니었다. 다시 말해 전통 서커스 공연이란 아이들이나 보는 왁자지껄한 공연이며 비용은 많이 드는데 티켓값은 저렴한, 심지어 아이들이 크고 나면 더 이상 보지도 않는 공연이었던 것이다.

전통 서커스 사업을 운영하는 일이 왜 이렇게 힘든 것인지에 대한 분석을 마친 태양의 서커스의 두 설립자들은 앞으로 어떻게 해야 할지 고민하기 시작했다. 그들은 티켓값은 올리되 원가는 낮추고 싶어했는데 몇 년 간의 탐구 끝에 그러기 위해서는 전통 서커스가 걸어왔던 길을 그대로 쫓을 것이 아니라 연극 업계에 가서 배워야 한다는 사실을 깨달았다. 연극 업계의 비즈니스 모델을 배우고자 그들은 할리우드로 달려갔다.

그렇다면 연극의 특징은 어땠을까? 관객은 대부분 성인이었고 티켓값은 서커스보다 비쌌으며 동물 공연 같은 건 없었고 잡상인도 없었다. 또한 명확한 주제가 있었고 우아한 관람 환경이 조성되어 있었으며 아름다운 음악과 춤이 있었다. 물론 서커스에도 장점이 있다. 서커스에는 유머러스한 광대와 손에 땀을 쥐게 만드는 공중 그네가 있기 때문이다. 태양의 서커스의 두 설립자는 연극과 서커스를 합치면 긍정적인 시너지가 발생하지 않을까 기대했다.

우리가 보는 태양의 서커스 공연은 바로 이렇게 탄생하게 된 것이다. 태양의 서커스는 서커스와 예술성있는 무대극을 결합함으로써 전통 서커스와의 경쟁을 뛰어넘을 수 있는 길을 개척했다. 태양의 서커스에는 스타 곡예사도, 유명한 조련사도 없다. 그들이 직접 창작한 레퍼토리에는 동물이 등장하지 않기 때문에 비용도 크게 낮출 수 있었다. 대신 태양의 서커스는 화려한 의상을 입은 배우들이 우아한 분위기 속에서 조명과 음향, 무대미술을 활용하여 무대극과 결합된 마술, 곡예, 어릿광대를 보여준다. 또한 하나의 완전한 이야기를 서커스로 표현함으로써 환상적이고 신비한 분위기를 연출한다.

태양의 서커스 사용자 집단은 둘로 나눌 수 있다. 하나는 서커스 매니아(실제 사용자)이고 다른 하나는 극장의 관객(잠재적 사용자)이다. 태양의 서커스는 동물 공연 관람에 대한 수요(실수요)를 파고드는 대신 실제 사용자와 잠재적 사용자들의 수준 높은 서커스 공연에 대한 수요(잠재적 수요)를 발굴하였다. 그들은 자신들이 만들어 낸 새로운 예술 형식을 통해 다른 평범한 서커스 공연들과의 격차를 벌릴 수 있었고 일반적인 의미에서의 경쟁을 뛰어넘는 고수익을 창출하였다.

도구모음

수요 발굴의 'Y' 모델

'잠재적 수요'를 분석하는 과정은 다음 그림의 '1→2→3→4'의 과정으로 이해할 수 있다. 먼저 사용자의 제품에 대한 수요를 분석한 후 이를 매슬로의 기본 욕구 이론과 접목시켜 생각해본다. 그리고 그 결과를 사용자의 제품에 대한 수요에 반영한 후 제품 성능으로 구현해내는 것이다.

클레이턴 크리스텐슨은 『일의 언어(Competing Against Luck)』에서 밀크셰이크의 딜레마를 예시로 들었다. 어느 날 고속도로 옆에 위치한 패스트푸드 가게 주인장은 아침에 차를 몰고 밀크셰이크를 사러오는 손님들과 저녁 퇴근길에 밀크셰이크를 사러오는 손님들이 다르다는 사실을 깨달았다. 아침에 밀크셰이크를 사먹는 손님들은 아침 식사 대용으로 밀크셰이크를 구매하는 것이기 때문에 그들의 제품에 대한 수요는 충분한 영양분의 공급이며 이는 매슬로의 욕구 중 생리적 욕구에 해당한다고 할 수 있다. 이런 상황에서는 밀크셰이크가 걸쭉한 편이 좋을 것이다. 그래야 출근길에 운전을 하면서도 먹을 수 있고 먹고나서 배도 부르기 때문이다. 반면 저녁에 밀크셰이크를 사러오는 손님들은 집에 가는 길에 처리해야 할 일이 있는 경우가 많기 때문에 그들의 제품에 대한 수요는 스트레스 해소이며 이는 매슬로의 욕구 중 정서적 욕구에 해당한다고 할 수 있다. 그러므로 밀크셰이크를 묽게 만들고 여기에 과일 등 다른 맛을 첨가한다면 긴장 완화와 식욕 상승에 도움이 될 것이다.

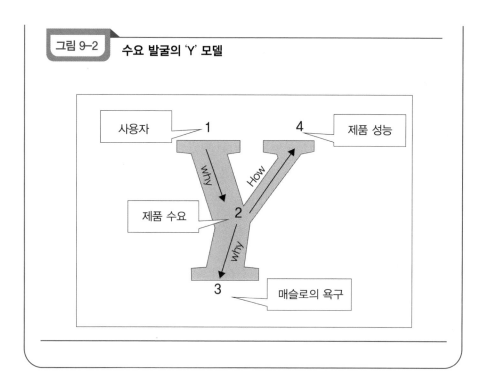

| 그림 9-2 | 수요 발굴의 'Y' 모델 |

사용자 — 1

4 — 제품 성능

why

How

제품 수요 — 2

why

3

매슬로의 욕구

수요의 등급

수요와 공급의 불일치는 비즈니스 기회의 근원이다. 이런 현상이 나타나는 이유는 수요나 공급이 부족했기 때문이라기보다는 구조상의 문제일 가능성이 높다. 수요와 공급의 불일치 문제를 해결하려면 두 가지 측면에서 접근해야 한다. 즉 수요를 감소시키거나 공급을 증가시키는 방식으로 수요와 공급의 균형점을 찾는 것이다. 만약 수요의 수준보다 공급의 수준이 더 낮은 상황이라면 수요의 수준을 낮춰서 낮은 수준의 공급으로도 수요가 충족되게끔 하는 방식을 택할 수도 있고 아니면 수요를 충족시키기 위해 공급의 수준을 끌어올리는 방식을 택할 수도 있다.

먼저 공급 수준을 향상시켜서 높은 수준의 수요를 충족시키는 예를 살펴보자. 2007년 애플이 아이폰을 출시하기 전까지 인터넷 서핑과 전화 통화와 음악

감상과 사진 촬영의 네 가지 수요를 만족시키기 위해서는 컴퓨터와 휴대전화와 MP3 플레이어와 카메라가 각기 필요했을 것이다. 이 기능들이 기계 한 대에 들어가 있기를 원하는 수요를 발견한 애플은 스마트폰을 출시하였다. 이번에는 낮은 수준의 공급으로 수요를 충족시키는 예를 살펴보자. 2007년 애플이 처음으로 아이폰을 출시했을 때만 해도 499달러라는 판매가는 사람들이 쉽게 넘기 힘든 장벽이었다. 하지만 안드로이드 기반의 다양한 스마트폰들이 공급의 수준을 낮추었기 때문에 많은 사람들의 스마트폰 사용 수요가 충족될 수 있었다.

공급의 수준이 수요의 수준보다 높을 때에는 수요의 수준을 향상시킴으로써 현재 수준의 공급을 그대로 사용할 수도 있고 혹은 공급의 수준을 낮춤으로써 현재 수준의 수요를 충족시킬 수도 있다. "A diamond is forever"라는 이 클래식한 광고 카피는 뉴욕의 유명 광고회사인 NW Ayer가 1940년 드비어스(De Beers)를 위해 만든 카피이다. 지금은 더이상 예전의 독점 체제를 유지하고 있지 않지만 한때 드비어스는 전 세계 다이아몬드 생산량의 80% 이상을 생산하던 기업이다. 지금도 다이아몬드 업계에서는 드비어스가 고수했던 두 가지 원칙을 지키고 있다. 하나는 다이아몬드의 공급량을 통제하는 것이고, 다른 하나는 다이아몬드를 영원한 사랑의 상징으로 만들어 수요의 수준을 상승시키는 것이다.

이번에는 공급의 수준을 낮춤으로써 현재 수준의 수요를 만족시키는 예를 살펴보자. 전통적인 전사적 소프트웨어(Enterprise software)들은 기능이 복잡하고 가격도 비쌌기 때문에 중소기업이 감당하기에는 무리가 있었다. 즉 수요보다 공급의 수준이 높았던 것이다. 그러던 중 1999년 미국 샌프란시스코에서 Salesforce가 설립되었다. 이들은 기업에게 SaaS(Software-as-a-Service, 서비스로서의 소프트웨어라는 의미) 서비스를 제공하였다. 이들의 서비스는 당시 주류였던 Siebel보다 기능이 적긴 했지만 그래도 Salesforce 덕분에 걸핏하면 수백만 달러의 라이센스 비용을 지불하라고 하는 소프트웨어들을 사용할 재간이 없었던 회사들도 판매 관리 소프트웨어를 사용할 수 있게 되었다.

카노 모델(Kano Model)[1]

다양한 품질 속성과 고객 만족도 간의 관계에 따라 카노 모델은 제품 및 서비스의 품질 속성을 다음의 다섯 가지로 구분한다.

기본형 수요(Must-be Quality Attribute): 충족되더라도 사용자 만족도는 상승하지 않지만 충족되지 않으면 사용자 만족도가 대폭 하락한다.

기대형 수요(One-dimensional Quality Attribute): 충족되면 사용자 만족도가 상승하고 충족되지 않으면 사용자 만족도가 하락한다.

감동형 수요(Attractive Quality Attribute): 사용자가 생각지도 못하고 있던 것이기 때문에 제공되지 않아도 고객 만족도가 하락하지 않지만 제공되면 고객 만족도가 대폭 상승한다.

무차별형 수요(Indifferent Quality Attribute): 제공되든 제공되지 않든 고객 만족도에는 변화가 없으며 고객 또한 전혀 개의치 않는다.

역방향형 수요(Reverse Quality Attribute): 고객에게 이런 수요가 전혀 없었기 때문에 제공하면 고객 만족도가 오히려 하락한다.

사용자 수요를 분류하는 이유는 어떤 수요가 반드시 충족되어야 하는 수요인지(기본형 수요), 어떤 수요가 가장 잘 충족되어야 하는 수요인지(기대형 수요), 어떤 수요가 고객 만족을 쟁취할 수 있는 수요인지(감동형 수요), 어떤 수요가 충족되지 않아도 되는 수요인지(무차별형 수요), 어떤 수요가 충족되어서는 안 될 수요인지(역방향형 수요) 구분하기 위해서이다.

---

1 카노 모델은 카노 노리아키가 1980년대 개발하였다. 제품 개발과 상품 기획을 위한 이론이다. 이 모델은 차별화된 속성과 기본 속성을 구별하여 우선 순위를 부여하는 방법을 제공한다.

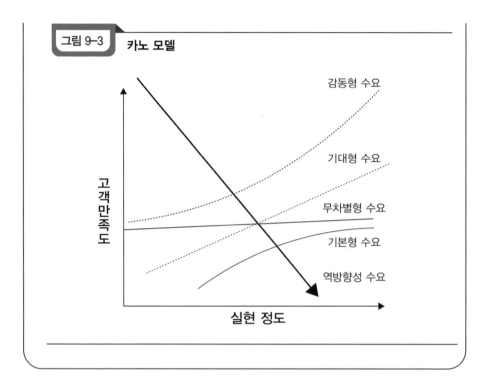

그림 9-3   카노 모델

감동형 수요

기대형 수요

무차별형 수요

기본형 수요

역방향성 수요

고객만족도

실현 정도

[전환단계]의 조직

2차 창업

　창업자 정신은 기업 발전의 매우 중요한 요소이다. 크리스 주크(Chris Zook)
와 제임스 앨런(James Allen)은 『창업자 정신(The Founder's Mentality)』에서 창업자
정신이란 강한 사명감, 현장 중시, 주인의식, 전략적 안목이라고 정의하였다.
이 네 가지 특징은 복잡한 경영 환경과 불확실한 미래 발전 방향, 불연속적인
발전 경로에 직면한 창업자들에게 꼭 필요한 정신적 가치들이다. 강한 사명감

과 주인의식을 가진 창업자는 심각한 불확실성에 직면했을 때에도 책임감이라는 신념을 지킬 수 있게 된다. 또한 현장을 중시하고 전략적 안목을 갖춘 창업자는 심각한 불연속성 속에서도 용감하게 전진할 수 있다.

창업자 정신은 기업 발전의 단계에 따라 다르게 발현된다. [창업단계]에서는 기업의 규모가 작고 창업자 정신도 프레쉬한 상태를 유지하고 있기 때문에 창업자 정신이 중요한 역할을 수행할 수 있다. [성장단계]에서도 창업자 정신은 여전히 좋은 상태를 유지하고 있지만 기업이 급속도로 성장하고 규모도 빠르게 확대된 탓에 창업자가 과부하에 걸릴 수도 있다. 이 시기에 창업자 정신은 번거롭고 복잡한 경영 업무에 시달리기 시작한다.

[성숙단계]에 이르면 기업의 성장 속도는 둔화되지만 기업 규모는 한동안 지속적으로 확대된다. 창업자 정신은 [성장단계]에서 한 차례 시달림을 당한 후이기 때문에 상당히 저하된 상태다. 이 시기 창업자들은 내부 관리나 외부 접대 등의 허례허식에 빠져 있을 가능성이 높다. [쇠퇴단계]가 되면 기업은 마이너스 성장을 할 수도 있으며 규모도 축소되기 시작한다. 만약 창업자가 아직까지 관리직에 있다면 쇠퇴에 따른 각종 위기에 대응하느라 지쳐 있는 상태일 것이고 이로 인해 창업자 정신이 상징하는 사명감이나 주인의식, 현장을 중시하는 태도, 전략적 안목에 대해서는 더 이상 돌아볼 여력이 없을 수도 있다.

크리스 주크와 제임스 앨런은 『창업자 정신』에서 [성장단계]와 [성숙단계], [쇠퇴단계]에서 창업자가 직면하는 곤경을 가리켜 각각 과부하, 속도 저하, 자유낙하라고 이름붙였다. 기업이 [쇠퇴/전환단계]에 들어서면 업무 과부하와 기업의 발전 속도 저하, 자유낙하를 겪은 창업자 정신을 어떻게 다시 회복할 것인지가 창업자의 최우선 과제가 된다.

기업이 [쇠퇴/전환단계]에 접어들면 창업자는 자신이 변할 것인지, 아니면 기업을 변화시킬 것인지 결정해야 하는데 여기에는 최소 네 가지의 선택지가 주어진다. 첫 번째 선택지는 아무것도 하지 않고 좋은 일만 생기길 바라는 것인데, 이는 잠꼬대나 다름없는 소리이다. 1980년대 한때 유명세를 타기도 했던 왕안 컴퓨터(王安电脑)²와 창업자 왕안(王安)은 불치병을 앓고 있었다. 그는 "내가 이 회사의 창업자이기 때문에 회사에 나는 이 회사에 대한 완전한 통제권을 가지고 있고, 그러므로 내 자식들이 회사 경영 능력을 증명해 보일 수 있도록 기회를 줄 것이다."라고 선언했다. 왕안은 전문경영인을 영입하는 대신 아들 왕리에(王烈)에게 회사를 물려줬다. 회사를 물려받은 왕리에는 업계에 개인용 컴퓨터라는 큰 쇼크가 몰아쳤음에도 아무런 조치를 취하지 않았다. 결국 왕안컴퓨터는 성장했을 때만큼이나 놀라운 속도로 몰락의 길로 들어섰다.

두 번째 선택지는 창업자가 회사를 매각하고 처음부터 다시 시작하는 것이다. 많은 연쇄 창업가들은 성공적인 엑싯(EXIT) 후에 다시 새로운 창업에 도전한다. 샤오미의 창업자인 레이쥔과 메이투안의 창업자인 왕싱(王兴), 노던라이트 벤처캐피탈(Northern Light Venture Capital·베이지광창업투자·北极光创投创)의 창업자인 덩펑(邓峰) 등이 바로 여기에 속한다. 세 번째 선택지는 전문경영인을 영업한 후 창업자 자신은 대표이사 업무에만 전념하는 것인데 이는 많은 대기업에서 나타나는 보편적인 현상이다. 알리바바의 마윈이나 페이스북의 마크 주크버그가 모두 여기에 속한다.

네 번째 선택지는 창업자가 창업자 정신을 되찾고 회사의 변화를 주도하는 것이다. 리닝(李宁)³은 설립 초기부터 중국 최초로 중국 전역에 프랜차이즈 영업 시스템을 구축하였고 수 년 간 중국 선수단의 중국 및 세계 대회 참가 후원을 지속했다. 뿐만 아니라 중국 스포츠용품 기업 중 최초로 ERP(전사적 자원관리, Enterprise Resource Planning)를 도입한 기업이었으며 지속적인 브랜드 포지셔닝 조정을 통해 마침내 2004년 6월 홍콩 증시에 상장되었다. 상장에 이르기까지 리닝은 중국 토종기업으로서의 성장과 번영을 모두 맛보았으며 2012-2014년 3년 간의 손실액이 30억 위안에 이르는 암흑을 맛보기도 했다. 2015년 창업자 리

---

2 Wang Labs. 상하이 출신 미국 이민자인 왕안이 설립한 워드프로세서 제조 업체이다. 왕안은 하버드대에서 물리학 박사를 받은 후 세계 최초로 자기기억장치를 개발하였으며 한때 IBM과 경쟁할 정도로 컴퓨터 시장에서 큰 성장을 거두었다. 그러나 경쟁력을 잃고 1992년 파산하였다.
3 리닝은 중국의 제조 영웅인 리닝이 1990년 설립한 중국의 대표적인 스포츠 브랜드이다. 애국 마케팅으로 유명하다.

닝이 다시 복귀하였고 "리닝만의 브랜드 체험 가치를 제공하자"는 목표를 확립했다. 리닝은 스포츠 용품 업체에서 '인터넷+스포츠 생활 체험 기업'으로 포지셔닝을 변경하고 슬로건 또한 '변화가 생기다(让改变发生)'에서 '모든 것이 가능하다(一切皆有可能)'로 바꾸었다. 각종 전략들을 개혁하며 재기를 위한 재정비에 나선 리닝의 재무 상황은 차츰 좋아지기 시작하더니 2020년 영업 이익 144.57억 위안, 순이익 16억 9,800만 위안을 기록하였다. 이는 2019년 같은 기간에 비해 영업이익은 4.2% 증가한 것이고 순이익률은 9.1%에서 11.7%로 증가한 것이다.

도구모음

신가성쇠순환(身家盛衰循环, 가문의 흥망성쇠의 순환)

명나라의 문인인 여신오(吕新吾)는 일찍이 '신가성쇠순환(身家盛衰循环, 가문의 흥망성쇠의 순환)'이라는 말로 흥망성쇠의 원리를 설명하였다. "곤궁은 사람을 참회하게 하고, 참회는 사람을 근면하게 하니, 근면은 사람을 절약하게 하고, 절약은 사람을 부유하게 하며, 부유함은 사람을 방탕하게 하고, 방탕함은 사람을 음란하고 난폭하게 만들며 음란함과 난폭함은 사람에게 재앙의 변고를 가져오고, 재앙의 변고로 곤궁에 빠진다." 이 말을 풀이하면 이런 뜻이다. 어떤 사람이 가난 때문에 뉘우치고, 뉘우쳤기 때문에 참고 견디며 근면성실하게 사는 법을 배우게 되었으니, 이를 통해 절약을 알게 되고, 절약하다 보니 부자가 되었다. 부자가 된 후에는 오만방자해진 탓에 호화롭고 사치스러운 생활을 즐겼으나 이것이 재앙이 되고 병이 되어 결국 다시 곤궁해지고 마는 것이다. 이러한 순환구조을 보면 결국 부자가 3대를 못 넘긴다는 말은 피할 수 없는 숙명인 것인가 하는 생각이 들게 만든다

마찬가지로 기업에 있어서 성공은 실패의 어머니이고 위대한 기업은 결국 실패를 피하기 어렵다. 그러나 몇몇 탁월한 기업들은 수차례 위험에서 기회를 잡고 위기를 안전으로 바꾸어 탁월함을 재창조할 수 있다. 탁월한 기업을 재창조할 수 있는 것은 흔히 네 가지 측면에서 위기를 이겨낸다. 첫째, 기업은 사용자의 수요를 재인식하고 사용자의 잠재적 수요와 업그레이드 수요를 발굴한다. 다음으로 기업은 조직의 변혁을 추진하고 조직의 활력을 활성화하며 창업자 정신을 되찾는다. 셋째, 기업은 본업을 강화하는 동시에 제품의 품목 혁신을 한다. 넷째, 기업은 새로운 시장을 적극적으로 탐색하고 대기업의 장점을 이용하여 새로운 블루오션 시장을 개척한다.

그림 9-4

위기 전환기 기업의 중점 전략

	사람	일
밖	**사용자** 사용자 재인식, 수요 상승	**시 장** 블루오션, 패러다임 변혁
안	**조 직** 조직 활성화, 창객 정신	**제 품** 품목 혁신, 생태계 경제

창객 팀

2014년 1월 하이얼 창업 29주년 기념회에서 장루이민 하이얼 그룹 이사국 회장 겸 CEO는 「기업의 플랫폼화, 직원의 창객(创客)화, 고객의 개성화」라는 제목으로 강연을 했다. 장루이민이 이야기한 '직원의 창객화'란 직원이 주인이 되는 자주적 창업, 온라인 및 사내(on-the-job) 창업, 자기 발전 메커니즘의 관점으로 나누어 설명할 수 있다.

자주적 창업이란 사업 기회를 발견하는 것에서부터 연구 개발, 궁극적으로는 시장에서의 성과에 이르기까지 원래대로라면 상급자의 업무 지시 메커니즘으로 이루어졌던 모든 과정들을 직원이 스스로 진행하는 것이다. 온라인 및 사내 창업이란 전통적인 기업의 경계를 허물기 위한 것이다. 조직 내의 창업 팀이 조직 밖에서 일을 진행할 수도 있고 사회의 창업 팀이 조직 내로 들어와 일을 진행할 수도 있다. 하이얼은 그들에게 그저 플랫폼을 제공할 뿐이다. 자기 발전의 메커니즘이란 장교-병사 간 호선(互選)[4]하는 자기 발전과 비즈니스 모델의 자기 발전을 의미한다.

차오양펑(曹仰锋)은 『하이얼의 전환: 모두가 CEO』에서 기업 문화를 다음의 세 가지 유형으로 정리하였다. 첫 번째 유형은 병적 문화이다. 기업이 사용자가 아닌 기업의 이익에 초점을 맞추고, 조직이 아니라 리더에 초점을 맞추는 경우를 가리킨다. 두 번째 유형은 이도 저도 아닌 문화이다. 창업과 혁신을 강조하면서도 둘을 분리해서 생각하는 경우를 말한다. 이런 문화에서는 창업을 장려할 때 사용자 가치는 고려하지 않고 오직 직원만을 강조하며, 반대로 혁신을 장려할 때에는 직원 가치는 고려하지 않고 사용자만을 강조한다. 세 번째 유형은 혁신과 창업, 사용자와 직원 간 균형점을 찾는 건강한 문화이다.

하이얼의 전환은 전략의 네 가지 요소에서의 변화를 실현하는 것이다. 첫째, 사용자의 개성화라는 현 추세를 인식한다. 둘째, 기업을 플랫폼화하여 사용자에게 개성화 제품과 서비스를 제공한다. 셋째, 직원의 창객화를 장려하여 팀원의 혁신적인 창업 정신을 발휘시킨다. 넷째, 시장의 생태계화를 통해 공동이익 생태계를 구축한다.

[창업단계]에서는 창업 파트너든 창업 초창기의 직원이든 모두가 강한 창업 정신을 지니고 있으며, 기업이 창객의 문화로 문화로 가득 차 있다. [성장단계]에서는 팀원들이 지속적으로 창업 정신을 발휘하여 기업의 급성장을 견인한다. [성숙단계]에 들어서면 기업이 설립된 후 연차가 쌓이기 시작하면서 기업의 규모도 커졌고 이에 따라 직원의 수가 점점 많아지며 관료적 특징이 나타나기 시작한다. [쇠퇴단계]에 이르면 기업 내의 혁신 창업 분위기는 대부분 사라진 상태이다. 그러므로 전환에 성공하고 싶은 기업이라면 기업 내의 창객 문화를 특히 강조할 필요가 있다.

---

4 여기서 장교와 병사는 고위 관리직과 일선 직원의 비유법으로 보인다. 호선이란 어떤 조직 내 구성원들이 서로 투표하여 조직 구성원 가운데 어떤 사람을 뽑는 시스템을 가리킨다.

창객의 평면 격자(혹은 2차원 격자)

창객의 평면 격자는 하이얼이 인단합일(人单合一) 모델을 모색하는 과정에서 개발한 혁신적인 시각화 도구로 전략적 정렬과 목표 수립, 실적 평가를 한데 통합시킨 것이다. 평면 격자의 정식 명칭은 점도표인데 세로축과 가로축으로 사분면을 구성하고 있다. 가로축은 기업 가치를, 세로축은 사용자 가치를 나타내며 이들이 만나는 교점은 창객이 얻을 수 있는 보수를 의미한다.

창객의 평면 격자의 가로축은 개별 기업 가치를 의미하고 기업 가치의 크고 작음은 목표로 삼은 시장 경쟁력을 얼마나 달성했는지 그 완성도를 보고 판단한다. 창객이 시장 경쟁력에 대한 목표를 설정할 때에는 과거 같은 기간의 실적뿐 아니라 업계의 수준도 고려해야 한다. 가로축의 시장 경쟁력에 대한 목표는 연도별, 분기별, 월별 등 시간의 관점에서 명확하게 설정해야 할 뿐 아니라, 계량화할 수 있는 경쟁력 수준을 고려하는 등 가치의 관점에서도 명확하게 설정해야 한다. 구체적으로 이야기하자면 시장 경쟁력에 대한 목표는 2구역, 4구역, 6구역, 8구역, 10구역의 5개 구역으로 나눌 수 있으며 각각의 구역은 동종업계에서의 시장 경쟁력 목표치 수준을 의미한다. 2구역은 업계 평균 수준, 4구역은 업계 평균 수준의 1.2배, 6구역은 업계 선두, 8구역은 업계 제일, 10구역은 업계 리더를 의미한다.

창객의 평면 격자의 세로축은 개별 사용자 가치를 의미한다. 사물 인터넷 시대 정보의 비대칭 상황에서 주도권을 쥐고 있는 것은 사용자이이며 기업은 사용자를 위한 가치를 지속적으로 창출할 수 있는 능력이 있어야만 살아남을 수 있게 되었다. 사용자 가치란 사용자 가치를 창출하는 차별화된 노선을 의미하며 이 노선은 하이얼의 성장 전략을 정확히 반영하고 있어야 한다. 차별화를 향한 노선을 구체적으로 설명하자면 '폭발(Detonation)'에서 '연속 폭발(Continuous detonation)'로, 그리고 '선두(Lead)'로 이어지는 교체 과정이라 할 수 있다. '폭발'은 제품 판매량에서 소비자 유입으로 흐름을 바꿔서 사용자 유입을 폭발적으로 늘린다는 의미이다. '연속 폭발'은 사용자 유입이 지속적으로 누적되고 창객에 대한 사용자의 신뢰가 점차 높아지는 것을 가리킨다. 사용자는 수동적으로 제품을 수용하기만 하던 것에서 벗어나 창객과 적극적으로 상호 작용하고 창객을 적극적으로 평가하는 등 사용자 가치를 배로 키운다. '선두'는 양적 변화에서 질적 변화로 돌파해 나가는 것을 의미한다. 창객은 사용자의 수요에 신속하게 대응하고 사용자는 창객에 대한 신뢰감을 바탕으로 그들의 평생 사용자가 됨으로써 전 과정에서 최상의 경험을 누릴 수 있다. 그리고 이것이 바로 창객이 창출하고자 하는 사용자 가치의 최종 목표이다.

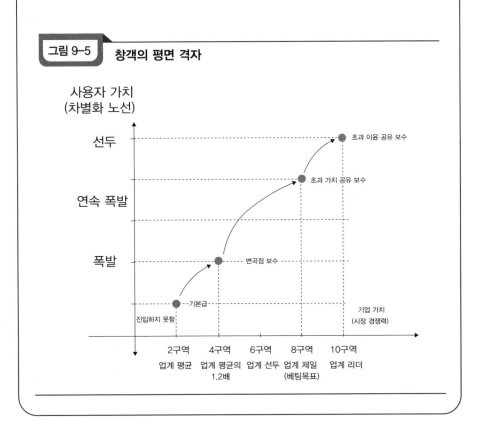

그림 9-5 창객의 평면 격자

흩어지는 조직

"흩어지기 구조(소산구조, Dissipative structure)"는 열역학 제2법칙에 나오는 개념이다. 열역학 제2법칙은 닫힌계(Closed system)에서 엔트로피(Entropy)는 항상 증가할 수밖에 없다는 것을 보여준다. '엔트로피'란 혼란하거나 무질서한 정도를 의미하는 것으로 혼란과 무질서의 정도가 올라가면 '엔트로피 증가', 혼란과 무질서의 정도가 약해지면 '엔트로피 감소'라고 표현한다. 닫힌계의 반대개념을 열린계(Open system) 혹은 '흩어지기 구조'라고 부른다. '흩어지기 구조'에서 계(시스템)는 외부 환경과 끊임없이 에너지를 교환하는데 이 과정에서 '부의 엔트로피(Negative entropy)'가 발생하여 기존의 혼란스럽고 무질서한 상태가 질서정연한 상태로 바뀌게 된다.

그러나 닫힌계에서는 외부 환경과 에너지 교환이 이루어지지 않기 때문에 오랫동안 내부 에너지들이 무질서한 상태로 존재한다. 반면 열린계에서는 외부 환경과의 에너지 교환을 통해 계 내부의 에너지가 질서정연한 상태로 존재한다. 한편 우리는 하나의 계를 더 큰 계 속에 포함시킬 수도 있다. 예를 들어 지구는 태양으로부터 에너지를 흡수하고 밤에는 우주로 에너지를 방출하는데 만약 우리가 태양계를 하나의 시스템으로 본다면 태양계는 열린계라고 할 수 있다. 하지만 우주를 하나의 시스템으로 본다면 우주는 닫힌계이다. 결국 전체는 닫힌계이지만 우리가 멀리 보는 시야만 가지고 있다면 우리가 속한 이 시스템이 열린계가 될 수도 있는 것이다.

열린계와 흩어지기 구조 개념을 통해 우리는 공진화 전략 네 요소 간의 경계를 허물 수 있다. 네 가지 요소들이 서로 에너지 교환을 할 수 있다면 엔트로피를 감소시킬 수 있을 것이다. 또한 각각의 요소마다 몇 개의 하위 열린계(포인트)들을 포함하고 있기 때문에 하위 열린계 간 에너지 교환을 통해서도 엔트로피가 감소할 수 있다. 열린계에서의 엔트로피 감소는 시스템 내부에서의 엔트로피 증가를 어느 정도 분산시킴으로써 기업 전체가 질서정연한 상태를 유지할 수 있도록 한다.

런정페이는 굉장히 분명한 어조로 화웨이 내에 '흩어지기 구조'를 구축하겠다고 발표하였다. 런정페이는 화웨이의 경영 구조가 '흩어지기 구조'여야 한다고 생각한다. 에너지가 있으면 반드시 그 에너지를 흩어 놓아야 하고, 흩어 놓음으로써 회사가 날로 새로워질 수 있기 때문이다. 이 과정은 사람이 매일 운동을 해서 몸 안의 에너지를 흩뜨리고, 이를 근육으로 키워내는 것과 마찬가지의 과정이다.

런정페이가 이처럼 흩어지기 구조의 개념을 강조하는 것은 화웨이가 성장 과정을 거치며 자원과 능력, 경제적인 부와 사회적인 부만 쌓은 것이 아니라 대량의 '엔트로피'도 쌓았기 때문이다. 즉 처음에는 질서정연한 상태였으나 점차 무질서한 상태로 변하면서 '대기업병'에 걸리고 '조직 피로증'이 나타나기 시작했다는 것이다.

한 번은 『반드시 겨울은 온다(下一个倒下的会不会是华为)』의 저자 톈타오가 런정페이에게 가장 걱정되는 게 무엇인지 물었다고 한다. 런정페이는 이렇게 답했다. "화웨이 직원들이 다들 이렇게나 젊은데, 벌써부터 돈이 너무 많습니다." 톈타오가 다시 물었다. "만약 대부분의 직원들이 게으름을 피우면 어떻게 하실 겁니까?" "다시 한번 큰 뜻을 가슴에 품어야죠. 수중에 아무것도 없는 사람들만 모아 다시 창업할 겁니다."

조직의 '엔트로피 감소' 상태를 계속 유지하기 위해 화웨이는 주기적으로 조직 변혁을 시도했다. 2006년을 전후로 업계의 세계적인 선두 기업들이 잇따라 합병하면서 화웨이는 전례없는 위기의식을 느꼈다. 그러던 2007년 10월 어느 날 화웨이 내부에 공지가 하나 올라온다. 8년 이상 근속한 모든 직원들은 2008년 1월 1일이 되기 전에 모두 사직 절차를 밟아야 하며 그 후 공정 경쟁을 통해 재입사하여 회사와 1~3년의 근로 계약을 맺어야 한다는 내용이었다. 당시는 화웨이가 세워진 지 이미 20년이 흘렀던 시점으로 '집단 사직'을 통해 화웨이는 조직 내에 흐르고 있던 직원들의 태만 문제를 어느정도 해결할 수 있었다. 그들이 재입사하고 나서 보니 사번도 바뀌어 있었다. 런정페이의 경우 원래 사번은 001번이었으나 재입사 후에는 12만번대의 사번을 갖게 되었다.

시간은 흘러 2017년, '집단 사직' 사건이 발생한 지도 벌써 10년의 세월이 지났다. 화웨이는 직원들에게 분투하는 자(奋斗者)라는 근본을 상기시키기 위해 다시 한번 초심을 강조하고 나섰다. 그해 6월 있었던 한 간담회에서 런정페이는 오늘날의 화웨이가 있기 전까지의 30년 동안은 직원들의 생활 수준이 빨리 좋아지기를 바랐기 때문에 물질을 강조했으나, 이제는 대다수 직원들의 생활 수준이 어느 정도까지 올라섰으니 정신을 강조할 차례라고 이야기했다.

화웨이의 흩어지기 구조는 사용자, 조직, 제품, 시장의 네 가지 하위 구조로 구성된다. 사용자 하위 구조의 흩어지기 메커니즘은 '사용자가 중심'이며 사용자와의 상호작용을 강조하고, 사용자에서 나와 사용자로 흘러가는 구조이다. 조직 하위 구조의 흩어지기 구조는 '분투자가 중심'이며 직원을 일반 직원과 분투자, 유능한 분투자로 나누어 일반 직원과 분투자가 유능한 분투자가 될 수 있도록 의지를 북돋워 준다. 제품 하위 구조의 흩어지기 메커니즘은 '오픈 이노베이션'이다. 화웨이는 폐문조거(閉門造車)[5]하는 것을 경계하며 '자주적 혁신'을 내세우지도 않는다. 대신 나보다 앞선 사람에게 배울 것을 강조한다. 시장 하위 구조의 흩어지기 메커니즘은 '타협적인 경쟁 전략'으로 상대를 끝까지 밀어붙일 것이 아니라 힘을 합쳐 발전하고 함께 생태계를 만들어 나가는 것을 의미한다.

각각의 하위 구조 간에도 에너지가 순환 체계가 존재한다. 밖에서 안으로의 순환은 성장과 확장, 경쟁과 도태 등 엔트로피가 증가하는 과정이다. 반면 안에서 밖으로의 순환은 분투, 개방, 타협, 회색의 철학 이념을 굳건히 고집함으로써 엔트로피를 감소시키는 과정이다.

도구모음

벽 없는 조직(Boundless organization)

벽 없는 조직(Boundless organization)은 미국 제너럴 일렉트릭의 전 CEO 잭 웰치(Jack Welch)가 처음으로 제시한 개념이다. 그가 막 CEO 자리에 올랐을 무렵 제너럴 일렉트릭은 관료적 분위기가 만연한 기업이었다. 잭 웰치는 20년 간 제너럴 일렉트릭의 CEO로 일하면서 회사의 시가총액을 30배 가까이 올렸으며 이런 그를 가리켜 언론에서는 '세기의 경영자(Manager of the century)'라고 불렀다. 잭 웰치가 남긴 값진 보물 중 하나가 바로 벽 없는 조직이다.

벽 없는 조직이라고 해서 모든 경계를 무조건적으로 부정하는 것은 아니다. 벽 없는 조직 역시 실제로는 경계를 기반에 두고 있다. 전통적인 기업 조직 구조에는 일반적

---

5 문을 걸어 잠그고 수레를 만든다는 의미이다. 수레는 밖에서 사용하는 물건인데 밖에 도로가 어떤지 도로폭이 어떤지 전혀 살펴보지 않고 방 안에서만 수레를 만들면 기껏 완성한 수레가 도로 상황에 맞지 않을 수도 있고, 심지어는 방에서 밖으로 가지고 나가지 못할 수도 있다는 뜻이다. 즉 현실에 대한 중요성을 강조하는 사자성어이다.

으로 네 가지 종류의 장벽이 있다. 계층 간의 장벽(조직 내 수직 방향), 부서 간의 장벽(조직 내 수평 방향), 가치사슬의 장벽, 문화적 장벽이 바로 그것이다. 계층 간의 장벽은 기업 내 서로 다른 계층 간 직위의 차이로 인해 생겨나는 조직 내 장벽을 의미하고 부서 간 장벽은 서로 다른 부서 간 업무의 차이로 인해 생겨나는 조직 내 장벽을 의미한다. 가치사슬의 장벽이란 서로 다른 가치사슬 단계에 있음으로써 생기는 협력 파트너 간의 장벽이며 문화적 장벽은 파트너들이 속한 지역이 모두 다르기 때문에 생기는 장벽이다. 벽 없는 조직은 기업의 기존 장벽들이 모두 사라지는 것을 의미하는 것이 아니라 이 네 가지 장벽으로 인한 경계가 모호해지는 것을 의미한다. 조직 사이를 조화롭게 어우러지게 함으로써 전체 조직 내 정보의 전달과 확산, 침투 능력을 향상시키고 정보, 경험, 기술의 공평한 분배와 공유를 실현하는 것이다. 그리고 이를 통해 혁신을 촉진할 수 있으며 업무 효율성이 향상되어 조직 내 모든 업무가 순조롭게 진행되게 된다.

그림 9-6 **벽 없는 조직**

	사람	일
밖	**문화적 장벽** 협력 파트너들이 속한 지역이 다르기 때문에 생기는 장벽	**가치사슬의 장벽** 서로 다른 가치사슬 단계에 있기 때문에 생기는 협력 파트너 간 장벽
안	**계층 간 장벽** 기업 내 서로 다른 계층 간 직위 차이로 인해 생기는 조직 내 장벽	**부서 간 장벽** 기업 내 서로 다른 부서 간 업무 차이로 인해 생기는 조직 내 장벽

　여기서 끝이 아니다. 벽 없는 조직은 속도와 유연성, 통합과 혁신을 중요하게 여기기 때문에 외부 환경 변화에 민첩하게 대응할 수 있다는 장점이 있다. 벽 없는 조직을 가능케 하는 기술적 기반은 바로 인터넷이다. 인터넷은 조직 간

경계를 초월하여 모두가 교류할 수 있게 도와준다. 인터넷을 통해 기업 내 수천 수만의 직원들이 동시에 정보를 공유할 수 있게 되고, 기업과 고객 간 정보를 동기화할 수 있게 된다. 벽 없는 조직의 형태는 다양하다. 그 중 수평적 조직은 조직의 수직 방향으로의 경계가 완화된 형태이고, 학습형 조직은 조직의 수직 경계와 수평 경계의 침투성이 강화한 형태이다.

제3절 [전환단계]의 제품

카테고리 혁신

기업이 성공적으로 전환되기 위해서는 물론 카테고리 혁신이 기본이다. 백 년 기업들이 그렇게 오래 버틸 수 있었던 것은 모두 끊임없이 제품 혁신을 이루어왔기 때문이다. 하지만 [전환단계]의 제품 혁신은 [창업단계], [성장단계], [성숙단계]의 제품 혁신과는 달라야 한다.

[창업단계]의 제품 혁신은 '남에게는 없고 나에게만 있는 것'을 추구한다. 그러므로 단일 지점 돌파를 통해 시장에 존재하지 않았던 제품이나 다른 제품에는 그간 없었던 새로운 제품 특징을 제공하고 사용자 가치를 창출한다. [성장단계]에서의 제품 혁신은 '남들도 갖고 있지만 내가 가진 것이 더 좋은 것'이 되도록 하는 것이다. 그러므로 양질의 제품을 제공하여 대중 사용자들의 사랑을 받고 수요 격차를 해소하며 사용자 가치를 더욱 성장시키게 된다. [성숙단계]의 제품 혁신은 '남들도 좋은 것을 갖고 있지만, 내가 가진 것은 저렴하기까지 한 것'이다. 그러므로 규모의 경제와 범위의 경제가 가져오는 이점을 발판삼아 지배적 디자인이 되고 이를 통해 제품의 표준화를 실현하며 제품 원가를 낮추어 사용자 가치를 안정시키게 된다. [전환단계]의 제품 혁신은 '남들은 저렴한 것을 내세울 때 나는 특별한 것을 내세우는 것'이다. 그러므로 무조건 비용을 낮

추는 방향으로만 발전하는 것이 아니라 혁신을 통해 기업의 쇠퇴를 막고 기업의 전환을 실현하고자 한다.

[전환단계]에서의 제품 혁신은 카테고리 혁신을 가리킨다. 여기에는 두 가지 핵심 요소가 있는데 하나는 [제품 기술의 유형]이고 다른 하나는 [수요의 혁신 여지]이다. 제품 기술은 [연속적 기술]과 [비연속적 기술]로 나누어진다. [연속적 기술]은 기존의 기술 패러다임에 새로운 지식을 적용함으로써 기존 기술보다 더 좋은 기능과 가치를 더하고 최적화된 공정 프로세스를 구현하는 기술을 의미한다. [연속적 기술]은 계승성과 선진성이라는 특징을 가지고 있다. 계승성은 원천 기술의 궤적을 계승함으로써 핵심 문제를 해결하거나 핵심 기능을 수행하는 것을 가리키고 선진성은 기존의 것을 기반으로 하되 한층 더 보완하고 선진화하는 것을 가르킨다.

[비연속적 기술]은 기존의 기술 패러다임을 바꾸고 새로운 지식을 운용함으로써 기존 기술과는 확연한 차이가 나게끔 만든 기술을 의미한다. 일부 성능 지표에서는 [비연속적 기술]이 기존 기술보다 더 좋은 점수가 나오겠지만, 다른 성능 지표에서는 기존 기술보다 더 낮은 점수가 나올 수도 있다. 성능 지표에서 기존 기술보다 더 좋은 점수가 나온 기술을 [첨단 비연속적 기술]이라고 하고, 더 낮은 점수가 나온 기술을 [파괴적 비연속 기술]이라고 한다. 우리가 말하는 획기적 혁신의 대부분이 [첨단 비연속적 기술]을 기반으로 한 혁신이며 파괴적 혁신의 대부분이 [파괴적 비연속 기술]을 기반으로 한 혁신이다.

기술의 연속성 외에 [수요 혁신의 여지] 역시 [전환단계]에 있는 기업이 카테고리 혁신을 꾀하는 중요한 이유이다. [수요 혁신의 여지]는 두 가지 상황에서 존재한다. 하나는 수요가 충족되지 않은 상황이고, 다른 하나는 수요가 과도하게 충족된 상황이다. 먼저 수요가 충족되지 않은 상황임을 알아채는 것은 별 문제가 되지 않는다. 기업은 수요가 충족되지 않은 경우 새로운 제품을 공급함으로써 수요를 충족시킨다. 그러나 수요가 과도하게 충족된 상황은 [전환단계] 기업에게 기회일 수도 있지만 위기일 수도 있는 상황이다.

수요가 과도하게 충족된 것이 기회일 수 있는 이유는 이 같은 현상이 업계의 발전을 의미하는 것이기 때문이다. 집에 있는 가전제품의 사용하지 않는 기능이 얼마나 많은지, 가전제품 리모컨에 있는 버튼 중 지금까지 단 한 번도 눌러보지 않은 버튼이 얼마나 많은지 생각해본다면 이 말의 의미가 와닿을 것이다. 반면 수요가 과도하게 충족된 것이 위기가 되는 이유는 기업이 [창업단계]와 [성장단계]와 [성숙단계]를 거친 후에는 사용자의 수요가 과도하게 충족되었다는 것의 문제점을 전혀 인식하지 못하는 경향이 있기 때문이다. 설령 문제를 인지했다 한들 마땅한 해결책을 가지고 있는 것도 아니다.

몇 년 전 베이징이 수도로서의 기능을 재정비하고 새롭게 포지셔닝하면서 많은 기업들이 베이징 밖으로 이전하였다. 그 중에서도 방수 도료 업체들은 대부분 허베이(河北)와 산둥(山東) 등지로 자리를 옮겼다. 엎친 데 덮친 격으로 부동산 시장이 조정되면서 방수 도료에 대한 시장 수요까지 대폭 하락하고 만다. 베이징에서 이전한 방수 도료 업체들은 시급히 전환을 시도해야 했다. 방수 도료 제품에는 크게 두 가지 종류가 있는데 하나는 방수 멤브레인이고 다른 하나는 방수 스프레이이다. 방수 멤브레인은 고무나 아스팔트, 플라스틱 등의 방수재를 사용해 만든 얇은 방수막을 가리킨다. 방수 시공을 하고자 한다면 이 방수막을 시공 현장에 가져와 접착제로 붙이면 된다. 방수 스프레이는 스프레이에 폴리머 방수재를 담아 건물 외벽에 직접 분사할 수 있도록 만든 제품이다. 방수 멤브레인과 방수 스프레이를 비교하자면 방수 멤브레인이 훨씬 더 성숙한 제품이라 할 수 있다. 비용이 많이 들고 시공 품질을 관리하기 어렵다는 단점이 있기는 하지만 성능이 우수하고 품질도 안정적이기 때문이다. 반면 방수 스프레이는 새로운 기술을 사용해 개발한 제품으로 비용이 저렴하고 시공 속도도 빠르지만 몇 년 사용하면 균열이 생기기 쉽다는 단점이 있다. 업계 관계자에 따르면 방수 멤브레인의 성능이 과하기는 하지만 당분간은 방수 스프레이가 대다수 사용자의 수요를 충족할 일이 없으며, 방수 멤브레인을 대체할 가능성도 없다고 한다.

카테고리 혁신 방법

카테고리 혁신을 달성하는 방법에는 총 네 가지가 있는데 이들은 모두 [제품 기술의 유형]과 [수요 혁신의 여지]를 기반으로 한다. 첫 번째 방법은 [연속적 기술]을 사용하여 충족되지 못한 수요를 충족시키는 것이다. 이런 경우에는 기존 기술과 공정상의 지표 수준을 개선해야 한다. 두 번째 방법은 [연속적 기술]을 사용하여 과도하게 충족된 수요를 충족시키는 것이다. 이런 경우에는 기존 기술과 공정상의 지표 수준을 낮춰야 한다. 세 번째 방법은 [비연속적 기술]을 사용하여 충족되지 못한 수요를 충족시키는 것이다. 이런 경우에는 기술과 공정상의 지표 수준을 한 단계 끌어올리기 위해 새로운 지표를 도입해야 한다. 네 번째 방법은 [비연속적 기술]을 사용하여 과도하게 충족된 수요를 충족시키는 것이다. 이런 경우에는 기존 기술과 공정상의 지표를 모두 없애고 과잉 기능들을 간소화해야 한다.

그림 9-7 **혁신의 유형**

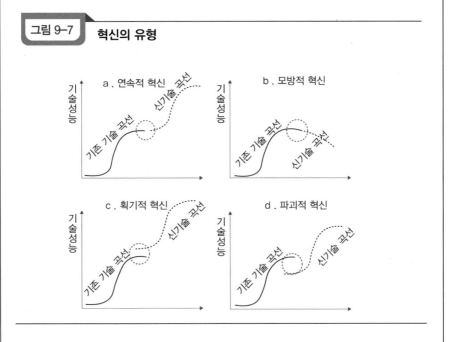

일반적으로 카테고리 혁신을 달성하고자 할 때에는 위 네 가지 방법을 모두 운용한다. 예를 들어보자. 가정용 실외공기전담공조시스템(Dedicated outdoor air system: DOAS)의 판매가는 보통 수천 위안 내지 만 위안 정도에 형성되어 있다. 공기청정기와 비교했을 때 실외공기전담공조시스템의 공기 정화 효율성이 더 좋기 때문에 실내 공기를 더욱 깨끗하게 유지할 수 있고 바로 이 점이 공기질에 대한 요구가 높은 가정의 수요를 충족시킬 수 있는 포인트가 된다. 그러나 한 대에 대략 10,000위안이나 되는 가격을 모든 가정이 감당할 수 있는 것은 아니다. 그래서 샤오미 공기청정기 매니아들이 샤오미 공기청정기를 활용하여 '내 반쪽(另一半)'이라는 제품을 개발했다. 이 제품은 샤오미 공기청정기 위에 환풍관을 하나 추가 장착함으로써 단돈 150위안에 샤오미 공기청정기를 실외공기전담공조시스템으로 다시 태어나게 만든 것이다. 이 DIY 실외공기전담공조시스템은 [비연속적 기술(간이 환풍관)]을 이용해 실외공기전담공조시스템의 기능을 추가하고, 동시에 실외공기전담공조시스템의 과잉 기능을 간소화한 것이라 할 수 있다.

카테고리 마케팅

기업이 [창업단계]부터 [전환단계]에 이르기까지 사용자, 조직, 제품, 시장에는 끝없이 변화가 발생한다. 그러므로 각 단계별로 기업이 충족시켜야 하는 수요와 조직의 능력, 제품의 특징과 시장 환경 역시 매번 달라진다. 이를 공진화 전략의 네 가지 요소의 관점에서 분석하자면 [창업단계]에서 기업은 니치(niche) 사용자들의 '취향'에 대한 수요를 충족시켜야 하고 [성장단계]에서는 대중 사용자들의 품질에 대한 수요를 충족시켜야 하며, [성숙단계]에서는 주류 사용자들의 '브랜드'에 대한 수요를 충족시켜야 한다. [전환단계]에 진입해서도 기업이 두각을 나타내고자 한다면 사용자의 마음 속에 있는 '카테고리'를 만족시켜야 한다.

발전 단계마다 사용자의 수요가 달라지기 때문에 마케팅 방식 역시 매번 달라져야 한다. [창업단계]의 기업이 접촉해야 하는 대상은 '센스있는' 엔젤 사용자들이기 때문에 이 시기에는 입소문 마케팅 방식을 사용해야 한다. 그리고 [성장단계] 기업에게 영향을 미치는 것은 '품질을 중요하게 여기는' 초기 대다수이므로 이 시기에는 광고 마케팅의 힘을 빌려야 한다. [성숙단계]에서는 후기 대다수, 심지어는 지연자(laggards)까지 확보해야 하기 때문에 '대형 브랜드'들의 힘을 빌려 연계 마케팅을 진행하는 것도 가능하다. [전환단계]에 진입한 기업은 강력한 마케팅 홍보를 추진할 능력이 있고 사용자들의 마음 속에 새로운 카테고리로서 포지셔닝할 기회도 있기 때문에 '새로운 카테고리' 마케팅을 펼쳐야 한다.

　[전환단계]의 카테고리 마케팅과 [성숙단계]의 브랜드 마케팅은 다르다. 사용자들의 행동 특징은 '생각은 카테고리로 하지만 표현은 브랜드로 한다는 것'이다. 예를 들어 사용자가 휴대전화를 사고자 할 때 가장 먼저 하는 일은 스마트폰이나 비(非)스마트폰 등 커다란 카테고리에서 하나를 선택하는 것이다. 스마트폰이라는 큰 카테고리를 고른 후에는 IOS와 안드로이드와 윈도우 등 운영체제에 대한 하위 카테고리로 진입하게 된다. 만약 여기에서 안드로이드폰을 골랐다면 다음은 효도폰을 살지 카메라폰을 살지 혹은 풀스크린 액정의 휴대전화를 살지 게임 전용 휴대전화를 살지 비즈니스용 휴대전화를 살지 고를 차례이다. 그 후에는 OPPO나 vivo, 화웨이, 샤오미, 삼성 등 구체적인 브랜드 차원에서 선택의 과정을 거치게 되며 마지막으로 특정 브랜드의 특정 모델을 선택하면 끝이 난다. 사용자들은 자신의 수요를 잘 분류하여 마음 속에 작은 네모 박스 모양으로 저장한다. 이 작은 네모 박스 하나하나가 바로 카테고리이며 각 박스마다 여러 개의 브랜드들이 저장되어 있다. 그러나 언제든 머릿속에서 떠오를 수 있는 브랜드는 소수에 불과하며, 대다수의 브랜드들은 잠든 상태에 머무른다.

　기업의 카테고리 마케팅 전략은 먼저 브랜드를 만든 후 열심히 노력하여 그 브랜드를 해당 카테고리 내의 대표 브랜드로 키워내는 것이다. 물론 카테고리부터 만들어 내는 것 또한 가능하다. 첫 번째 전략의 예로는 vivo 휴대전화와 OPPO 휴대전화를 들 수 있다. 이들은 모두 돤융핑(段永平)이 이끄는 BBK(부부가오·步步高) 그룹 산하의 휴대전화 브랜드이지만 가능한 한 겹치지 않게 카테고리 포지셔닝을 했기 때문에 같은 그룹에 속한 두 브랜드가 아닌 음악 위주 휴대전화와 사진 위주 휴대전화라는 두 가지 카테고리의 대명사로 자리매김할 수 있었다.

두 번째 전략의 가장 성공적인 예는 단연 애플의 휴대전화이다. 애플 휴대전화는 하나의 브랜드일 뿐 아니라 스마트폰이라는 대카테고리를 만들어냈다. 이 카테고리를 지키기 위해 애플은 독자적 운영체제인 IOS를 사용하여 IOS운영체계 휴대폰이라는 중카테고리도 만들어냈다. 2017년 출시된 아이폰 X 풀스크린 휴대전화의 경우 세계에서 가장 많이 팔린 풀스크린 휴대전화이기 때문에 풀스크린 휴대전화라는 소카테고리의 대명사가 될 수 가능성이 높다. 샤오미 역시 '인터넷폰'이라는 카테고리를 만들어낸 적이 있다. 하지만 카테고리의 경계가 모호했고 기술을 기반으로 한 것이 아니라 마케팅을 기반으로 한 개념이었기 때문에 인터넷폰 카테고리는 크게 성공하지 못하였다. 그러나 샤오미의 생태사슬이 형성되고 개선됨에 따라 샤오미가 '사물 인터넷 휴대전화'라는 업그레이드된 카테고리를 만드는 데 주력하고 스마트폰을 스마트 라이프의 컨트롤 타워로서의 샤오미 휴대전화의 기능을 강조한다면 새로운 카테고리를 창출할 수도 있을 것이다.

도구모음

제품 브랜드에서 생태계 브랜드까지

미국의 학자 조지프 파인(Joseph Pine)과 제임스 길모어(James Gilmore)는 『경험 경제(The Experience Economy)』에서 농업, 공업, 서비스업에 이은 경제 발전의 네 번째 단계로 경험 경제를 제시하며 경험 경제의 가치에 대해 다음과 같이 이야기했다. "경험이란 사람이 정서적, 신체적, 지적, 심지어는 정신적으로 어느 수준까지 도달했을 때 마음 속에서 느끼는 좋은 감정을 의미한다. 경험 연출자의 작업물은 사라져도 체험의 가치는 오래도록 남을 것이다. 경험 경제는 기업이 의도를 가지고 서비스를 무대로, 상품을 연극 소품으로 삼은 후 소비자를 그 속에 녹아들게끔 했을 때 창출된다.

전통적인 비즈니스 모델에서 경험 경제의 비즈니스 모델로 전환하고자 한다면 기업은 경험 경제의 세 가지 핵심 요소에 주의해야 한다. (1) 가치사슬을 확대해야 한다. 전통 경제에서 기업의 가치 창출 과정은 거래가 완료되고 재화나 서비스가 소비자에게 넘어가면 종료되었다. 하지만 경험 경제에서 거래의 완료란 공동 경험의 시작을 의미하는 것일 수 있다. (2) 가치 창출 과정을 오픈해야 한다. 경험 경제에서 소비자는 가치사슬의 각 단계에 참여하여 기업과 함께 가치를 창출한다. (3) 소비자의 기대를 뛰어넘어야 한다. 실제 소비를 통해 얻은 경험이 기대치보다 만족스러울 때 느끼는 기쁨은 프리미엄한 이득을 가져올 것이며 재경험의 가능성도 높인다.

하이얼을 비롯한 기업들의 행보를 요약하면 '제품 브랜드(전통 기업)'에서 '플랫폼 브랜드(전자상거래 기업)'로, 여기에서 다시 '생태계 브랜드(사물인터넷 생태계 기업)'로 향하는 과정이었다고 할 수 있다. 제품 브랜드가 강조하는 것은 고객에게 우수한 품질의 제품을 제공하는 것이고, 플랫폼 브랜드가 강조하는 것은 우수한 품질의 서비스를 제공하는 것이며, 생태계 브랜드가 강조하는 것은 사용자에게 우수한 품질과 따뜻한 온기와 상호소통의 경험을 제공하는 것이다.

그림 9-8 **제품 브랜드에서 생태계 브랜드로**

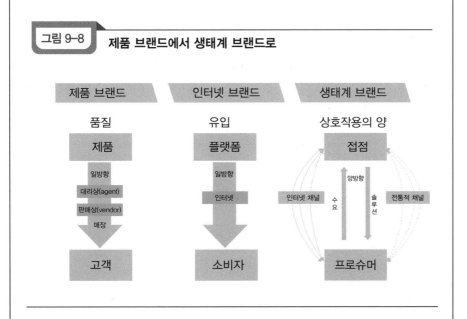

생태계 경제

웨이웨이(魏炜)와 주우샹(朱武祥) 교수의 비즈니스 모델에 대한 정의는 이렇다. "비즈니스 모델이란 이해관계자들의 거래 구조이다." 이 말 안에는 이해, 관계자, 거래, 구조이 네 가지 키워드가 등장한다. 먼저 '관계자'에 대해 살펴보자. 공진화 전략의 네 가지 요소에 따르면 관계자란 사용자, 조직, 시장 내 동료기업 등을 가리킨다. 이들 간의 관계는 기업이 [창업단계], [성장단계], [성숙단계], [전환단계]를 거치며 이해관계, 거래 관계, 구조 관계 등으로 변화한다.

관계자 간의 '이해관계'는 기업의 성장과 함께 무에서 유로, 단순함에서 복잡함으로 발전하게 된다. 또한 관계자 간의 '거래 관계'는 기업의 성장과 함께 단방향에서 양방향, 양방향에서 다방향으로 발전하게 된다. 마지막으로 '구조 관계'의 경우 기업의 성장에 따라 가치사슬에서 가치망으로, 나아가 생태계로 발전하게 된다.

조금 더 구체적으로 이야기해보자. [창업단계]의 비즈니스 모델은 관계자들의 이익 관계가 무에서 유로, 거래 관계는 0에서 1로, 구조 관계는 텅 빈 구조에서 느슨한 구조로 진행되는 '점' 모양을 하고 있다. [성장단계]의 비즈니스 모델은 관계자들의 이해관계가 적음에서 중간으로, 거래 관계는 낮은 빈도에서 높은 빈도로, 구조 관계는 느슨한 구조에서 빽빽한 구조로 진행되는 '선' 모양을 하고 있다. [확장단계]의 비즈니스 모델은 관계자들의 이해관계가 중간에서 많음으로, 거래 관계는 일방향에서 다방향으로, 구조 관계는 가치사슬에서 가치망으로 진행되는 '면' 모양을 하고 있다. [전환단계]의 비즈니스 모델은 관계자들의 이해관계가 많음에서 아주 많음으로, 거래 관계는 다방향에서 다차원으로, 구조 관계는 가치망에서 생태계로 진행되는 '입체' 모양을 하고 있다.

하이얼은 1984년 이후로 여러 번에 걸쳐 조직 구조를 조정해왔으며 크게 1984년부터 1998년까지의 관료제 시대, 1998년부터 2005년까지의 시장사슬(Market chain) 시대, 2005년부터 2012년까지의 자주경영체 시대, 2012년부터 지금까지의 인단합일 생태계 시대로 나눌 수 있다.

관료제 시대(1984-1998)에 하이얼은 품질 및 브랜드 전략을 실행하였다. 즉 제품의 품질과 브랜드라는 '점'에 집중하는 '점' 모양 전략 모델을 수립한 것이다. 여기에 상응하는 조직 모델은 직선식 조직이라고도 불리는 '선' 모양 조직이다.

시장사슬 시대(1998-2005)에 하이얼은 시장사슬 전략을 실행하였다. 즉 시장사슬의 내부 및 외부 '선'을 개통시켜 규모를 확대하는 '선' 모양 전략 모델을 수립한 것이다. 여기에 상응하는 조직 모델은 매트릭스 조직이라고도 불리는 '면' 모양 조직이다.

자주경영체 시대(2005-2012)에 하이얼은 글로벌 전략을 실행하였다. 즉 제품이 도달하는 지역 범위를 확대하는 '면' 모양 전략 모델을 수립한 것이다. 여기에 상응하는 조직 모델은 인단합일 1.0 자주경영체 조직이라고도 불리는 '입체' 모양 조직이다.

인단합일 시대(2012-)에 하이얼은 생태계 전략을 실행하였다. 즉 하이얼을 중심으로 전체 스마트 홈 생태계를 발전시키는 '입체' 모양 전략 모델을 수립한 것이다. 여기에 상응하는 조직 모델은 인단합일 2.0 샤오웨이(小微) 생태계 조직 모델이라고도 불리는 '장(場)' 모양 조직이다. 여기에서 말하는 '장'은 인력장의 개념으로 보면 되는데 하이얼의 자체 인력으로 주변에 있는 많은 샤오웨이들을 하이얼 쪽으로 끌어당기고, 나아가 이 인력을 통해 샤오웨이들의 앞으로의 발전을 촉진한다는 의미이다.

그림 9-9 **하이얼 비즈니스 모델의 비선형적 변천 과정**

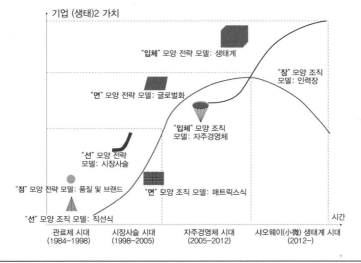

생태계 비즈니스 모델의 재구축

　[전환단계] 기업의 '입체' 모양 비즈니스 모델의 본질은 기업을 중심으로 하는 생태계 비즈니스 모델이며 생태계 비즈니스 모델은 [사용자, 제품, 동료 기업, 자원]의 네 가지 요소를 포함한다. 기업의 성장 초기 단계에서는 아마도 한 가지 사업만 진행할 가능성이 높은데 그렇다면 여기에 맞춰 각각의 요소도 [사용자1, 제품1, 동료 기업1, 자원1]로 나타날 것이다. 기업이 점차 성장하여 [전환단계]에 이르면 새로운 사업2가 출현하게 되며 그에 따라 각각의 요소들도 사용자2, 제품2, 동료 기업2, 자원2로 나타날 것이다. 기업의 지속적인 발전과 전환에 따라 사업이 점점 누적되면 n층으로 이루어진 사업을 둘러싸고 n개의 가치망이 형성되고 다양한 가치망 사이에서 가치망 요소들끼리 이해관계, 거래 관계, 구조 관계를 맺게 된다. 이렇게 복잡 다양한 관계가 지속적으로 발전을 거듭하다 보면 기업 중심의 생태계 비즈니스 모델이 형성된다.

그림 9-10　생태계 비즈니스 모델의 구조

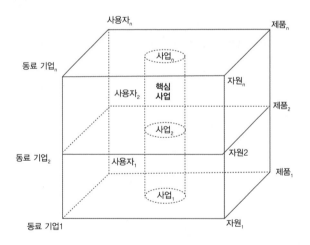

　애플은 원래 데스크탑 컴퓨터와 노트북을 만들던 컴퓨터 회사였으며 기업 이름 역시 애플 컴퓨터(Apple Computer Inc.)였다. 컴퓨터를 만들려면 하드디스크가 필요하기 때문에 하드디스크 생산 업체는 애플 컴퓨터의 동료 기업이 된다. 일반적으로 데스크탑에는

3.5인치 하드디스크가 탑재되고 노트북에는 2.5인치 하드디스크가 탑재된다. 1992년에 1.8인치 하드디스크도 출시되기는 했지만 2001년 애플이 아이팟을 출시하기 전까지는 크게 사용되지 않고 있었다.

애플은 아이팟과 애플 컴퓨터를 보완재 관계로 만들어 아이팟의 판매량을 높이고 자 했다. 그래서 나온 것이 온라인 뮤직 스토어인 아이튠즈이다. 초창기에는 아이팟 유 저만이 애플 컴퓨터를 통해 아이튠즈에서 음악을 다운받을 수 있었으나 아이팟과 아이 튠즈가 점점 성숙해지면서 애플은 판매량을 더 늘리기 위해 윈도우 버전의 아이튠즈도 개발하였다. 아이팟과 아이튠즈를 엄청난 이용자 수를 보유하고 있는 윈도우의 보완재 로 만든 것이다. 애플은 컴퓨터 사업의 고객들과 제품, 자원 그리고 동료 기업들까지 모 두 아이팟 사업에 끌어들임으로써 아이팟을 초대박 상품으로 키워냈다.

여기서 한발 더 나아가 애플은 휴대용 음악 플레이어인 아이팟과 온라인 뮤직 스토 어인 아이튠즈를 결합할 수는 없을까 고민하였고 그 결과 2007년 아이폰이 출시되었다. 아이폰은 사실상 초소형 휴대용 컴퓨터나 다름없다. 스티브 잡스는 아이폰 발표회에서 "터치로 컨트롤되는 와이드스크린 아이팟, 혁신적인 휴대전화, 완전히 새로운 인터넷 통신 기기"라는 말을 세 번 반복하며 이렇게 덧붙였다. "이것들은 세 개로 분리된 각각 의 기기들이 아닙니다. 하나의 기기입니다. 우리는 그걸 이렇게 부릅니다. 아이폰."

그림 9-11 애플의 생태계 비즈니스 모델

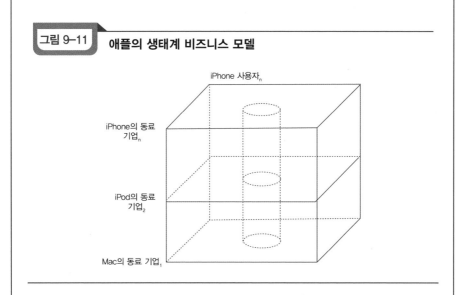

애플이 새로운 시장을 재정의할 때마다 그 과정을 관찰해보면 어떤 루틴이 보인다. 바로 기존 산업을 발판삼아 경계 간 통합을 이룬 후 새로운 산업에 진입하여 생태계 비즈니스 모델을 구축하는 것이다. 예를 들어 애플이 처음으로 아이팟을 출시했을 때 애플의 발판이 되었던 것은 컴퓨터였으며 이를 바탕으로 하드디스크 산업 및 음악 산업과의 통합을 이루어냈다. 아이패드를 출시했을 때도 마찬가지이다. 아이패드를 출시할 때 애플의 발판이 되었던 것은 컴퓨터와 아이폰이었으며 이를 바탕으로 컴퓨터, 휴대전화, 전자리더기 산업과의 통합을 이루어냈다.

제4절 [전환단계]의 시장

패러다임의 변혁

패러다임이란 미국의 유명한 과학철학자인 토머스 쿤(Thomas Kuhn)이 『과학혁명의 구조(The Structure of Scientific Revolution)』에서 제안한 개념으로 공동체 구성원들이 공유하는 신앙, 가치관, 기술 등의 총체를 가리킨다. 과학적 패러다임이라고 말한다면 정상과학(Normal science)을 정의하는 이론 기초와 실천을 가리키며 이는 특정 과학 연구 집단이 공유하는 세계관이자 행동 방식이 된다.

과학적 패러다임의 변혁은 기존의 과학적 패러다임이 다른 과학적 패러다임으로 전환되는 것을 가리킨다. 동일 패러다임 내에서서의 개선은 모두 연속적 혁신인 반면, 다른 패러다임으로의 전환은 비연속적 혁신이다. 과학과 마찬가지로 기술, 경제, 비즈니스 분야에서도 패러다임이 전환된다. 일반적으로 과학적 패러다임의 변혁은 기술적 패러다임 변혁의 기초가 되며 경제적 패러다임의 변혁은 비즈니스 패러다임의 변혁보다 훨씬 크고 깊은 영향력을 가진다.

기존 패러다임을 혁신하는 방식에는 두 가지 종류가 있다. 하나는 작은 변화에서 시작해 점진적 혁신으로 나아가는 것이며 다른 하나는 커다란 변화에서 시작해 획기적 혁신으로 나아가는 것이다. 예를 들어 자율주행을 혁신하는 방식에도 역시 두 가지 종류가 있는데 하나는 구글과 우버를 비롯한 인터넷 기업들이 사용하는 방식으로 비싼 센서를 사용해 단숨에 목표치에 도달하고 기술의 돌파구를 마련하는 것이다. 반면 전통적인 자동차 기업들은 점진적 혁신의 방식을 취하기 때문에 주행 보조에서부터 시작해 점차 진정한 의미에서의 자율주행인 무인 주행으로 발전해간다.

패러다임 전환이 가져오는 변혁에도 두 가지 종류가 있다. 하나는 패러다임 전환의 영향력이 상대적으로 작다고 표현할 수 있는 기술 및 비즈니스의 변혁이다. 와트가 증기기관을 개량한 후 증기기관은 19세기 내내 점점 개선되었으며 더욱 안전해졌고 효율성도 높아졌다. 그러나 증기기관만 좇았다가는 영영 비행기를 하늘로 날릴 수 없었을 것이다. 내연기관의 등장으로 인류는 비로소 혁신적인 에너지 변환 장치를 갖게 되었으며 비행기를 만들어 낼 수 있었다. 또 다른 예는 코페르니쿠스에게서 찾아볼 수 있다. 그는 지동설을 주장함으로써 정상과학으로 군림하던 천동설과 천동설을 바탕으로 한 수많은 연구 결과들을 전복시켰다.

근대 과학기술의 발전사를 살펴보면 인텔, ARM, 모토로라, 애플과 같은 기업들은 모두 기술 패러다임의 변혁을 주도하였으며 이를 통해 강력한 경쟁우위를 확보했음을 알 수 있다. 인텔은 인텔 8080 마이크로프로세서를 개발하여 가정용 컴퓨터 시대를 열었고 오랫동안 마이크로프로세서 업계를 독점하다시피 했다. 그러나 모바일 통신 시대가 도래하면서 인텔 프로세서의 영광은 오픈형 라이센스 모델을 채택한 ARM 프로세서에게 넘어가게 되었는데 한때 전 세계 스마트폰의 95%가 ARM의 기술을 채택할 정도였다.

기업의 혁신은 제품, 카테고리, 가치사슬, 패러다임의 네 가지 층위에서 이루어질 수 있는데 어떤 층위에서 혁신하는지에 따라 확보하게 되는 경쟁우위가 크게 달라진다. 제품 층위에서 혁신하는 기업은 일정 정도의 경쟁우위를 확보할 수 있다. 카테고리 층위에서 혁신하는 기업은 더 큰 경쟁우위를 확보하게 되며 만약 가치사슬의 여러 단계를 넘나들 수 있다면 가치사슬의 주요 가치 또한 공유하게 될 것이다. 그리고 이상의 세 가지 층위에서의 혁신에 비해 패러다임 혁신에 성공하는 기업은 강하고 지속적인 경쟁우위를 확보할 수 있다.

도구모음

미래 레이다 차트(Radar chart)

미래 레이다 차트는 미래의 성장 환경과 발전 기회를 분석하고 예측하는 도구이다. 미래 레이다 차트는 네 개의 방향과 세 개의 시점으로 구성되어 있다. 각각의 시간대와 방향을 분석함으로써 공진화 전략의 네 가지 요소가 앞으로 어떤 변화 추세를 보일 것인지 효과적으로 예측할 수 있으며 발생할 수도 있는 중대한 방향성 변화에도 효과적으로 대응할 수 있을 것이다.

미래 레이다 차트의 네 가지 방향은 공진화 전략의 네 가지 요소인 사용자, 조직, 제품, 시장을 의미하며 각각의 방향을 세분화하여 12가지 전략 포인트, 즉 사용자 특징, 사용자 수요, 사용자 선택, 리더, 팀원, 조직 관리, 제품 개발, 마케팅 홍보, 비즈니스 모델, 기술 동향, 자본과 자원, 시장의 경쟁과 협력으로 나눌 수 있다. 세 개의 시점은 각각 지금 현재와 3년 후, 10년 후로 나뉘는데 분석자가 달리 설정할 수도 있다.

그림 9-12 | **미래 레이다 차트**

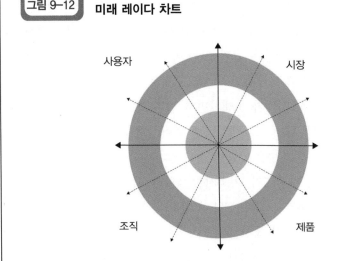

회사의 벤처 투자

　　자본과 자원은 전환을 꾀하는 기업에게 중요한 추진력이 된다. 많은 경우 기업 내부 역량만으로는 혁신하기에 역부족이기 때문에 기업 외부에서 혁신의 기회를 모색해야 한다. 기업 외부에서의 [혁신 기회 모색 방식]에는 두 가지 종류가 있는데 하나는 [탐색식 모색]이고, 다른 하나는 [개발식 모색]이다. [탐색식 모색]은 주로 기업 외부에서 새로운 혁신의 기회를 찾는 것을 가리킨다. 혁신 기회를 찾은 후에는 새로운 혁신적 아이디어에 맞춰 성장하기 시작한다. 반면 [개발식 모색]이란 기업이 그간 축적한 자원과 능력을 이용하여 기업 외부에서 이 자원과 능력을 더 유용하게 활용할 수 있는 기회를 찾는 것이다. 또한 [기업의 전환 전략]은 [확장식 전환]과 [보수적 전환]으로 나눌 수 있는데 [보수적 전환 전략]을 채택한 기업보다 [확장식 전환 전략]을 채택한 기업이 보다 적극적인 자세를 취한다.

　　기업이 어떤 [혁신 기회 모색 전략]과 [전환 전략]을 수립하는지에 따라 기업의 벤처 투자 동기를 네 가지로 나눌 수 있다(그림 9-13). 기업이 [확장식 전환 전략]과 [탐색식 모색 전략]을 수립할 경우 그 기업의 벤처 투자 유형은 [탐색형 벤처 투자]라고 할 수 있다. 시장에 비연속적 기술이 있지만 아직 어떤 기업도 이 기술을 통합할 수 있는 능력을 갖추지 못했을 때 시장의 선도 기업이 [탐색형 벤처 투자] 전략을 채택하곤 한다. 예를 들어 2009년 설립된 GV의 사명은 컨슈머 인터넷, 소프트웨어, 클린테크, 바이오테크, 헬스케어 등의 분야에서 우수한 벤처기업들을 찾아 이들에게 조기 투자를 한다는 것인데 이 분야들은 모두 구글이 앞으로 비연속적 기술이 출현할 수 있다고 생각하는 분야들이다.

　　기업이 [확장식 전환 전략]과 [개발식 모색 전략]을 수립할 경우 그 기업의 벤처 투자 유형은 [플랫폼형 벤처 투자]라고 할 수 있다. 보통 기업이 이 분야에서 자원에 대한 우위는 점하고 있지만 이 자원을 보다 효과적으로 이용할 수 있는 방법을 찾아야 할 때 채택하는 전략이다. 2011년 텐센트는 텐센트산업원윈기금(腾讯产业共赢基金, Tencent Industry Win-Win Fund)을 조성하였다. 이 펀드는 인터넷 가치사슬에서 우수한 인터넷 혁신 기업을 발견하고 이들을 지원하며 텐센트의 오픈 플랫폼을 활용하여 창업 기업의 장기적인 가치 상승과 사용자 경

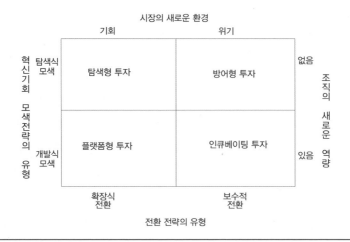

그림 9-13	회사의 벤처 투자 동기

시장의 새로운 환경

	기회	위기	
탐색식 모색	탐색형 투자	방어형 투자	없음
개발식 모색	플랫폼형 투자	인큐베이팅 투자	있음
	확장식 전환	보수적 전환	

혁신기회 모색 전략의 유형

조직의 새로운 역량

전환 전략의 유형

험 최적화를 돕는 것을 목표로 하고 있다.

　기업이 [보수적 전환 전략]과 [탐색식 모색 전략]을 수립할 경우 그 기업의 벤처 투자 유형은 [방어형 벤처 투자]라고 할 수 있다. 2003년, 시스코 시스템 즈(Cisco Systems)는 세계 최대 홈 네트워킹 장비 생산업체인 링크시스(LinkSys)를 인수하며 홈 네트워크 시장에 뛰어들었다. 그간 시스코는 오피스 네트워크 시장에 주력해왔기 때문에 홈 네트워크 시장에서의 경험은 전무하였다. 그러나 그해 리서치 보고서에 따르면 전 세계 홈 네트워크 시장의 규모는 2002년 37억 달러에서 2006년 75억 달러로 증가할 것으로 예상되었다. 그 결과 고객의 수요 변화와 시장의 위기 상황을 빠르게 눈치챈 시스코가 [방어형 투자 모델]을 채택하여 홈 네트워크 장비 분야에 진출한 것이다.

　기업이 [보수적 전환 전략]과 [개발식 모색 전략]을 수립할 경우 그 기업의 벤처 투자 유형은 [인큐베이팅 벤처 투자]라고 할 수 있다. 하이얼이 몸담고 있는 가전제품 업계는 이미 [성숙단계]에 접어 들었다고 볼 수 있다. 하이얼은 성장 과정을 거치며 풍부한 경험과 자본, 경영 능력을 차곡차곡 쌓아왔다. 그 결과 2010년, 하이얼은 하이얼금융(海尔金融)을 설립하여 금융 및 첨단기술 분야에서 투자를 시작하였다. 하이얼금융은 크게 하이얼 캐피탈(海尔资本), 하이얼 벤처 투자(海尔创投), 하이얼 의료 캐피탈(海尔医疗资本), 하이얼 농업 캐피탈(海尔医疗资本) 등 네 개 부문으로 나눌 수 있다. 하이얼은 전통 제조업에서 강세를 보였기 때문에 이를 바탕으로 한 '투자+인큐베이팅' 모델은 하이얼의 성공적인 전환을 도울 수 있었다.

회사의 투자 전략은 보통 회사 자체, 투자 기구, 신규 창업 기업, 사용자 등의 이해관계자들에게 영향을 미친다. 여기서 사용자란 회사의 기존 사용자와 신규 창업 기업의 사용자를 통칭하는 개념이다. 회사가 벤처 투자 전략을 통해 사업을 확장하는 것은 회사가 성공적으로 전환되는 데 있어 몇 가지 이점을 제공한다. 첫째, 신규 창업 기업을 통해 창업 기업의 사용자들의 수요를 충족시키게 되면 새로운 가치망의 사용자들과 닿을 수 있는 기회가 생기며 이는 우리 회사의 비(非)사용자들이 어떤 수요를 가지고 있는지 파악하는 데에도 도움이 된다. 둘째, 신규 창업 기업은 제품을 논할 때 기존 기업들보다 훨씬 혁신적이기 때문에 이들에게 투자하는 것은 새로운 혁신 제품을 얻는 데 도움이 된다. 셋째, 신규 창업 기업은 우리 회사의 기존 조직 구조에 속한 것이 아니기 때문에 각자의 인센티브 시스템이 존재하며 회사의 기존 조직에 아무 영향도 미치지 않는다. 넷째, 회사는 벤처 투자 기구를 설립함으로써 외부 자원을 유치할 수 있고 이는 회사의 가치망을 확장시키는 데 도움이 된다.

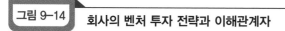

그림 9-14　회사의 벤처 투자 전략과 이해관계자

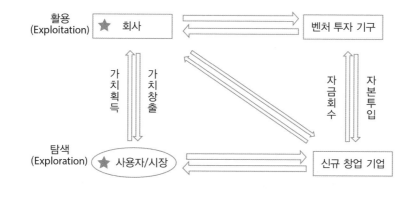

블루아이스 시장

[블루아이스 시장]은 레드오션 및 블루오션과는 달리 거대한 발전 가능성을 가진 앞으로 개척해야 할 새로운 공간이다. '블루'는 이 분야가 거대한 발전 가능성을 가지고 있음을 의미하는 것이고, '아이스'는 이 분야를 개척하기 위해서는 비교적 많은 시간과 에너지와 자원을 지속적으로 투입해야 하지만 이 투자가 반드시 결과물을 보장하지만은 않는다는 의미이다. [블루아이스 시장]이라고 이름붙은 분야들은 보통 주목받지 못했거나 발견되지 않은 분야이다. 또는 극소수의 기업이나 기업가만이 알아봤거나 혹은 알아볼 수 있는데 문제는 그들역시 이 분야를 개발할 역량이나 자원은 갖고 있지 않다는 점이다. 그래서 이 분야는 늘 숨겨져 있으며 여기에 담긴 엄청난 가치도 빛을 보지 못하고 있다.

우리는 시장 개척의 어려움과 시장 발전의 전망이라는 두 가지 차원에서 다양한 유형의 시장을 분석할 수 있다. [혼돈 시장]은 발전 경로가 불연속적이고 개척의 어려움도 크며 앞으로의 발전 방향도 불확실하고 발전 전망도 어둡다. [레드오션]은 이미 상당히 성숙한 상태이기 때문에 개척 난이도는 낮지만 시장 경쟁이 치열하고 발전 전망 역시 어둡다. [블루오션]과 [블루아이스 시장]의 경우, [블루오션] 시장이 [블루아이스 시장]보다 개발 난이도가 낮기는 하지만 두 시장 모두 시장의 발전 전망은 밝다.

중국의 기업용 모바일 SaaS(서비스로서의 소프트웨어) 시장이 바로 전형적인 블루아이스 시장이라 할 수 있다. 기업용 모바일 SaaS란 모바일 스마트 단말기를 이용하는 SaaS로 클라우드 스토리지, 네트워크 보안, 빅데이터, 인공지능 등의 첨단 기술과 알고리즘을 통해 기업에 마케팅, 영업 관리, 인력 자원, 재무, 법률, 데이터 보안 등의 분야에서 서비스를 제공함으로써 기업의 자체적인 IT 데이터 처리 능력이 모바일과 SaaS와 인공지능의 속성을 갖출 수 있도록 만들어주는 시스템을 말한다.

중국의 기업용 모바일 SaaS 시장을 '블루'하다고 말할 수 있는 이유는 미국의 기업용 모바일 SaaS 시장과 비교해보면 알 수 있다. 미국에는 시장 가치가 무려 100억 달러에 달하는 기업용 모바일 SaaS 회사가 거의 10개쯤 있다. 시장 가치가 10억 달러 정도되는 회사까지 합친다면 미국에만 약 100여 개의 모바일

SaaS 회사가 존재한다. 그러나 중국에는 시장 가치가 10억 달러를 넘는 기업용 모바일 SaaS 회사가 단 하나도 없다.

한편 중국의 기업용 SaaS 시장을 '아이스'라고 표현하는 이유는 다섯 가지 측면에서 시장 환경이 녹고는 있지만, 아직 얼음과 눈이 완전히 녹아내릴 정도 는 아니기 때문이다. 블루아이스 시장에 본격적인 시동이 걸리기 위해서는 시 장에 [정책 환경과 경제 환경, 사회 환경, 기술 환경 그리고 자본 환경]이 조성 되어야 한다.

[정책 환경]의 경우 최근 2년 동안 빅데이터, 클라우드 컴퓨팅, 클라우드 서 비스, 네트워크 보안의 발전을 촉진하기 위한 정책이 대거 발표되었다. [경제 환경]의 경우 나날이 보편화되는 인터넷이 기업용 서비스의 발전을 가속화하였 고 시장은 이미 성숙되었으며 모바일 인터넷을 사용하는 라이프스타일이 이미 전국적으로 형성된 상태이다. [사회 환경]의 경우 중국의 인구배당효과가 이미 사라졌기 때문에 노동력과 업무의 원가가 상승하여 공유경제 형태의 B2B 서비 스 수요가 늘어났다고 할 수 있다. [기술 환경]의 경우 클라우드 업계의 전반적 인 발전과 laaS(Infrastructure-as-a-service)의 급속한 확장이 SaaS 같은 기업용 서 비스 개발에 훌륭한 인프라가 되어준 것으로 보인다. [자본 환경]의 경우 중국 의 기업용 모바일 SaaS 시장은 자금조달의 급성장기를 맞이하였다고 볼 수 있 다. 특히나 C라운드 이후의 투자와 IPO, 전략 투자, 합병 등에서 빠른 성장세를 보이고 있다.

도구모음

소비 트렌드 캔버스

피터 드러커(Peter Drucker)는 『기업가정신(Innovation and entrepreneurship)』에 서 혁신의 7가지 원천에 대해 이야기했다. [예상치 못했던 일, 불일치, 프로세스상의 필 요성, 산업구조와 시장구조의 변화, 인구구조의 변화, 인식의 변화와 지각상의 변화, 새 로운 지식]이 바로 그것이다. 이 중 [예상치 못했던 일과 불일치]는 불확실성과 불연속 성이 모두 높은 상황에 속하고 [프로세스상의 필요성과 인구구조의 변화]는 불확실성과 불연속성이 모두 낮은 상황에 속한다. 또한 [산업구조와 시장구조의 변화]는 불확실성은 낮지만 불연속성은 높은 상황에 속하며 반대로 [인식의 변화와 지각상의 변화 및 새로운 지식]은 불확실성은 높지만 불연속성은 낮은 상황에 속한다.

　　[인구구조의 변화] 문제가 대표적인 불확실성은 낮지만 불연속성은 높은 경우라 할 수 있다. 인구가 변화하는 것은 몇 년, 심지어는 십수 년이라는 기간 내에는 거의 보이지 않는 현상이지만 수십 년 혹은 수백 년에 걸쳐 관찰해보면 놀라울 정도다. 인구구조의 변화가 심각한 문제인 이유는 이 현상이 기하급수적으로 진행되기 때문이다. 한 번 떨어진 출산율은 반등되기 어려워서 단기간에 인구가 정상 수준을 회복하기란 결코 쉽지 않다.

　　소비 트렌드 캔버스는 소비자의 수요 동향을 확실하게 파악할 수 있는 도구로 미래 레이다 차트와 함께 사용하여 소비자 수요의 펀더멘탈, 가능성 있는 변화, 새로운 소비자 트렌드, 기업에 대한 영감 등을 분석할 수 있다. 소비자 트렌드를 파악한 후에는 여기서 얻은 영감을 혁신 기회를 모색하는 데 활용할 수도 있다.

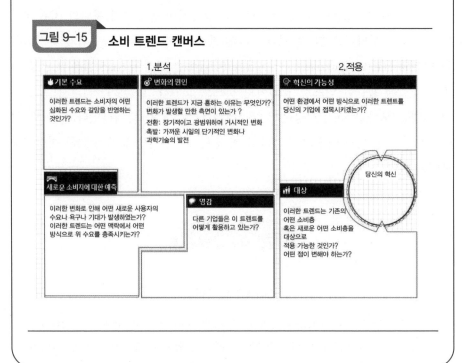

그림 9-15 ┃ 소비 트렌드 캔버스

전략 공진화의 시너지 모델

미션, 비전에서부터 전략의 실행까지

기업 경영 사이클

전략 수립은 조직의 발전과 기업의 성장과 동떨어진 채로 존재하지 않으며 오히려 조직의 사명, 비전, 가치관, 운영, 집행 등의 요소와 밀접하게 관련되어 있다. 보통 전략을 이야기할 때 기업의 [사명]에서부터 시작하는 경우가 많다. 가장 먼저 [사명]이 있은 후에 전략이 있으며 전략의 실행은 가장 마지막 단계에 이루어진다고 생각하기 때문이다. 그러나 사실 기업의 [사명]이 탄생하는 것 자체가 하나의 과정이다. [사명]은 어느 날 갑자기 허공에서 불쑥 나오는 것이 아니라 창업자의 [가치관]에서 싹을 틔우고 그 위에 창업팀의 역량과 기업의 역량을 더해 발전하는 것이기 때문이다. [가치관]이란 특정 사회에서 공동체가 사회를 바라볼 때 기준으로 삼는 옳고 그름에 대한 원칙과 행동 준칙이다. 이 세상에는 수많은 사람들이 살고 있고 그들 모두 저마다의 [가치관]을 가지고 있다. 기업 역시 마찬가지이다. 이 세상에는 수많은 기업들이 있고 기업마다 다른 [가치관]을 가지고 있다. [사명]과 달리 [가치관]은 보다 구체적이며 각자의 개성이 묻어나온다. 기업의 [가치관]이 어떻게 형성된 것인지 근원을 거슬러 올라가다 보면 창업팀의 개인적 가치관과 그들의 성장 경험으로까지 이어진다.

창업자와 창업팀부터가 서로 다른 [역량과 가치관]을 가지고 있기 때문에 기업마다 가지고 있는 [역량과 가치관]의 조합 역시 다를 수밖에 없다. [역량과 가치관]의 조합은 기업이 자기 자신과 사회를 어떻게 바라보고 있는지, 기업이 존재하는 이유는 무엇인지를 결정짓는다. 그리고 이 조합을 가리켜 기업의 [사명]이라고 부른다. [사명]은 기업의 존재 이유이자 변치 않는 가치이다. 하지만 기업은 뜬구름처럼 허공에 존재하는 것이 아니라 구체적인 환경 안에 존재하며 시장 트렌드의 영향을 받는다. 그러므로 [사명]과 트렌드라는 이중 드라이브를 통해 기업은 더욱 구체적인 [비전]을 세우게 된다. [비전]은 변화 가능하고 개선 가능한 미래상이라고 할 수 있다. [비전]은 기업이 예측 가능한 미래를 어떻게

그림 10-1 기업 경영 사이클

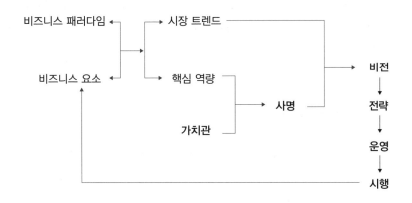

보고 있는지, 그 미래에서 자신이 어떤 역할을 수행할 것이라 포지셔닝하고 있는지에 대해 알려준다.

[가치관과 사명, 비전]이 있으면 기업의 앞으로의 발전 방향에 대한 불확실성은 줄어든다. 그러나 가치관을 실천하고 사명을 수행하고 비전을 실현하는 과정에서 기업은 발전 경로의 각종 불연속성과 마주하게 될 것이다. 이런 불연속성을 어떻게 극복할 것인가가 기업이 매일 고민해야 하는 경영상의 문제들이다. 만약 [가치관과 사명, 비전]을 위에서 아래를 향하는 기업 발전의 원동력이라 한다면, [운영과 실행]은 아래에서 위로 향하는 기업 발전의 원동력이라 할 수있다. [운영]은 제품과 서비스를 생산하고 제공하는 시스템에 대한 설계 운영평가와 개선을 추진하는 업무이고, [실행]은 계획과 정책이 실현되게 하는 구체적인 조치이다.

기업 운영과 전략 실행의 결과는 기업의 비즈니스 요소에 영향을 미친다. 기업이 행하는 모든 경영 업무는 기업이 소유하고 있거나 통제권을 행사할 수있는 비즈니스 요소를 기반으로 해야 한다. 비즈니스 요소란 내부와 외부, 사람과 관련된 요소, 일과 관련된 요소로 나눌 수 있다. 조금 더 구체적으로 말하자면 기업 외부의 사람(사용자), 기업 내부의 사람(조직), 기업 외부의 일(시장), 기업 내부의 일(제품)을 가리킨다. 기업은 효율적인 운영과 전략 실행을 통해 비즈니스 요소를 발전시키고 비즈니스 패러다임에 따라 핵심 역량을 형성하거나 강화한다. 핵심 역량의 장기적인 축적과 기업 가치관의 통합은 점차 기업의 사명을 형성하게 될 것이고 나아가 기업의 분명한 비전과 전략의 형성을 촉진할 것이다. 이상의 논리는 기업의 경영 사이클을 구성한다.

가치관에서 실행력까지

업계에 돌아다니는 말 중 이런 말이 있다. "혁신하는 것은 죽음을 좇는 것이고, 혁신하지 않는 것은 죽기를 기다리는 것이다." 이 말은 기업이 직면하고 있는 발전 방향의 불확실성과 발전 경로의 불연속성을 반영하고 있다. 혁신은 새로운 방향을 찾는 것이다. 앞으로 있을 미래에는 어떤 방향이 가능성 있는 방향인지 지속적으로 탐색해야만 미래를 향한 길을 찾을 수 있다. 하지만 그렇다고 해서 새로운 방향을 찾는 데에만 너무 많은 에너지를 쏟는다면 정작 지금 가고 있는 방향에서의 지속적인 발전에 필요한 자원이 부족해지고 발전 경로의 불연속성마저 생길지도 모른다. 그러므로 전략의 핵심은 할 일과 하지 않을 일을 잘 선택하는 것에 있으며, 이는 기업의 사명과 비전, 가치관에 기반한다고 할 수 있다. 더불어 이 선택을 수행하는 능력은 기업의 운영과 실행에 기반한다.

기업의 효율적인 운영과 전략의 실행은 기업이 발전 경로의 각종 불연속성을 극복하는 데 도움이 된다. 또한 가치관과 사명, 비전은 앞으로의 발전 방향에 대한 각종 불확실성을 낮추는 데 도움이 된다. 그리고 기업의 가치관과 사명과 비전 및 기업의 운영과 실행 사이에서 가교 역할을 함으로써 기업의 가치관과 사명과 비전이 잘 구현될 수 있도록, 동시에 기업의 운영과 실행이 기업의 발전 방향에서 벗어나지 않도록 중심을 잡아주는 것이 바로 전략이다. 다시 말해 전략은 기업이 불확실성 속에서 확실성을 찾고, 불연속성 속에서 연속성을 찾을 수 있도록 도와주는 역할을 한다고 할 수 있다.

그림 10-2 전략과 불확실성, 전략과 불연속성

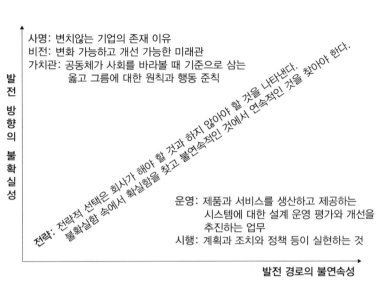

발전 방향의 불확실성

사명: 변치않는 기업의 존재 이유
비전: 변화 가능하고 개선 가능한 미래관
가치관: 공동체가 사회를 바라볼 때 기준으로 삼는
　　　옳고 그름에 대한 원칙과 행동 준칙

전략: 전략적 선택은 회사가 해야 할 것과 하지 않아야 할 것을 나타낸다.
불확실함 속에서 확실함을 찾고 불연속적인 것에서 연속적인 것을 찾아야 한다.

운영: 제품과 서비스를 생산하고 제공하는
　　　시스템에 대한 설계 운영 평가와 개선을
　　　추진하는 업무
시행: 계획과 조치와 정책 등이 실현하는 것

발전 경로의 불연속성

　　　전략의 구성 요소에는 사명, 비전, 가치관, 전략, 운영, 실행 등이 있으며 이들 간의 관계는 [그림 10-3]과 같다. 이들의 관계를 자세히 살펴보자면 첫째, 기업의 사명과 비전은 전략의 방향을 결정하며 기업의 존재 이유라고도 할 수 있다. 둘째, 가치관은 기업의 경계와 범위를 규정한다. 셋째, 기업의 사명과 비전은 가치관이 규정하는 범위 내에서 기업의 전략 목표로 구체화된다. 넷째, 전략 목표는 기업의 운영 과정에서 실제 운영 지표로 전환된다. 다섯째, 운영 지표는 실질적인 행동을 통해 달성된다.

그림 10-3　가치관의 범위 내에서 실현되는 목적과 목표

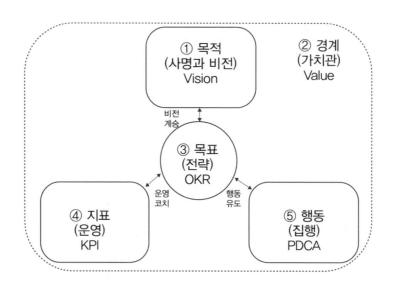

사명, 비전 그리고 가치관

[사명, 비전 그리고 가치관]이 기업에게 얼마나 중요한 것인지는 아무리 강조해도 지나치지 않는다. 그러나 모든 기업들이 명확한 사명과 비전과 가치관을 가지고 있는 것은 아니다. 사명과 비전과 가치관이 만들어지는 데에는 일정한 순서가 있으며 상당한 시간이 요구된다. 일반적으로 이들 중 가장 먼저 형성되는 것은 기업의 가치관인데 기업의 가치관은 창업자의 가치관에서 비롯되는 경우가 많다. 기업이 한동안의 성장 과정을 거치고 나면 몇몇 핵심 역량들이 생겨나기 시작하는데 기업의 가치관은 이 핵심 역량을 개발하고 육성하는 밑거름이 된다. 그리고 이를 바탕으로 기업의 사명이 형성된다. 마지막으로 사명이 조금 더 가다듬어지고 상당한 정도의 시간이 흐르면 여기에서 비전이 형성된다.

'사명'은 조직의 존재 가치와 의미를 설명해주며 조직이 왜 존재하는 것인지(즉, Why)에 대한 답을 제공한다. 기업의 사명에는 보통 "~하게 하다", "~하

도록", "~를 위한", "~로써" 등의 표현이 들어간다. 예를 들어 텐센트의 사명은 "고객을 위한 가치, 최고를 위한 기술"이고 샤오미의 경우 "이 세상 모두가 기술이 가져올 아름다운 생활을 영위할 수 있도록"이 사명의 핵심 내용이다. 징둥의 사명은 "과학기술로 더 편하고 지속가능한 세상을 만들자"이며 또한 하이얼의 사명은 "전 세계 고객의 아름다운 삶을 위한 솔루션", 알리바바의 사명은 "천하에 하기 어려운 장사가 없게 하라"이다.

대부분의 사명에는 기업의 존재 이유가 담기므로 대개 사명은 상당히 그럴 듯해 보인다. 하지만 기업의 비전은 사명과 무엇이 다른 것인지 잘 구분되지 않을 때가 많다. 또한 사명과 시장의 트렌드 또는 사명과 기업의 발전단계를 결합하지도 못하고 있다. 예를 들어 텐센트의 비전 선언문을 보면 "모든 것은 사용자 가치를 기반으로 하며 제품과 서비스로 사회적 책임을 다한다. 과학기술의 혁신과 문화의 계승을 선도하고 각 분야의 발전을 추진하며 사회의 지속가능한 발전을 목표로 한다"라고 명시되어 있다. 물론 과학기술과 문화를 결합하고, 산업의 발전을 위해 노력한다는 말은 2C와 B2B라는 텐센트의 두 가지 주요 발전 방향을 의미하는 것이겠지만, 표현 방식이 그다지 명료해 보이지는 않는다.

샤오미의 비전 선언문에는 "사용자의 친구가 되어 그들의 마음 속 가장 멋진 회사가 되자"라고 적혀 있는데 이것만 봐서는 도대체 무엇을 하겠다는 것인지 전혀 알 수 없다. 징둥에게서도 마찬가지의 문제점이 발견된다. "전 세계에서 가장 믿을 만한 기업이 되자"는 말은 물론 모든 기업이 바라는 바겠으나 한 기업의 비전으로는 적절하지 않다. 이들과 비교했을 때 하이얼의 비전은 사정이 훨씬 낫다고 할 수 있다. "전 세계 백색가전의 선두주자이자 규칙의 제정자, 전 과정이 사용자 경험으로 구동되는 가상 및 실제 네트워크 융합의 선두주자가 되어 인터넷 시대 글로벌 브랜드를 만들자"라는 말에서 '전 과정이 사용자 경험으로 구동된다'와 '가상 및 실제 네트워크의 융합'이라는 표현은 산업 발전의 원동력과 기반을 의미하는 것이고 '인터넷 시대'라는 말은 해당 버전의 비전 선언문이 적용되는 기간을 정의하는 것이다.

비전의 가장 훌륭한 예시는 알리바바라고 할 수 있다. 알리바바의 비전에는 몇 가지의 핵심 질문, 즉 언제(When), 어디서(Where), 누구를 위해(Who), 무엇을 하는지(What)에 대한 답이 들어있다. 그들의 비전에는 장기 비전과 중기 비전의 두 가지 버전이 있는데 장기 비전은 "102년(When)을 가는 좋은 기업(What)이 되자"이고 중기 비전은 "2036년(When)까지, 20억 소비자(Who)에게 서비스를 제공하고, 1억 개의 일자리를 창출해, 1,000만 개의 중소기업을 돕겠다(What)"이다. 어디(Where)에 대한 답은 사명 속에 숨겨져 있는데 바로 사명에서 언급하였던 "세상"이다.

가치관은 사명과 비전의 기반이 되며 또한 기업의 경계와 한계를 규정한다. 대개 가치관의 탄생은 사명과 비전보다 이른 시점에 이루어지고 가치관의 발전과 조정은 사명과 비전보다 빈번하게 발생한다. 예를 들어 텐센트의 가치관인 "정직, 진취, 협력, 창조"에는 사람은 정직해야 하고, 일을 할 때에는 진취적이어야 하며, 팀은 협업해야 하고, 제품은 창조적이어야 한다는 이념이 그대로 드러난다. 샤오미의 가치관인 "진실성, 사랑"에는 사용자에 대한 진실성과 제품에 대한 애정이 반영되어 있다. 징동의 가치관인 "고객 우선, 성실, 협업, 감사, 분투, 책임감"에 담긴 의미는 텐센트의 그것과 크게 다르지 않다. 하이얼의 가치관은 옳고 그름과 발전 및 이익의 세 가지 측면에 대한 내용을 담고 있는데 하이얼인이라면 "고객은 늘 옳고 나는 틀리다는 생각을 해야 하고, 창업의 정신과 혁신의 정신을 발휘해야 하며, '인단합일원원모델' 이념으로 이익을 창출하고 분배해야 한다"고 규정하였다.

이들과 비교했을 때 알리바바의 가치관은 더 명료한 표현으로 더 풍부한 의미를 담고 있다. 먼저 "고객이 1순위, 직원이 2순위, 주주가 3순위"라는 말에는 이익의 우선순위 및 이해 상충의 상황을 해결할 때 고려해야 하는 우선순위가 내포되어 있고, "신뢰는 모든 것을 간단하게 만든다"라는 말에는 사람을 대하는 태도가 담겨 있다. 즉 사용자를 믿고 동료를 믿기 때문에 평정심을 가지고 일을 할수 있다는 것이다. 또한 "변화만이 변함없다"는 말은 복잡하고 수시로 변화하는 외부 환경에 변화로 맞서야 한다는 것을 의미하고, "오늘의 최고 성과는 내일의 최소 요구"라는 말은 사람은 매 순간 발전해야 하며 그렇지 않을 경우 퇴보할 것임을 의미한다. 마지막으로 "지금 아니면 언제? 내가 아니면 누가?" 라는 말은 당면한 상황에 대한 명확한 규정이나 책임자가 없을 경우, 모든 사람이 발 벗고 나서야 한다는 뜻이며 "열심히 살고 즐겁게 일하자"는 일과 생활을 잘 구분하여 그들 간의 조화로운 균형을 유지하자는 뜻이다. 정리하자면 가치관이란 직원들이 어떤 사람이 되어 어떻게 일할 것인지(How)에 대한 문제를 다룬다고 할 수 있다.

이상의 내용들은 다음과 같이 정리할 수 있다. 먼저 사명과 비전과 가치관은 기업이 직면한 여섯 개의 핵심 질문, 즉 왜(Why), 누구를 위해(Who), 무엇을(What), 언제(When), 어디서(Where), 어떻게(How)에 대한 대답이며 이 여섯 개의 질문들은 서술문의 육하원칙인 시간(When), 장소(Where), 인물(Who), 원인(Why), 과정(How), 결과(What)에 대응한다. 육하원칙은 어떤 사건을 명확하게 말하고자 할 때 반드시 포함해야 하는 여섯 가지 요소들이다. 사명과 비전 그리고 가치관의 여섯 개 핵심 질문도 마찬가지다. 한 기업을 명확하게 설명하고자 한다면 이 여섯 가지 내용을 설명해야 한다.

전략, 운영 그리고 실행

기업의 전략은 위로는 사명, 비전 그리고 가치관과 이어지고 아래로는 운영과 실행으로 이어진다. 만약 사명과 비전과 가치관에 '5W1H'가 포함되어 있다면 이들과 위아래로 연결된 전략 역시 '5W1H'를 포함해야 할 것이다. 전략의 '5W1H'란 사용자 가치 창출(Why), 조직의 지속적인 성장(Who), 사업의 건강한 발전(What), 건강한 시장 생태계(Where), 발전 단계 도약(When), 전략의 실행 경로(How)를 가리킨다.

'5W1H'는 다양한 조직과 기업, 나아가 개인의 전략을 분석하는 데 활용될 수 있다. 기업에 대한 분석을 예로 들자면 기업이 왜 존재하는지, 기업은 누구누구로 구성되어 있는지, 어떤 제품을 생산하는지, 기업의 외부 환경은 어떤지, 기업이 어떤 성장 단계를 거쳤는지, 기업 발전의 핵심 경로가 무엇인지 등에 대해 질문할 수 있을 것이다. 모든 기업들은 "당신들은 누구인가? 무엇을 위해 싸우는 것인가?"에 대해 반드시 생각해 보아야 한다.

'5W1H' 모델이 반영된 다음의 문장구조를 사용하면 기업의 전략을 명확하게 표현할 수 있다. "[사용자 가치]를 실현시키기 위해 우리는 [전략 단계] 안에서 [조직을 성장]시키는 방식으로 [시장 생태계] 환경에서의 [비즈니스 발전]이라는 목표를 달성할 것이며 구체적으로는 이러한 [전략 경로]를 통할 것이다."
알리바바를 예로 들어보자. 알리바바는 "1,000만 개의 중소기업을 돕겠다"는
비전을 실현하고자 "중소기업이 고객 유치를 위해 알리바바 플랫폼에서 사용하
는 비용을 1년 안에 획기적으로 줄이겠다"는 전략 목표를 세웠다.

　　그들의 전략을 조금 전 살펴보았던 문장구조에 대입하면 이렇게 표현할 수 있
을 것이다. "[사용자는 언제 어디서나 알리페이를 사용할 수 있다]는 말을 실현시
키기 위해 우리는 [1년] 안에 [오프라인 사업자들과 전면 협력]하는 방식으로 [중
국 대륙 범위] 내에서 [알리페이로 중국 전역의 지급 및 현금 도시를 커버할 수 있
다]는 목표를 달성할 것이며 구체적으로는 [ABC 등의 전략 경로]를 통할 것이다."

　　전략 목표는 [사용자 목표, 조직 목표, 사업 목표 및 시장 목표]로 나눌 수
있으며 기업은 비전을 기반으로 기업의 중단기(1~3년) 목표를 수립할 수 있다.
각각의 목표를 중심으로 기업의 전반적인 전략 목표를 분석한 후 각 목표 간의
시너지 효과에 대해 검토해 보아야 한다(그림 10-4).

　　비전을 전략 목표(戰略目標)로 다듬은 후에는 한 발 더 나아가 이 전략 목표
(戰略目標)가 운영 지표(运营指标)에 반영될 수 있도록 해야 한다. 운영 지표(运营
指标)는 전략 목표(戰略目標)와 톱니바퀴처럼 맞물려야 하며, 여러 개의 운영 지
표(运营指标)는 하나의 전략 목표(戰略目標)를 위한 것이어야 한다. 예를 들어 알
리바바가 '중소기업이 고객 유치를 위해 알리바바 플랫폼에서 사용하는 비용
을 1년 안에 획기적으로 줄이겠다'는 전략 목표(戰略目標)를 달성하고자 한다
면, 그들은 "중소기업이 알리바바 플랫폼에서 서비스를 제공하는 소비자에 대
한 보다 세밀한 분류" 등을 다루는 사용자 지표(用户指标)와 "업종별 전담부서
설치" 등을 다루는 조직 목표(组织目標), "플랫폼을 사용하는 중소기업 고객 50%
증가"라는 사업 목표(业务目標), "관련 시장 점유율 5% 포인트 상승"이라는 시
장 목표(市場目標)를 설정할 수 있을 것이다. 이러한 전략 목표(戰略目標)를 달성
하기 위해 기업은 보다 세부적인 사용자 운영 지표(用户运营指标), 조직 운영 지
표(组织运营指标), 제품 운영 지표(产品运营指标), 시장 운영 지표(市場运营指标)를
설정하여야 한다. 또한 각 운영 지표(运营指标) 간 시너지 외에 운영 지표(运营
指标)와 상위 전략 목표(戰略目標) 간에도 시너지 효과가 나야 한다(그림 10-5).

그림 10-4 **비전에서 전략 목표까지**

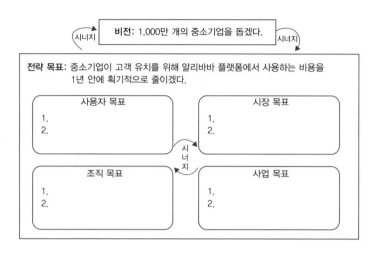

그림 10-5 **전략 목표에서 운영 지표까지**

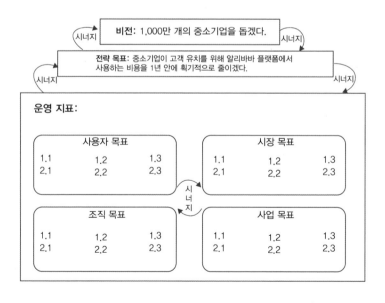

전략 목표를 운영 지표로 세분화한 후에는 이 운영 지표들을 실행 방안으로 구체화해야 한다. 실행 방안에는 주로 행동 영역, 하위 행동, 완성 시간, 완성 지표, 주책임자, 지지자, 평가 지표 등이 포함된다. 행동 방안을 세울 때에는 이를 실천에 옮길 수 있는 동력과 여기에 상응하는 능력이 있는지 면밀히 검토해야 한다. 여기에는 유능한 사람을 선발하고 평가 기준과 책임 소재를 분명히 하며 상벌의 원칙을 명확하게 세우고 직원의 역량을 키우며 적극적이고 과감한 행동을 장려하는 것 등이 포함된다. 뿐만 아니라 성과계약서에 행동의 실천에 대한 내용을 반영함으로써 개인의 실행 계획과 전략 목표 기간 내 그들이 맡은 책임 및 달성해야 할 목표점, 그리고 주요 업무 추진계획을 구체화해야 한다(그림 10-6).

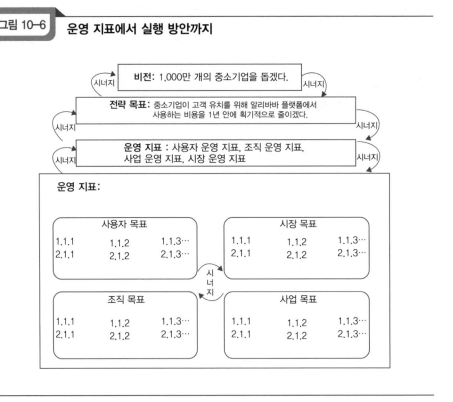

그림 10-6 운영 지표에서 실행 방안까지

비전: 1,000만 개의 중소기업을 돕겠다.

시너지

전략 목표: 중소기업이 고객 유치를 위해 알리바바 플랫폼에서 사용하는 비용을 1년 안에 획기적으로 줄이겠다.

시너지

운영 지표 : 사용자 운영 지표, 조직 운영 지표, 사업 운영 지표, 시장 운영 지표

시너지

운영 지표:

사용자 목표
1.1.1   1.1.2   1.1.3…
2.1.1   2.1.2   2.1.3…

시장 목표
1.1.1   1.1.2   1.1.3…
2.1.1   2.1.2   2.1.3…

시너지

조직 목표
1.1.1   1.1.2   1.1.3…
2.1.1   2.1.2   2.1.3…

사업 목표
1.1.1   1.1.2   1.1.3…
2.1.1   2.1.2   2.1.3…

기업은 [사명과 비전 및 가치관]에서 [전략과 운영, 그리고 실행]에 이르기까지 하나의 분석틀을 적용하여 각각의 비즈니스 요소들이 위에서 아래로, 다시 아래에서 위로 순환하는 시스템을 구축해야 한다. 그리고 이 시스템은 기업의 면면을 육하원칙으로 분명하게 설명할 수 있어야 한다.

구체적으로 살펴보자면 [사명과 비전 및 가치관의 차원]에서는 기업이 왜 존재하는지(Why), 기업이 무엇을 제공하는지(What), 누가 누구에게 제공하고 제공받는지(Who), 어디서 제공하는지(Where), 언제 제공하는지(When), 어떻게 제공하는지(How) 등의 질문에 답해야 한다. 그 다음으로 [전략의 차원]에서는 사용자 전략, 제품 전략, 조직 전략, 시장 전략, 단계 전략, 경로 전략을 수립해야 한다. 그리고 여기에서 한 발 더 나아가 전략 목표를 [운영 지표]와 [실행 방안]으로 구체화하고, 이에 맞는 관리 시스템도 구축해야 한다(그림 10-7).

그림 10-7 **경영에 대한 여섯 가지 기본 질문**

5W1H	사명, 비전, 가치관	전략	운영	실행
Why	기업은 왜 존재하는가?	사용자 전략	사용자 지표	사용자 개발 방안
What	무엇을 제공하는가?	제품 전략	제품 지표	제품 연구개발 방안
Who	누가 누구에게 제공하는가?	조직 전략	조직 지표	조직 관리 방안
Where	어디에서 제공하는가?	시장 전략	시장 지표	시장 개척 방안
When	언제 제공하는가?	단계 전략	단계 지표	단계 행동 방안
How	어떻게 제공하는가?	경로 전략	공정 지표	공정 최적화 방안

전략적 공진화와 협동

IBM BLM 모델

　IBM BLM(Business Leadership Model)은 전 IBM의 CEO 루 거스너(Lou Gerstner)
가 하버드 대학과 공동 개발한 전략기획 방법론이다. BLM 모델은 총 11개의 요
소로 이루어져 있는데 각각의 요소는 '전략 수립' 영역에 포함되는 시장에 대한
통찰(Market insight), 전략적 의도(Strategic intent), 혁신의 포커스(Innovation focus),
사업 설계(Business design) 및 전략 실행(Strategic execution)에 포함되는 핵심 업무
및 프로세스(Critical tasks and processes), 인력 및 기술(People and skills), 공식 조직
(Formal organization), 분위기와 문화(Climate and culture), 그리고 격차(Gap)와 리더
십 및 가치관을 가리킨다.
　BLM 모델은 전략기획을 하는 근본적인 이유가 '격차'에 있다고 본다. 격차
에는 두 가지 종류가 있다. 하나는 성과 기대치와 실제 성과 간의 격차를 의미

그림 10-8 IBM Business Leadership Model

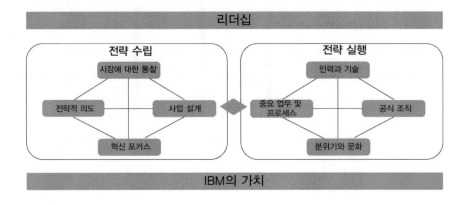

하는 성과 격차(Performance gap)이다. 이런 유형의 격차를 보완하는 것은 주로 운영 차원에서 이루어지기 때문에 효율적인 전략 실행을 할 수만 있다면 사업 설계를 다시 하지 않아도 격차를 메울 수 있다. 다른 하나는 기존의 경영 성과와 새로운 사업 설계로 달성 가능하리라 예상되는 경영 성과 간의 격차이다. 이런 유형의 격차를 보완하는 것은 주로 전략 차원에서 이루어지기 때문에 새로운 사업 설계를 통해 격차를 메워야 한다.

BLM모델의 전략 수립은 [시장에 대한 통찰]에서부터 시작하며 여기에는 환경과 고객, 파트너와 경쟁자 그리고 자기 자신에 대한 관찰이 모두 포함된다. 시장을 통찰할 때에는 가치의 현황과 가치의 변화 트렌드 및 이러한 변화가 사업 설계에 미치는 영향에 주목해야 한다. 시장에 대한 통찰을 마친 후에는 [전략적 의도] 단계로 넘어간다. [전략적 의도]는 비전과 전략 목표와 단기 목표의 세 가지 측면을 고려해야 하는데 각각 기업이 앞으로 하고 싶은 것, 기업이 현재 할 수 있는 것, 기업이 지금 당장 할 수 있는 것을 가리킨다. [시장에 대한 통찰과 전략적 의도] 단계를 마무리한 후에는 [혁신의 포커스] 단계로 넘어간다. [혁신의 포커스]란 다음의 세 가지에 포커스를 두는 것이다. 첫째, 사업 포트폴리오를 전환하여 전략 목표를 달성한다. 둘째, 혁신 기법을 찾고 이를 통해 새로운 사업 포트폴리오를 실현한다. 셋째, 잠재적이고 이용 가능한 자원을 발견하고 발굴한다.

BLM모델의 전략 수립에서 가장 중요한 것은 [사업 설계]이다. 사업 설계에는 [고객 선택, 가치 제안, 활동 범위, 이윤 창출 모델, 전략적 통제점]의 다섯 가지 요소가 포함된다. 먼저 [고객 선택]은 누가 우리의 고객인지(혹은 고객이 아닌지), 고객이 무엇을 원하는지에 대한 답이고 [가치 제안]은 우리가 충족시키는 사용자의 핵심 요구는 무엇인지, 우리의 경쟁우위는 무엇인지, 고객은 왜 우리 물건을 사는지에 대한 답이다. 또한 [활동 범위]는 우리가 현재 가치사슬의 어느 단계에 위치하고 있는지, 누구와 협력해야 하는지에 대한 답이고 [활동 범위]는 우리가 어떻게 돈을 벌고 있는 것인지, 다른 수익모델을 발굴할 수 있을 것인지에 대한 답이며 [전략적 통제점]은 지속적으로 수익이 오르려면 어떻게 진영을 구축해야 하는지에 대한 답이다.

BLM 모델의 전략 실행은 [핵심 업무 및 프로세스]에서부터 시작되며 이는 [격차 분석, 시장 통찰, 전략 의도, 혁신 초점, 사업 설계]를 성공적으로 수행하기 위한 핵심 요소이다. [핵심 업무 및 프로세스]는 지속성을 가진 일련의 전략적 조치들을 가리키는데 크게 둘로 나누자면 사업 성장과 관련된 조치 및 역량 강화를 위한 조치로 분류할 수 있을 것이며, 구체적인 내용을 말하자면 고객 관리와 제품 마케팅, 제품 개발, 딜리버리 플랫폼, 서비스, 리스크 관리 및 역량 구축의 일곱 가지 측면을 포함한다고 할 수 있다.

[공식 조직]과 [인력 및 기술] 및 [분위기와 문화]는 BLM 모델의 전략 실행 부분에서 큰 줄기 역할을 한다. [핵심 업무 및 프로세스]를 효과적으로 수행하기 위해서는 여기에 맞는 [공식 조직]이 형성되고 권한의 배분이 이루어지며, 평가 기준이 마련되어야 한다. 조직 구조에 제일 좋은 것이란 없다. 제일 적합한 것만이 있을 뿐이다. [인력과 기술]은 전략 실행의 기본이다. 전략이 효과적으로 실행되기 위해서는 역량(할 수 있는지 없는지)을 갖춘 직원이 동기(하고 싶은지 아닌지)를 가지고 메커니즘(하라고 하는지 하지 말라고 하는지)이 마련된 상황에서 [핵심 업무 및 프로세스]를 수행해야 한다. [분위기와 문화]는 조직의 행동 양식을 가리킨다. 효율적인 조직 문화는 [핵심 업무 및 프로세스]의 실행을 촉진하고 장려하며 강화한다. 전략 실행을 구성하는 [핵심 업무 및 프로세스]와 [공식 조직], [인력 및 기술], [분위기와 문화]는 파편적으로 존재하는 것이 아니라 유기적으로 결합하여 존재하며, 이를 가리켜 '내적 일체성(Internal Equity)'이라고 부른다.

[격차 분석과 전략 수립 및 전략 실행] 외에 [리더십]과 [가치관]도 BLM 모델의 구성 요소이다. BLM 모델이 강조하는 리더십은 개인의 리더십이 아니라 조직의 전략적 리더십으로서 사건을 예측하고 미래를 전망하며 유연함을 가지고 필요한 전략적 변혁을 추진할 수 있는 능력을 말한다. 조직의 전략적 리더십은 기업의 사명과 비전 및 가치관을 구현하고 전략을 수립 및 실행하는 과정에서 발현된다.

만약에 BLM모델을 기차에 비유한다면 [격차 분석]은 기차를 견인하는 기관실이고, [전략의 수립과 실행]은 기차의 객실이며 [리더십과 가치관]은 기차가 한쪽으로 기울거나 탈선하지 않도록 중심을 잡아주는 철로라고 할 수 있다.

BLM 모델은 중국 기업계에서 굉장히 광범위하게 사용되고 있는데 그 주된 이유는 화웨이가 선도 기업으로의 도약을 시도했던 시기에 BLM 모델을 포함한 일련의 전략 기획과 실행툴을 도입했기 때문이다. 화웨이는 2004년과 2008년에 각각 비전 주도 전략 기획 시스템(VDBD)과 전략 기획의 BLM 모델을 도입하였고 2012년에는 전략 실행에 집중한 BEM(Business Execution Model) 모델 및 DSTE(Develop Strategy To Execution) 모델을 도입하여 전략 기획과 전략 실행툴을 하나로 결합하였다.

BLM 모델이 기업계에서 널리 환영받는 이유는 전략의 기획부터 실행까지의 전 과정과 전략 요소 및 조직 요소를 모두 아우르는 체계성을 갖추고 있기 때문이다. 하지만 BLM은 개별적으로 적용되는 경우가 많다. 일부 그룹사의 경우 사업 단위별로 BLM 모델을 적용할 수도 있겠지만 이렇게 되면 하나의 그룹이라는 일체성이 부족해지고 만다. 그래서 각 사업 단위별 BLM 모델을 병렬시켜 그룹 차원의 전략적 시너지를 형성하려 하기도 한다. 예를 들어 화웨이나 바이두 정도 규모의 기업들은 여러 사업부에서 BLM 모델을 전략 기획 프레임워크로 사용하지만 전체 그룹 차원에서 보자면 그룹의 전반적인 전략을 기획하기에는 체계성이 떨어진다고 할 수 있다.

지난 몇 년 간 화웨이, 텐센트, 알리바바, 바이두, 하이얼 등의 선도 기업들이 공진화 전략을 사용하였고 그 과정에서 공진화 전략은 점차 체계성과 동태성을 모두 갖추게 되었다. 또한 그룹사의 여러 사업 단위별 전략 기획 사고방식을 통합하게 되었으며, 사업 단위의 발전 단계별 특징을 반영하는 전략 기획의 프레임워크로 발전하였다.

전략적 공진화 협동 모델

[전략적 공진화 협동 모델(CCM, Co-evolution and Co-ordination Model)]은 BLM과 유사한 프레임워크로 구축된다. 여기에서 오는 장점이 몇 가지 있는데 우선 BLM 모델을 이미 이해하고 있는 관리자라면 [전략적 공진화 협동 모델(CCM)]도

빠르게 이해할 수 있을 것이며, 또한 CCM 모델과 BLM 모델을 연결해서 사용하기에도 편리할 것이다.

[전략적 공진화 협동 모델]은 11개의 요소로 구성되며 이들은 다시 [결말 예측하기], [현재 상황 알기], [전체 상황 파악하기], [변화에 대처하기]의 네 개 모듈로 나누어진다. 첫 번째 모듈은 전략 분석의 출발점인 [사명과 비전 및 가치관 모듈(결말 예측하기)]이다. 먼저 사명은 기업의 존재 가치와 이유를 결정하고 Why에 대한 답을 제공한다. 그리고 비전은 기업의 중장기 목표를 해석하며 Who, What, Where, When에 대한 답을 제공한다. 마지막으로 가치관은 기업의 행동 기준을 규정하고 How에 대한 답을 제공한다. BLM 모델 역시 전략적 의도와 리더십, 가치관을 포함하고는 있었으나 이들 간의 내적 일체성과 통일성은 강조하지 못하였다. 반면 CCM 모델은 처음부터 의미를 분명히 밝히며 전략에 있어 사명과 비전, 가치관이 얼마나 중요한 것인지 강조한다.

CCM의 두 번째 모듈은 [기업/비즈니스 생애주기 분석 모듈(현재 상황 알기)]이다. 전통적인 기업 전략 분석에서는 기업/비즈니스의 생애주기에 주목하지 않았다. 그들은 기업을 그저 하나의 정적인 조직으로 보았으며 비즈니스는 따로 고립된 존재로 보았다. 하지만 실제는 그렇지 않다. 규모가 작은 기업조차 다양한 생애주기에 속한 여러 개의 비즈니스를 경영하는 경우가 있으며, 규모가 큰 기업은 다양한 생애주기에 속한 수백 수천 개의 비즈니스를 경영할 수도 있다.

CCM의 세 번째 모듈은 [불확실성 및 불연속성 분석 모듈(변화에 대처하기)]이다. BLM 모델에서의 [격차 분석]과 CCM모델에서의 [불확실성 및 불연속성 분석]이 서로 비슷하긴 하지만 후자가 더 많은 의미를 갖고 있다. 먼저 양자 간의 비슷한 점에 대해 이야기하자면 BLM 모델에서의 [기회 격차]는 CCM 모델에서의 [불확실성]과 비슷하고 BLM 모델에서의 [실행 격차]는 CCM 모델에서의 [불연속성]과 비슷하다고 할 수 있다. 하지만 CCM 모델의 불확실성은 비즈니스 기회 및 실행의 격차는 물론이거니와 전략 방향의 불확실성과 전략 경로의 불연속성까지를 모두 강조하는 개념이며 이는 [사용자, 조직, 제품, 시장] 방면에서의 불확실성과 불연속성을 총망라하는 것이다.

그림 10-9 전략적 공진화 협동 모델 Co-evolution and Co-ordination Model(CCM)

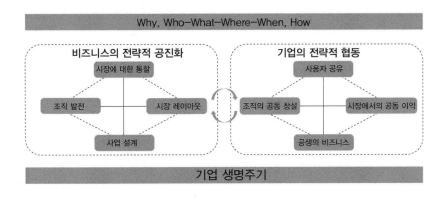

CCM의 네 번째 모듈은 CCM 모델의 핵심이라고 할 수 있는 [비즈니스의 전략적 공진화와 기업의 전략적 협동 모듈]이다. [비즈니스의 전략적 공진화]는 BLM 모델과 유사하게 [사용자에 대한 통찰, 조직 발전, 사업 설계, 시장 레이아웃(market layout)]을 포함하고 있으며 이들은 각각 공진화 전략의 [사용자, 조직, 제품, 시장] 요소에 대응한다. [기업의 전략적 협동]은 BLM 모델에서는 언급하지 않은 개념으로 [사용자 공유, 조직의 공동 창설, 공생의 비즈니스, 시장에서의 공동 이익]을 포함한다.

[사용자에 대한 통찰]은 주로 사용자 특징, 사용자 수요, 사용자 선택에 대한 통찰을 포함하며 사용자 요소와 관련된 기본적인 질문들, 즉 누가 사용자인지, 그들에게 어떤 수요가 있는지, 그들은 왜 우리를 선택했는지에 대해 답을 제시한다. [사용자에 대한 통찰]은 이 책의 앞에서 논의한 바 있는 사용자 통찰 캔버스, 인물 프로토타입 캔버스, 사용자 공감 지도(Empathy map), 개인동조 효과 도구, 수요 파국 도구, 사용자 퍼널 모델, 사용자 스토리보드, 사용자 승수, 잠재적 수요의 Y모델, Kano 수요 분석 모델 등의 도구를 활용하여 수행할 수 있다.

[조직 발전]은 주로 리더, 팀원 및 조직 관리에 대한 동태 분석을 의미하며

조직 요소와 관련된 기본적인 질문들, 즉 누가 리더인지, 누가 중간 역할을 하는지, 어떻게 협력하는지에 대해 답을 제시한다. [조직 발전]은 이 책의 앞에서 논의한 바 있는 조직 발전 캔버스, 창업자 특징 평가표, 창업팀 협업 효율성 평가표, 창업조직 능력 평가표, 창업자의 시간 배분표, 계층 조직의 가치관 평가, 관리자 통합 사고 모델, 리더십 파이프라인 모델, 창객의 평면 격자 등의 도구를 활용하여 분석할 수 있다.

[시장 레이아웃]은 주로 시장 트렌드와 자본 및 자원, 시장의 경쟁과 협력에 대한 분석을 의미하며 시장 요소와 관련된 기본적인 질문들, 즉 앞으로의 방향이 어떠한지, 자본과 자원은 어디에서 오며 어떻게 사용하는지, 이해관계자들의 관계가 어떠한지 등에 대해 답을 제시한다. [시장 레이아웃]을 분석할 때에는 이 책의 앞에서 논의한 바 있는 시장 레이아웃 캔버스, 기술 성숙도 곡선, 동적 지분 분배표, 혼돈 시장의 의사결정 논리, 혁신확산모델, 전략배치도, 미래 레이다 차트, 소비 트렌드 캔버스 등의 도구를 활용할 수 있으나 여기에만 국한될 필요는 없다.

[사업 설계]는 주로 제품 개발, 마케팅 홍보 및 비즈니스 모델에 대한 전략 수립을 의미하며 사업 요소와 관련된 기본적인 질문들, 즉 제품이 어떻게 만들어지는지, 제품이 어떻게 팔리는지, 어떻게 돈을 버는지 대해 답을 제시한다. [사업 설계]를 분석할 때에는 이 책의 앞에서 논의한 바 있는 사업 설계 캔버스, 경쟁제품 분석 캔버스, 사용자 및 솔루션 인터뷰, 거일반삼(擧一反三) 로직 다이어그램, 사용자 추천 지수, 히트상품의 플라이휠, 플라이휠 구축 단계, 생태계 비즈니스 모델의 재구축 등의 도구를 활용할 수 있다.

[사용자 공유, 조직의 공동 창설, 공생의 비즈니스, 시장에서의 공동 이익] 모듈의 주요 역할은 전체 그룹의 수준에서 각 비즈니스의 전략 요소에 대해 전략적 협동과 관련된 분석을 수행한다는 것이다. 기업의 지속가능한 발전이란 개별 사업을 성공시킨다거나 고객의 단일 수요를 충족시키는 것만을 의미하는 게 아니며, 생애주기의 어느 단계에서 조직이 급속도로 성장한다든지 또는 단일 시장에서의 기회를 포착한다든지 만을 의미하는 것도 아니다. 기업의 지속가능한 발전이란 다양한 유형의 사용자, 다양한 종류의 사업, 여러 개의 시장,

다원화된 조직의 협동 발전(Coordinated development)을 의미한다. 그렇기 때문에 그룹 차원에서 사용자, 조직, 제품, 시장 요소에 대한 체계적인 협동성 분석을 진행할 필요가 있다.

사용자 공유

비즈니스 트렌드가 모바일 인터넷에서 산업 인터넷(industrial internet)으로 변화하고 있는 가운데 많은 기업이 2C에서 B2B로의 전환을 모색하고 있다. 샤오미는 2021년 초 따로 팀을 꾸려 B2B 사업을 시작하였으며 그해 20억 위안 규모의 영업 수입 달성을 목표로 삼았다. 샤오미의 B2B 사업의 초기 시도는 맞춤형 제품 및 시나리오 솔루션 제공의 두 가지로 나눌 수 있다.

예컨대 예전에는 어부들이 어선에서 위성 휴대전화 통신을 사용했었는데 보통 한 배에 위성 휴대전화가 두세 대밖에 없었기 때문에 그들의 배 위에서의 삶이란 너무도 무료한 것이었다. 하지만 샤오미가 어선에 위성 수신 안테나를 설치하고 샤오미 휴대폰 내에 위성 통신을 최적화하는 맞춤형 시스템을 제공한 덕분에 어부들은 이제 배 위에서도 자유롭게 휴대전화를 사용할 수 있게 되었다. 이 사업은 샤오미의 공유기와 위성 수신 안테나를 결합함으로써 샤오미의 제품 조합이 기존에 진출하지 않았던 영역으로까지 확장 보급된 것이라 할 수 있다. 개인이 휴대전화나 공유기를 선택할 때와는 달리 어선 등의 자산은 일반적으로 어떤 단위에 속해 있기 때문에 시스템 개조를 위해서는 조직 단위의 결정권자와 접촉해야 한다. 이러한 맞춤형 사업에는 상업 및 무역 회사와 요식업계를 위한 맞춤형 TV 제작과 도시 관리 단체를 위한 맞춤형 휴대전화 제작 등도 포함된다.

샤오미의 시나리오 솔루션은 시나리오에 맞는 스마트 솔루션의 제공을 의미하며 주로 호텔, 아파트, 실버타운 등의 업계를 대상으로 한다. 샤오미는 이미 중국의 타이캉 실버타운(泰康老年公寓)[1]과 전장 부문에서 합작 관계를 맺고 입

---

[1] 타이캉 보험에서 만든 고급 실버타운이다.

주민들에게 노인 버전의 샤오아이통쉐(小愛同学)[2]를 제공하고 있다. 노인 버전의 샤오아이통쉐는 노인들이 약 먹는 시간과 그룹 활동 시간을 놓치지 않도록 도와준다. 뿐만 아니라 샤오미 TV에 자녀들과 연락할 수 있는 보조 장치도 장착하였다.

사용자 공유 과정에서 기업은 A사업과 B사업의 사용자 특징, 사용자 수요, 사용자 선택 간 공통점과 차이점 및 시너지 포인트를 분석해야 한다. 2C 휴대전화 사업과 B2B 휴대전화 사업 사용자들의 특징을 비교하자면 양쪽 모두 개인 사용자라는 공통점이 있지만 B2B 휴대전화 사업 사용자들의 경우 업무용 휴대전화를 사용하는 환경이 대부분 비슷하기 때문에 개인차가 훨씬 적다는 특징이 있다. 따라서 2C 휴대전화 사업과 B2B 휴대전화 사업 간의 시너지 포인트는 양쪽 모두 개인 사용자라는 공통점을 강조하되 B2B 사용자 집단 내의 비슷한 특징과 수요를 충족시키는 것이라 할 수 있다.

휴대전화는 소프트웨어와 하드웨어가 결합된 장치로 수많은 소프트웨어를 미리 설치해놓을 수도 있고 사용자 인터페이스를 맞춤형으로 제작할 수도 있다. 2C에서 B2B로 사업을 확대하는 과정에서 휴대전화 업체는 특정 기능에 대한 사용자의 수요에 포커스를 두고 B2B 휴대전화 사업 사용자들의 공통 수요를 충족시키기 위해 그들 사이에서 사용 빈도가 높은 맞춤형 기능들을 개발할 수도 있다. 이 밖에도 2C 사업 사용자들이 개별적으로 의사결정을 내리는 것과는 달리 B2B 사업 사용자들의 의사결정은 집중적으로 이루어진다는 특징이 있다. 이런 맥락에서 봤을 때 샤오미 휴대전화가 확보하고 있는 대규모의 사용자 집단은 B2B 사업 사용자 규모 확대를 위한 훌륭한 기반이 된다. B2B 사업 사용자들이 샤오미라는 브랜드를 선택할 때의 문턱을 낮추기 때문이다.

사용자 공유 분석을 할 때 여러 사업의 사용자 공유 캔버스를 사용한다면 다양한 사업 간 사용자 특징, 사용자 수요, 사용자 선택의 공통점과 차이점을 비교 분석할 수 있고 그들 간의 시너지 포인트도 도출할 수 있다(그림 10-10).

---

2 샤오미에서 만든 AI 스마트 스피커이다.

그림 10-10 **사용자 공유 캔버스**

A사업	공통점	시너지 포인트	차이점	B사업
🐂 사용자 특징 ① 생리적 특징 ② 심리적 특징 ③ 사회적 특징 ④ 기타 특징				🐑 사용자 특징 ① 생리적 특징 ② 심리적 특징 ③ 사회적 특징 ④ 기타 특징
🐖 사용자 수요 ① 수요의 범위 ② 수요의 깊이 ③ 수요의 빈도 ④ 수요의 기타사항				🐖 사용자 수요 ① 수요의 범위 ② 수요의 깊이 ③ 수요의 빈도 ④ 수요의 기타사항
🐓 사용자 선택 ① 선택 의지 ② 선택 장애 ③ 선택 과정 ④ 선택의 기타사항				🐓 사용자 선택 ① 선택 의지 ② 선택 장애 ③ 선택 과정 ④ 선택의 기타사항

조직의 공동 창설

2021년 10월 29일, 화웨이는 송산호과학기술산업단지(松山湖科技产业园区)에서 '군단 조직 창설대회'를 열고 광산 군단, 스마트 고속도로 군단, 세관 및 항만 군단, 스마트 태양광 군단, 데이터센터 에너지 군단 등 5개 군단을 창설하였다[3]. 런정페이는 이미 2021년 1월 22일, 「별빛은 길을 재촉하는 자에게 묻지 않는다(星光不问赶路人)」라는 글에서 화웨이 군단의 중요성에 대해 이렇게 말한 바 있다. "시나리오를 적용하는 과정에서는 고객의 수요에 주목하고 업계 전문가의 의견을 따라야 한다. 5G가 사회를 바꾼다는 말이 현실이 된 것은 광산 군단이 5G+AI로 사회를 바꿀 수 있는 방법을 모색했기 때문이다."

화웨이가 설립한 타이위안(太原) 스마트 광산 혁신 실험실에는 220명의 전문가가 있는데 이 중 53명은 화웨이의 전자 기술 전문가들이고, 150여 명은 산시성 석탄 업계에 대해 정통한 석탄 전문가들이다. 이들이 구성한 공동 실험실

---

3 런정페이는 중국 인민해방군에서 일한 경력이 있어 회사 조직에 군단과 같은 군사 용어를 자주 사용하는 것으로 보인다.

은 이중책임제를 시행하고 있다. 또한 석탄에 대해서는 석탄 업계 전문가들의 발언권이 더 크고, 전기전자에 대해서는 화웨이 출신 전자 기술 전문가들의 발언권이 더 크다.

화웨이가 시도한 군단제는 조직의 공동 창설을 구현한 것이다. 군단은 기초 연구자, 기술 전문가, 상품 전문가, 엔지니어, 마케팅 전문가, 서비스 전문가로 구성되며 이들을 한데 모음으로써 제품의 개발 주기를 단축시킬 수 있다. 사업 군단은 화웨이가 수많은 사업을 진행하기 위해 도입한 일종의 작전 모델이라 보면 되는데 이 시스템은 화웨이가 처음 개발한 것이 아니라 구글을 벤치마킹한 것이다. 런정페이는 2019년에 있었던 항저우 연구소 사업 보고회 연설에서 구글 군단에게 배우고, 전쟁터에 나가서, 공을 세우고, 막힌 혈로를 뚫자고 호소했다.

화웨이가 군단 작전을 통해 성취하고자 하는 것은 기존 조직의 경계를 허물고 자원을 신속하게 집결시키며 효율성을 향상시키는 것이다. 또한 한 가지 분야를 깊이 파고듦으로써 사업을 성공적으로 이끌고 회사를 위한 먹거리를 더 많이 확보할 수 있게 되기를 희망한다. 각 BG(Business Group)의 정예병이 한데 모인 군단은 경계를 허물고 자원의 흐름을 확보함으로써 핵심 사업의 돌파구를 마련하는 데 필요한 역량을 형성하며 새로운 성장 동력을 구축한다. 군단의 리더는 모두 내부 공개 경쟁을 통해 선발하였으며 이를 통해 각 사업 간 리더와 핵심 팀 간의 질서를 확보하였다.

화웨이의 군단제 조직 공동 창설은 사업 시스템과 영업 시스템의 융합과 혁신으로 이해할 수 있다. 군단은 기존의 'BG(Business Group)-BU(Business Unit)' 시스템 산하에 창설된 새로운 사업부로 주로 업계 고객들을 대상으로 솔루션 마케팅과 영업 및 서비스 관리를 제공한다. 화웨이의 지역 운영 센터들은 관할 구역의 각종 자원과 역량이 효율적으로 사용될 수 있도록 관리하고 화웨이의 사업 전략을 관할 구역에 잘 정착시키는 일을 책임지는데 이들과 현지 고객들과의 관계가 형성되고 나면 마케팅 지상군이 조직되어 이들을 돕는다. 또한 사업 전반에 걸쳐 전략적인 고객 발굴과 브랜드 지원이 행해질 경우 이들에게 공중 지원이 제공된다.

그림 10-11　조직의 공동 창설 캔버스

	A사업	공통점	시너지 포인트	차이점	B사업

A사업

🕺 리 더
① 리더의 경험
② 리더의 자원
③ 리더의 잠재력
④ 리더의 기타사항

🐏 팀 원
① 팀의 규모
② 팀의 소양
③ 팀의 성장
④ 팀의 기타사항

🐄 조직 관리
① 조직 구조
② 조직 제도
③ 조직 문화
④ 조직의 기타사항

B사업

🕺 리 더
① 리더의 경험
② 리더의 자원
③ 리더의 잠재력
④ 리더의 기타사항

🐏 팀 원
① 팀의 규모
② 팀의 소양
③ 팀의 성장
④ 팀의 기타사항

🐄 조직 관리
① 조직 구조
② 조직 제도
③ 조직 문화
④ 조직의 기타사항

화웨이의 군단제 도입 시도를 통해 알 수 있는 것은 그들이 5대 군단을 통해 내부 조직의 변화를 유도하고 있다는 사실이다. 군단 전략을 도입함으로써 기존 조직의 경계가 허물어지고 자원이 빠르게 집결하며 효율성도 상승하게 되었다. 따라서 조직의 공동 창설은 기존 조직 구조를 타파함으로써 공생의 비즈니스를 촉진하는 비즈니스 혁신의 기반이라 할 수 있다.

공생의 비즈니스

킹소프트 오피스(Kingsoft office, 金山办公)는 1988년 설립된 중국 IT업계의 원로급 기업인 킹소프트(Kingsoft, 金山软件) 산하의 기업이다. 킹소프트는 1989년 WPS 1.0을 출시하면서 한때 90%의 시장점유율을 기록하였으나 마이크로소프트와의 경쟁과 불법 복제라는 두 개의 난관에 부딪히며 크게 주춤하였다. 그러다 2005년에 킹소프트 오피스가 WPS Office 2005를 출시하면서 다시 새롭게 태어나려는 움직임을 보였고 2011년 이후 모바일 인터넷이라는 기회를 거머쥐며 재기에 성공하였다. 킹소프트 오피스는 2015년부터 '클라우드 오피스 전략'

을 바탕으로 점점 더 발전하고 성장하는 중이며 2019년 11월 커창반(科创板)[4]에 상장되었다.

킹소프트 오피스는 주로 사무용 소프트웨어 제품인 WPS Office의 제품 및 서비스 설계와 연구개발, 그리고 판매에 주력하고 있으며 주요 수익 모델은 사무용 소프트웨어 제품 사용 라이센스 부여와 사무용 서비스 구독, 인터넷 광고이다. 클라우드 오피스 전략이 실행되기 전에는 제품 사용 라이센스와 인터넷 광고가 전체 사업 비중의 70% 이상을 차지하고 있었으나 2018년 클라우드 오피스 전략을 제안하면서 서비스 구독이 차지하는 비중이 매년 높아지고 있다. 서비스 구독 모델의 주요 대상은 기관 사용자와 개인 사용자로 나눌 수 있는데 기관 사용자에게는 고객의 특정 수요에 따라 차별화된 맞춤형 서비스 및 사후 업그레이드와 유지보수 서비스가 제공되며 개인 사용자에게는 WPS 멤버십과 다오커(稻壳)[5] 멤버십 서비스가 제공된다. 다오커 회원은 유료 템플릿과 프리미엄 그래프, 유료 폰트와 PPT 스마트 디자인 등의 서비스를 사용할 수 있다.

2020년 킹소프트 오피스는 22억 6,100만 위안의 수익을 올렸는데 이 중 라이센스 사업으로 벌어들인 금액은 전년 대비 61.9% 증가한 8억 300만 위안이고 서비스 구독 사업으로 벌어들인 금액은 전년 대비 63.18% 증가한 11억 9,000만 위안이며 인터넷 광고 사업으로 벌어들인 금액은 전년 대비 13.61% 감소한 3억 4,900만 위안이었다. 필자는 킹소프트 오피스 경영진과의 소통을 통해 인터넷 광고 수익이 줄어든 까닭이 회사의 의도적인 계획이었음을 알게 되었다. 사용자가 광고로 인해 받는 불편함을 줄이고 더 편한 사용 환경을 조성하기 위해 광고 사업 비중을 줄였다는 것이다. WPS 앱의 최신 버전을 사용한다면 이벤트 카테고리를 발견할 수 있을텐데 대부분의 인터넷 광고들은 여기에 집중되어 있다.

2020년 12월 1일 킹소프트 오피스는 WPS 「CHAO」 컨퍼런스를 개최하고

---

4 커창반(科创板)은 중국판 나스닥으로 불리우며 중국 최대 주식시장인 상하이 증권거래소에서 2019년에 출범되었다. 주로 과학 혁신, 첨단 기술 관련 기업들이 상장된다. 영문명은 The Science and Technology Innovation Board(STAR Market)이며 커창반의 커(科)는 과학, 창(创)은 혁신, 반(板)은 보드라는 의미이다.
5 docer.com 주소를 갖는 문서 서식 사이트이다. 稻壳는 벼껍질이라는 의미이다.

회사의 새로운 핵심 전략이 '협업'이며 '멀티스크린, 클라우드, AI, 콘텐츠, 협업'이 5대 제품 전략을 형성한다고 발표하였다. 킹소프트 오피스는 새로운 제품 전략을 지원하기 위해 사업 중심 및 고객 중심의 혼합형 사업부 조직 구조를 채택하였으며 사무용 소프트웨어 라이센스 인증과 오피스 서비스 구독을 지원하는 기술 부서를 설치하여 제품 개발과 마케팅 및 비즈니스 모델 등의 분야에서 협력이 이루어지게 하였다.

킹소프트 오피스와 같은 대기업들은 새로운 사업을 시작할 때 사용할 수 있는 자원과 역량을 확보하고 있다. 그러나 새로운 사업을 시작하기 위해 이전 사업에서 축적한 자원과 역량을 빌려오는 경우 조직 내부에서 반발이 일어날 때도 있다. 이러한 현상은 '기존 사업과 신규 사업이 모두 필요로 하는 공통 자원의 희소성'과 '기존 사업과 신규 사업 간의 갈등 가능성'이라는 두 가지 차원으로 분석할 수 있다.

먼저 기존 사업과 신규 사업이 모두 필요로 하는 공통 자원의 희소성은 신규 사업이 기존 사업에 자원을 빌려 쓸 수도 있다는 현실적인 가능성에 초점을 맞춘 것이다. 만약 어떤 자원이 매우 희소하다면 기존 사업은 이 자원을 신규 사업에 빌려주고 싶지 않을 것이다. 다음으로 기존 사업과 신규 사업 간의 갈등 가능성은 신규 사업이 기존 사업에서 자원을 빌려 쓸 수도 있다는 미래의 가능성에 초점을 둔 것이다. 기존 사업과 신규 사업이 시장 점유율 등에서 충돌하게 된다면 신규 사업이 발전함에 따라 기존 사업은 신규 사업에 희소한 자원을 빌려주는 일을 점점 더 싫어하게 될 것이다.

첫째, 기존 사업과 신규 사업이 필요로 하는 공통 자원의 희소성이 낮고, 기존 사업과 신규 사업 간의 갈등의 가능성도 낮을 경우 신규 사업이 기존 사업에서 자원을 빌려오는 일은 크게 어렵지 않다. 예를 들어 주거용 부동산 회사가 지역사회 생활 서비스를 중심으로 하는 신규 사업을 개발하고자 한다면, 신규 사업에 필요한 주택 자원(주상복합의 1, 2층 상가세대나 부동산 사무실)의 희소성이 낮고, 기존 사업과 신규 사업 간 갈등이 발생할 가능성도 적기 때문에 오히려 서로가 서로에게 도움이 될 수도 있다. 그러므로 부동산 회사들이 지역사회 서비스를 개발하는 것은 자연스러우면서도 크게 어렵지 않은 일이라 할 수 있다.

둘째, 기존 사업과 신규 사업이 필요로 하는 공통 자원의 희소성은 낮지만, 기존 사업과 신규 사업 간 갈등이 생길 가능성이 높은 경우 신규 사업이 기존 사업에게 자원을 빌리는 일은 어려워진다. 예를 들어 기존의 전통적인 항공사들은 상대적으로 비싼 운임을 받고 있으며 유휴 항로와 유휴 여객기를 가지고 있기 때문에 이 자원들을 보다 효율적으로 사용하고자 저가 항공 사업에 진입하기를 희망한다. 이 경우 기존 사업과 신규 사업이 필요로 하는 공통 자원의 희소성은 낮지만, 저가 항공 사업이 성장할수록 기존 항공 사업과 시장점유율을 놓고 경쟁을 벌이게 되어 갈등이 발생한다. 이 때문에 많은 항공사가 저가 항공 사업을 시험적으로 운영해보았지만 대부분 실패하고 말았다. 이러한 현상은 호텔이나 명품 업계에서도 자주 발생한다.

셋째, 기존 사업과 신규 사업 간 갈등이 생길 가능성은 낮지만, 기존 사업과 신규 사업이 필요로 하는 공통 자원의 희소성이 높은 경우에도 신규 사업이 기존 사업에게 자원을 빌리는 일은 어려워진다. 예를 들어 기존의 전통적인 비즈니스 스쿨이 온라인으로도 그 입지를 넓히고자 한다면 오프라인 학생 모집에 도움이 될 수 있는 온라인 강의를 개설하는 것도 한 가지 방법이 될 수 있다. 이 경우 온라인 수업과 오프라인 수업 간에 갈등이 발생할 가능성은 낮다고 봐야겠으나 문제는 온라인 수업과 오프라인 수업 모두 교수라는 자원이 투입되어야 한다는 것이다. 훌륭한 교수는 희소성이 높은 자원이기 때문에 온라인 수업과 오프라인 수업 모두 양질의 것을 제공하는 비즈니스 스쿨은 극히 드물다.

마지막으로 기존 사업과 신규 사업이 필요로 하는 공통 자원의 희소성이 높고, 기존 사업과 신규 사업 간 갈등이 발생할 가능성도 높은 경우 신규 사업이 기존 사업에게 자원을 빌리는 일은 매우 어려워진다. 이러한 상황은 업계에서 선도적인 위치에 있는 기업에게 흔히 발생한다. 선도적인 기업들의 주 수입원은 경쟁업체보다 높은 가격을 부과하는 것에 있으며, 이들이 높은 가격을 받는 이유는 자신들이 희소한 자원을 차지하고 있기 때문이다.

공생의 비즈니스에는 세 가지 원칙이 있다. 첫째, 기존 사업과 신규 사업 간 적합한 관계가 형성되어야 하고 둘째, 자원과 역량을 빌릴 수 있는 협력 분위기가 구축되어야 하며, 셋째, 혁신을 회사의 최고 경영진이 주관하는 핵심 업무로

그림 10-12 **공생의 비즈니스 캔버스**

A사업	공통점	시너지 포인트	차이점	B사업
🐍 제품 개발 ① 기술 혁신 ② 프로세스 혁신 ③ 제품 혁신 ④ 기타사항 혁신				**🐍 제품 개발** ① 기술 혁신 ② 프로세스 혁신 ③ 제품 혁신 ④ 기타사항 혁신
🐰 마케팅 홍보 ① 마케팅 포지셔닝 ② 마케팅 채널 ③ 마케팅 역량 ④ 마케팅의 기타사항				**🐰 마케팅 홍보** ① 마케팅 포지셔닝 ② 마케팅 채널 ③ 마케팅 역량 ④ 마케팅의 기타사항
🐷 비즈니스 모델 ① 비즈니스 모델 ② 수익 모델 ③ 현금 흐름 모델 ④ 모델의 기타사항				**🐷 비즈니스 모델** ① 비즈니스 모델 ② 수익 모델 ③ 현금 흐름 모델 ④ 모델의 기타사항

삼아 필요 시 조정하고 개입할 수 있도록 해야 한다는 것이다. 우리는 공생의 비즈니스 캔버스를 사용하여 서로 다른 사업 간 제품 개발과 마케팅 홍보 및 비즈니스 모델 방면에서의 공통점과 차이점 그리고 시너지 포인트를 찾을 수 있다.

시장에서의 공동 이익

기업의 생애주기가 진전됨에 따라 일부 기업은 점점 더 커지는 동시에 전환의 도전에 직면하게 되었다. 예를 들어 부동산 업계의 경우 수년간 급격한 성장을 하였으나 이후 지속적인 구조조정 단계에 들어가면서 부동산 개발을 주력으로 했던 대기업들이 잇달아 전환 중에 있다. 자오샹셔코우(招商蛇口)는 자오상쥐그룹(China Merchants Group, 招商局集团)[6] 산하의 도시 종합 개발 기업인데 1970년

---

6 초상국그룹(**招商局集团**)은 1872년 청나라 시절에 설립된 국유기업이다. 주로 항만 터미널, 상선, 부동산 개발, 금융업 등을 하고 있다. 계열사인 초상은행은 중국 내 6위 은행으로 세계 100대 은행에 들어간다.

선전(深圳)의 셔코우(蛇口) 공업지구 건설 이후 40년이 넘는 시간 동안 빠르게 성장하여 중국 부동산 업계의 선두 기업 중 하나로 자리잡았다.

그러나 중국의 부동산 시장에 변동성이 심화됨에 따라 부동산 기업들 역시 사회 발전의 트렌드가 달라지고 있음을 실감하고 있다. 그동안 중국 사회의 주요 갈등은 '중국 인민들의 나날이 증가하는 물질적, 문화적 수요와 낙후된 생산력 간의 모순'에서 기인한 것이었다. 그러나 지금은 '중국 인민들의 나날이 증가하는 더 나은 삶에 대한 수요와 불균형하고 불충분한 발전 간의 모순'이 갈등의 주된 원인이다. 이러한 시대적 흐름 하에 자오샹셔코우 역시 사명과 비전을 각각 '더 나은 삶의 운반자'와 '중국 최고의 도시·단지 종합개발 운영 서비스 회사가 되자'로 변경하였다.

현재 자오샹셔코우는 도시 기능 업그레이드와 라이프스타일 업그레이드, 생산 방식 업그레이드의 세 가지 측면에서 도시 개발과 산업 업그레이드를 위한 토탈 솔루션을 제공하고 더불어 고객의 일상과 업무를 위한 다원화되고, 전체 생애주기를 아우를 수 있는 제품 및 서비스를 제공하는 데 주력하고 있다. 자오샹셔코우의 이러한 전환은 시장 트렌드에 맞춰 내부 자원과 외부 자원을 통합함으로써 대내적으로는 보완 자원을 획득하고, 대외적으로는 경쟁우위를 강화하려는 그룹형 기업의 발전 논리를 반영한다. 자오샹셔코우의 사업 구성비율을 보면 2020년 지역사회 개발 및 운영 수익이 78.1%, 단지 개발 및 운영 수익이 21.8%, 크루즈 산업 건설 및 운영 수익이 0.1%를 차지하고 있다. 최근 몇 년 간 운영 수익이 차지하는 비중이 꾸준히 높아진 것은 자오샹셔코우의 포커스와 자본이 어디를 향하고 있는지를 보여준다.

2020년은 쟈오샹셔코우의 자산관리의 해였다. 자오샹셔코우는 자산관리센터를 설립하고 자오샹지위(招商积余)와 협력하여 '자오샹샹관(招商商管)'이라는 사업 운영 관리팀을 창설하였으며 또한 '자오샹이둔(招商伊敦)'이라는 호텔·아파트 관리 플랫폼을 만들었다. 여기에는 전문화와 수직화를 원칙으로 조직 관리 체계를 새로 구성하겠다는 의미가 담겨있다. 자오샹셔코우는 상업, 오피스텔, 호텔, 아파트 등의 4대 보유형 부동산에 대해 전면적인 검토에 나섰으며, 각각에 맞는 보유 및 관리 전략을 세워 서로 다른 사업 간의 지역 및 지역 간 협력이 이루어지도록 하였다.

자오샹셔코우의 전환 사례는 기업의 발전은 시대의 흐름에 부합하여 이루어져야 한다는 사실을 보여준다. 변화하는 시장의 흐름 속에서 기업은 전략적으로 내부와 외부의 자원을 통합하고 내부와 외부의 협력을 강화하며 새로운 시장을 개척해야 한다. 기업은 [그림 10-13]의 시장에서의 공동 이익 캔버스를 활용하여 여러 기업들이 직면하고 있는 기술의 동향, 자본과 자원의 현황, 시장에서의 경쟁과 협력 상황 등을 분석할 수 있으며 이를 바탕으로 시장 차원에서의 사업 간 전략적 협력을 추진해 볼 수도 있을 것이다.

그림 10-13 **시장에서의 공동 이익 캔버스**

A사업	공통점	시너지 포인트	차이점	B사업
🐓 기술 동향 ① 기술 혁신성 ② 기술 안정성 ③ 기술 경제성 ④ 기술의 기타사항				🐓 기술 동향 ① 기술 혁신성 ② 기술 안정성 ③ 기술 경제성 ④ 기술의 기타사항
🐴 자본과 자원 ① 자금과 자원 ② 유형의 자원 ③ 무형의 자원 ④ 기타 자원				🐴 자본과 자원 ① 자금과 자원 ② 유형의 자원 ③ 무형의 자원 ④ 기타 자원
🐐 시장 경쟁과 협력 ① 시장 경쟁 ② 시장 협력 ③ 시장 생태 ④ 시장의 기타사항				🐐 시장 경쟁과 협력 ① 시장 경쟁 ② 시장 협력 ③ 시장 생태 ④ 시장의 기타사항

찾아보기

────────────── 사항색인 ──────────────

저자: 루장용(路江涌)

루장용(Lu Jiangyong) 교수는 북경대학교 경영대학 교수이며 최상위 연구자를 의미하는 장강(长江) 학자(Changjiang Scholar)이다. 2004년 홍콩대학에서 박사학위를 받았으며 주로 신흥국가의 혁신전략, 귀환창업자, 벤처캐피탈, 해외직접투자를 연구하고 있다. <Strategic Management Journal>, <Organization Science>, <Journal of International Business Studies> 등 경영학 분야 최고 저명 저널에 50여 편의 논문을 발표하였으며 "Co-evolution Strategy Canvas(共演战略)", "Co-existence of Crisis and Opportunities(危机共存)" 등 다수의 베스트셀러 저서를 집필하였다. Elsevier 출판사가 선정한 가장 많은 논문이 인용된 중국 학자 중 하나이다.

역자: 최성진(崔成镇)

현재 한양대학교 경영대학 교수이다. 서울대학교에서 경제학을 공부하였다. 중국 경영전략 분야의 권위자인 루장용(路江涌) 교수의 지도로 북경대학교 경영대학(光华管理学院)에서 박사학위를 받았다. 경영, 경제학의 비주류 부문과 소외된 영역의 진실을 규명하는 것에 관심이 많다. 개발도상국 시장과 소기업을 중심으로 대관(對官) 전략, 정부의 부패 관리, 중국의 혁신 과정 등을 연구하고 있다. <Organization Science>, <Journal of Business Ethics> 등을 포함하여 국내외 저널에 40여 편의 논문을 발표하였다.

역자: 김찬복(金贊福)

아태지역경제연구원 이사장이자 사업전략 컨설턴트사인 APG의 대표이사이다. 한양대학교 경영대학에서 박사 학위를 취득하고 현재 겸임교수로 있다. 25년여 간 현장에서 중국관련 회사 경영과 자문을 해 왔다. 특히 한국을 우회한 다국적기업의 중국 진출에 관심이 많다. 최근에는 기업의 경영문제에 대한 경험과 연구를 바탕으로 중소벤처기업의 경영컨설턴트로 활동하고 있다. SSCI 및 KCI급의 저널에 다수의 논문을 출간하였다.

차이나 매니지먼트 중국기업의 성공 방정식

초판발행	2023년 3월 10일
지은이	루장용
옮긴이	최성진 · 김찬복
펴낸이	안종만 · 안상준
편 집	전채린
기획/마케팅	최동인
표지디자인	이소연
제 작	고철민 · 조영환
펴낸곳	(주) **박영사**
	서울특별시 금천구 가산디지털2로 53, 210호(가산동, 한라시그마밸리)
	등록 1959. 3. 11. 제300-1959-1호(倫)
전 화	02)733-6771
f a x	02)736-4818
e-mail	pys@pybook.co.kr
homepage	www.pybook.co.kr
ISBN	979-11-303-1706-9 93320

* 파본은 구입하신 곳에서 교환해 드립니다. 본서의 무단복제행위를 금합니다.
* 역자와 협의하여 인지첩부를 생략합니다.

정 가   24,000원